Audacious
Education
Purposes

編著者：フェルナンド・M・レイマーズ
（ハーバード大学教育大学院教授）

JN110608

Audacious Education Purposes

For publication

編著者：フェルナンド・M・レイマーズ
（ハーバード大学教育大学院教授）

Audacious Education Purposes の日本語版が出版されたことを大変嬉しく思います。この共同研究プロジェクトは、2018年の夏、グローバル・エデュケーション・イノベーション・イニシアチブがメキシコで研究パートナーの会合を開き、21世紀に市民的・経済的に参加するために必要な能力を生徒が全面的に身につけることができるように、カリキュラムの目標を広げることを試みた野心的な教育改革の国際比較研究をデザインすることから始まりました。この研究は、急速に変化する世界のニーズに対応するための教育システムの変革を支援することを目的とした、研究・政策・実践のパートナーシップである「グローバル・エデュケーション・イノベーション・イニシアチブ」の先行研究に基づいて行われました。

ケーススタディの全体的な枠組みや手法について議論した後、各研究チームは各国についてのケーススタディを実施し、プロジェクト全体の一貫性を強化するために何度も修正を重ねました。本は2020年4月に出版される予定でした。この研究を始めたときには、世界がパンデミックに見舞われ、公教育の近代史において最も深刻な世界的危機を引き起こすことになるとは、誰も予測していませんでした。

世界保健機関（WHO）が2020年3月11日にCOVID-19を世界的なパンデミックと宣言したため、直ぐに大幅に変革されるであろう世界の教育の近年の改革について考察したこの本への関心が薄れるのではないかと考えました。しかし、私の予想に反して、この本は非常に興味を持って受け入れられました。2021年11月現在、

英語版は 13 万 7,000 件がダウンロードされています。スペイン語にも翻訳されており、中南米やスペインでも好評を博しています。旅行に制限があるため、本書の発刊の発表をバーチャルで企画したところ、驚くほど多くの人が参加してくれました。

　逆説的ではありますが、パンデミックによって引き起こされた教育危機は、「より良いものを作り直す」ことへの関心を高めました。教育システムをパンデミック以前の機能レベルに戻すだけでなく、関連性の欠如、不平等、有効性の欠如など、既存の欠陥に対処するための変革です。また、ユネスコが最近発表した教育の未来に関する報告書「Reimagining our Futures Together. A New Social Contract for Education（皆で未来を再構築する—教育のための新しい社会契約）」は、教育改革への関心を高めることになるでしょう。このパンデミックの灰の中から教育ルネッサンスを構築するという課題に、私たちが一丸となって着手するにあたり、本書に含まれている野心的な教育改革を設計・実施するために必要な知識が、価値あるものとなることを願っています。この翻訳を可能にしてくれたのは、日本の教育者コミュニティに本書を提供することに関心を寄せてくれた同僚の鈴木寛氏と山中伸一氏です。この本が、日本の教育現場で、より良い教育を取り戻すための継続的な対話に貢献することを願っています。

Audacious
Education
Purposes

For publication

日本語版の発行にあたり・・・

(Kan Hiroshi Suzuki)

鈴木 寛

　わが国においては、2020 年度に小学校、2021 年度に中学、2022 年度に高校で、新学習指導要領による新たな教育が始まった。また、1979 年に始まった国公立大学志願者向けの共通一次試験をベースに、1990 年からは私立大学も参画して行われていた大学入試センターが廃止され、新たに 2021 年 1 月より、思考力・判断力を重視した共通テストが導入され、2025 年 1 月からは「情報」が試験科目に追加されることとなった。加えて、ほぼすべての国立大学の個別入試で記述式が導入され、入学定員の 2 割から 3 割が総合型選抜となった。実に、約 30 年ぶりの大学入試制度の大胆な改革が行われた。

　一方で、この改革もその不敵さゆえに、順風なものではなかった。共通テストに関し、スピーキング能力を含む英語四技能を評価するための民間試験活用や国語や数学への記述式の導入を一旦文部科学省が決定し、関係事業者との契約も締結され準備が進められていたにも関わらず、実施の前日に、歴代文部科学大臣の下した決定をひっくり返すという異例の事態も発生した。その背景には、公立学校校長会の反対とそれに呼応した一部学者とマスコミのネガティブな過激な報道があったが、これにより、日本の若者の英語スピーキング能力・コミュニケーション能力の劇的な改善は望めなくなった。

　この著書を読んでいただくとわかるが、教育改革に取り組んでいるのは、日本だけではない。各国とも、必ずしも国内が一枚岩ではないなか、大胆な改革に取り組んでいる。編著者のハーバード大学教育学大学院のフェルナンド・レイマーズ教授と著者でもあり訳者でもある鈴木寛との協働は 10 年にわたるが、この間にも、レイマーズ教授のもとに、各国の改革派のリーダーたちがどんどん集まり、世界史・人類史の大転換期における教育の在り方を議論し、それぞれの国での教訓を共有し、再び、それを各国での改革での参考にしていくコミュニティができあがっている。そのコミュニティメンバーの最先端の実践を集めたのがこの本だ。

　今回の日本語訳版をより多くの教育現場の方々に手に取っていただき、レイマーズ教授のもとに集う世界中の改革者には見えている教育の将来像とそれを見据えた改革の動向を知っていただくことで、わが国で進行中の教育改革の必要性と不可避性をより深く理解していただき、日本の改革が加速することを強く期待している。

(Shinichi Yamanaka)

山中 伸一

　本書は世界各国の 21 世紀型教育にむけた教育改革の状況についてのレポートである。教育改革の目的は同じでも出発点により各国が取り組んできた過程と現在取り組んでいる課題の焦点は異なる。貧富の差や地域格差が大きい中南米のブラジル、メキシコ、ペルーでの改革。これらの国では政権交代に伴う継続性の困難さとこれを乗り越える努力も見逃せない。旧東側のロシア、ポーランドの教育改革では、イデオロギーと管理統制型教育から 21 世紀型教育へ、教育内容だけでなく教育システム全体の改革と旧来の教育へのノスタルジア。表向きの改革と現実の学校教育の差。ポーランドでの旧システムへの回帰は驚きである。ヨーロッパでもポルトガルの 21 世紀型教育への改革の進展となお残る課題、フィンランドの着実な改革と情報化への対応を始めとするチャレンジの継続など、知らざれる面を見る思いがする。

　日本の 21 世紀型教育への改革については、1980 年代の臨教審答申以降のカリキュラム改革を中心に分権化も含め取り上げた。様々な試練があり、今なお様々な課題に直面している。とはいえ、継続性と着実な歩みは日本の特色であり誇れる点と言って良い。

　本書の企画は 2018 年 9 月にハーバード大学のレイマーズ教授の呼びかけによりメキシコシテイで開催された各国の教育専門家会議から始まった。5 日間にわたる午前 9 時から午後 5 時まで真剣かつ熱心な議論が思い出される。PISA などの国際的学力調査で高い結果をだしている日本の教育への関心は高い。ただ、各国の教育者と共通言語で議論する重要性を痛感した。現在、新型コロナによるパンデミックでむしろ気軽に国際会議に参加できるようになっている。海外の経験から学び、日本の経験を発信していくことがこれからの世界全体の well-being に向けた教育改革に貢献することを期待したい。

Audacious
Education
Purposes

大胆不敵な教育改革

編著者：フェルナンド・M・レイマーズ
　　　　（ハーバード大学教育大学院教授）

翻訳監修・著者：鈴木　寛
　　　　　　　　山中　伸一

翻訳：岩渕　和祥

日本文教出版

contents

目次

About the Contributors

エリーサ・ボニーヤ・リウス

（メキシコ国立自治大学で数学の学士号を取得、ケンブリッジ大学で修士号を取得）

メキシコ教育省教材担当局長（1993 年〜 2007 年）として、全国識字率向上プログラムの調整にあたり、数百万冊の書籍を学校に配布した。また、カリキュラム開発担当局長（2016 年〜 2018 年）として、新しいナショナル・カリキュラム（0 〜 3 歳、および幼稚園から 9 年生を対象）の制定を指揮した。また、メキシコ SM 財団の CEO（2007 年〜 2016 年）、そしてメキシコ SM 出版会の最高出版責任者（2010 年〜 2016 年）を務めた。2018 〜 2019 年には、ハーバード大学のデビッド・ロックフェラー・ラテンアメリカ研究センターのアントニオ・マデロ客員研究員に選ばれ、本章を執筆した。彼女は様々な研究論文、あるいは教育に関する記事、論考を執筆してきた。

クラウディア・コスティン

現在、教育政策における卓越とイノベーションセンター（CEIEP: Center for Excellence and Innovation in Education Policies）のジェネラル・ディレクターを務めている。2009 年 1 月から 2014 年 5 月まで、リオ・デ・ジャネイロ市の教育局長官を務めた後、世界銀行のグローバル教育担当局長に就任。彼女のリーダーシップにより、基礎教育開発指数（IDEB）で測定される学習量は 22％増加した。そして、ブラジルの公教育のパフォーマンスを向上させることを目的とした組織である、ビクトル・シビタ財団の副会長を務めた。教育の持つ変革の力を信じ、「All for Education」運動の立ち上げに携わり、その技術委員会のメンバーも務めた。これまでに、サンパウロ州文化長官、ブラジル行政・国家改革担当大臣、e ラーニングの専門企業であるプロモン・インテリジェンス社の会長などを歴任。また、アフリカのさまざまな国の公共政策や国家の近代化への取り組みを支援する活動も行ってきた。リオ・デ・ジャネイロ商工会にて教育ビジネス協議会を主宰し、彼女の管理の下、リオ・デ・ジャネイロ州の教育に関する優先課題の策定が行われている。サンパウロ・カトリック大学、Ｆ Ｇ Ｖ 大学、INSPER 研究所で大学教授を務め、ケベック大学州立行政学院およびハーバード大学での客員教授を務めている。Ｆ Ｇ Ｖ 大学のビジネススクールで経済学の修士号を取得しており、同大学院では行政学の博士号候補生でもあった。

ヌノ・クラート

2011 年から 2015 年までポルトガルの教育大臣を務めた。彼の在任中に、義務教育は 9 年制から 12 年制に引き上げられ、3 年生からの英語必修化が行われ、中退率は約 25％から 13.7％に減少し、留年率も改善され、ポルトガルの生徒は国際比較調査である PISA と TIMSS で過去最高の成績を収めた。

リスボン大学の数学・統計学の教授であり、イタリアの欧州委員会共同研究センター（EC-JRC）の客員研究員でもある同氏は、サイエンスライター、教育エッ

セイストとしても活躍している。執筆活動では、欧州数学協会や欧州委員会から複数の賞を受賞している。

イサック・フローミン

ロシア初の教育大学院である国立研究大学高等経済学院（モスクワ）の教育研究所長を務めている。学校の校長としてキャリアをスタートし、世界銀行に勤務した後、ロシア教育省の顧問を務めた。

主な研究テーマは、移行経済における教育システムの開発、教育と人生の軌跡である。また、ロシア語や英語の論文や書籍を含む 270 以上の出版物の編集者および著者でもある。

マルセラ・グティエレス

さまざまな国の状況下において、人間開発プログラムや大規模な研究プロジェクトの設計・実施・評価に 7 年間携わってきた。現在は、世界銀行の教育グローバル実践のリサーチ・アナリストを務める。それ以前は、STEP Skills 測定調査の実施をサポートしたほか、ペルーの社会開発包摂省の顧問や、米州開発銀行、国連パレスチナ難民救済事業機関（UNRWA）、Innovations for Poverty Action などでのコンサルタントを務めた。ハーバード大学で行政学と国際開発の修士号を、ロスアンデス大学で経済学の修士号を取得。

ヤリ・ラヴォネン

フィンランドのヘルシンキ大学にて科学教育の教授を務めており、全国教師教育フォーラムのディレクター、フィンランド大学入学試験委員会の委員長でもある。また、ヨハネスブルグ大学の特別客員教授、台湾の国立清華大学の名誉主任教授も務めている。過去 31 年間、科学技術と教師教育を研究しており、科学教師教育と科学教育の分野において、ジャーナルや書籍で 150 本の査読付き科学論文、140 本のその他の論文、160 冊の書籍を出版している。さらに、ノルウェー、ペルー、南アフリカでの教師教育の刷新に関わるなど、国際的なコンサルティングにも積極的に取り組んでいる。

テレサ・ポントゥアル

現在、教育政策における卓越とイノベーションセンター（CEIEP）のエグゼクティブ・マネージャーを務めている。それ以前は、ブラジル教育省基礎教育事務局のカリキュラム・統合教育担当局長として、国家カリキュラム・コモンコアの運営委員会メンバーを務めていた。2013 年から教育省に着任するまでは、サルヴァドール市教育局の教育次官として、教育改革を指揮し、同市の基礎教育開発指数を 3 年間で 4.0 から 4.7 に引き上げた経験をもつ。それ以前は、リオ・デ・ジャネイロ市教育事務局のプロジェクトマネージャー、リオ・デ・ジャ

About the Contributors

ネイロ州教育局の学校経営・指導担当次官を務め、生徒評価システム（SAERJ）の導入に携わった。彼女は、ハーバード大学教育大学院で国際教育政策の修士号を取得し、現在レマン・フェローとして活躍している。また、リオ・デ・ジャネイロ連邦大学（UFRJ）でビジネスマネジメントの大学院学位を、ペンシルバニア州のスワースモア大学で政治学の学士号を取得している。

フェルナンド・M・レイマーズ

ハーバード大学の国際教育実践フォード財団教授であり、同大学のグローバル教育イノベーション・イニシアティブおよび国際教育政策修士プログラムのディレクターを務めている。グローバル教育分野の専門家として、21世紀に活躍できる子どもたちや若者を育てるための教育方法の研究と指導に取り組んでいる。

イゴール・リェマレンカ

現在、准教授であり、教育学の博士号を取得している。2013年よりモスクワ市立大学の学長も務めている。2009年から2011年まで、ロシア連邦の教育国家政策局の局長を務め、最重点課題であった国家プロジェクト「教育」や、高等教育機関の革新的な発展を支援するプログラムを監督した。2011年から2013年までは、ロシア連邦の教育・科学担当副大臣を務めていた。教育政策、および教育マネジメントへの公的関与の分野で、多数の出版物と二つのモノグラフを執筆してきた。

ハイメ・サーベドラ

現在は、世界銀行の教育担当グローバル・ディレクターを務めている。2013年から2016年にかけては、ペルーの教育大臣を務めた。在任中に基礎教育と大学制度の包括的な改革を実施し、国際的な学習アセスメントにおけるペルーの成績は大幅に向上することとなった。また、世界銀行の貧困・公平担当局長として、極度の貧困と繁栄の共有という世界銀行の二つの目標に向けた取り組みを共同で指揮した。彼の研究は、貧困と不平等、労働市場、教育の経済学などに焦点を当てたものである。また、ペルーのシンクタンクであるGRADEのエグゼクティブ・ディレクターを務めたほか、ペルー・カトリカ大学で教鞭をとり、トロント大学では客員教授を務めた。コロンビア大学にて経済学の博士号を取得している。

鈴木　寛

東京大学公共政策大学院および慶應義塾大学政策メディア研究科教授。OECD Education 2030理事。文部科学副大臣（二期）、文部科学省大臣補佐官（四期）などを歴任した。副大臣、大臣補佐官として、学習指導要領の改訂、大学入試

改革やアクティブ・ラーニングの導入を指揮した。

イェジー・ヴィシニェフスキ

現在は教育政策の専門家であるが、元々ポーランドで数学の教師としてキャリアをスタートさせた。1990 年に国家教育省に入省し、同省のいくつかの部署の責任者として、ポーランドの教育分野における戦略立案、国際協力、欧州社会基金の介入の調整などを担当した。1998 年に教育省の局長に就任し、ポーランドの教育の全体的なシステム改革に着手した。また、OECD の調査やプログラム（INES、PISA、TALIS、PIAAC など）、IEA のプログラム（PIRLS、TIMSS など）へのポーランドの参加にも尽力した。さらに、リトアニアの教育に関する OECD レビューに貢献し、クロアチアの職業訓練・教育システムをレビューする欧州研修財団チームを率いた。国際的な研究プロジェクトをも主導し、EU 加盟国 27 カ国を対象とした「教科横断的なキー・コンピテンスと教師教育」や、「ヨーロッパにおける学習成果アプローチの適用」という比較研究などを実施した。また、OECD 教育研究イノベーションセンター、欧州委員会識字率向上に関する専門家ハイレベルグループ（2011-2012 年）、2011年 WISE Prize in Education 選考委員会、欧州研修財団運営委員会のメンバーでもある。現在、欧州教育・社会政策研究所理事会の副会長、民主主義のための教育財団の理事も務めている。

山中　伸一

現在、学校法人角川ドワンゴ学園の理事長を務めている。それ以前は、駐ブルガリア大使、文部科学事務次官（2013 年〜 2015 年）、文部科学審議官（2012年〜 2013 年）、初等中等教育局長（2010 年〜 2012 年）を歴任した。事務次官および局長在任中、21 世紀型教育に向けた教育改革の推進を指揮した。また、首相官邸では、教育再生懇談会担当室長（2008 年）、教育再生会議担当室副室長（2006 年〜 2007 年）、教育改革国民会議担当室副室長（2000 年）を務めた。

マルタ・ザホルスカ

社会学者、マリア・グジェゴジェフスカ教育大学で社会学を教える大学教授である。専門は教育社会学。研究関心としては、教育システム、社会構造、政治の相互作用が挙げられる。ポーランドを事例として、教育改革が社会の変化に与える影響について分析を行っている。また、学校文化、生徒と教師の関係、疎外と排除のプロセスについて、学校で多くの実地調査を行ってきた。さらに、教育問題に取り組む NGO に対し専門知識を提供している。

01

野心的な教育改革をめぐる多次元的な考察

フェルナンド・M・レイマーズ（Fernando M. Reimers）

F. M. Reimers (✉)
Graduate School of Education, Harvard University, Cambridge, MA, USA
e-mail: Fernando_Reimers@harvard.edu

© The Author(s) 2020
F. M. Reimers (ed.), Audacious Education Purposes,
https://doi.org/10.1007/978-3-030-41882-3_1

Chapter 01 第1章 野心的な教育改革をめぐる多次元的な考察

フェルナンド・M・レイマーズ（Fernando M. Reimers）

【要旨】

　技術的、経済的、社会的な変容の結果、市民参加や経済参加への要求が高まり、また、急速に変化する世界や新たな課題に対応するため、多くの政府は学校に着目し、そこで生徒が成功するために必要なスキルを身につける機会を提供しようとしている。本章では、幅広いスキルを身につけさせ、全人教育を施そうとする教育改革のルーツをたどる。その上で、最初の公教育制度が作られるに際して比較教育学という分野が登場したことを振り返り、第二次世界大戦後に構築された国際開発体制がグローバルな教育運動の推進に果たした役割を検証する。次に、21世紀型スキルを育成するための近年の取り組みを紹介する。そして、ブラジル、フィンランド、日本、メキシコ、ペルー、ポーランド、ポルトガル、ロシアの教育改革の比較研究を紹介し、それぞれの改革の基本的な考え方を説明する。続いて、OECDが実施した教師の実践に関する最新の調査（TALIS: The OECD Teaching And Learning International Survey）のデータを用いて、これらの国の指導と学習がどのように比較されているかを検証する（http://www.oecd.org/education/talis/. 2019年12月3日最終閲覧）。

　この章の中心的な主張は、教育の変化のプロセスのどの要素に焦点を当てるかによって、教育改革というものは文化的、心理学的、専門職的、制度的、政治的という五つの方法で捉えることができるというものである。これらのフレームそれぞれに説明を付し、本書で検討されている改革を議論するためにそれを適用する。分析の結果、実際には、どの改革もこれら五つの視点全てを取り入れた包括的、かつ多次元的なアプローチを採用してはいないことがわかった。制度的、政治的な視点がより一般的であり、文化的、心理学的な視点はあまり一般的ではなかったのである。

01.1 −はじめに−

　生徒を教育するためにどのような目標を設定すべきかという問題は、さまざまな社会や文明において、最初に教育機関が誕生したときと同じくらい古いものである。教育機関は様々な目的を果たすために存在しており、まさにそれらの目的という観点によって、どのように教育を行うかを決定することができるのである。人類

の歴史の大部分において、教育機関の目的は、社会のほんの一部の構成員、典型的には政治的、宗教的、あるいは行政的な、何らかの指導的立場を担うことが期待される人々を教育することだったのである。

18世紀のヨーロッパでは、学校が社会の若年層の多く、あるいはその全員を教育すべきであるという考えが定着し、国家的な教育システムが構築されることとなったが、その際、目的をめぐる問いが新たな緊急性を伴って再浮上してきた。すべての子供たちに何をどのように教えるべきかを考える必要があったため、教育指導者の中には、様々な国の経験から学ぶことに価値を見出し、そうして比較教育学という分野が生まれたのである。

例えば、外交官で第六代アメリカ大統領のジョン・クィンジー・アダムズは、著書『シレジアに関する書簡』の中で、プロイセンの学校に関する一連の考察を発表し、これらの学校がどのように設立され、資金提供されたかをボストンの同時代の人々に説明している。アダムズは1801年3月7日にベルリンで書いた手紙の中で、1740年から1786年までプロイセンを統治したフリードリヒ2世が、すべての子供たちに読み書きを教え、科学というものを紹介するために、公的資金で教育を行う学校制度を設立したということを賞賛している。アダムズは手紙の中で、識字率の向上によって新聞の発行部数が増え、それが生涯学習の手段となることも説明している。彼は、学校の先生に公費による給与を与えることで、あらゆる階層の人々に初等教育を行う学校を作ることができたのだと述べている。また、そこでは公立学校の設立に伴い、すべての生徒に読み方をより効果的に教えられるよう、学校の教師に専門的なトレーニングを施すことが求められるようになったと記している。アダムズが報告するところによれば、このような専門的で効果的な教育の必要性に応えて、聖アウグスチノ修道会の修道士フェルビガーが効果的な指導法を考案し、それを師範学校で普及させて教師を養成したという。彼はフリードリヒ2世について、「その時代の最も偉大な軍事的リーダーであり、文学の最高峰においても優れた書き手として有名であり、王国の子どもたちにアルファベットを教えるため下界に降りてきて、平易で有用な知識を臣民に広め、科学的書物の最初の、そして最も重要なページを彼らの心に向けて開いてみせるために、彼の配慮、根気強い勤勉さ、影響力、そして彼の力を捧げたのだ」と賞賛の言葉を連ねていた（Adams 1804, pp. 371-372）。

ジョン・クィンジー・アダムズがシレジアで、フリードリヒ2世がすべての子どもたちを教育するための公教育制度を確立しようとしていることに感嘆の声を上げていたのと同じ頃、フランスのジャーナリスト、政治家、そして外交官でもあったマルク・アントワーヌ・ジュリアンは、ヨーロッパにおいて公教育制度が確立されつつある中で、教育の目的と方法についてパリで執筆に勤しんでいた。ジュリアンは、当時の代表的な教育者であったヨハン・ハインリヒ・ペスタロッチとジョセフ・ランカスターという二人の教育の目的に対する考え方を研究していた（Jullien 1812）。ペスタロッチは、スイスのブルグドルフに研究所を設立し、幅広い能力の育成を目的とした優れたカリキュラムを学生に提供していた。ジュリアンはペスタロッチと頻繁に手紙のやり取りをし、3人の子どもをペスタロッチの研究所に留

学させた。一方、ランカスターは、すべての子どもたちを低コストで教育するために、より限定された能力を対象とし、助手を用いる教育法を考案した。ランカスターは、1798 年にイギリスのサザークに設立した無料の小学校を実験室として、この教授方法を開発したのであるが、それは後の 1803 年に出版した『教育の改善』の中で紹介された。ジュリアンは、ランカスターが考案した教授法の推進者となったのである。ジュリアンは、様々な教育方法を体系的に研究することで、教育の目的をめぐる問題を解決することができると考え、様々な制度における学校の組織を体系的に調査することを提案した。そして、多様な教育アプローチの記録とその交流を組織し、公教育の組織化のための提言を行った（Jullien 1817a, 1835, 1842）。また、自身の教育関連の出版物を、トーマス・ジェファーソンをはじめとする同時代の政治家たちと共有したのである（Jullien 1817b）。

　公教育が世界中に拡大していく中で、他国の経験に学ぶことは、その拡大を主導する人々の戦略の一つとなった。例えばアメリカでは、マサチューセッツ州の初代教育長官であるホーレス・マンが、1843 年にドイツとフランスの教育制度を視察した報告書をまとめ、州内での公教育の確立に向けて重要な役割を果たした（Mann 1844）。同様に、南米の新興独立共和国のために初めて公教育制度を提案したドミンゴ・ファウスティノ・サルミエントは、ヨーロッパの教育制度を視察した後、ボストンを訪れてホーレス・マンと会い、「コモン・スクール」の構想について話し合った（Sarmiento 1849）。

　特に、1948 年 12 月に国連で採択された世界人権宣言に教育が盛り込まれてからは、このような意見交換や比較教育学的な経験こそが、前世紀に起こった教育へのアクセスの飛躍的な拡大を支えるものであったのだ。20 世紀に生じた教育の拡大にとってのマイルストーンである世界人権宣言の第 26 条は、その権利を次のように説明している。

(1) すべての人は、教育を受ける権利を有する。教育は、少なくとも初等の及び基礎的な段階においては、無償でなければならない。初等教育は、義務的なものでなければならない。技術教育及び職業教育は、一般に利用できるものでなければならず、また、高等教育は、能力に応じ、すべての者に等しく開放されていなければならない。
(2) 教育は、人格の完全な発展並びに人権及び基本的自由の尊重の強化を目的としなければならない。教育は、すべての国又は人種的若しくは宗教的集団の相互間の理解、寛容及び友好関係を増進し、かつ、平和の維持のための国際連合の活動を促進するものでなければならない。
(3) 親は自分の子供にどのような教育を施すべきかを選択する優先的権利を有する。
[訳注：本条文の訳については、アムネスティ日本による全文訳を適宜参照した（https://www.amnesty.or.jp/human-rights/what_is_human_rights/udhr.html）]

　すべての人に初等教育を受ける権利があることを宣言した上で、同条は教育が（ペスタロッチがそう提案したように）人格の完全な発展、および「人権と基本的自由の尊重を強化し（中略）すべての国又は、人種的若しくは宗教的集団の相互間の理解、寛容及び友好関係を増進する」という倫理的目標を目指さなければならないとしているのである（United Nations 1948）。

　世界人権宣言に教育の権利が盛り込まれ、教育・科学・文化を推進する国連の

専門機関であるユネスコが設立されたことは、万人のための教育を促進するために各国政府を活気づけ、支援する効果があったが、それには以下の5通りの手法が挙げられる。つまり、まず、アイディアの実験室として、また、優れた教育実践の普及・促進、教育基準の策定、能力の構築、そして国際協力の促進である。これらの活動の結果、規範や基準が広く知られるようになり、すべての子どもたちに、どのような目的で、またどのような方法で教育を行うのかについての知識が大いに移転されることとなった。その結果、教育の拡大は劇的なものとなったのである。ユネスコが設立される前の1945年には、世界の人口は25億人で、そのうち学校に通える人は半数にも満たなかった。その70年後、世界の人口は75億人となり、今や85%が何らかの形で学校にアクセスできるようになっているのである (Roser & Ortiz-Ospina 2019)。

　このような教育機会のグローバルな大変革を促した知識の移転は、会議の議事録やユネスコの出版物に反映されている。この作業を反映した公的文書の中には、特定の国や世界の地域のために作成されたものもあれば、世界中の人々に向けたものも存在する。例えば、1980年代後半、ユネスコのラテンアメリカ・カリブ海地域オフィスは、国連ラテンアメリカ・カリブ経済委員会と共同で教育マニフェストを作成した。このマニフェストでは、民主化を進める目的と並んで、世界経済への統合が進み、知識に基づいた経済において競争力を高めるという二元的な目的に教育を合わせる必要があるとされていた (ECLAC- UNESCO 1992)。

　ユネスコの歴史の中で、重要な世界規模の要請に応え、世界の教育開発の原動力となる文書を作成した二つの取り組みに注目しておきたい。1960年代末までには、それまでの20年間で教育を受ける機会が大幅に増加した。このような拡大は、いかなる目標を持って教育の拡大を図るべきかという新たな疑問をもたらしたのである。

　1968年、フィリップ・クームスは画期的な報告となる『現代教育への挑戦－世界教育危機のシステム・アナリシス』を発表し、教育システムというものがそれを取り巻く社会的・技術的変化の速度に適応できていないことを論じた (Coombs 1968) ［訳注：同書の日本語訳としては、池田進・森口兼二・石附実訳 (1969)『現代教育への挑戦－世界教育危機のシステム・アナリシス』日本生産性本部、がある］。教育システムはまさに「システム」として理解されるべきだという強力な考えをもたらしたこの本は、1967年にリンドン・B・ジョンソン米国大統領の主導の下、コーネル大学学長のジェームス・パーキンス氏がバージニア州ウィリアムズバーグで開催した会議の成果であった。この会議には、世界50カ国から政府首脳、大学の学長、教授、研究者、社会科学者など150人が参加した。初代国務次官補（教育・文化担当）であり、当時、ユネスコの国際教育計画研究所（開発途上国の教育制度拡充のための技術支援を行うものである）の所長を務めていたクームスは、会議の知的枠組みとなる論文を執筆した。同会議が対処しようとしていた教育の世界的危機の本質を、クームスは次のようにまとめている。

　この危機の本質は、「変化」、「適応」、「齟齬」という言葉で示唆されるものである。1945年以降、

すべての国で、科学技術、政治経済、人口・社会構造など、世界規模のさまざまな革命が同時に起こり、環境が驚くほど急速に変化した。教育システムもまた、かつてないほど急速に成長し、変化してきた。しかし、教育システムは、身の回りで起こっている出来事のより一層速いペースに適応するにはあまりにも遅い。その結果、教育システムとその外部環境との間に様々な形で生じた齟齬こそが、世界的な教育危機の本質なのである（Coombs 1968, p.4）。

　1970 年、加盟国の教育大臣が一堂に会するユネスコ総会の要請を受けて、ユネスコ事務局長はフランスの元教育大臣エドガール・フォールに、教育の将来についての報告書を作成するための国際委員会の委員長となることを依頼した。報告書では、変化が加速し、政治・経済的な参加に対する人々の期待が高まっていく未来が予測されるため、教育の根本的な目標は、生徒が生涯学習者となるように助けることであるという人道主義的な考えが示された（Faure et al. 1972）。フランスやアメリカなどで 1960 年代後半に起こった学生運動の記憶が、こうした意見を形成したであろうということは疑いようがない。フォールは、1968 年のフランスの学生デモの最中に教育大臣に就任していた。生涯学習のために学生を準備させるという野心的な目標は、どのような能力がそうした課題に人々を備えさせることができるのかということをめぐる議論を世界中で呼び起こすこととなった。

　1972 年のフォール報告書に明示された野心的目標は、『生きるための学習（Learning to Be）』という適切なタイトルが付けられていたのだが、多くの国においてすぐに実現することはなかった。1980 年代、開発途上国の多くが経済危機と構造調整プログラムを経験し、教育をはじめとする社会支出が制限されていたためである。社会開発に対するそうした影響により、複数の学者や分析者はこの時期を「失われた 10 年」と呼んでいた（Reimers 1990; Sims & Romero 2013）。この時期の終盤にあたる 1990 年には、ユネスコ、その他の国際開発機関、また複数の政府が「万人のための教育」会議を開催し、教育に対するグローバルな責任を再確認し、教育への投資を再開した。その数年後、ユネスコ事務局長は、教育に対するグローバルな熱意を再燃させるべく、元欧州委員会委員長のジャック・ドロールに、教育の方向性を提案する世界的なマニフェストを起草するための委員会を率いてくれるよう依頼した。1996 年に発表されたドロール報告書は、3 年にもわたる大規模かつグローバルな協議の成果であり、「生涯学習」という概念、並びに、「知ること、行うこと、生きること、そして共に生きることを学ぶ」という教育における四つの目標を軸とした大胆な教育ビジョンを提案するものであった（Delors 1996）。この報告書もまた、すべての子どもたちを教育するための政府の取り組みを後押しするための、より広範で野心的な目標の必要性をめぐる世界的な議論を巻き起こすこととなったのである。

　ドロール報告書が発表された 1 年後、学校が育成すべき人間の能力について、より野心的に考えるようにという提言を受け国内外で議論が始まったとき、経済協力開発機構（OECD: Organisation for Economic Co-operation and Development）は、そのような能力に関してより明確な運用につながる事業として、「コンピテンシーの定義と選択プロジェクト（the Definition and Selection of Competencies Project）」（通称、DeSeCo プロジェクトである）を開始した。こ

の専門家による協議の結果、キー・コンピテンシーが同定され、教育システムと生涯学習の包括的な目標が定義されることになったのである（Rychen & Salganik 2001, 2003）。DeSeCoプロジェクトでは、キー・コンピテンシーとして、社会的に異質な集団での交流、自律的な活動、道具を相互作用的に活用することを挙げている。各コンピテンシーは、様々な領域からなる内部構造を持っており、例えば、協力する力には、知識、認知スキル、実践スキル、態度、感情、価値観、倫理、協力に関する動機などが含まれることが述べられている（Rychen & Salganik 2003, p. 44）〔訳注：以上、DeSeCoプロジェクトに関する用語については、立田慶裕監訳、（2006）『キー・コンピテンシー　国際標準の学力をめざして』明石書店、を参照した〕。

　ドロール報告書とDeSeCoプロジェクト、そして、急速に変化する世界に参画するためにどのような能力が必要なのかを再検討するために各国で行われた同様の取り組みは、各国政府に国の基準やカリキュラムの枠組みを見直させるような影響を与えることとなった。こうした取り組みを補完するものとして、DeSeCoプロジェクトと同時に開始されたOECDによる生徒の学習到達度調査（PISA: Program of International Student Assessment）では、世界中の生徒が15歳までに身につけた知識やスキルについてさらなる関心が寄せられた（OECD 2019b）。

　さらに最近では、OECDは「Education2030」という取り組みを主導し、学校が育成すべきコンピテンシーについてのコンセンサスを得ることを目指している（OECD 2018）。同様に、国連の持続可能な開発目標が、その教育に関する目標において、環境の持続可能性やグローバル・シティズンシップのための教育など、野心的かつ具体的な目標を掲げ、教育の質というものを強調している。また、ユネスコも最近、教育の目的についての新しい枠組みを開発するために、専門家による国際的な委員会を設立したところである。

　この20年間で、世界中の公教育システムは目覚ましい変化を遂げてきた。各国政府は、21世紀に向けて生徒に準備させるという野心的な目標を達成するために、より多くのリソースと関心を教育に集中させ、より野心的な教育の目標を試行し、数々のイノベーションに取り組んできた。このように活発化する教育活動は、公教育制度をより野心的な目標に合わせるという課題に政府がどのように取り組んでいるかについての経験を比較するための宝庫である。このような経験の比較から学ぶことこそ、私がハーバード大学で主導している「グローバル教育イノベーション・イニシアティブ」の目的なのである。ここでは複数の国の研究機関と協力して、公教育制度改革の取り組みから学ぶための一連の研究を行ってきた。本書は、それらの研究のひとつである、ブラジル、フィンランド、日本、メキシコ、ポーランド、ポルトガル、ペルー、そしてロシアの教育改革の国別の分析結果をまとめたものである。なお、これまでの研究では、チリ、中国、コロンビア、インド、メキシコ、米国、シンガポールにおけるナショナル・カリキュラム改革や教員の専門的な能力開発プログラムを検証してきた（Reimers & Chung 2016, 2018）。

　これらの国が選ばれた理由は、学齢期の子どもの数が多く、教育制度がさまざまな段階で発展しており、また、いずれも野心的な教育改革を試みていること、そし

て、生徒の学習成果に関するエビデンスを含め、教育改革がどのように実施されたか、指導や生徒の学習の実態について、しっかりとした実証的根拠に基づいた研究を行うのに十分なエビデンスがすべての国に存在していたためである。さらに、「グローバル教育イノベーション・イニシアティブ」の対象国の選定には、調査を実施するための関心、能力、リソースを持つ各国の機関および個人のパートナーを見つけることも含まれていた。一般的な比較研究での対象国の選定と同様、本調査での選定もまた恣意的なものであり、世界中の国を無作為に選んだわけでも、世界中の改革を代表することを意図して選んだわけでもない。しかし、世界のさまざまな地域の国や、教育の発展や効果がさまざまな段階にある国を、便宜的に選んでいる。私たちが調査した国々は、一人当たりの所得や、生徒一人当たりの支出の面でかなり異なっている。また同様に、本調査の対象となった国には、初等・中等教育のほぼ普遍的な就学を長いこと実現してきた国もあれば、そのような普遍的なアクセスを最近になって達成した国、あるいはまだ達成に至っていない国も含まれている。OECD の PISA で測定されるような生徒の知識やスキルのレベルについても、本書では、生徒の学力が世界の分布の中で最も高いレベルにある国に加え、最も低いレベルにある国、そして PISA スコアが世界の分布の中で中間に位置する国も取り上げている。最新の PISA 調査において、フィンランド、ポーランド、日本は自国の生徒が OECD 平均を上回る成績を収めている OECD18 カ国の中に含まれており、一方、ブラジル、メキシコ、ロシア、ペルーは、それを下回る成績を収めている国に含まれる（OECD 2019a, b, Table 1.1）。同時に、調査対象国には、2000年に PISA が初めて実施されて以来、生徒の成績が上昇した国も含まれているが、それらはポーランド、ポルトガル、メキシコ、ロシア、ブラジル、ペルーに該当する。そして生徒の達成度が低下した国としては、フィンランドと日本が挙げられる（同上）。表 1.1 は、生徒の平均的な学習到達度、および経年変化を、調査対象国と OECD 平均についてまとめたものである。

表 1.1　2018 年度 PISA における生徒の到達度の平均、および 2000 年以降の変化の平均

	PISA における平均スコア（2018 年）			長期的な傾向：3 年ごとの平均変化率			短期的な変化（2015 年から 2018 年）		
	読解	数学	科学	読解	数学	科学	読解	数学	科学
	平均	平均	平均	点数の差分	点数の差分	点数の差分	点数の差分	点数の差分	点数の差分
OECD 平均	487	489	489	0	-1	-2	-3	2	-2
フィンランド	520	507	522	**-5**	**-9**	**-11**	-6	-4	**-9**
ポーランド	512	516	511	**5**	**5**	**2**	6	**11**	**10**
日本	504	527	529	1	0	-1	**-12**	-5	**-9**
ポルトガル	492	492	492	**4**	**6**	**4**	-6	1	**-9**
ロシア	479	488	478	**7**	**5**	0	**-16**	-6	**-9**
メキシコ	420	409	419	**2**	**3**	2	-3	1	3
ブラジル	413	384	404	**3**	**5**	2	6	6	3
ペルー	401	400	404	**14**	**12**	**13**	3	**13**	8

出典元：OECD 2019b PISA 2018 Results (Volume I) - Table I-1 Snapshot of Performance in Reading, Mathematics and Science, pp. 17-18　なお、統計的に有意な値は太字で表記されている。

【 本書の目的と内容について 】

　本書では、経済や社会がより複雑化する中で、市民的、あるいは経済的な参加のために必要な幅広いコンピテンシーを生徒が身につけられるようにするために、8カ国の政府がどのように公教育システムの改革に取り組んだかを考究する。そこでは、カリキュラム改訂、生徒の評価、教師や校長へのサポート、学校の組織や、新しい学習成果を達成するためのその他の構造をはじめとする、改革のデザインに盛り込まれた諸要素が検証される。また、改革がどのように受け入れられ、いかなる課題に直面し、また存在するのならば改革が達成した結果についてのエビデンスなど、改革の実施について知られていることを調べる。各国がどのように教育改革を行ってきたかを研究することは、将来の教育改革を主導する政策立案者にとって有益なことであり、また、教育改革のプロセスを研究する学者にとっても興味深いものとなることを我々は望んでいる。特に、外部環境の変化に対応した教育を実現するために、教育システムがどのように野心的な目標の数々に着手したのかを研究することで、教育変革の力学が明らかになり、かつ教育機関に対する理解も深まることが期待される。既存の知識の多くは、主に米国における教育改革の試みをめぐる研究に基づいているのだが、それらによれば、教育機関というものは、特に学校教育の基本的文法を変革するという点においては、政策的な命令に対してほとんど変化することがないという（Tyack & Tobin 1994; Tyack & Cuban 1995; Olson 2003）。米国の教育改革のほとんどが教育に影響を与えることができなかった理由に関してリチャード・エルモアは、結論として同様の視点を示している。

　　米国の学校とそこで働く実践者が、ごく一部の学校や教室でしか、教育に関する新しいアイディアを開発し、取り入れ、拡張することができなかったということは、システム的な失敗である。私の考えでは、この能力の欠如は、主として教師や管理職が働く際のインセンティブ構造に根ざすものなのである（Elmore 1996, p.1）。

　米国における変化の見通しをめぐるこうした視点は、表 1.1 に見られるように、PISA などの評価における生徒の到達度のレベルがこの 20 年間で大きく変化していないというエビデンスと合致するものである。教育の変化のプロセスに関する知識で公表されたもののうち多くが参照している一つの国であるカナダも、PISA で測定された生徒の知識と技能のレベルが過去 20 年間にわたって横ばいとなっている（OECD 2019b、表 I.1）。しかし、ポーランド、ポルトガル、ペルー、ロシアなどの国では、同じアセスメントで測定された生徒の知識や技能のレベルが大幅に上昇していることを考えると、米国やカナダの経験の研究から生まれた教育変化のプロセスに関する知識は、他国における同じプロセスを説明するには本質的に限界があるかもしれないと考えるのは自然なことであろう。一言でいえば、そうした知識は生徒の学習成果に大きな変化をもたらすことができなかった改革に基づくものなのである。

　この序章のテーゼ自体は、後の各章で紹介するケーススタディによって説明されるものではあるのだが、それは政府のリーダーが教育を改革する際には、**文化的、**

心理学的、専門職的、制度的、政治的な次元のうちの一つ、または複数を強調する教育システムのモデルに依存する、というものである。理論的には、この多次元的なフレームワークは、私が最近出版した別の本（Reimers 2020）でさらに詳しく説明しているのだが、以下に挙げる三つの目的に供するものである。一つ目は、これら五つの次元のそれぞれの観点から、変化のプロセスについての分析、および計画が内的な一貫性を有しているのかを検討するのに役立つということである。改革が制度的な論理に従っている場合、果たしてそれは首尾一貫しているのか、また、制度的な観点から見て完全なものなのか。あるいは、心理学的な視点をとった場合、それは首尾一貫しており、完全なものなのだろうか。さて、この多次元フレームワークの第二の目的は、これら五つの次元のそれぞれから見た変化のプロセスを包括的に扱う機会というものを提供することである。他の視点よりもこれらの視点のいずれかを通して見ることで、改革がどのように設計されたか、あるいはどのように実施されたかを理解するのに役立つような、変化のプロセスの諸要素の有無を問うこともできるのである。三つ目は、これらの五つの次元の相互依存関係を考えることで、教育変革の戦略の諸段階や、変革のプロセスそのものを順序立てて考えることができるということである。これらのモデルは互いに補完し合う関係にあり、改革を五次元のチェスゲームとして考えることで、同じプロセスを単一の視角で見るよりも、より効果的に捉えることができるのである。本研究の各章においては、これらの次元はすべて、教育システムとそれを変えるプロセスの特定の側面を照らし出すのに役立つものであったが、これら五つの次元すべてを反映した行動を取るような包括的なアプローチを示す改革がないということも明らかになった。

　このフレームワークを通して本書で取り上げられている改革を見てみると、実際にはこれらの視点のうち一つ、あるいは二つを用いたアプローチがなされており、すべての視点を包括的に使っていることはほとんどないことがわかる。改革で使われた各視点の論理を検証しても、一貫性が見られないことが多い。また、公教育を変革するための戦略には、教育変革のプロセスのための明確で一貫性のある段階的な順序づけが欠けていることも示されている。しかしながら、そうした欠点にも関わらず、これらの事例から、政府が規則や規制、財源の配分を通じて、教育機関というものを大きく変革する力を持っていること、また、政府がこれまでの水準よりも幅広いコンピテンシーを生徒に身につけさせようとする教育を断固として追求していることが明らかになったのである。また、これらの事例は、改革に関わる諸機関のグローバル化をも示すものであった。例えば、社会情動的領域に焦点を当てた一連の横断的なコンピテンシーをカリキュラムに導入しようとすることなどのように、本書で検証された様々な取り組みには、同様の考え方がその根拠として存在していた。さらに、これらの取り組みを支える役割を果たしているのも、類似の手段や組織なのである。例えば、OECDと彼らがスポンサーである国際的なアセスメントは、本書で取り上げたほとんどのケースにおいて、改革の関係者によって使用されるレパートリーの一部となっている。

　なお、本書で調査した改革は、いずれも少なくとも1期の大統領任期中に政府の議題として取り上げられているものの、実施の段階はさまざまである。例えば、

ブラジルやメキシコの改革は、日本やポーランドの改革よりも初期の段階にある。また、本書で取り上げた改革のサイクルの長さも、一度の政権期間を超えて存続できないであろうもの（ブラジルやメキシコ）から、数十年にわたるもの（日本やロシア）まで、さまざまである。 改革の中には、実際には長い政策サイクルであり、改革の長い弧の中に個別の異なる段階が含まれているものもある（フィンランド、日本、ポルトガル、ロシア）。

　本研究を計画するにあたり、著者らは会議に出席し、各国政府が教育改革にどのように取り組んできたかについての当時の新しい理論と、「グローバル教育イノベーション・イニシアティブ」の過去 2 回の国別研究での発見に基づいて、各国のケーススタディに対する共通のアプローチを策定した。この枠組みに基づいて、著者らは各章で紹介されるエビデンスを集め、分析してきたのである。また、これらの草稿をまとめて修正し、それに対する同僚間での議論やフィードバックを行うことで、最終的な成果物の知的一貫性を高めた。

　我々は、共通のテーマに沿ったアウトラインを用いて調査を行い、各章を執筆する中で、以下のトピックについての発見を提示した。

1. 改革の目的は何だったのか、また、改革の対象となった期間について。
2. 各ケースで支持されている改革に関する中核的な議論は何か。どのようなエビデンスの参照元が用いられたのか。
3. どのような状況が改革に先行し、改革をもたらしたのか。この改革は新政府のアジェンダの一部なのか。経済危機への対応なのか。この改革の教育上の先行要因は何だったのか。いかなる要因が改革案に弾みをつけたのか。何らかの国際的な影響もあったのか。国際的なエビデンスやアイディアが背景に影響を与えたか。
4. 改革自体の説明について：意図された目標は何か、また、この改革の主要な構成要素は何だったのか（法律の改正・予算・カリキュラム・評価など）。改革の根本的なセオリー・オブ・チェンジは何だったのか。改革の設計とその実施には誰が参加したか。
5. その国の改革の教育目標は、どのような形で、21 世紀型スキルやその範囲、あるいは認知的・社会情動的発達という考え方と関連していたのか。改革では、具体的にどのような成果やスキルが強調されたのか。
6. 改革の具体的な構成要素のうち、21 世紀型スキルの育成に直接関連するものはどれか。それらはどのように実施されているか。21 世紀型スキルを育成する具体的なプログラムについての説明（カリキュラム、アセスメント、学校の自律性、パートナーシップ、プロジェクト型学習などの学校での具体的なプログラム、あるいは、教師の専門的な能力開発のための具体的なプログラムなど）。
7. 改革の実施にはどのような段階があったのか。誰が参加したか。政府（連邦政府・地方自治体）は他のステークホルダーとの関係をどのように調整しているか。
8. 改革の政治については何がわかっているのか。実施を支えた要因は何か。また、それを妨げた要因は何か。

9. これまでに達成された改革の成果についてわかっていることは何か。それらは
　　評価されているのか。そこでの課題は何か。

　　第2章では、カリキュラムを変革しようとしたブラジルの取り組みを紹介する。
市民社会、政府、大学における個人や組織の連携によって、全国的なカリキュラム
基準の提唱が成功したのである。この基準の策定は、2013年から2018年までの
5年間にわたって行われたものであった。この社会運動の動機として、学生の知識
と技能に関する国内外のアセスメントにおいて、ブラジルの学生の成績が低かった
ことが挙げられる。民間の財団により組織されたこの運動では、コモンコアが設定
されることとなった。米国の共通基準に関する経験から学ぶための研修旅行が企画
され、オーストラリア、チリ、カナダの専門家が、ブラジルの改革のリーダーたちに、
自らの国での経験を伝えたのである。基準は、さまざまな教科を横断する10のコ
ンピテンシーに焦点を当てている。この取り組みは、1990年代後半に行われた共
通の基準を策定する試みに基づくものであるが、学校は教育上の問題について法律
で定められた自治権を有しているため、基準を示す一連の文書は学校に提示され、
任意で使用できるものとされた。この取り組みの根底にあるセオリー・オブ・チェ
ンジは、全国的なコモンコアがあれば、各地域のカリキュラム、教師の準備、教材や、
生徒の評価などの間に整合性と一貫性を持たせることができる、というものであっ
た。カリキュラムは、大学教授、教師、州・市レベルの教育行政官、その他の教育
関係者からなる大規模な委員会によって開発され、数年間にわたって3回の協議
が行われた。また、20万人以上の教師が参加したオンラインでの協議では、草稿
案が提示され、フィードバックを得ることができた。カリキュラムはそのフィード
バックをもとに改訂されたのである。その後、州や自治体との草案の2回目の協
議の後、労働組合や種々の協会、大学などのステークホルダーとの公聴会形式によ
る3回目の協議が行われた。第三版のカリキュラムには、生涯学習、批判的思考、
美的感覚、コミュニケーションスキル、デジタルリテラシー、起業家精神、セルフ
ケア、共感、市民性、倫理観など、一連の横断的なコンピテンシーが盛り込まれた。
大統領の交代により、基準の対象が就学前と初等教育（14歳まで）に限定され、
中等教育を対象とする基準はさらに1年延期されることとなった。この国の規模と、
教育ガバナンスの複雑で分権的という性質は、この基準を実施する上での障害と
なっている。この基準に沿ったカリキュラムを州レベルで作成することを支援すべ
く、教育省はカリキュラム作成者への研修や支援を行い、州と市の教育局間でのカ
リキュラム作成の協働を図っている。連邦政府が資金提供している検定教科書プロ
グラムも、基準を実際の授業計画に落とし込むための手段であるが、州や市が策定
したカリキュラムを反映しているとは限らない。現在のところ、基準に反対してい
る教員養成大学は、教師教育を基準に合わせることはしていない。ただし、国家教
育審議会による決議は、評価をナショナル・スタンダードに合わせることを義務づ
けている。
　　第3章では、カリキュラムと教員養成の改訂を通じて21世紀型の教育に取り
組むフィンランドの改革を分析する。フィンランド政府は、21世紀にどのような

コンピテンシーが必要かを慎重に議論・分析し、OECDのDeSeCoプロジェクトや21世紀型のコンピテンスと学習に関するその他の関連する分析などに基づいて、カリキュラムを再設計するプロセスを開始したのである。そうした再設計の背景には、PISAでの生徒の成績低下や、OECD国際教員指導環境調査（TALIS: Teaching and Learning International Survey）で指摘された教授法や教師の協働での欠点などの存在がある。カリキュラムは国と地方が共同で責任を負い、また学校や教師には十分な自治権があるというガバナンス構造の中で、上述の変更を構想し実施するためのアプローチは、非常に協働的で参加型のものになった。カリキュラム改訂のプロセスにおいて、多様な数多くの参加者を巻き込むために、テクノロジーが活用されたのである。また、参加型のプロセスで生まれたアイディアを試すために、政府が資金を提供して、多くのパイロットプログラムが実施された。

　フィンランドの改革プロセスの強みは、教員養成大学、さまざまな分野の大学教員、教師、校長、教師教育者、教育省、そして教職員組合などを巻き込んだ、参加型のプロセスであった点である。また、21世紀型スキルに関する既存の研究を慎重に検討し、カリキュラムの再設計と教師の専門的学習の基礎となる一連の横断的コンピテンシーを特定したことも特徴的であった。基礎教育カリキュラムの改革においては、各教科で21世紀型コンピテンシーを育成するという明確な目標が設定され、横断的コンピテンスの学習に役立つプロジェクト型活動における学際的な統合のための、地域のカリキュラムを学校が開発するという、新しいカリキュラムの領域が提案されたのである。カリキュラムの再設計における地域のイノベーションを支援するために、学校間の協働を促進するネットワークも設立された。評価と研究は、生徒、教室、教師、学校、都市、社会といった複数のレベルで、改革によって解決されるべき欠点を特定する上で中心的な役割を果たした。同時に、地域レベルでの国のコア・カリキュラムの実施状況を評価し、横断的コンピテンシーを教育に統合する上での課題を特定する際にも重要な役割を果たしたのである。この改革では、自分を大切にする、日常生活を管理する、マルチリテラシー、デジタル・コンピテンス、仕事でのコンピテンス、起業家精神、参加、持続可能な未来を築く、学び方を学ぶ、文化的コンピテンスといった横断的なコンピテンスに焦点が当てられた。また、教師教育と専門的な能力開発を21世紀型コンピテンシーに適合させるための戦略を編み出すべく、高度に参加型で協働的なプロセスが取られたのである。これらのコンピテンシーを開発するための数多くのパイロットプロジェクトに資金提供がなされ、教育評価センターによって評価も行われた。

　第4章では、日本の包括的な一連の改革を扱う。その改革は、学校評価、生徒の全国的な評価システムの導入、教師教育、大学入試改革、学習指導要領改訂、学校ガバナンスへのコミュニティ参加の拡大、そして成績の低い学校への追加支援など、教育をより広範なカリキュラム基準に合わせるためのものであった。

　これらの改革のルーツは、1984年に出された、詰め込み型学習から自律性の育成への転換を提言する報告書にまで遡る。しかし、2003年と2006年に実施されたPISAテストで、日本の生徒の成績が低いレベルに留まったために、この改革に対する社会の支持は薄れていった。それでも、日本が成績不振校への追加支援を

導入してからは、PISA テストにおける日本の生徒の成績は世界のトップレベルになったのである。学校ガバナンスの改革では、学校、特に校長の自律性を高めるための仕組みづくりに注力した。1990 年代の改革では、生徒の主体性、高次の認知能力、問題解決能力の育成に焦点を当てた新しい学習指導要領の実施を支援するため、国や自治体のプロジェクトによって教師教育が支援され、教育学研究のためのモデル校が設立された。知識の習得から知識の応用への転換は、多くの学校にとって困難なものであった。2000 年代の学習指導要領改訂では、教育課程の内容を減らし、総合的な学習の時間を設けることで、自主的な学習や思考の時間を確保した。また、総合的な学習の時間をどのように使うかは、各学校が決めることとなった。しかし授業時間の減少に伴い、生徒の学業成績は低下してしまった。2010 年に発表された新しい学習指導要領では、国際的な政策内容を反映して、コンピテンシーの範囲が拡大されることとなった。ガバナンス改革では、評価システムの導入とともに、教育委員会と学校が改革を実施する上での自律性が高められたのである。

　第 5 章では、2012 年から 2018 年の大統領政権下で行われた一連の構造改革の一部分をなす、メキシコの包括的な教育改革を検証する。この改革では、教職を専門化するためのメカニズムの構築、教員の任命における教職員組合の役割の廃止、21 世紀型スキルに焦点を当てた野心的な新カリキュラムの導入などが行われた。この改革では、どのような教師の能力が不可欠であり、評価されるべきであるかが明記されておらず、教師の能力開発への投資は、新しいカリキュラムを教えるのに必要な能力を開発するために求められるものに比べると、わずかなものだった。

　改革のきっかけとなったのは、国内外のアセスメントで明らかになった低水準な教育成果とその不平等であり、また、OECD による教員の特徴と教授法に関する研究で明らかになった教育実践と教員の初期段階での研修についての情報である（OECD 2019a）。この改革には、新しいカリキュラム、学校の自律性の向上と学習への明確な焦点化、教師教育の改革を含む教員のキャリアパス、公平性と包摂性の強調、そして家庭による更なる参加を支援するガバナンスという五つの要素が含まれていた。教師のキャリア改革は、教師の業績評価を導入する必要があったため、改革の中でも最も議論を呼んだ側面であった。

　カリキュラム改革では、21 世紀型スキルに重点が置かれており、教育を 21 世紀のニーズに適合させるという目的が、すべての主要な改革文書の中心に据えられているのである。カリキュラムの基準には、認知的、対人的、かつ内面的なスキルが含まれていた。それらは、言語とコミュニケーション、数学的思考、自然界と社会の理解、批判的思考と問題解決、社会情動的能力と個人的目標、チームワークと協働、市民性と社会生活、創造性と芸術鑑賞、ヘルスケア、環境への配慮、そしてデジタル能力などの項目であった。これらスキルのそれぞれについて、就学前、初等、前期、および後期中等教育という義務教育の四つのサイクル全てに成績の基準が策定された。これらの目標は公開協議に付託され、その後、教育者やその他の関係者に広く伝えられた。教育省は、これらの基準に沿ったコンピテンシーの枠組みを開発したのである。この枠組みは、生徒の教育上のニーズ、および各人の興味に

応えるために、以下の三つの領域を有していた。つまり、学問的知識、社会的・人間的な発達（社会情動的学習を含む）、学校レベルでのカリキュラムの計画を可能にするカリキュラムの自律性の三つである。改革の実施が始まった時点で、政権の任期はわずか1年半しか残されていなかった。カリキュラムはオンライン上でのコースにより広く普及したが、新しいコンピテンシーを教えるための教育学的スキルを身につけられるような具体的な取り組みは行われなかった。改革の設計と実施はトップダウンで行われ、教師や市民社会の諸団体を含む他のグループの参加の機会は限られていた。市民社会の参加が唯一存在したのは、「自律的」に設計されたカリキュラムの部分に限られ、これにより、学校が市民社会の教育団体と協力して地域のカリキュラムを開発する機会が生まれたのである。しかし、新大統領の誕生は、この改革の実施を困難なものとした。

第6章では、ペルーの教育改革について考察を行う。この改革は、教育システムを変革するための包括的な一連の行動を反映したもので、教職を強化するための多面的な戦略が含まれている。ペルーの教育改革は、質と公平性に見合った配慮がなされないまま、比較的高いレベルの教育へのアクセスと学校からの卒業・修了率を達成してきたというコンセンサスが存在することを踏まえ、すべての生徒の学習機会に焦点を当てようとするものだった。これは、2003年にペルーが採用した2年生の生徒に対する学習評価システムにより、生徒の学習レベルが停滞していることが明らかになったためである。加えて、2012年に実施されたPISAで、ペルーの生徒が世界の中で最下位になるという衝撃的な結果が出たのである。この結果を受けて、ペルーは学習成果の向上を目的とした野心的な教育改革に着手し、4本の柱を同時かつ総合的に進めていくこととした。それらは、（a）教員キャリアの強化と教職の価値を向上すること、（b）すべての人の学習機会の向上、（c）学校、およびシステムの運営を改善すること、（d）学校インフラの格差是正、である。これらの柱には、それぞれ複数のアクションが含まれている。

教職の価値を高めるために、この改革では、教職に実力主義を導入し、努力と実績に報酬を与え、学習や生徒の学校生活の改善に効果があるかどうかをキャリアの焦点とする法律が成立した。改革では、優秀な高卒者が教職を選択することを支援するための財政的なインセンティブを設け、教職に就く際とキャリアアップのための教員評価システムを構築し、ティーチングにおいて成果をあげることや恵まれない地域の学校での仕事に報酬を与えるための財政的なインセンティブを設定し、教員初任者への支援、就学前教育センターや複数学年制の学校の教員に対する学校ベースでのコーチングなど、教員の専門的な能力開発への支援が行われた。

そして、学習機会を向上させるために、カリキュラムの改訂、先住民族出身の生徒に対するバイリンガル教育の支援、特別な学習ニーズを持つ生徒へのサポート、幼児教育へのアクセスの拡大、小学校への専門的な能力開発の提供、そして中等教育機関における1日の授業時間の増加などが行われることとなった。カリキュラム改革では、多くのステークホルダーとの幅広い協議や、同様の改革における世界的なモデル事例の検討が行われた。新しいカリキュラムでは、各段階で生徒が身につけるべきコンピテンシーと、学習基準が定められている。学校側への支援として

は、サンプルとなるレッスンプランの作成、ワークショップ研修、メンタリング、および専門的な能力開発のためのコミュニティづくり、テクノロジーを活用したコーチングなどが提供された。中等教育改革の重要な要素としては、スクールカウンセラー、ソーシャルワーカー、学習指導員、教育コーディネーターなど、生徒をサポートするための新たな専門的な役割が創設された。教育省は、少数のマグネットスクール〔訳注：佐々木（1992）によれば、「マグネット学校制度は、特色ある教育プログラムや教育方法を提供し、従来の通学区を超えて親や生徒を引きつける公立学校選択制度である」（p. 79）という。佐々木司（1992）「マグネット学校制度の特質と問題点　−学校選択制度としての側面を中心に−」『比較教育学研究』18, pp. 79-89〕にも資金を提供し、競争で選ばれた生徒に国際バカロレアのディプロマ・プログラムという難易度の高いカリキュラムを提供している。

　また、高等教育の質を高めるために、いくつかの制度改革も実施された。新たな大学法により、質に関する基礎的な基準を設定・監督し、公立・私立大学にライセンスを提供する新しい規制機関が発足した。新たな政策には、情報システム、認定機構、質保証プログラムが含まれ、また、大学へのアクセスを支援するための奨学金やローンも提供されることとなった。

　学校とシステムレベルの運営を改善するために、この改革では、学校の自律性を拡大し、学校レベルの管理職の数を増やして、校長の時間を教育指導に充てられるようにした。校長の選考には、コンピテンシーの高さを重視した新しい基準が導入され、教育指導の機会に関する専門的な能力開発が学校の校長に提供されるようになった。さらに、システムレベルの運営体制にも改善が加えられ、プロジェクトの計画やモニタリングの仕組み、すべての学校をフォローするための情報システムやダッシュボードなどが導入された。

　インフラ面での格差に対処するためには、ニーズの包括的な調査を実施し、投資を増やし、官民パートナーシップを促進し、そして改善プログラムによる支援を行うことになった。

　第7章では、ポーランドの長期にわたる教育改革について議論がなされる。この改革は、1989年に始まった国家の役割を縮小し、民間市場を促進するという政治経済的な変化を背景とするもので、1999年の包括的な改革に始まり、高次のスキルや個人的・社会的なコンピテンシーを中心とするコア・カリキュラムの再設計や、学校・教師の自律性を高め、教育イノベーションを支援することを目的とした教育構造やガバナンスなどから構成されている。改革の核心は、初等教育の最終段階である前期中等教育を独立させたことにあった。中学校を独立させることで、生徒の送り手となる小学校との集団を形成することができ、農村部では教科の専門家を雇うことができるようになったのである。また、新しい校長を採用する機会も生まれた。校長は、カリキュラムと教授法を革新し、協働と新しい学校文化を促進することを目的として、この新しい組織へと入っていったのである。国のカリキュラムには、学習、思考、研究、行動、自己改善、コミュニケーション、協力などの横断的なスキルが明確に盛り込まれることとなった。カリキュラムでは、正直さ、信頼性、責任感、忍耐力、自尊心、他者への敬意、好奇心、創造性、起業家精神、礼儀正しさ、参加、自発性、グループワーク、市民参加などを伴う種々の態度が強調

されていた。また、リテラシー、数学的推論、科学的思考、コミュニケーションスキル、ICT スキル、学習能力、協働的に働く力などの市民的スキルも重視された。

　この改革では、学校がシラバスを作成し、独自の教科書を選択することが期待されていた。改革の目的や新しいカリキュラムを教師に伝えるために様々な取り組みがなされたが、実施のスケジュールが短かったため、それらの取り組みは教師が新しい教育スキルを身につけるための意図的な努力を伴うものではなかった。新カリキュラムの実施をサポートするために、改革の主要な目標とコンセプトを伝える一連の小冊子が学校に配布された。民間の出版社は、新カリキュラムがもたらした機会を捉え、教育学的な提案を盛り込んだ新しい教科書を提供した。また、教科書出版社は、新カリキュラムをサポートするための教育的アプローチが議論できるように専門的な能力開発のための会議を開催した。さらに、この改革では各教育サイクルの終わりに、新カリキュラムにおける認知スキルに沿う標準化されたテストが導入されることとなった。

　改革の設計と実施が迅速に行われたため、新しいカリキュラムの目標に沿って教師や校長が深い専門知識を身につけることはできなかった。例えば、独自のシラバスを選択できる可能性は、教師がシラバスに慣れるのに十分な時間がなかったため、実現されないことが多かった。これらの課題は、特に改革実施の初期段階において、改革に対する否定的な世論を形成することとなった。

　改革が導入されて以来、PISA における生徒の成績は大幅に改善されたにもかかわらず、改革の一部の変更に対する国民の支持は不十分であり、改革の目標と手段を伝え、国民の支持を得るための配慮も不十分であった。評価は改革の形成的な改善に利用され、例えば PISA の結果は、高次のスキルを強調するために 2008 年のカリキュラム改訂に役立てられたのである。しかし、2015 年の政治的な変化により改革は中止され、前期中等学校は廃止されることになったが、これにはほとんどの教育者が反対したのである。

　第 8 章では、ポルトガルにおける長い教育改革の歴史を振り返る。それぞれが多少異なるような教育戦略をとる複数の政権により主導されてきたが、共通しているのは、知識と技能に関する国内外の評価で測定されるような生徒の学習成果というものを向上させることに焦点が置かれていた点である。この改革の始まりは2001 年に遡る。この 10 年間は教育の大幅な拡大に伴い、教育へのアクセスと質の間のトレードオフについての議論が高まっていた。1995 年の TIMSS の結果では、ポルトガルの生徒の成績は参加国の中で最低レベルであった。2000 年に行われた第 1 回 PISA 調査も同様であった。これらの結果は、改革を求める声を活気づけ、教育の質をより重視することを主張する人々に力を与えた。2001 年、政府は高校の卒業試験を学校ごとに公開することを決定し、同じような生徒集団を抱える学校でも結果にばらつきがあることが話題になった。その後、数学と科学のカリキュラムを改善するために、大臣直属の委員会が設置されることとなった。義務教育終了時には、これらの科目に新たな試験が導入された。その後、読書意欲を高めるための学校や図書館での自発的な活動を通じて、読解能力と数学の教育を改善するための重点的な取り組みが行われた。そして、これらの科目には学習基準が導入された

のである。このような現実的な改革に続いて、経済調整 [訳注：リーマンショック以降の景気後退を受けて導入された財政再建のためのプログラムである] 期間中の 2011 年から 2015 年にかけて、より包括的な改革が行われた。この改革では、基礎教育が 9 年から 12 年に拡大され、高等学校に技術・職業コースを設けたほか、カリキュラムの見直しを行い、中核となる学術的な教科（第一に、読解能力、数学、それらに続いて歴史、地理、科学、および英語）に重点が置かれた。カリキュラム改訂のアプローチは、小さく漸次的な変化を重ねながら、より一貫性のあるものを目指すというものであった。教科書の評価を変更することで、教科書と新しいカリキュラム基準との整合性も高められた。また、この改革では、頻繁に行われ、信頼性の高い生徒評価が導入され、生徒の知識と技能を評価する独立機関も設立された。退学を減らすための具体的な対策として、学校が勉強に手こずる生徒に対し授業時間外での支援を行うことなどが採用された。また、学校の自律性を強化し、非金銭的なインセンティブを用いることで、生徒の学習成果を学校が向上させることに注意が向けられた。これまでの改革では、経験豊富な既存の教員に頼ってきたのだが、今後 10 年間で半数以上が退職してしまうことから、しっかりと準備をしている教師でもって刷新することが継続的な課題となっている。2005 年から 2015 年までの改革では、教師の選抜と初期研修の改善が試みられたが、この取り組みは多くの論争を生むこととなった。

　第 9 章では、経済の開放と 1990 年代の政治改革を経て、ロシアで始まった一連の教育改革を検証する。改革の初期段階では、より幅広いコンピテンシーを育成するための教育の刷新が推進され、革新的な教師たちが、教師・生徒・保護者間の協力、全人的な個人、および職業的な発展、そして学校の自律性の拡大を提唱する「協力の教育学のための宣言」を起草する運動の基盤となった。国外の教育界との交流が深まったことで、ロシアの教育者は世界の教育イノベーションについてより詳しく知るようになった。2001 年、ロシア政府は教育の近代化のための枠組みを発表した。この枠組みには、コンピテンシーに基づく教育や、カリキュラムのより広範な目標が含まれていた。2004 年には新しいカリキュラム基準が承認され、専門分野の知識と生徒の人格の総合的な発達に焦点が当てられることとなった。この基準は、その後 5 年間で段階的に改訂され、ロシアのさまざまな地域で幅広い関係者との協議が行われた。しかし、教師や革新的な教育者の参加が限定されたため、基準はかなりわかりにくい言葉で書かれることとなってしまった。結果として作られた連邦教育基準では、認知的スキルだけでなく、横断的スキルや個人的コンピテンシーにも焦点が当てられた。しかし、この基準に沿って教えるための教育的スキルを教師が身につけることをサポートする規定はなかった。その代わりに、他の多くの構造改革によって、学校や地域が新しいカリキュラムを提供するために必要な研修を行う機会が設けられることが期待されていた。これらの改革には、学校の自律性の拡大と就学率に応じた財政の平等化、教員の専門的な能力開発を提供する競争市場において地域が独自のプログラムを選択する自由、学校へのインターネットの提供によって教員がオンラインで資料を探したり同僚と協力したりする機会の提供、そして、学校の選択カリキュラムの増加を通してカリキュラムの一部を形成する自由度の拡大などが含まれていた。カリキュラムの自由度を高めることは、ま

ずいくつかの実験的な学校やパイロット的な自治体・地域で試みられた。これらの試みは評価の対象ではなかった。コンピテンシーに基づくカリキュラムの実施は、これらのスキルを実施するための全体的な戦略がないことや、多くの競合する政策の優先順位や、専門分野に基づく教育を提唱するグループによる21世紀型スキルの考え方への反対によって妨げられてきた。その結果、多くの保護者や教師が、事実に基づいた知識の暗記や反復的な認知操作といった「ソ連時代のルーツに戻る」ことを要求するという、保守的な揺り戻しを招くこととなった。このような世論を支えたのは、新しい課題に新しい答えは必要ない、と主張する教育政策の新たなリーダーたちであった。

01.2 －これらの国々での教育の在り方はどのようなものであり、また改革実施に伴いそれは変化しているのか？－

　本節では、OECDの最新の教員調査であるTALIS 2018調査を参考にして、OECDの平均的な回答と比較しながら、本書で扱った国々の指導の状況について考察する。これらのデータでは、本書で議論した諸改革がこれらの実践にどのような影響を与えたかについて因果関係を示すことはできず、単にそれぞれの国の実践により、指導が実際に生徒のより広範なスキルの育成に沿ったものになっているということを示す何らかのエビデンスが得られるかどうかを判断するものに過ぎない。これらの国の初期状態がどのようなものであったかはわからないため、観測された実践レベルでは、それぞれの国でどれだけ変化したかを明らかにすることはできない。また、ペルーとポルトガルはTALISに参加していないため、これらの国の教育実践については記述しない。

　OECD諸国の教師の多く（70％以上）は、同僚が教育や学習に関する新しいアイディアにオープンであり、それを試す上での協力者になると考えている。この数字は本書で扱ったすべての国で同等かそれ以上であるが、ポルトガルは例外で、同僚がイノベーションにオープンであると報告している教師は65％にすぎない（OECD 2019a, Table I.2.35）。

　教壇に立つための前提として、学級経営ができることが必要である。2018年のTALISの結果によると、72％の教師が初期研修で学級経営のための準備を学んでいると報告しているものの、この領域で十分な準備ができていると感じているのは53％に過ぎず、また、同領域で専門的な能力開発を最近受けたことがある教師は半数のみであった。学級経営に関する能力開発の必要性が高いと回答した教師は調査対象全体の14％であったのに対し、日本では43％と非常に高くなっている。ほとんどの教師（85％）は、教室での問題行動をコントロールできると感じているが、これも日本では60％と低い数値となっている。そして、教師の3分の1は、教室の規律を管理できないために指導時間を失うことになっていると報告している（OECD 2019a, Figure I.1.4）。

　ほとんどの教師は、教師主体の指導に沿った基本的な学級経営を行っている。つ

まり、生徒にルールを守るように言い、生徒の注意をクラスに向けさせ、問題のある生徒に対処し、生徒に聞くように指示を行っているのである。また、ほとんどの教師は、最近学んだ内容を要約する、授業ごとの目標を設定する、期待される学習内容を伝える、古い内容と新しい内容の関係を説明するなどの、既存の教師主体型指導のモデル例を実施していることを報告している。これを実施していると回答した教員の割合は、フィンランドでは他の国よりも低く、日本では「最近学んだ内容を要約する」という項目が低かった（OECD 2019a, Table I.2.1）。

　生徒が各自別々、または、小グループで、あるいは難しい問題に取り組むことを求めるような指導方法を採用している教師はかなり少ない。明らかな解答が存在しない問題を生徒に提示している教師は3分の1しかおらず、この割合は日本ではかなり低い（16%）一方で、ブラジル（49%）、ポルトガル（67%）、ロシア（58%）では大幅に高い数値であった。批判的思考を必要とする課題を生徒に与えている教師は5人に3人しかおらず、この数字はブラジルではかなり高かったが（84%）、日本ではかなり低かった（13%）。生徒に小グループで活動させたり、課題を解決する方法を自分で決めたり、プロジェクトや授業の課題で ICT を使うことを許可している教師は半数しかいなかった。4分の3の教師は、日常的な例を用いて生徒が学んでいることの価値を可視化し、概念の理解を確認するための練習の機会を生徒に提供しているという（OECD 2019a, Table I.2.1）。

　生徒の課題を評価するために、ほとんどの教師が独自の評価を行っている。この数字は、日本（51%）とロシア（39%）ではかなり低いものであった。5人のうち3人の教師は、成績に加えて、生徒の課題に対する書面でのフィードバックを提供しているが、日本（26%）とロシア（16%）では、この慣行もかなり低い数値である。生徒に自分自身の進捗の評価を委ねる教師は5人に2人しかいなかったが、5人のうち4人の教師は生徒が課題に取り組んでいるのを観察し、すぐにフィードバックを与えるとしている（OECD 2019a, Table I.2.6）。

　情報技術が遍在的なものとなるにつれ、適切な教育というものは、仕事や生活の中で技術を使いこなす能力を学生に与えるものでなければならない。教員の半数以上は、初期準備の段階で教育用の情報通信技術（ICT）を利用したことがあり、OECD 加盟国の平均では56%であった。教師の5人に2人は、ICT を利用するための準備が整っていると感じているが、フィンランドと日本ではこの数字はかなり低い。5人のうち3人は、このテーマについて最近専門的な能力開発を受けたことがあるという。5人に1人は、この分野での能力開発を非常に必要としていると答えているが、この割合は日本の場合39%となっている。また、約半数の教員がプロジェクトや授業の課題で ICT を活用しているという（OECD 2019a, Figure I.1.1）。

　国内外の移民の結果、教室は文化的・言語的に多様化している。OECD 加盟国では、平均して18%の教師が、少なくとも10%の生徒が教授言語とは異なる言語を第一言語としているような教室で教えている。初期研修で多文化教育について学んだことのある教師は3人に1人しかおらず、その結果、多文化環境で教える準備ができていると感じている教師は4人に1人しかいない。また、5人に1

人の教師のみが、最近、このテーマで専門的な能力開発を受けたと報告している。15％の教師が、多言語環境での専門的な能力開発の必要性が高いと回答しているが、この数字はブラジル（44％）、メキシコ（46％）、ポルトガル（22％）で高くなっている。教師の3分の2は、多言語クラスで教える際の課題に対処できると報告しているが、この数字は日本でははるかに低い（17％）（OECD 2019a, Figure I.1.2）。

21世紀の教育の特徴は、包摂の拡大であり、特別な学習ニーズを持つ生徒を含むすべての生徒を教育することにある。OECD加盟国では、平均して27％の教師が、10％以上の生徒が特別なニーズを持つクラスを担当している。また、3分の2の教員が初期研修において包摂に関するトレーニングを受けており、44％の教員が特別なニーズを持つ子どもたちを教室に受け入れる準備ができていると感じている。しかし、最近、このテーマで専門的な能力開発を受けたことがある教師は43％に過ぎず、5人に1人はそのような研修の必要性を強く感じている。また、校長の3分の1は、こうしたスキルを持つ教師が不足していることを述べている（OECD 2019a, Figure I.1.3）。

本書で調査した国においては、表1.2に示すように指導方法が変化してきている。OECDでは、2013年と2018年に実施された同様の調査に対する教師からの回答について、限られた範囲の指導方法についてではあるが、比較を行なっている。最近学んだ内容の要約の提示については大きな変化はない一方で、他のほとんどの国では、新しい概念の重要性を説明するために日常生活上の問題に言及すること、生徒に小グループで問題を解決させること、完成までに1週間以上を要するプロジェクトを生徒に提供すること、そしてプロジェクトや授業の課題にICTを利用させることなどの項目で大きな変化が見られた。さらに、ポルトガルでは、生徒が内容を理解したことが明らかになるまで、同じような課題を練習させる教員の割合が11.9ポイント増加した。最大の増加幅は、プロジェクトで生徒にICTを利用させる教員の割合において見られた。深い学びから遠ざかる方向への変化としては三つのみが挙げられる。まず、ブラジルでは生徒に小グループで学習を行わせると答えた教員の割合が10ポイント減少した。また、日本とメキシコでは、生徒に1週間以上かかる課題を与える教員の割合が、それぞれ3ポイントと3.4ポイント減少していたのである。

教師が生徒の課題を評価する方法にも変化があり、最も顕著な増加は（ブラジルを除いて）、自分で評価を行う教師の割合において見られた。成績評価に加えて、生徒に対し文書でのフィードバックを行う教員の割合も、ブラジル、フィンランド、日本、メキシコで増加している一方、ポルトガルとロシアでは減少していた。生徒に自分の進捗の評価を委ねる教員の割合は、フィンランド（17.6ポイント）で大幅に、日本（3.9ポイント）でも増加したが、ブラジルでは減少した（3.3ポイント）。生徒が課題に取り組む様子を観察し、すぐにフィードバックを与えるという教員の割合は、ブラジル、フィンランド、メキシコでは増加したが、ロシアでは減少したという（表1.3）。

表 1.2　2013 年から 2018 年までの指導方法の変化

	以下の指導実践について「しばしば」あるいは「いつも」授業で行っていると答えた教師のパーセンテージ							
	最近学んだ内容の要約を提示する				生徒に小グループで問題や課題への解決を共同でしてもらう			
	TALIS (2013 年)	TALIS (2018 年)	2013 年から 2018 年までの変化		TALIS (2013 年)	TALIS (2018 年)	2013 年から 2018 年までの変化	
	%	%	% における差	標準誤差	%	%	% における差	標準誤差
ブラジル	79.2	81.6	2.4	(1.2)	65.6	55.6	**−10.0**	(1.8)
フィンランド	62.0	59.7	−2.3	(1.6)	36.7	42.3	**5.6**	(1.7)
日本	59.8	58.6	−1.3	(1.4)	32.5	44.4	**11.9**	(1.9)
メキシコ	62.8	65.6	2.8	(1.6)	73.4	70.9	−2.5	(1.6)
ポルトガル	84.8	84.4	−0.4	(1.0)	49.0	49.9	1.0	(1.3)
ロシア[a]	62.8	66.4	3.5	(1.9)	43.3	42.5	−0.8	(2.1)
	日常生活や仕事の問題に言及し、新しい知識がなぜ有用かを示す				完成までに少なくとも一週間を要するプロジェクトを生徒に提供する			
ブラジル	89.4	91.3	**2.0**	(0.9)	38.4	43.4	**5.0**	(1.9)
フィンランド	63.7	68.2	**4.5**	(1.6)	14.1	22.4	**8.3**	(1.2)
日本	50.9	53.9	**3.0**	(1.3)	14.1	11.1	**−3.0**	(0.9)
メキシコ	84.8	89.2	**4.4**	(1.0)	57.1	53.8	**−3.4**	(1.5)
ポルトガル	65.6	93.1	**27.5**	(1.1)	21.1	32.2	**11.1**	(1.2)
ロシア[a]	79.5	79.5	0.0	(1.5)	22.1	25.9	**3.8**	(1.7)
	生徒全員が内容を理解するまで同じ課題を練習させる				プロジェクトや授業の課題で生徒に情報通信技術を利用させる			
ブラジル	74.2	75.9	1.7	(1.6)	30.3	41.6	**11.3**	(1.9)
フィンランド	50.7	50.4	−0.3	(1.5)	18.2	50.7	**32.5**	(1.8)
日本	31.9	31.3	−0.6	(1.3)	9.9	17.9	**7.9**	(1.2)
メキシコ	79.8	81.7	1.9	(1.5)	56.2	68.7	**12.5**	(1.8)
ポルトガル	60.9	72.9	**11.9**	(1.3)	34.4	56.8	**22.5**	(1.3)
ロシア[a]	76.1	77.4	1.3	(1.7)	47.6	69.0	**21.3**	(1.9)

出典元：OECD (2019a, Table I.2.4)
なお、統計的に有意な値は太字で表記されている。ロシアについては、[a]モスクワの数値は除かれたものであり、変化の推定値の解釈に際しては注意が必要である。

表 1.3　2013 年から 2018 年までの教師による評価方法の変化

生徒の学習評価に関し、以下の方法について「しばしば」あるいは
「いつも」授業で行っていると答えた教師のパーセンテージ

独自のアセスメントを実施

	TALIS (2013 年度)		TALIS (2018 年度)		2013 年から 2018 年にかけての変化	
	%	標準誤差	%	標準誤差	%の差分	標準誤差
ブラジル	93.4	(0.4)	94.1	(0.6)	0.7	(0.8)
フィンランド	66.2	(1.2)	85.8	(0.9)	**19.5**	(1.5)
日本	29.1	(0.8)	51.2	(1.2)	**22.1**	(1.5)
メキシコ	78.7	(0.9)	84.1	(0.9)	**5.5**	(1.3)
ポルトガル	82.5	(0.6)	97.3	(0.4)	**14.8**	(0.7)
ロシア[a]	27.1	(1.2)	38.6	(1.2)	**11.5**	(1.7)
点数に加え生徒の取り組みに対し文書でのフィードバックを与える						
ブラジル	61.7	(0.9)	73.0	(1.3)	**11.4**	(1.6)
フィンランド	25.2	(1.0)	38.2	(1.2)	**13.0**	(1.6)
日本	22.9	(1.0)	26.3	(1.0)	**3.4**	(1.4)
メキシコ	73.1	(1.0)	80.5	(0.9)	**7.3**	(1.3)
ポルトガル	75.5	(0.7)	68.8	(0.9)	**−6.7**	(1.1)
ロシア[a]	18.7	(1.1)	15.7	(1.0)	−3.0	(1.5)
生徒自身に自らの進捗を評価させる						
ブラジル	43.1	(0.8)	39.9	(1.3)	**−3.3**	(1.5)
フィンランド	27.2	(1.2)	44.8	(1.3)	**17.6**	(1.8)
日本	27.0	(1.1)	30.8	(1.0)	**3.9**	(1.5)
メキシコ	61.5	(1.3)	59.9	(1.1)	−1.6	(1.7)
ポルトガル	59.2	(0.9)	61.4	(1.1)	2.2	(1.4)
ロシア[a]	42.2	(1.6)	38.3	(1.4)	−3.9	(2.1)
生徒が特定の課題に取り組むのを観察し、その場でフィードバックを与える						
ブラジル	80.9	(0.8)	84.4	(1.2)	**3.5**	(1.5)
フィンランド	76.1	(0.8)	79.0	(1.0)	**2.9**	(1.3)
日本	43.0	(0.9)	41.2	(1.1)	−1.8	(1.4)
メキシコ	90.8	(0.6)	92.5	(0.6)	**1.7**	(0.9)
ポルトガル	89.5	(0.5)	90.4	(0.5)	0.9	(0.8)
ロシア[a]	76.4	(1.2)	68.7	(1.3)	**−7.7**	(1.8)

出典元：OECD (2019a, Table I.2.9)
なお、統計的に有意な値は太字で表記されている。これらのデータは教師の報告に基づくもので、一週間のスケジュールの中で現在教えているランダムに選ばれたクラスについて言及しているものである。2013 年度のデータについては、「独自のアセスメントを開発し実施している」頻度について聞かれていた。最後に、ロシアについては、[a]モスクワの数値は除かれたもの（2018 年度）であり、変化の推定値の解釈に際しては注意が必要である。

01.3 –教育変化についての多次元的な視点–

　これらの 8 カ国における教育改革に対する政府のアプローチを研究した結果、それぞれの改革戦略には、文化的、心理学的、専門職的、制度的、政治的な五つの

異なる視点のうち、強調される点は異なるものの、いくつかの要素が組み込まれていることがわかった。本節が参考にしている教育変化のプロセスをめぐる私自身の近著（Reimers 2020）で説明されているように、これらの視点は相互に排他的なものではなく、それぞれが変化のプロセスの特定の要素に焦点を当てるものなのである。これらの視点から改革のアプローチを概念化することは、以下に挙げる三つの点で有効である。まず、ある視点が改革デザインの一部になっている場合、改革戦略が各視点の中で内的一貫性を有しているかどうかを検討するのに役立つのである。第二に、改革戦略を導いている視点とは別の補完的な視点を使うべき状況があるかどうかを問うこともできる。おそらく、多次元的な視点を用いれば、変化プロセスの設計はより包括的なものとなるだろう。最後に、変化に対する多次元的な視点は、教育変革の長い弧の中で採られる一連の行動をデザインする助けとなりうるのである。

　制度的な能力、リソース、政治的資本には限界があるため、政府はいつでも少数の優先事項を設定しなければならない。これらの優先事項は、教育改革の長いプロセスの中でのステージとして考えることができる。各ステージで達成された優先事項は、次のステージで他の優先事項を追求するための条件を整える。すべての改革がこれらの五つの視点のそれぞれの要素に取り組むべきであるとは限らず、というのもある時代や状況において、他よりももっと関連性の高いものがあるかもしれないためである。私は、以下に述べる五つの視点は、変化のプロセスの要素を明らかにするものであり、相互に影響し合うものであると考えている。

● 文化的視点：教育の目標や実践、変革の必要性を定義する、より広範な外部の社会的期待、規範、価値観に焦点を当てるものである
● 心理学的視点：生徒、教師、管理職、保護者の学習と指導のプロセスを支える学習理論を反映するものである
● 専門職的視点：教育実践に専門知識を生かすために、どのように役割を構築するかに焦点を当てるものである
● 制度的視点：教育システムに回復力（レジリエンス）を与えるさまざまな構造、プロセス、リソースに注目するものである。なお、教育システムとは、それを形成するアクター間の相互作用をコントロールし、教育と学習に安定性と意味を付与するものである
● 政治的視点：改革の設計と実施において、さまざまなグループの利害がどのように調停され、対立が解決されるかを示すものである

　それぞれの視点は、変化のプロセスの種々の側面を説明するのに役立つ、論理的に関連した一連の構成要素に焦点を当てている。実践の中には、複数の視点から分析することがより効果的なものもある。例えば、テクノロジーや人工知能の利用による仕事の変化は、労働市場に参入する人々に新たな認知的要求や、情報リテラシーや計算論的思考における要求というものを生み出している。このような変容は、外部環境の変化が学校に期待されることの変化を誘発する例として、文化的な

ものとして理解することができる一方で、特に雇用者の新しい要求がカリキュラム
に影響を与える組織的な努力につながる場合には、政治的な変化としても理解する
ことができるのである。

　これらの五つの視点は、組織の変化に関する他の諸概念と関係がある。たとえば、
組織論の研究者である Lee Bolman と Terry Deal は、組織に関する研究の多くが、
構造、人的資源、政治、象徴という 4 つの視点に分類できると主張した（Bolman
& Deal 1991）。構造的なフレームは、私が制度的な視点と呼んでいるものに相当
し、人的資源は専門職的な視点、政治的な視点は同名の視点で、象徴的な視点は
文化的な視点にそれぞれ対応するものである。学校教育の効果研究に関わる Jaap
Scheerens は、その概念化において、組織の効果に関する理論的見解を、経済的
合理性、有機的システムモデル、人間関係アプローチ、官僚制、政治的なもの、と
いうようにまとめている（Scheerens 2000, pp.23-26）。学校システムの外部環
境への適応を重視する有機的システムモデルと、私が文化的視点と呼ぶものは対応
関係を有している。人間関係アプローチと専門職的視点、官僚制と制度的視点、政
治的なものと政治的視点、それぞれについても同様である。Scheerens がそれぞ
れのモデルについて強調するところは、私とは異なるものであり、また、彼の概念
化には心理学的な視点が欠けている。David Olson 教授も、教育改革を研究する
ために制度的視点と心理学的視点を対比させ、心理学の考えを学校教育に取り入れ
る多くの取り組みが失敗しているのは、学校教育の制度的な側面に注意が払われて
いないからだと主張している（Olson 2003）。

01.3.1 −教育変化についての文化的な視点−

　文化的視点では、教育実践というものが、社会において教育がどのように広く理
解され、また、社会が学校にどのような期待を寄せているかを定義する、共有され
た規範、その表現物、そして慣行の結果であることが強調される。これには、以下
に列挙する相互に関連した諸領域が含まれる。まず、教育機関と他の社会機関との
関係がどのように理解されているか、また、社会の目的や価値観との関係はどのよ
うに理解されているのか。社会が教師や学習者をどのように見ているのか。最後に、
教育実践がどのように理解されているか、などである。

　学校は、家庭、宗教団体、市民団体などの他の機関とともに、青少年の社会化と
いう役割を共有している。すべての社会は、学校がどのような役割を果たすべきか、
教育領域の適切な行動と境界、そしてその境界の外にあるものについて期待してい
るのである。この観点からの重要な質問は次の通りである。まず、若者を社会化す
る上で、これらの機関やその他の機関の間での適切な役割分担はどのようなものな
のか。学校はどのような社会的目的や価値を推進することが期待されているのか。
学校は伝統を守ることを期待されているのか、それとも変化を促すことを期待され
ているのか。また、社会構造を再生産することが求められているのか、それともそ
れを変容させることが求められているのか。学校は、既存の経済構造の要求を満た
すために人々を準備させることを期待されているのか、それとも異なる経済構造の

創出を可能にするべく人々を準備させることが期待されているのか。あるいは、市民としての役割を果たすための教育が期待されているのか、もしそうならば、その役割はどのように理解されるのか。そして、科学、技術、教養の変化に伴い、学校はどのように変化していくべきなのか。これらの質問は、教育の変化に関する文化的視点の三つの側面のうち、第一の側面に由来するものであり、学校の適応機能、つまり学校が社会の要求にどのように応えるのかという問いに対応するものである。

　特に生徒の価値観を育む上での学校の役割については、社会が様々であるため、定期的に論争が起きているが、生徒が知識や技能を身につける上で学校が果たすべき役割については、そこまでの不一致は見られない。しかし、技能に関してさえも、少なくとも二つの陣営が対立している。コアとなるリテラシーに焦点を当てた「基本に戻る」ことの価値を強調する人々と、より幅広い目標に焦点を当てることを支持する人々が存在している。本書で検討したすべての改革がそうであったように、カリキュラムの目標が広がれば、学校の適切な役割とは何か、家庭や宗教団体の私的な領域を侵害してしまわないように公的機関にはどのような限界を課すか、などの点をめぐる議論が活発化するのである。

　教育に関する文化的な視点の中核となるのは、学校が果たすべき保存的な役割と変革的な役割のバランスを理解することである。学校は、各世代が伝えるべきことに同意するような文化の諸要素を若者に伝えていくべきだという保守的な規範と、現在に対するある種の不満を若者に伝え、新しい規範を想像し、最終的には構築したいという願望を伝えていくような変革的な規範とのバランスをとっているのである。後者の観点からすると、学校は現在の社会制度を伝えるだけでなく、未来のより良い社会を予期することができるような空間なのである。伝統を守ることと社会を変革することの間で、学校に期待されるバランスというものは社会によって異なり、教育改革における文化的視点とは、そのような文化的期待と境界を理解し、そして教育改革をそれらに符号させることなのである。学校が社会的不平等とどのように関わっていくべきかという期待を変えようとした初期の取り組みの一つとして、ニュージーランドでは 1940 年代に、元々教育大臣も務めたピーター・フレイザー首相と教育局長だったクラレンス・ビービー氏のリーダーシップのもと、社会的背景の異なる生徒に教育の機会均等を図るための改革が行われた（Renwick 1998）。同様の改革目標は、1960 年代に米国をはじめとする世界各国で導入された。フィリップ・クームスが作成した報告書や、それに続くフォール報告は、社会、経済、技術の変化の性質と速度に対応するために、教育システムに対する社会の期待の上述のような変化を正確に反映している。再生産と変容のバランスについては、技術や社会が急速に変化している今、最も重要な問題である。例えば、環境や気候変動への関心の高まりは、学校に新たな要求を生み出す可能性がある。また、人工知能やスーパーコンピュータの発達と、それらが社会や経済の組織にもたらすであろう変容にも同様のことが言える。

　本書で取り上げたポーランドとロシアの改革は、大きな政治的変化を動機とした改革の明確な例である。そこでは、社会の民主化が進み、それに伴って学校が担う

べき役割に対する期待が変化したのである。ポルトガルの改革は、国の民主化によってアクセスが大幅に拡大したことによるもので、質に関する議論は、民主化が進んだ政治が可能にした参加者の増加とその意見の多様性を反映したものである。メキシコの教育改革も、このような大きな政治的変化への対応を例示するものである。このケースでは、2000年の政治的変化に伴って始まった民主的制度の構築という進行中のプロセスがあり、それが、政党や組合などの政治的機関によって教育制度をはじめとする州の機関が支配されていたことに対する挑戦をもたらしたのである。

教育の文化についての第二の側面は、社会が教師や教育をどのように見ているかということに関わるものである。シンガポールの教師に対する尊敬の念はよく知られており、それは教師の任命が利権や汚職に支配されている状況とは対照的である。フィンランドの改革は、改革が彼ら「に」ではなく彼ら「とともに」行われるという点で、教師に対する高い評価というものを示している。一方、メキシコの改革は、トップダウンの行政改革であり、改革の設計において、アクターとしての教師に対する開放性は低いものにとどまったが、逆説的に、職業へのアクセスや昇進における利権や汚職を排除することで、教師の専門職としての地位を高めようとしたものであった。

また、教育の変化に関する文化的な視点には、教育文化という考え方が含まれている。これは、教育が社会でどのように理解されているかを定義する一連の共有された規範と実践であり、指導がどのように行われるべきかをめぐる意味なのである。これには、教師と生徒のどちらを中心とした指導が行われるべきか、講義とグループワークのどちらに時間を割くべきか、教師は同僚と協働すべきか、独立して作業すべきかなどの考えが含まれる。このような教育文化は弾力的なもので、いったん規範や成果物、実践に結晶化されると、その変化は緩やかなものとなる。本書で述べられている教育改革の取り組みは、実質的には教育文化の変革の取り組みであるが、そのような変革は一夜にして起こるものではない。専門的な能力開発の結果として教師が得た新しい知識やアイディア、新しいカリキュラムを通して実行するように誘導された新たな実践、そして生徒や教師評価の新しい形式など、これらはすべて既存の文化や規範と交渉しなければならないものなのである。TyackとCubanが米国の教育改革の歴史に関する重要な研究の中において論じたところによれば、連邦政府の政策は、それまでの命令の上に積み重ねられた新たな命令として学校に届くのだが、次々と行われる改革の努力は、学校で観察可能な教育実践の中に「地質学的な層」を形成するという（Tyack & Cuban 1995, p. 76）。

また、文化的な観点からは、改革において比較的長いサイクルが必要であることも強調される。すべての改革は教育文化を形成しようとするものであり、それまでの改革による既存の「地層」と交渉することになるため、政策の意図が教育実践に反映され、そこに長く留まることで、教育がどのように行われるかについての新しい規範や共有された意味を持つようになるまで、改革を継続する必要があるのだ。既存の実践を「学び直す（unlearning）」［訳注：松下佳代（2010）によりこの概念の整理が行われている。松下佳代（2010）「大学における『学びの転換』とは：概念による検討」東北大学高等教育開発推進センター

編『大学における「学びの転換」と学士課程教育の将来（pp. 5-15）』東北大学出版会] 一方で、新しい意味や実践を学ぶこのプロセスは、個人の心の中や、学校現場にいる様々な人の間で交わされる社会的な交渉の中で展開されるため、どうしても時間のかかるものである。改革が新しい実践のシステムとして結晶化する前に中断されてしまうと、変化が少ないだけでなく、将来のさらなる変化に対する開放性さえ損なわれることになるだろう。

　日本の改革の取り組みを扱った章では、長い政策サイクルの重要性が強調されており、フィンランドの章では、過去の政策サイクルの上に改革を積み重ねる方法が例示されている。対照的に、ブラジルとメキシコの改革を検証した章では、比較的短い政策サイクルの課題が示されているが、これは教育システムが教育以外の政治的目的に利用されるという高度に政治化された状況によって中断されたためである。

01.3.2 **–教育変化についての心理学的な視点–**

　心理学的な視点は、生徒や教師、またその他の指導をサポートする人々のために、教えたり学んだりするプロセスを強調し、人がどのように学ぶかについての科学的根拠に基づいた知識を重視するものである。心理学的な観点からは、次のような中心的な質問が考えられる。生徒は何を、どのような順序で学ぶべきか、また、それを学ぶためにはどのようにサポートを提供することができるか。教師は何をどのように教えるべきか、そして、効果的に教えることができるように専門的な能力開発をどのようにサポートすることができるか。

　心理学が独立した科学として発展してきた初期の段階から、人間の機能や発達を科学的に研究することで、教育の改善に役立つと主張する人が多く存在した。スイスの心理学者エドゥアール・クラパレは、教育に対する実験的アプローチを提唱し、教育科学を開発するためのルソー研究所を設立した。初代所長のピエール・ボヴェとその後継者であるジャン・ピアジェは、1925 年にクラパレと共同で、比較教育研究の最初の拠点である国際教育局（IBE: the International Bureau of Education）を設立した。後にユネスコが設立されると、国際教育局はその一部となり、教育科学の知識をプログラムや実践に反映させ、また世界中の教育の発展を支援する取り組みにも導入することに貢献した。

　学習と指導がどのように行われているかについての科学的知識は、生徒が目的とするコンピテンシーを身につける上で最終的に効果的であるような改革を行うために必要であり、目的とするコンピテンシーの操作的な定義と測定は、カリキュラムと教授法に活かすことができるというのは明らかであるように思われるが、心理学と教育の関係をめぐる歴史は険しいものであった。デイビッド・オルソンは、このような関係を検討する中で、心理学者が学校の制度的性質に十分な注意を払っていないことが、この亀裂の原因であると主張している。

　　人と制度とをあまりに厳しく区別すると、多くの優れた科学が学校教育の理解とは無関係に

なってしまう。一方、この二つを混同すると、学校教育の効果が見えなくなり、個人的・社会的発展における単なる一つの要因になってしまうのである（Olson 2003, xi）。

カリキュラム基準にどのコンピテンシーを含めるかという選択は、文化的視点と心理学的視点にまたがるものである。というのも、どのコンピテンシーを育成するかという選択は、何が必要かという文化的理解から生じる規範的選択と、何が可能で、何が個人に役立つかという心理学的知識とを反映しているためである。心理学が異なる教育目標を特徴づける例として、ベンジャミン・ブルームが提唱した知識・スキル・情意に基づく教育目標の分類学がある。教育心理学者であるブルームは、これらの目標は、認知機能のレベルの高低を反映した階層として解釈することができると主張した。例えば、知識には、知識、理解、応用、分析、総合、評価が含まれるのである（Bloom 1956）。

PISA の読解力、数学的リテラシー、科学的リテラシーの各分野に見られるような、生徒の知識やスキルをめぐる様々なレベルの評価は、認知機能の階層性を反映しているのである。1980 年代、ハワード・ガードナーは多重知能理論を提唱し、人間の潜在能力は、知能テストで測定されるような制限された領域ではなく、八つの領域に沿って特徴づけられるとした。その領域には、言語、論理・数学、空間、身体・運動感覚、音楽、対人、内省、博物学などが含まれている（Gardner 1983）。

DeSeCo プロジェクトでは、コンピテンシー、知識、スキルについての理解を深めるために、心理学の知見を参照する専門家グループが参加していた。ペレグリーノとヒルトン（2012）によりなされた統合は、基本的に心理学の研究をまとめたものになっている。

1. 認知的スキル
    1.1 処理能力と認知的戦略
        ● 批判的思考
        ● 問題解決
        ● 分析
        ● 論理的推論
        ● 解釈
        ● 意思決定
        ● 実行機能
    1.2 知識
        ● リテラシーとコミュニケーションスキル
        ● 積極的なリスニングスキル
        ● 専門分野の知識
        ● エビデンスを活用し、情報のバイアスを評価する能力
        ● デジタルリテラシー
    1.3 創造性
        ● 創造性

- ●イノベーション
2. 対人関係スキル
　2.1 協働グループスキル
　　　●コミュニケーション
　　　●協働（Collaboration）
　　　●チームワーク
　　　●協力（Cooperation）
　　　●調整（Coordination）
　　　●共感・相手の立場に立つこと
　　　●信頼
　　　●サービス提供への志向性
　　　●コンフリクトの解決
　　　●交渉
　2.2 リーダーシップ
　　　●リーダーシップ
　　　●責任
　　　●相手を尊重しつつ自己主張すること（Assertive Communication）
　　　●自己表現（Self-presentation）
　　　●社会的影響力
3. 内省的スキル
　3.1 知的開放性
　　　●柔軟性
　　　●適応力
　　　●芸術的・文化的鑑賞力
　　　●個人的および社会的責任
　　　●異文化対応能力
　　　●多様性への理解
　　　●生涯学習の能力
　　　●知的関心と好奇心
　3.2 仕事に対する姿勢・責任感
　　　●主体性
　　　●自己管理（Self-direction）
　　　●責任感
　　　●根気強さ
　　　●生産性
　　　●持続性
　　　●自己調整（Self-regulation）
　　　●メタ認知スキル、将来の予測、内省的スキル
　　　●専門家としての意識
　　　●倫理

●誠実さ
●市民性
●仕事の方向性
3.3 自己効力感（Self-efficacy）
●自己調整（自己監視、自己評価）
●心身の健康

　心理学的な視点は、学校でどのようなコンピテンシーを育成すべきかを明らかに
するだけでなく、教師が生徒にそのようなコンピテンシーを身につけさせるための
プロセスにも光を当てるものである。これこそが、学習理論と、それに関連する指
導の理論の役割なのである。学習に関連する認知科学の知見は、最も効果的な指導
方法を構築するためのヒントになる。教育者にとっての認知科学の関連性の一例と
して、学習に関する六つの重要な質問に基づいて構成された、ここ最近の総合的な
研究が存在する（Deans for Impact 2015）。

1. 生徒は新しいアイディアをどのように理解するか。
　(a) 生徒は、すでに知っているアイディアを参照することで、新しいアイディアを学ぶ。
　(b) 学習するためには、作業記憶から長期記憶に情報を移さなければならない。生徒の記憶
　　　容量は限られており、認知的に困難なタスクに圧倒される可能性がある。一度に多くの
　　　情報に直面すると、新しいアイディアを理解することができなくなるかもしれない。
　(c) 認知機能の発達は、年齢に応じた一定の段階を経て進むものではない。新しい概念の習
　　　得は、発作的に起こるものである。
2. 生徒はどのように新しい情報を学習し、保持するのか。
　(a) 情報は入ってきたばかりの時には記憶から取り出されることが多い。私たちは通常、情
　　　報が何を意味するのか、なぜそれが重要なのかを生徒に覚えておいてもらいたいと考え
　　　ているが、そのためには生徒は記憶すべき事物に出会ったときに意味について考えるべ
　　　きである。
　(b) 新しい事実を学ぶためには練習が不可欠だが、すべての練習が同等であるとは限らない。
3. どのように生徒は問題を解決するのか。
　(a) 各教科には、長期的に記憶しておけば、作業記憶のリソースを解放し、既存の知識やス
　　　キルを適用できる文脈を明らかにすることで、問題解決の助けとなるような一群の事実
　　　が存在する。これらの大きさと内容は、教科によって異なる。
　(b) 新しい知識やスキルの習得には、効果的なフィードバックが不可欠である。
4. どのように学習は教室内外の新しい状況に転移するのか。
　(a) 知識やスキルを新しい問題に転移させるには、問題の背景に関する知識と、問題の根本
　　　的な構造に関する深い理解の両方が必要である。
　(b) 私たちは新しいアイディアについて例を通して理解するが、異なる例の中で根底に存在し、
　　　かつそれぞれが一つのまとまりをなすような諸概念を見出すのは難しいことが多い。
5. 生徒の学習意欲を高めるものは何なのか。
　(a) 知能に関する考えは、学校での生徒の行動の重要な予測因子である。
　(b) 自己決定的な動機（価値観や純粋な興味の結果）は、統制された動機（報酬・罰や自己
　　　価値の認識の結果）よりも長期的に良い結果をもたらす。
　(c) 生徒が自分の考えを観察（monitor）する能力は、自分が何を知っていて何を知らない
　　　かを特定するのに役立ちうる。しかし、人は自分の学習や理解を正確には判断できない
　　　ことが多い。
　(d) 生徒は、自分の居場所があり、その場所で受け入れられていると思っているときには、

学習環境においてより意欲的になり、成功するのである。
　6. 生徒がどのように考え、学ぶかについて、よくある誤解は何か。
　　(a) 生徒は異なる「学習スタイル」を持ってはいない。
　　(b) 人間は脳の10％しか使っていないわけではない。
　　(c) 人間は脳の使い方において、好みによって「右脳型」や「左脳型」なわけではない。
　　(d) 初心者と熟練者がすべて同じ方法で考えることはできない。
　　(e) 認知機能の発達は、年齢に応じた一定の段階を経て進行するものではない。
　　(Deans for Impact 2015)

　我々が調査したさまざまな改革は、21世紀の市民参加や経済活動への参加にとって必要なコンピテンシーをどのように定義したのか、また、教師が生徒にそのようなコンピテンシーを身につけさせるために、どのような支援を与えたのか。本書で取り上げたすべての事例は、カリキュラムの目標の拡大を反映するものであるが、新しい基準やカリキュラムの枠組みに含まれる具体的な能力や、当該分野の既存の研究を改革がどのように取り入れたかという点で、各国によって違いがある。例えば、フィンランドとメキシコの改革では、キーコンピテンシーや21世紀型スキルに関する現代の研究に沿って、カリキュラム目標の拡大について最も野心的なものが反映されている。また、ポーランドとロシアの改革は、高次の認知スキルに重点を置いたものである。ポルトガルの改革では、基本的なリテラシーを確実に身につけさせるという「基本に戻る」アプローチというものが示されている。さらに、日本の改革では、社会情動的スキルに若干の注意を払いつつ、高次のスキルが重視されている。ブラジルの改革では，高次のスキルに重点を置き，改革の最終段階において分野横断的なコンピテンシーが追加された。最後に、ペルーの改革では、コンピテンシーに基づくカリキュラムが採用され、高次の思考力、自己管理能力、社会的スキルが強調された。本書で検討した改革の中において、フィンランド、メキシコ、ペルーは、新しいカリキュラムの焦点となるべきコンピテンシーを定義するために、心理学の理論を最も明確に援用していると思われる。

　ほとんどの場合、ユネスコやOECDなどの国際機関は、コンピテンシーを定義したDeSeCoや生徒の知識やスキルを評価するPISAなどのプロジェクトを通じて、生徒の学習成果に話題を集中させ、また教育水準の吟味を促す役割を果たしている。例えば、フィンランドと日本の改革はカリキュラムの目標を拡大するために、DeSeCoプロジェクトやPISAを通じたOECDの活動に依拠している。また、ブラジル、メキシコ、ポーランド、ポルトガル、ロシアでも、PISAの結果を利用して、より高い教育水準の必要性が説かれているのである。

　フィンランドでは、教科に組み込まれた横断的なコンピテンシーを明確に分析することから始まり、プロジェクト型のカリキュラムのための専用スペースを設けるなど、非常に思慮深いカリキュラム改訂のプロセスが採用された。このカリキュラム改訂の過程では、DeSeCoプロジェクトのような国際機関からの専門的な知識や、教育省の研究・評価部門、大学の教育学部で生み出された知識を取り入れるという、非常に協働的で参加型のプロセスを踏んでいる。このような熟慮されたプロセスにもかかわらず、フィンランドでは横断的なコンピテンシーをティーチングに

統合することには課題が存在しており、この問題の複雑さが際立たされている。日本でも同様のことが言える。

　メキシコもまた、Pellegrino and Hilton（2012）による総合的な研究など、最近の国際的な知見に基づいて非常に包括的なカリキュラム目標が策定されたが、それは改革のスケジュールの中では比較的遅い段階でなされ、また、専門家や教師の参加もフィンランドに比べて少なかったため、教師の支援を構築し、教師の能力を高めるための機会は限られたものとなった。

　一方、ブラジルのように、カリキュラム基準の定義を高次の認知スキルから発展させ、一連の横断的なコンピテンシーを追加した国もあるのだが、この分野で最もよく知られている研究との関連性は見られず、現地での研究や評価の取り組みに根ざしたものにもなっていない。さらに、ペルーでは、各教育レベルのコンピテンシーが明確に設定されていたが、それらが認知科学に基づいているという証拠は存在しなかった。

　日本、ポーランド、ポルトガル、ロシアのケースでは、改革の目標の定義に認知科学が用いられたかどうかは明らかではない。

　教育目的を特定するために認知科学を活用する以外にも、先述の通り、そのような知識がカリキュラムや教育学的に明確な意義を持っているにもかかわらず、本書で検討した改革のほとんどが、カリキュラム、教授法、あるいは教師教育の要素を設計するために認知科学を明示的に利用していないように見えるのは驚くべきことである。

　教師の専門的な能力開発にどれだけ力を入れているかは国によって異なるが、フィンランドやペルーのようにサポートが充実している国でも、認知科学がこの作業に役立っているかどうかは不明なのである。教師の専門的な能力開発で行われたことの多くは、生徒が望ましいコンピテンシーを身につけるための教育方法を実践する上でのコンピテンシーというものを教師が身につけることよりも、改革の目標や哲学を伝えることに重点が置かれていたようである。ただし、フィンランドでは、教師の能力開発に力を入れており、教師の能力を高めるためのアイディアをテストし、パイロットプロジェクトも行われていた。また、学校のネットワークを利用して、新しい教育方法を実践するためのコンピテンシーを徐々に身につけられるような専門的な能力開発の機会が支援されていた。ペルーの戦略では、さまざまな形で教師の能力開発が行われていたが、そのほとんどが学校を拠点としたものであった。ブラジルでは、改革プロセスに大学の教育学部が参加していなかったことや、教育のガバナンスが非常に複雑で分権化されていることから、教師がこのような幅広いコンピテンシーを教える能力を開発するための戦略は非常に複雑なものとなってしまったのである。さらに、メキシコでは、教師の能力開発におけるアプローチは、主にカリキュラムの目標を伝えることに重点が置かれ、しかもそれ自体も改革を始めた政権の末期になってようやく行われたのであった。ポーランドでも、教員の能力開発はカリキュラムの目標を伝えることに重点が置かれており、教育実践については、新カリキュラムの実施を助けるべく開発された新しい教科書を販売するプロセスの一環として、民間の出版社によってのみ扱われた。日本、ポルトガル、

ロシアでは、改革戦略の中における能力開発の機会というものは著しく欠如していた。

01.3.3 −教育変化についての専門職的な視点−

　専門職的な視点は、教育実践者の役割を構造化することに焦点を当てるもので、実践が専門家の知識に基づいて行われるようにし、ひいてはこの専門家の知識が変化の原動力となるようにするものなのである。心理学的な視点の基本的考え方は、学習と教育の科学が、どのように指導を支援するのが最善であるかについての知識を提供しうるというものである。対照的に、専門職的な視点は、そのような専門知識を実践に結びつける役割、ならびに制度の構造に焦点を当てるものなのである。専門職的な視点が改革に反映される方法として二つが挙げられる。一つは、改革によって専門職としての教育を強化しようとするものであり、もう一つは、教師、校長、教師教育者などの専門家を改革の対象としてではなく、その主体として、改革の設計に関与させるものである（Villegas-Reimers 2003）。改革は、誰が、どのような条件で、どの程度の自律性を持って教えることができるかというルール、教員の職業上の準備のための基準、誰が教員を準備させることができるのかという認定基準、そして教員のキャリア開発のための任命と支援を導くための規範などを通じて、専門職としての教育というものを強化することができるだろう。これらはすべて、職業上の実践と、専門家に基づく知識の活用を一致させるための手段なのである。

　専門職的な視点は、専門家の知識に基づいた指導がどの程度行われているかに注目するように、既存の役割における実践を規範化することにつながることもあれば、専門知識を反映した新しい役割を創出することにつながることもある。後者では、スクールカウンセラーや特別支援教育の教師など、新しい専門家の必要性に注目が集まることとなった。

　この観点からの重要な問いは、新しいカリキュラムの目標と期待される教育方法の存在を仮定した上で、次のようなものが挙げられる。まず、このカリキュラムを教えるために必要な能力は何か。現在の能力レベルと、必要な能力との間には、どのようなギャップがあるのか。このギャップを明らかにすることは、ギャップを埋めるために必要な条件を整え、規範を確立し、専門的な能力開発を支援するための基礎となるのである。

　この視点では、教師がキャリアの中で直面する予期せぬ多くの課題に対処できるよう、専門的な心構えやスキルを身につけさせることが極めて重要であると考えられている。また、この視点では、専門的な実践を行うために必要な自律性と発言力を教育の専門家に与え、その専門性を改革の設計と実施に生かすことも重要なのである。そして、学校を学習する組織と捉え、新たに生じる予期せぬ課題に対処するために、教師やリーダーたちを継続的に専門化するための適応能力を備えているとする考え方も存在する。学習する組織としての学校は、いくつかの特徴によって定義される。（1）すべての生徒の学びを中心とした共有ビジョン、（2）すべての職

員の継続的な学習機会、（3）職員間のチーム学習と協働、（4）探究、イノベーション、模索の文化、（5）知識と学習を収集し交換するために埋め込まれたシステム、（6）外部環境からの学習と外部環境とともに学ぶこと、（7）学習リーダーシップのモデル化とその育成（Kools & Stoll 2017）。

　こうした視点は、アンディ・ハーグリーブスとマイケル・フランが開発した「専門職の資本（プロフェッショナル・キャピタル）」［訳注：この概念を用いた日本の研究としては、木村優氏による木村（2016）「校内授業研究に包摂する2つの力：『専門職の資本』と『専門職の学び合うコミュニティ』を培う」『教師教育研究』9, 19-22 をはじめとする一連の研究が存在する］という概念に反映されている。

　　すべての学習者のために良い授業を行うには、教師が真剣に向き合っており、徹底した事前準備を行い、継続的に成長し、適切な報酬を得て、自らの向上を最大限に高めるために相互にネットワークを構築し、そして、あらゆる能力と経験を駆使して効果的な判断を下すことができることが求められる（Hargreaves & Fullan 2012, p. 3）。

　専門職的な視点では、実践者の専門性や専門知識だけでなく、より一般的な専門知識も重視される。そのため、研究と評価は、専門知識を反映して開発された指導におけるリソースと同様に、この考え方の重要な要素をなしている。

　本書では、メキシコとペルーで進められた改革が、教員の専門化を明確に意図しており、教員の任命や昇進の基準を、教職員組合の政治的な支持を得ることから引き離し、専門的な基準に沿った能力とコンピテンシーを示すことへとシフトさせていた。また、ペルーは、教職の拡大を目指す最も包括的な行動の一環として、教師への財政的・職業的支援を行った。メキシコでは、国立教育評価研究所が改革の中で重要な役割を担い、教員の能力を評価することになっていた。メキシコとペルーの改革は、教師の専門性を強化するという専門職的な視点を反映したものであったが、フィンランドの改革は、改革の設計と実施に教師やその他の専門家を関与させたという点で専門職的な視点を取り入れたものであった。また、フィンランドでは、改革の指針として評価をかなり重視していた。そして、ポルトガルでは、改革の一環として国立教育評価研究所を設立し、評価とアセスメントを改革の柱としたのであった。

　専門職的な観点から改革を進めるためには、教師やその他の教育者の専門性のレベルを継続的に確認する必要がある。教育システムにおける教師の専門性のレベルを確認するためのアプローチとしては、ニュージーランドで、1940年代に教育機会の均等を実現するための改革を主導した教育心理学者、クラレンス・ビービーによって提案されたものがある。

　ビービーは、教育システムというものは、教師のスキルと専門性のレベルによって特徴づけられると主張した。教育システムは四つの段階を経て発展し、それぞれの段階は教師の専門性のレベルによって定義されるというような理論化がなされた。第一段階は「デーム・スクール（Dame school）」［訳注：婦人学校などと訳されることもあるように、一般の女性が少数の生徒に対して行う私的な教育の一様態を指すもので、19世紀のイギリスのものなどが知られている］と呼ばれ、教師はほとんど訓練を受けておらず、教育水準も低かった。第二段階は、彼が「形式主義」と呼んだもので、訓練を受けてはいるが、依然とし

て教育水準の低い教師がその特徴である。第三段階は、彼が「移行」と呼んだもので、訓練を受けた教育水準のより高い教師が登場する。第四段階は「意味（Meaning）」と呼ばれ、教育水準が高く、よく訓練された教師が特徴とされる。各段階は、教育機関の特徴にも違いがあった。デーム・スクールの段階では、教育は組織化されておらず、暗記が主な目的であったため、非常に狭い範囲の教科内容に焦点が当てられ、基準も非常に低いものであった。一方、意味（Meaning）の段階では、意味と理解に焦点が当てられ、より多様な内容と方法を提供する幅広いカリキュラムが用意されていた。さらに、個人差が認識され、教授法は問題解決と創造性を重視した能動的な学習（アクティブ・ラーニング）に重点が置かれ、目標は認知的スキルだけでなく、情動的で美的な態度をも育むものであった（Beeby 1966, p.72）。

　ある教育システムにおける教員の専門性のレベルを認識することは、教員を支援するためにどのようなアプローチが必要かを見極めるのに役立つのである。例えば、教師が自分の仕事について特定の専門分野の内容を伝達することに主眼を置いて考えるよう社会化されている状況では、同僚と協力してプロジェクト型の学習に焦点を当てた指導を行うことができるようになるためには、教員の能力開発に多額の投資が必要になるであろう。同様に、教科内容の知識に大きな欠落がある教師は、教えるべき科目の準備を十分にしてきた教師よりも、その欠落に対処するためのより手厚いサポートが必要になるだろう。さらに、どのようなシステムにおいても、教師の専門性のレベルにはばらつきがあるため、能力開発はそのようなばらつきに対応できるようにレベル別にしなければならない。

　あるシステムにおける教育の専門性のレベルを理解することは、この章で後述する制度的な観点からも有用なのである。教育の「システム」を構成するその他の構造的要素は、教師の専門性のレベルに合わせる必要がある。例えば、カリキュラムを設計するための学校の自律性を拡大することは、教師の能力が高い学校では望ましいことなのだが、一方、教師の知識やスキルに深刻な差がある学校ではそうではないだろう。同様に、教育のガバナンスは、改革の実施の質と一貫性に大きく影響するものである。例えば、本書で取り上げているブラジルの事例では、国、州、自治体の教育レベル間で教育ガバナンスが分散しており、能力もまちまちであることが、標準化された全国的なカリキュラムを実施する上での大きな課題となっていた。このような制度的な能力や準備態勢の違いを補うための明確かつ顕著な支援がない場合、自治体によって実施内容や結果が大きく異なる可能性があるだろう。

　本書で検討した改革では、専門職としての教師への注目度が非常に異なるパターンを示しているが、これはそれぞれのケースでその専門職が異なる段階にあったからだと思われる。フィンランドは、教師が最も高度に専門化されたシステムであると考えられる。したがって、カリキュラム目標の拡大を進めるためのフィンランドのアプローチは、主に専門職としての視点に依存していたのである。対照的に、ブラジル、ポーランド、ポルトガル、ロシアでは、教師の専門性を新しいカリキュラムの目標に合わせることはほとんど行われなかったようである。メキシコとペルーは、教師の専門性を強化するための一連のアクションを取ったが、それは教師の専門性の度合いが高くない状況から出発したものであった。

01.3.4 −教育変化についての制度的な視点−

　制度的な視点は、教育における構造、規範、規制、インセンティブ、組織設計に焦点を当てるものである。これらは、教育や学習に関わる仕事や、それを支えるためのあらゆる社会的相互作用に安定性と意味を与えるものである（Scott 2004, 2008）。また、これらの構造は、その国における州、その州における地区、その地区における学校、その学校の教室というように、さまざまなレベルで機能している。以下に示す、教育のためのグローバル・パートナーシップ（Global Partnership for Education）が提供する教育システムの定義は、この視点を示すものである。

> 　短期的・長期的に市民の教育状況に影響を与える制度、行動、プロセスの集合体である。教育システムは、多数のアクター（教師、保護者、政治家、官僚、市民社会の諸団体）が、異なる機関（学校、省庁）において、異なる理由（カリキュラムの開発、学校の成績のモニタリング、教師の管理）で相互に影響し合うことで構成されている。これらの相互作用はすべて、システムの変化に対するアクターの反応や適応の仕方に影響を与えるルール、信念、行動規範によって統御されている（Global Partnership for Education 2019, xvii）。

　私が「グローバルな教育運動（global education movement）」と呼んでいる、教育の形成を意図したさまざまな国際的プロセスを考えると、間違いなく、教育の制度は超国家的なレベルでも機能しているだろう。例えば、スタンフォード大学のジョン・マイヤー教授は、グローバリゼーションや世界システム、そして人権やそれを推進するための制度などのアイディアが、主にカリキュラムを通じて各国の教育制度に影響を与えていると主張した（Meyer 2014）。この観点から重要なのは、教育を支援するシステムを定義する主要な要素とプロセスを特定し、改革を構成するこれらの様々な要素の間で、どのように内的一貫性と整合性を達成するかを決定することである。教育の「システム」は、カリキュラムの規定、教育リソース、学校の構造や建物、ガバナンス、職員、評価、資金などの要素によって構成されている。この観点からすると、教育はシステム、つまり官僚制であり、組織設計とインセンティブが必要な指導と学習をサポートすることができるため、最適な結果を得るためには、これらの要素が首尾一貫しており、うまく連携していることが重要となるのである。幅広いスキルを育成するカリキュラムがあったとしても、適切な専門家の育成と、それらのスキルに焦点を当てた生徒の評価システムが伴わなければ、指導の中核を変えることはほとんど不可能である。教育改革の研究者の中には、多くの教育改革が失敗に終わったのは、改革の実行者が学校を社会制度として理解できなかったことが原因だと主張する者もいる（Tyack & Tobin 1994; Tyack & Cuban 1995, p. 209; Olson 2003, p. 12）。

　米国の教育改革に関する研究の最近のレビューによると、教育改革は「ニッチ」、または下位システムの取り組みとして成功する可能性の方が高く、一方でシステム全体を対象としたスケールの大きい改革は失敗することが多いという。著者らは、スケールアップに成功した改革は、「実践の深い変化や大規模な能力開発を必要としなかったからだ」と結論づけており、つまり、「既存の教育組織や文化の中で機

能することができたこともあり、迅速かつ広範囲に採用され、実施されたのである。このような改革の失敗例は、一般的に、より深い実践の変化と大規模な能力開発を必要としたため、容易に、あるいは迅速にスケールアップすることができなかった」と述べている（Mehta & Cohen 2017, pp. 646-647）。この研究の著者らは、制度的視点と政治的視点にまたがる教育改革における五つの特徴を明らかにしている。

　　我々の分析によると、成功した教育改革には少なくとも五つの特徴がある。一つ目は、教育現場で働く人々が知っていて、解決したいと思っていた問題に対する解決策を提示したものであり、それを実行する人々のニーズを満たしたものである。第二に、教育関係者が気づいていなかった、あるいは解決方法がわからなかった現実の問題に光を当てた解決策を提示したものもあったが、彼らはそれが助けになると見なし、あるいは信じて改革を受け入れた。これらの改革は、実践に関する問題を明らかにし、解決策を提示するものである。第三に、いくつかの改革は、学校教育の政治的、経済的、または社会的状況から生じた要求を満たしたために成功した。これらの改革は、何らかの教育的目的を達成するために、教育組織や政府に対して民衆の強い圧力があったために成功したのである。第四に、これらの改革は、いずれの場合も、教育者が改革を実践するために必要な教育ツール、教材、実践のためのガイダンスを提供したか、あるいは、教育者が既存のツール、教材、ガイダンスを活用できるように支援したものである。難易度の低い改革では能力開発の必要性は低く、他方で、野心的な改革ではより多くの能力開発が必要となったのである。第五に、地域で管理され、民主的に統治されている学校教育システムにおいて、成功した改革は、それにより影響を受けた教育者、保護者、生徒の価値観とほぼ一致していた。ただし、これはシステム全体とニッチな事例とではそれぞれ異なる働きをした（Mehta & Cohen 2017, p. 646）。

「ベスト・プラクティス」や「ハイパフォーマンス・システム」の研究は、通常、このような制度的な視点を反映しており、生徒が高いレベルのパフォーマンスを発揮するのに役立つ実践、プロセス、構造、規範に焦点を当てている。例えば、OECDの報告書では、PISAで生徒が高い成績を収めた国から米国への教訓を引き出すために、以下のようなシステムの特徴を挙げている。

1. 教育と真剣に向き合い、すべての生徒が高いレベルに到達できるという信念を持っている。
2. 野心的で、焦点を絞り一貫性のある教育基準が、教育に関わる複数のシステムと連携してシステム全体を推進する。
3. 学校の能力をサポートする。
4. システムの管理方法、説明責任、知識管理の観点から、教師が自分の可能性を発揮できる職場の組織体制。
5. 改善された教育実践を制度化する。
6. インセンティブ構造を調整し、ステークホルダーを巻き込む。
7. 外部への説明責任のアプローチを、同僚や保護者への内部に対する説明責任により補完する。
8. 最大の効果が得られる箇所にリソースを投資する。
9. 地域の責任と、権限と正統性を持って行動できる中央官庁とのバランスをとる。
10. 学校から職場への移行をサポートするための職場でのトレーニング。

11. システムのすべての要素で政策を調整し、持続的に政策の一貫性を確保するという、政策と実践の一貫性。
12. 継続的な改善を支援するために、外部環境に対するシステムの開放性を確保する（OECD 2011）。

　オーストラリアの公共政策シンクタンクであるグラッタン研究所は、東アジアの高い成績を収めるシステムには以下のような共通点があるとするレポートを発表している。

1. 高い公平性
2. 効果的な学習とティーチング
3. 政策と教室での学びを結びつける
4. ベストプラクティスの重視
5. 導入とメンタリングの強調
6. 研究や教室観察のための教師グループの構築
7. 教師のキャリア形成の構造の存在（Jensen 2012）

　同様に、米国では全米州議会会議が、こうした高成績をあげる教育システムの比較研究を引いて、世界レベルの教育システムを構築するための、7のステップからなるプロトコルを作成した。それらは、包摂的なチームを構築して優先順位を決める、高い成績を収める者を研究し彼らから学ぶ、州全体で共有するビジョンを作る、政策の指標を作る、ほんの一端から着手する、「混乱」を乗り越える、そして時間を投資する、ということである（National Council of State Legislatures 2016）。この報告書では、世界レベルの教育システムに関して四つの要素が挙げられている。

● 子どもたちは学ぶ準備ができた状態で学校に来て、苦戦している生徒には特別なサポートが与えられ、すべての生徒が高い水準を達成する機会を得ることができる。
● 世界に通用する教員が、世界レベルの教育システムを支えており、すべての生徒が非常に効果的な教師の指導を受け、成功することが期待されている。
● 職業教育を希望する生徒には、キャリア・技術教育の非常に効果的で知的に厳格なシステムが提供される。
● 個々の改革は、明確に計画され、慎重に設計された包括的なシステムの一部として、それぞれ接続され、調整されている（National Council of State Legislatures 2016, p. 10）。

　同様に、米国の国立教育経済センターは、高成績の教育システムの比較研究を参考にして、世界レベルの教育システムのための9の構成要素を総括している（National Council of State Legislatures 2016）。

1. 登校前の子どもたちとその家族をしっかりサポートする。
2. リスクのある生徒には、他の生徒よりも多くのリソースを提供する。
3. 世界水準の一貫性のある教育システムを構築する。
4. 世界標準で、袋小路の存在しない教育システムにより、学生に明確な道筋を提供する。
5. 優秀な教師の豊富な供給を確保する。
6. 学校を、教師が専門職として扱われる場所にリデザインし、専門家としての実践や生徒の成績を継続的に改善していけるようなインセンティブや支援を与える。
7. キャリア・技術教育や訓練についての効果的なシステムを構築する。
8. このようなシステムを効果的に運営するために、あらゆるレベルでのリーダーを育成するリーダーシップ開発システムを構築する。
9. 首尾一貫した強力な政策を策定する権限と正統性を持ち、また、その政策を大規模に実施できるようなガバナンスシステムを導入する（National Council of State Legislatures 2016, pp.7-13）。

　世界銀行の教育専門家は、国際的な教育の比較や評価を行うための概念的なフレームワークとして、教育成果向上のためのシステム・アプローチ（SABER: the Systems Approach for Better Education Results）を開発した。このフレームワークは、生徒の評価、教員、情報通信技術、そして学校保健・給食という四つの質とシステム支援の領域、それから、学校財政、学校の自律性と説明責任、教育と管理の情報システム、民間部門の関与という四つのガバナンスと財務の領域に関する政策と実践をまとめたものである（World Bank 2019）。

　本書で取り上げたすべての改革は、程度の差はあるものの、教育文化と実践を支える「システム」の要素である、教師の専門能力開発、生徒と学校の評価、そして学校の自律性というものに取り組んでいる。さらに、これらの改革はすべて、ある程度ローカルなカリキュラムの調整と開発の重要性を認識しており、そのためには学校には備わっていないスキルが必要であることから、学校レベルでのサポートの必要性を認識しているのである。

　教師の能力開発への関心が改革によって異なることは、すでに述べたとおりである。特に注目すべきは、どの改革においても初期段階の教師教育にほとんど注意が向けられていないことである。これらの改革の中には、教科書や教材を戦略的に利用して、指導の中核部分に影響を与えるものもあった。これは、メキシコ、ペルー、ポーランド、ポルトガル、日本の事例では非常に明確であったが、ブラジル、フィンランド、ロシアではそうではなかった。

　これらの改革の多くは、新カリキュラムに沿った指導を支援するための戦略的リソースとして、新カリキュラムを文書化した教科書や教材を使用していた。ポーランドでは、新カリキュラムを掲載した小冊子を配布し、民間の出版社に新しい教科書をデザインする機会を提供した。ペルーは、新しい中等教育カリキュラムを実施するために、技術面でのサポートを提供した。メキシコは、新カリキュラムを掲載

した書籍を教員に提供した。日本では、新カリキュラムの目標を達成するための指導に関するリソースを提供したのである。ブラジルでは、連邦政府が設計したカリキュラムに沿った新しい教科書が作成された。そして、ポルトガルは、教科書承認に関わる規則を変更し、教科書と新カリキュラムの整合性を高めようとした。また、ロシアでは、新カリキュラムを支援するための戦略として、むしろ教材が使用されなかった。

　これらの改革はいずれも、新しい教育実践の動機付けと指針となる評価システムに依存するものであった。テストの結果を利用して達成度の低さや教育格差を明らかにするのは各国とも同じであるが、エビデンスに基づいた知識をカリキュラムの開発や専門的な能力開発のプログラム、その他の教育実践を変えるための支援に活用する度合いには違いが見られた。フィンランドは、国家評価センターや PISA などの国際的な評価を活用して改革を進めた模範的な国である。また、ブラジル、日本、メキシコ、ペルー、ポーランド、ポルトガル、ロシアでは、生徒の評価が改革の動機となり、場合によっては改革を維持することにもつながった。しかし、これらの改革が評価システムに依存することで、カリキュラムのより野心的な目標と評価システムのより狭い焦点との間に緊張が生じることとなった。ロシアとポーランドでは、教師や校長の目にはカリキュラムの変更が二の次になるような、ハイステークス（high-stakes）[訳注：字義通りには「重要なものがかかっている」ということであるが、要は日本の入試のようなしばしば一発勝負で一点の違いが重要になるようなテストを形容する際によく用いられる] の全国試験が導入された。

　メキシコは、最も野心的な教育機関の構造改革を行った国であり、憲法条文や法的枠組みの変更を含む大規模な構造改革の一環としてそれらは行われた。ポーランドの改革は、教育改革をサポートする上で、中学校という新しい構造の設立に大きく依存していた。ペルーの改革も、明らかに教育システムの制度を包括的に改革したものであった。フィンランドなどの改革では、カリキュラムの中に新しいコースやスペースを設け、生徒がさまざまな分野の知識を統合するプロジェクトに取り組めるようにするなど、新しい仕組みを構築するものであった。

01.3.5 −教育変化についての政治的な視点−

　政治的な視点では、教育は多くの異なるグループの利益に影響を与え、それらの利益はグループ内でも、またグループ間でも異なり、対立する可能性があるのだということが認識される。グループ内の差異の例として、生徒と保護者は教育システムの主要な利害関係者であり、教育の受益者であると考えられるが、すべての生徒や保護者がある改革に対して同じ利益を持つわけではない。例えば、障がいのある生徒の親は、同じニーズを持たない親と比べ、インクルーシブ教育を促進する改革をより評価するかもしれないし、先住民族の言語を話す子をもつ親は、多数派の言語を話す子どもの親よりも、バイリンガル教育の政策を評価するかもしれないだろう。また、低所得の親は、社会経済的に恵まれた親よりも、補償教育[訳注：経済的に不利な立ち位置にいる子どもに対し、その教育機会を補うために実施されるプログラムなどを指す] に関する政

策を支持するかもしれないのである。さらに、グループ間においても利害が異なる場合がある。例えば、教育における教師の利益は生徒のそれと完全に一致するとは限らない。これは、教職員団体、政治家、学校にサービスを提供したり、学校の卒業生を雇ったりする企業グループにおいても同様である。教育を政治的にとらえる際に重要なのは、教育の政治が国政とどのように関連しているかということである。教育組織が、政党や政治とどの程度結びついているかはその組織によって様々である。

制度的視点と専門職的視点は、教育改革に関わる様々なステークホルダーの利益が一致していることを前提とするか、あるグループのステークホルダーの利益を他よりも優先させるかのどちらかであるのに対し、政治的視点は、ステークホルダー間で利益が衝突する可能性を認識し、そうした対立を解決するための手段として改革を捉えるのである。この視点で重要な問いは次に挙げられるようなものである。改革に対する様々なステークホルダーの集団の立場をどのように確かめるか。改革に反対するグループを抑制しつつ、すべてのステークホルダーを改革への支持に向かわせるにはどうすればよいのか。

政治的な利害関係は、教育機関や教育実践を形成する上で非常に強力であり、生徒の教育上の利益に優先する可能性さえあるという主張もある。Chubb と Moe は、米国の 1,015 の私立および公立学校に通う低所得家庭の生徒 6 万人の学業成績を調査した結果と、一連の学力不振校の事例研究に基づいて、公教育は不利な立場にあるグループに貢献しておらず、全体的に公立学校は経済が求めるようなコンピテンシーを身につけるための機会を生徒に提供できておらず、一方、私立学校は保護者への説明責任を果たしているためにより優れた成績を示していると主張している（Chubb & Moe 1990）。

世界銀行が最近発表した教育に関する報告書では、教育システムの重要な要素が一致していないのは政治的な理由によることが多いとし、改革戦略を成功させるためには、これらの要素を学習に結びつけることを支援するために、ステークホルダーに働きかける必要があるとしている。同報告書では、学習者、教員、学校のインプットと運営に影響力を持ち、システムを学習からしばしば遠ざけてしまうような主たるステークホルダーとして、政治家、市民社会組織、同僚やコミュニティ、司法、民間企業、官僚、国際的なアクターなどが挙げられている。制度を学習のために機能させるためには、これらのアクターが連携する必要があるのである（World Bank 2018, p. 21）。

しかし、教育システムには、学習向上の努力を妨げるような別の目的がある場合が存在する。例えば、政治家は教育システムを、自分の支持者に公務員としての職を与えるためのツールと考えたり、目に見えるが戦略的にうまく計画されていない学校建設プログラムで有権者に良い印象を与えるための手段と考えたりすることがある。このような目標は、学習との整合性を欠き、学校に使いこなせない建物や熟練していない教師を残すことになりかねない。これらの目標が他の目標と競合する場合、結果として、教育システム全体とそのアクターとの間で学習に向けての連携がなされないということになってしまうのである（World Bank 2018, p. 175）。

本書で調査した改革はすべて、そのきっかけとなるような政治的な文脈に組み込まれており、単にシステムを少しずつ改善していった結果ではなかった。これらの改革は、政治的な変化（ポーランド、ポルトガル、ロシア）や、現政権のより大きな政治的アジェンダに沿って行われたケースもあった（メキシコ）。また、市民社会の教育への参加の拡大を反映したものもあった（ブラジル）。利害の対立が改革の課題として浮上したのは、ブラジル、メキシコ、ポーランドの改革で最も顕著であった。ペルーでは、改革推進者は、様々な強力なステークホルダーの集団の利害を特定し、調整することで、改革に対する政治的サポートを意図的に作り出そうとした。例えば、教師のインセンティブを高めるための様々なプログラムや、教師が改革のパートナーであることを強調するコミュニケーション戦略によって、教職員組合の支持を得ることができたのであった。

01.4 –改革戦略とその順序の策定–

前述の通り、これら五つの視点は相互に排他的なものではなく、補完的なものなのである。教育の変化のプロセスは、これら五つの視点を考慮に入れた多次元的な見方によって、より深く理解することができるのである。例えば、カリキュラムの基準を定義することは、文化的視点と心理学的視点にまたがるプロセスであろう。すべての基準は、学校が何を教えるべきかという文化的理解を反映した、明確な規範的方向性を有している。他方で、生徒の発達、学習、指導に関する理論に基づいているとも言える。本章で取り上げたコンピテンシーと学習成果の様々な分類は、心理学的な意味だけでなく、認識論的な意味も持っている。なぜなら、心理学だけでは、学校の知識の構造をめぐる疑問に対し答えることができないためである。さらに、生徒がどのように学ぶかについての専門的な知識を、専門的な実践を導く基準や規範に埋め込むことは、専門職的な視点の対象である。専門的な実践を一貫して支えるシステム的な条件を整えることは、制度的な視点の領域であろう。そして最後に、基準、指導、専門的実践、制度的条件に対する必要なサポートを構築するには、政治的利害やステークホルダーを調整する必要があるのだ。

本書で検討した各事例は、それぞれの改革が、これら五つの視点のうちのいくつかを、他の視点よりも強く意識していることを示している。制度的な視点は、すべての改革に共通しており、「システム」という考え方を受け入れ、その重要な要素に焦点を当てている。政治的な視点についても、これらの改革が政治的な交渉や各状況の変化にどのように対応したかという点でその存在が明らかになっている。これらの改革戦略の設計において最も目立たないフレームワークは、文化的、心理学的、専門職的な視点である。これは、それぞれの改革の状況依存的性質を反映していると同時に、改革を主導する人々の好み、アプローチ、死角などを反映しているともいえよう。例えば、メキシコの改革は、明らかに制度的、政治的なものであった。政治的な関係を変え、教育のガバナンスに対する権力を教職員組合から政府に移すための手段として、構造を変えることを強調していたのである。この改革は、

メキシコ国家の近代化と経済競争力の向上を目的とした、他の大規模な構造改革の一部であった。まさにそれこそが、この改革が、教員の選抜と昇進のルールを変える法改正から始まり、教員の専門的なスキルを育成する取り組みが改革の後半に登場することの理由なのであった。ブラジルとポーランドの改革は、新しい構造とカリキュラムを生み出すという点で、制度的・政治的な側面を持っていた。ブラジルでは、教育改革を提唱する市民社会グループがこの改革を支援していた。一方、ポーランドでは、改革は政治的・経済的自由化の包括的なプロセスに支えられており、教師や学校の指導者、地方自治体からの支持も得られていた。その後の大きな政治的変化によっても、2015 年の選挙までは改革の軌道が変えられることはなかったのである。

　ペルー、ポルトガル、ロシアの改革は、明らかに制度的なものであり、指導に影響を与える規範、構造、プロセスの変更に焦点が当てられている。一方、フィンランドの改革は、カリキュラムと、教育者の専門的な知識やスキルの向上に焦点を当てた、極めて専門職的な改革である。この改革には構造的な変化はなく、改革によって生じる政治的な対立も存在しなかったようだ。

　これらの改革は、それぞれ固有の文脈で行われており、同じようなアプローチを用いても、異なる文脈で同じ結果が得られると考えるのは適切ではないだろう。例えば、メキシコでは、教職員組合が、生徒の教育上の利益や教員の専門職的な利益よりも、組合の政治的利益に資する形で、教員の地位を売り込んだり、広報活動に影響を与えたりする力を持っていたため、明らかに構造的な課題が存在していた。このような状況では、制度的な観点が、その後の他の改革の基盤を確立するために必要不可欠な最初のステップであったことが理解できる。フィンランドでは、このような課題に直面することなく、教員がすでに高度に専門化された状況で改革が行われていた。このような環境では、専門職的な視点が適していたのである。他方、ポルトガルは財政難の中、義務教育を 3 年間延長するなど、野心的な目標を掲げていた。そのため、「基本に立ち戻る」アプローチを採用し、基本的な読み書き能力や苦戦する生徒への特別なサポートに集中することを選択したというのも理解できることなのである。

　教育文化を変革するための深い教育改革に必要な政策実施の長いサイクルの中では、改革の各段階でその戦略において異なる次元を優先することは当然のことであろう。改革の第一段階では、文化的視点で強調された要素に取り組み、学校に期待されていることについてある程度のコンセンサスを形成する必要がある。この社会的なコンセンサスこそが、改革を行うためのスペースを作り出すのである。本書で取り上げた改革では、教育システムと社会の幅広い期待との間の適合性という問題にどのように対処したかについて、興味深いバリエーションが見られる。ブラジルの事例は、新しいカリキュラムを要求する市民社会のグループを動員することから始まった改革である。この同盟関係が、様々な異なる政権を超えて改革を継続するためのスペースと継続性を提供したと言える。ポルトガルの場合も、国民の議論と動員の拡大により、質という話題を教育のアジェンダに組み込むことに成功したという背景がある。

　対照的に、日本では、政治的エリートのコンセンサスの結果として、様々な政権を通して高い継続性を保ち、改革に関する政策の長いサイクルが見られた。フィンランドの改革は、過去の改善サイクルの上に構築されたものであった。ポーランドとロシアは、政策変更のサイクルがかなり長いものであったが、政治的な変動のために際立った不連続性と混乱がある例だった。メキシコの改革は、教育ガバナンスの転換を目的とした政治的協定の結果として開始されたものである。

　それぞれのケースで採用される戦略には、初期条件が明らかに影響している。メキシコでは、教育を専門化するための最低限の規範を作ることが優先され、カリキュラムに注意を向けるのは後回しにされ、教員の能力開発に目を向けるのはさらに後回しになってしまった。一方、フィンランドは、新しいカリキュラムが最初の課題であったのだが、能力開発にもほとんどすぐに着手していた。ポーランド、ポルトガル、ロシアでは、教育システムの近代化が優先され、まずガバナンス構造に注意が払われることとなった。ポーランドでは、組織の変更とカリキュラムの改革が、地方教育行政の新体制と同時に実施された。

　初期条件が政府の選択した戦略に影響を与えたもう一つの様態は、先に述べたように、教師の専門性のレベルとシステムのパフォーマンスに関するものである。フィンランドと日本は、改革を開始した時点で高いパフォーマンスを示すシステムとして認識されていたが、ブラジル、メキシコ、ペルー、ポーランド、ポルトガル、ロシアはそうではなかった。

　この本で紹介されている改革は、最初に変化のプロセスを導く明確、かつ連続した戦略を設計していたようには思えない。計画的というよりは、むしろ、継続性と長期性を期待していたに過ぎないように思われるのである。

　要約すると、過去 20 年の間に、世界中の政府が公教育の変革に向けた野心的な取り組みに着手してきたということが言えるだろう。これは、急速に変化し、将来がますます不確かになっている世界において、現在の、そして将来の要求に応えるために、生徒をよりよく準備させるために行われたものである。これらの改革は、コンピテンシーの範囲を拡大し、かつ、時間をかけてそれらをどのように育成するべきかについてのアイディアを参照していた。ユネスコや OECD などの国際機関は、デロール報告などのグローバルな政策フレームワークの普及や、DeSeCo プロジェクトなどの協働を通じて、改革を促す重要な役割を果たしてきた。PISA 調査の結果は、主要な分野における生徒の知識とスキルに政府の関心を向けさせ、国家間、あるいは国内の社会グループ間の知識レベルの格差を明らかにする上で重要な役割を果たしているのである。

　これらの改革を行うにあたり、政府は、変化のプロセスに対する文化的、心理学的、専門職的、制度的、政治的な理解のいずれかを反映した戦略をとってきており、それはしばしば複数の視点に基づいていたが、そのプロセスが完全に多次元的に捉えられることはほとんどなかった。ある意味で、これらの改革は、変化のプロセスを一つの目で、時には二つの目で見てきたが、本章で取り上げた五つのフレームが提供する万華鏡のような視点を活用することはほとんどなかったのであった。

　教育文化を完全に変えるためには、フィンランド、日本、ポーランド、ロシアに

見られたような長い政策サイクルが必要なのである。それはブラジルやペルーにも見られるかもしれないが、メキシコにはなかっただろう。しかし、本書で検討した改革が長く続いているのは、意図的に設計された結果というよりは、偶然の産物のようであり、また、メキシコやポルトガルのように、不安定な場合さえある。

　公立学校の創設とともに始まったグローバルな教育運動は健在であり、世界の変化とともに、学校という素晴らしい発明の中で、より野心的な目標を目指しているのである。このように、人類が経験した最も重要で静かな革命、つまり未来を形作るのに役立つ機関の創出はいまだ継続しており、時には、先人が想像する他なかったようなレベルの知識やスキルを生徒に与え大きな成功を収めているのである。

References　–参照文献–

● Adams, J. Q. (1804). *Letters on Silesia. Written during a tour through that country during the years 1800, 1801*. London: Printed for J. Budd at the Crown and Mitre Pall Mall. https:// archive.org/details/ lettersonsilesi00adamgoog/page/n383. Accessed 3 Dec 2019.

● Beeby, C. (1966). *The quality of education in developing countries*. Cambridge, MA: Harvard University Press.

● Bloom, B. S. (1956). *Taxonomy of educational objectives*. Boston: Allyn and Bacon.

● Bolman, L., & Deal, T. (1991). *Reframing organizations. Artistry, choice and leadership*. Hoboken: Wiley.

● Chubb, J., & Moe, T. (1990). *Politics, markets and America's schools*. Washington, DC: Brookings Institutions.

● Coombs, P. (1968). *The world educational crisis. A systems analysis*. New York: Oxford University Press.

● Deans for Impact. (2015). *The science of learning*. Austin: Deans for Impact.

● Delors, J. (1996). *Learning: The treasure within, report to UNESCO of the International Commission on Education for the Twenty-first Century*. Paris: UNESCO.

● ECLAC-UNESCO. (1992). *Education and knowledge: Basic pillars of changing production pat- terns with social equity*. Santiago: United Nations. https://www.cepal.org/en/publications/2144- education-and-knowledge-basic-pillars-changing-production-patterns-social-equity. Accessed 3 Dec 2019.

● Elmore, R. (1996). Getting to scale with good educational practice. *Harvard Educational Review, 66*(1), 1–27.

● Faure, E., Herrera, F., Kaddoura, A. R., Lopes, H., Petrovsky, A., Rahnema, M., & Ward, F. (1972). *Learning to be: The world of education today and tomorrow*. Paris: UNESCO.

● Gardner, H. (1983). *Frames of mind: The theory of multiple intelligences*. New York: Basic Books.

● Global Education Partnership. (2019). *Country level evaluations* (Synthesis Report). https://www. globalpartnership.org/sites/default/files/2019-02-gpe-synthesis-report-country-level-evalua-tions_0.pdf. Accessed 3 Dec 2019.

● Hargreaves, A., & Fullan, M. (2012). *Professional capital*. New York: Teachers College Press.

● Jensen, B. (2012). *Catching up: Learning from the best school systems in East Asia: Summary report*. Melbourne: Grattan Institute.

● Jullien, M. A. (1812). *Esprit de la méthode d'éducation de Pestalozzi, suivie et pratiquée dans l'Institut d'Éducation d'Yverdun, en Suisse*. A. Milan. De L'imprimerie royale. https://archive. org/details/espritdelamthod00jullgoog/page/n6. Accessed 3 Dec 2019.

● Jullien, M. A. (1817a). *Esquisse et vues préliminaires d'un ouvrage sur l'éducation comparée, et séries de questions sur l'éducation*. Paris. I: Colas.

● Jullien, M. A. (1817b). Letter of Marc Antoine Jullien to Thomas Jeffferson 30 November 1817. https://founders.archives.gov/documents/Jefferson/03-12-02-0181. Accessed 3 Dec 2019.

● Jullien, M. A. (1835). *Essai général d'éducation physique, morale et intellectuelle. Suivi d'un plan d'éducation pratique pour l'enfance, l'adolescence et la jeunesse, ou recherches sur les prin- cipes d'une éducation perfectionnée*. Paris. https://archive.org/stream/essaignraldeduca00jull/ essaignraldeduca00jull_djvu.txt. Accessed 3 Dec 2019.

● Jullien, M. A. (1842). *Exposé de la méthode d'éducation de Pestalozzi, telle qu'elle a été pratiquée sous sa direction pendant dix années de 1806 à 1816 dans l'institut d'Yverdun, en Suisse*. Paris: L. Hachette. Libraire de L'Universite. https://archive.org/details/exposedelamtho00jull/page/ n14. Accessed 3 Dec 2019.

● Kools, M., & Stoll, L. (2017). *What makes a school a learning organization. OECD. Directorate of Education and Skills* (Education Working Paper No. 137). Paris: OECD.

● Mann, H. (1844). *Remarks on the seventh annual report of the Hon. Horace Mann*. Boston: Charles Little and James Brown. https://babel.hathitrust.org/cgi/pt?id=mdp.39015003458208&view=1 up&seq=7. Accessed 3 Dec 2019.

● Mehta, J., & Cohen, D. (2017). Why reform sometime succeeds: Understanding the conditions that produce reforms that last. *American Educational Research Journal, 54*(4), 644–690.

● Meyer, J. (2014). "World Society and the Globalization of Educational Policy" (with F. Ramirez and J. Lerch). In K. Mundy, A. Green, R. Lingard, & A. Verger (Eds.), *Handbook of global policy-making in education*. Chichester: Wiley-Blackwell.

● National Conference of State Legislatures. *No time to lose: How to build a world-class education system state by state* (2016)

● OECD. (2011). *Strong performers and successful performers in education: Lessons from PISA for the United States*. Paris: OECD.

● OECD. (2015). *PISA 2015 results. Excellence and equity in education. Volume 1*. Paris: OECD. https://read.oecd-ilibrary.org/education/pisa-2015-results-volume-i_9789264266490- en#page1. Accessed 3 Dec 2019.

● OECD. (2018). *The future of education and skills. Education 2030*. Paris: OECD. https:// www.oecd.org/ education/2030-project/about/documents/E2030%20Position%20Paper%20 (05.04.2018).pdf. Accessed 3 Dec 2019.

● OECD. (2019a). *TALIS – The OECD teaching and learning international survey*. http://www.oecd. org/education/ talis/. Accessed 3 Dec 2019.

● OECD. (2019b). *PISA 2018 results. What students know and can do. Volume 1*. https://www.oecd. org/pisa/. Accessed 6 Dec 2019.

● Olson, D. (2003). *Psychological theory and educational reform*. Cambridge: Cambridge University Press.

● Pellegrino, J. W., & Hilton, M. L. (Eds.). (2012). *Education for life and work: Developing transfer- able knowledge and skills in the 21st century*. Washington, DC: The National Academies Press.

● Reimers, F. (1990). The impact of the debt crisis on education. Implications for educational planning and management. *Prospects, 20*(4), 539–554.
● Reimers, F. (2020). *Educating students to improve the world.* Springer.
● Reimers, F., & Chung, C. (Eds.). (2016). *Teaching and learning for the twenty first century.* Cambridge: Harvard Education Publishing.
● Reimers, F., & Chung, C. (Eds.). (2018). *Preparing teachers to educate whole students: An international comparative study.* Cambridge, MA: Harvard Education Publishing.
● Renwick, W. L. (1998). Clarence Beeby. *Prospects, 28*(2), 335–348.
● Roser, M., & Ortiz-Ospina, E. (2019). *Primary and secondary education.* https://ourworldindata.org/primary-and-secondary-education#the-rise-of-basic-schooling-over-the-last-2-centuries. Accessed 3 Dec 2019.
● Rychen, D. S., & Salganik, L. H. (2001). *Defining and selecting key competencies.* Seattle: Hogrefe and Huber Publishers.
● Rychen, D. S., & Salganik, L. H. (2003). *Key competencies for a successful life and a well-functioning society.* Seattle: Hogrefe and Huber Publishers.
● Sarmiento, D. F. (1849). *De la Educacion Popular.* Santiago: Imprenta de Julio Belin y Compania.
● Scheerens, J. (2000). *Improving school effectiveness.* Paris: UNESCO. International Institute of Education.
● Scott, W. R. (2004). Institutional theory. In G. Ritzer (Ed.), *Encyclopedia of social theory* (pp. 408–414). Thousand Oaks: Sage.
● Scott, W. R. (2008). *Institutions and organizations: Ideas and interests.* Los Angeles: Sage.
● Sims, J., & Romero, J. (2013). *Latin American Debt Crisis of the 1980s. Federal reserve history.* https://www.federalreservehistory.org/essays/latin_american_debt_crisis. Accessed 3 Dec 2019.
● Tyack, D., & Cuban, L. (1995). *Tinkering towards Utopia. A Century of public school reform.* Cambridge, MA: Harvard University Press.
● Tyack, D., & Tobin, W. (1994). The 'grammar' of schooling: Why has it been so hard to change? *American Educational Research Journal, 31*(3), 452–479.
● United Nations. (1948). *Universal declaration of human rights.* New York: United Nations. https://www.un.org/en/universal-declaration-human-rights/. Accessed 3 Dec 2019.
● Villegas-Reimers, E. (2003). *Teacher professional development. An international review of the literature.* Paris: UNESCO. International Institute for Educational Planning.
● World Bank. (2018). *World development report 2018. Learning to realize education's promise.* Washington, DC: World Bank.
● World Bank. (2019). *Systems approach for better education results.* http://saber.worldbank.org/ index.cfm. Accessed 3 Dec 2019.

02

第2章 **Chapter**

21世紀に向けたスキルを育む
ブラジルのカリキュラム改革

クラウディア・コスティン（Claudia Costin）

テレサ・ポントゥアル（Teresa Pontual）

C. Costin (✉) · T. Pontual
Center for Excellence and Innovation in Education Policies (CEIPE) at
Fundação Getulio
Vargas (FGV), Rio de Janeiro, RJ, Brazil
e-mail: claudia.costin@fgv.br; teresa.pontual@fgv.br

© The Author(s) 2020
F. M. Reimers (ed.), Audacious Education Purposes,
https://doi.org/10.1007/978-3-030-41882-3_2

Chapter 02 | 第2章 | 21世紀に向けたスキルを育む ブラジルのカリキュラム改革

クラウディア・コスティン（Claudia Costin）
テレサ・ポントゥアル（Teresa Pontual）

【要旨】

　本章では、ブラジルで進められている全国的なカリキュラム改革のプロセスについて説明する。2013年以降の政治的混乱の中、この改革の継続性を確保するために、教育系NGOを中心とした市民社会運動が大きな役割を果たしている。幼児期から後期中等教育までの基礎教育のすべてを網羅した完全な「全国共通カリキュラム」（BNCC: Base Nacional Comum Curricular）が、2018年12月に連邦政府によって承認された。600ページに及ぶこの文書には、ブラジルのすべての生徒が達成しなければならない学習目標、スキル、コンピテンシーが記載されている。しかし、BNCCの最も野心的な部分は、すべての学年と教科別の目標、スキル、コンピテンシーの指針を定める10の一般的なコンピテンシーである。これらのコンピテンシーは、地球市民として充実した生産的な生活を送るために、すべての生徒が身につけなければならない21世紀型のスキルとしっかり合致している。BNCCの背景にあるセオリー・オブ・チェンジは、高度に分権化されたブラジルの教育システムにおける主要な教育政策を、この高い基準に合わせることである。すなわち、地域のカリキュラム（州および市レベル）、教室で使用する教材、生徒の評価、初期および継続的な教師のトレーニングなどを行い、生徒の成果を向上させるのである。本章では、この改革の取り組みを記録するとともに、このセオリー・オブ・チェンジが現在どのような状況にあるのかを概観する。

02.1 −はじめに−

　ブラジルでは現在、野心的なカリキュラム改革が行われている最中であるが、これは組織的な市民社会運動とともに2013年に始まったものである。この運動においては、ブラジルの民主的な政治体制を再構築した1988年憲法で初めて示された国のコモンコアという約束を実現することがいかに重要かが認識されていた。2017年の12月には、幼児教育、初等・前期中等教育に向けた「全国共通カリキュラム」（BNCC: Base Nacional Comum Curricular）―これは、学習目標、コンピテンシー、スキルを網羅するものである―が承認されるという最初の重要な画期を迎えることとなった。その一年後には、2015年に最初のBNCCが公表されて

以降四人目となる教育大臣により、高等学校も含めた600ページにわたる完全版が承認された。前述の社会運動は第三セクター、大学、そして政府それぞれの重要なアクターにより始まったのだが、彼らは地域のカリキュラム、教材、教師の研修や生徒評価などを含め、他の全ての教育政策を導くものである共通カリキュラムなしには、ブラジルはいつまでも低い教育成果を克服できないし、教育によって子どもたちに貧困の連鎖を打ち砕くチャンスも与えられないと強く信じていた。「ベース運動」（Movimento pela Base）として知られるこの運動は、政党やイデオロギーの異なる複数の教育大臣の監督のもとにも関わらず非常に短期間で、連邦政府がBNCCを作り上げることを可能にした。2019年初頭には、第三の、イデオロギー的にも別の政党が実権を握ることとなったが、26州、連邦直轄区、そして5570の自治体全ての学校レベルでBNCCを実施するという大きな課題に直面している。現職の大統領の強い軍事的、宗教的、そして保守的な影響がBNCCの実施にどのような影響を与えるかは時の審判に委ねるしかない。彼の最初の教育大臣はたった3ヶ月で罷免されてしまった。今の教育大臣は、2015年以来六人目となるが、大統領の身内から選ばれた経済学の教授である。この大臣は幼児のリテラシーと、軍が運営する初等・中等学校の数を増やすことに重点を置いているようだが、今のところ前政権により開始されたBNCC実施戦略が放棄されたわけではない。

　本章では、2013年から2019年までの時期を対象に、BNCCの作成プロセス、BNCCの幼児・初等・中等教育に関わる部分の最終的な承認、連邦政府が州と自治体での実施プロセスを援助すべくいかなる施策を取ったのか、そして、それぞれの時点で第三セクターがどのような役割を負ったかについて記述する。

　また本章では、前述の「ベース運動」の二人のメンバー、クラウディア・コスティンとテレサ・ポントゥアルの見方を明らかにする。二人はそれぞれ、ブラジルの名高い私立大学であるFGV（Fundação Getulio Vargas）におかれたシンク・アンド・ドゥー・タンク、教育政策における卓越とイノベーションセンター（CEIEP: Center for Excellence and Innovation in Education Policies）のディレクターとエグゼクティブ・マネージャーを務めている。ポントゥアル氏は2016年9月から2017年8月という、ちょうど教育省がBNCCの第三版を作っていた期間に、教育省の教育課程課長も務めていた。我々の説明はBNCCの支持者として、また州や市レベルで実際に指導する立場にあった教育政策の専門家としての経験に基づいたものである（我々の経歴についてのさらなる詳細は本書の冒頭を参照）。

　BNCCの背後にあるセオリー・オブ・チェンジは、地域のカリキュラム、教師研修、教材、そして生徒評価などを含む他の全ての教育政策の足並みを揃えることで、市や州の間での統合、相乗効果、そして交流を増やし、子どもたちにとってより良い結果をもたらそうというものである。BNCCにより明確に与えられる、共通の方針があればこそ、州はそこに属する自治体と協働してカリキュラムを開発し、連邦政府は全国教科書プログラム（PNLD）でBNCCに沿った教科書を発行し、また教師研修プログラムもBNCCをそのカリキュラムに取り入れるのである。そして教育省は生徒の達成について行う国による外部評価をBNCCで定められたスキルとコンピテンシーに沿うようなものにするだろう。この章ではこのようなセオ

リー・オブ・チェンジの 2019 年時点におけるあり方も見ていく。

02.2 −背景−

　ブラジルは、OECD による生徒の学習到達度調査（PISA: Programme for International Student Assessment）に 2000 年の第一回目の実施以来参加している。2003 年から 2012 年まで数学で大きな向上が見られたが（OECD 2012）、それ以降は伸び悩んでおり、常に最下位グループのうちの一つである。ブラジルは 2015 年の PISA では 69 の参加国・地域のうち、数学で 64 位、科学で 62 位、読解では 61 位となっている（OECD 2015）。これは、世界で 9 番目の経済規模で（IMF 2018）、OECD 加盟国の平均を上回る対 GDP 比予算を教育に費やしている（2015 年時点で前者は 5.2％である一方、後者は 6.2％；World Bank Data 2015）にも関わらずである。ブラジル独自の到達度調査である教育基本評価システム（SAEB）によれば、2015 年において、5 年生終了段階で習得目標に到達していた生徒の割合は数学で 43％、国語で 55％に留まった（Todos pela Educação 2018）。これらの数値は学年が上がるにつれより悪化していく。9 年生終了段階では数学で 18％、国語で 34％に留まり、多くの生徒がすでに学校を止めてしまっている高校の最終学年では、数学で 7％、国語で 28％という結果になっている（Ibid）。なお 2017 年のデータでは、19 歳人口のうち高校を卒業しているのは 59.2％にとどまっている（Ibid）。

　こうした生徒の低い学業達成について最大の課題であり、かつもっともよく用いられる言い訳はブラジルという国の規模である。ブラジルは世界で 5 番目に多い人口を抱え（United Nations 2017）、4,850 万人の子どもたちが基礎教育（初等中等教育）段階に、そのうち 81％は公立学校に所属している（INEP）。もし仮にこうした規模が問題にならなかったとしても、1988 年憲法により連邦の構成メンバー間で教育システムを運営するための責任が分散されているため、問題は幾重にも複雑なものとなっている。ブラジルには 5,570 の自治体があり、これらが幼児教育に対し一元的な責任を負っている一方で初等教育及び前期中等教育については州との間で責任を共有している。26 ある州は初等教育及び前期中等教育に対し（自治体と共同で）責任を負う一方、後期中等教育（高等学校）については一元的な責任を負っている。首都が置かれている連邦直轄区は、基礎教育三つの全ての段階に責任を負っている^(注1)。連邦政府は高等教育に責任を負っているが、州・自治体・連邦直轄区における基礎教育（初等中等教育）を方向づけ、財政援助しなければならない。加えて、1996 年の教育基本法（LDB: Lei de Diretrizes e Bases da Educação）により 18 万 1900 もの学校全てに教授法における自治が認められ、同時に市・州政府は全ての生徒が質の高い教育を受ける権利を保証する義務を有することになった（Brazil 1996）。

　1996 年の教育基本法以前のブラジルは、依然として全ての子どもたちに初等教育を受けさせるという課題の克服を目指していた。それ以来、全ての 4 歳と 5 歳

の子どもたちが就学前教育へアクセスできるよう、また義務教育については、初等教育の質を上げ、高等学校に生徒を入学させ、かつ卒業させることなどへと焦点が移ってきた。これら全ての領域でブラジルは大きな進歩を遂げてきたが、必ずしもそれは望ましいスピードではなかったし、依然として存在する最大の課題は質を保証するとともに平等を確保することである。つまり、それぞれの学年段階で求められることを全ての学生が習得するようにするということである。こうした20世紀的な課題といまだに格闘している国にあって、学校において生徒がそれを向上することが目指されている様々なコンピテンシーの射程を広げ、それにより教育のレリバンスを真に高めるという21世紀的な課題は、質をめぐる課題をいっそう複雑なものとしている。

　ブラジルが、ラテン・アメリカ諸国のチリなどを含めた他の国々の後塵を拝し、極度の貧困を就学などの条件と紐づいた現金給付プログラムを用いて減少させつつある中で、第三セクターは社会階級や人種、民族といったものに関わらず全てのブラジル国民に対し平等な機会を保証するためには教育こそが鍵であると考えるようになってきた。このうち、ブラジルで最大の富豪であるホルヘ・パウロ・レマンにより資金供給されているレマン財団は、2002年に設立され、公教育の改善のためにそのリソースのほとんどを注ぎ込んできた。このレマン財団こそが、他の非営利団体、教育界のリーダー、大学教授、（特に大統領府、立法府の）政治家へ援助を行い、前述の「ベース運動」（Moviento pela Base）を作り出したのである。これは2013年のイエール大学への画期的な訪問から始まり、第一期のメンバーはそこで受けた合衆国のコモンコアについてのレクチャーに没頭したが、このレクチャーは開発初期から実行に至るまで、またその過程で直面した成功や失敗の数々をもカバーするものであった。メンバーには左派の労働者党（PT）、中道左派のブラジル社会民主党（PSDB）、より保守的である民主党（DEM）、そして中道のブラジル民主運動党（MDB）それぞれのために働く、あらゆる政治的立場の人々が参加していた。この運動のメンバーはミーティングを重ね、ブラジルがオリジナルのコモンコアを作り上げる上で拠り立つべき前提を築いた。こうした運動内部の異質性により議論は非常に困難なものとなったが、同時にこの運動が影響力、持続性をこれまで発揮してきた理由でもあった。

　イエール大学への訪問が示すように、この運動は政策提言を行う上で国際的な経験と専門性を歓迎している。この運動にとってインスピレーションとなり、またそこから教訓を得たナショナル、あるいは準ナショナルのカリキュラム改革は特に合衆国、オーストラリア、チリ、そしてカナダのブリティッシュ・コロンビア州のものであった。また、専門的知見を共有してくれた主な機関はイギリスのカリキュラム財団、オーストラリア・カリキュラム評価機構（ACARA: Australian Curriculum, Assessment and Reporting Authority）、合衆国のカリキュラム・リデザイン・センター、そしてスタンフォード大学のブラジルにおける教育アントレプレナーシップとイノベーションのためのレマン・センターである。これらの参考事例はBNCCの第三版の執筆者がコンピテンシーに基づくカリキュラムを開発する上で助けとなった。そのカリキュラムは10のコア・コンピテンシーから始ま

り、21世紀スキルと密接に対応しており、教科に基づくコンピテンシーやスキルを横断するものとなっている。

　全国を対象としたカリキュラムの基準を持つというアイディアは最近始まったものではない。1988年憲法は初等、および前期中等教育における最低基準内容を定めている（Brazil 1988）。1996年の教育基本法では基礎教育は全国共通の基準を有するべきであることを定めている。フェルナンド・エンリケ・カルドーゾ大統領政権で教育大臣であったパウロ・レナト・ソウザは、カリキュラム基準（PCN）というものを1997年に（現在では2年生から5年生に相当する）初等教育で導入した。1998年には（5年生から8年生の）前期中等教育[注2]、2000年には高校（1年生から3年生）で導入し、全ての教科に対応した[注3]。それは非常に野心的な試みで、初等教育については10冊にも上り、前期中等教育でもさらに10冊、そして後期中等教育で4冊からなるものであった。PCNは尊敬を集める教育者のチームにより開発された高品質の教材と広く捉えられている。しかし、PCNのきめ細やかな開発はさておき、連邦省は学校がその出版物の実際のコピーを持っているかを保証する以上のことはしなかった。PCNは規律としては定められることはなかったのである。学校システムでそれはカリキュラムに自発的に取り入れられたかもしれないし、あるいは単純に無視されたかもしれない。しかしながら、PCNの開発、そしてその存在がBNCCの誕生への基礎を敷くことになったのである。

　2010年には、国家教育審議会がカリキュラム指針を承認したが、そこでは教育基本法と同様に再び「全国共通基礎」に言及がなされた（CNE 2010）。2014年には、国が国家教育計画2014–2024を承認した（Brazil 2014）。そこでBNCCは同計画の20の目標のうちの四つを達成するための戦略として明示的に引用された。同計画でBNCCにより全教科、そして初等中等教育の各学年に対する共通の学習目標を定義する必要があると明言されたことで、BNCCはそれまでの規範を超えるものとなった。その時までにBNCCを現実のものとするための勢いは十分なものとなっていたのである。

（注1）ブラジルにおいて、基礎教育は以下の三つのレベルを含んでいる。〈1〉保育所（0歳から3歳まで）と就学前教育（4歳と5歳）をカバーする幼児教育、〈2〉1年生から5年生（6歳から10歳に相当）までを含む低学年と、6年生から9年生（11歳から14歳に相当）までを含む高学年とに分かれ、「基本部分」にあたる初等および前期中等教育、〈3〉高校の3学年（15歳から17歳）にあたる後期中等教育。
（注2）当時、初等教育は8年間で、2006年の教育基本法改正により6歳から始まる9年間のものとなった。
（注3）初等中等教育のPCNは教育省のホームページで入手可能である（http://portal.mec.gov.br/）。

02.3 –執筆プロセス–

　2015年6月に、教育省はBNCCの最初のバージョンの作成に取り掛かった。その時、ジルマ・ルセフが大統領の任にあり、ブラジルの高名な哲学者で学者であるレナト・ジャニーネ・リベイロが教育大臣を務めていた。教育省は州や市の教育長官と協働して大学、学校、専門機関から選ばれた116人からなるコミッションを立ち上げた。この作業は、BNCCを開発するための共通言語や共通基盤を探る

ために、州や市のカリキュラムを調査することから始まった。最初のバージョンは2015年9月に公開された。できるだけ多くの教師がBNCCの開発プロセスに参加できるように、教育省は2015年9月から2016年3月まで、第一版を専用のオンラインプラットフォーム上で公開し、意見・フィードバックの公募を行った。1,200万件以上の投稿が登録され、そのうち半数は45,000もの学校からのものだった。合計30万人の登録者のうち、20万7千人が教師であった。BNCCの最初のバージョンをオンライン投稿のために公開したのと同時に、教育省は90人の専門家を雇い、文書の分析、および提言を行った。ブラジリア大学（UNB）も招かれ、第二版を作る上での執筆者の考慮に供するべく、そうした投稿を提言の形に体系立てる手伝いをした(注4)。

　BNCCの第二版は、2016年5月3日に二番目の教育大臣の下、部下のスタッフはほとんどその前の大臣の時と変わらず、発表される運びとなった。BNCCの第二版が発表された数日後の2016年5月12日、財政責任に関する罪を犯したことにより上院は大統領の弾劾手続きを開始することを決定したため、ジルマ・ルセフは失職することになった。そこでミシェル・テメル副大統領が就任し、民主党（DEM）の政治家で、北東部ペルナンブーコ州の元知事であるメンドンサ・フィーリョを教育大臣に指名した。メンドンサは副大臣に、教育者として有名で、元サンパウロ州教育長官であったマリア・ヘレナ・ギマランイス・デ・カストロ（ブラジル社会民主党［PSDB］と関係が深い）を指名した。これにより、BNCC改革の継続性が確保されただけでなく、その地位も高まった。カストロは、イエール大学への訪問以来の「ベース運動」メンバーである。彼女は直ちにBNCCを最優先事項とし、改革作業を管理するために、管理委員会（7月末に制定）と作成委員会を含む新しいガバナンス体制を構築した（MEC 2016）。第三版の執筆・出版作業の管理を助けるために、教育省はサンパウロ大学（USP）の工学系教授らが設立し運営する民間非営利団体、ヴァンゾリーニ財団を参画させた。BNCCに関連するすべての事項は計画通りに進められたが、大統領の任期があと2年半あまりしか残されていなかったため、新たな危機感を持って臨まれた。

　第二版で用いられた意見を公募する戦略は予定通り行われ、また州教育長官全国審議会（CONSED）と、その自治体レベルに相当する市教育長全国会議（UNDIME）との連携により、市や州の学校制度レベルが対象とされた。ブラジリア大学（UNB）は、教育省に代わって、この全国的な協議活動を引き続き管理した。2016年の6月から8月にかけて、26州全てと連邦直轄区でセミナーが開催され、教育システムや学校レベルのリーダーや教師など、合計9,000人以上の参加者が集まった。この2日間のワークショップ形式のセミナーでは、第二版で提示された各学習目標や、ブラジリア大学が教育省のために編集しまとめた入門テキストに特化した作業が行われた。彼らの協力を得て、CONSEDとUNDIMEは2016年9月にBNCCの第二版に関する提言を教育省に提出した。

　執筆チームは、CONSEDとUNDIMEの提言に基づいて、BNCCの第三版の作成にすぐに取りかかった。最大の関心事は、改革に対する国民の支持を維持するため、バージョン間の継続性を確保することであった。先の弾劾が保守派による左派

政権追放のためのクーデターだと考えていた多くの教育関係者の視点からすると、テメル政権は不人気であったために、これは大きな課題であった。この目的のために、執筆者たちは、BNCCの第二版と第三版の間で行われたすべての変更が説明され、かつCONSEDとUNDIMEから受け取ったフィードバックに基づいてそれらは正当化されるとする文書を作成した（注5）。第二版と第三版の間には多くの違いがあったが、最大の違いは後期中等教育の有無であった。これまでの二つのバージョンでは、基礎教育、つまりブラジルの場合では、幼児教育（0歳から）、初等教育から後期中等教育（およそ17歳）までのすべてのレベルを含むものであるが、それらを対象とした目標が設定されていた。一方、第三バージョンでは、幼児教育から前期中等教育（およそ14歳）までだけを対象としていた。というのも、テメル政権は大統領就任から四カ月後の2016年9月、ブラジルの後期中等教育のカリキュラム構造を一から見直す暫定措置（注6）を可決し、それにより後期中等教育を対象とするBNCCの旧バージョンは完全に過去のものとなってしまったからである。暫定措置には議会の議決が必要だったため、教育省は後期中等教育を別個に扱い、幼児教育、初等教育、前期中等教育のみを対象とするBNCC作成の継続を選択したのであった。これは非常に議論を呼んだ決定で、特に前政権が指名したメンバーが残っていた国家教育審議会（CNE）（注7）からは多くの反発を受けた。この暫定措置は2017年2月に議会で承認され、BNCCの第三版（後期中等教育の部分を除いたもの）は2017年4月に審議のためにCNEに送られた。

　BNCCの最初のバージョンでは、オンラインプラットフォームを通じて個々人からフィードバックを受け、教育省の委託を受けていたが、第二版では、州のセミナーを通じて教育システムレベルでのフィードバックを受け付けた。この時点で、第三版では、国家教育審議会（CNE）の主導のもと、ブラジルの五つの地域ごとに、教育省のリソースと政治的支援を受けてCNEが開く公聴会を通じて、労働組合、協会、大学、NGO、利益団体などからフィードバックを受けることになっていた。公聴会は2017年6月から9月にかけて行われ、1,707人の参加者を集めたが、そのうち283人がBNCCの第三版に関して意見を述べた（CNE 2017a, b）。政府の保守層の要請を受けCNEに送られた文書からは、ジェンダー・アイデンティティに関するすべての言及が削除されていたにもかかわらず、公聴会では宗教団体によりBNCCが「ジェンダー・イデオロギー」を擁護していると思われるという批判がなされた。「右派」と「左派」両方の過激派からBNCCは批判されており、一方ではジェンダー問題に言及しすぎており、他方では十分に言及していないとされた。この問題を先送りするために、BNCCを制定したCNE決議では、CNEが性的指向の諸問題に関する規範を別の文書で提示しなければならないと定めた。教育省とCNEのメンバーの間で多くの交渉が行われた結果、特に国語のスキルとコンピテンシーに変更が加えられたBNCCの第四版と最終版は、2017年12月20日に賛成20票、反対3票で可決され、教育大臣により承認された。最終版はCNE決議への附則として公表され、BNCCの採用に向けた戦略を示し、期限も定めている（CNE 2017a, b）。CNEに承認されるより早く、2017年8月にはすでに、CONSEDとUNDIME（ともにCNEのメンバーである）が、「ベース運動」と提携し、

市や州向けの BNCC 実施ガイドの作成に取りかかっていた（注8）。

　後期中等教育でのコンピテンシーとスキルをも含んだ BNCC の完全版は、1 年後の 2018 年 12 月に発表された。600 ページにも及ぶ最終的な文書においては、DeSeCo プロジェクト（OECD 2005）にしっかりと一致する形の 10 の一般的なコンピテンシーが指針となり、インスピレーションを与えるものとなっている。つまり、幼児教育を対象とするすべての学習目標、初等教育の各学年に向けて定められた国語、芸術、体育、英語（なお英語は前期中等教育のみである）、数学、科学、歴史、地理、そして宗教などでのスキルとコンピテンシー、後期中等教育では言語、数学、自然科学、応用人間・社会科学の諸分野でのスキル、コンピテンシー（なお、具体的なコンピテンシーやスキルが定められている教科は国語のみ）は、この文書の序章で定められた 10 の一般的なコンピテンシーに集約されることを意味している。

　最近まで教育機関というより、社会保護政策の一環として捉えられていたブラジルのデイケアセンターでは、カリキュラムの概念があまり浸透していなかったことを鑑みると、幼児期の学習目標は極めて注目に値するものである。幼児期の BNCC は、すべての教育システムに対して、0 歳期の乳児から就学前まで含むデイケアセンターにおける学習目標の必要性を明確にしている。研究文献により、子どもの最初の数年間の成長に投資することは、子どもの将来の成功に不可欠であると示されてきたが（Elango et al. 2015）、BNCC が幼児期の明確な学習目標を盛り込むことで、基礎教育の第一段階でより質の高いカリキュラム、教材、ティーチングが促進されるはずだ。

　BNCC の最終版が生徒に期待するもう一つの重要な点は、国語のスキルとコンピテンシーに見出せる。これまで生徒は、小学 3 年生の終わり（およそ 8 歳）までに読み書きができるようになることを期待されていたが、BNCC ではこの期待を引き上げ、小学 2 年生の終わり（およそ 7 歳）までとした。これは、ブラジルの高い留年率や学年と年齢の不一致の高い割合に見られるような学習面での遅れの蓄積を避けるべく、遅くとも小学 2 年生までに読み書き能力を身につけることの重要性を強調するための措置である。

　セオリー・オブ・チェンジによれば、BNCC が教育の質に意図した影響を与えるためには、公立学校に直接責任を持つ市や州が、より高い基準に沿ったカリキュラムを開発し、さらにその新しいカリキュラムが効果的に実施されるように、教室での教材や教師の研修、そして生徒の評価を行う必要がある。多様性に富む国家教育審議会の承認を得て BNCC を完成させることは困難であったが、この文書によりブラジル全土の何万もの学校で行われていることを変化させるのは、特にこのような分権的な教育システムであることを踏まえると、より大きな課題である。現在、教育省と「ベース運動」は、市や州の実施活動を支援することに注力しており、そうした作業に対し資金を提供することなどが行なわれている。

（注 4）BNCC の歴史については「ベース運動」のホームページ（http://movimentopelabase.org.br/linha-do-tempo/)、または BNCC の第一、第二版で使われたホームページに掲載されている（http://historiadabncc.mec.gov.br/)。
（注 5）同文書は以下のアドレスから閲覧可能である（http://cnebncc.mec.gov.br/docs/BNCC_Estudo_Comparativo.

（注６）暫定措置、ポルトガル語で *Medida Provisória* は、それが議会で承認されるまで最大 120 日間、一時的に法的な効力を持つ大統領令を指す。

（注７）国家教育審議会は、1995 年に法律によって設立され、四年間の任期を持つ 24 人のメンバーで構成されているが、その任期は一度だけ更新することができる。教育省の二名の長官は、自動的に CNE のメンバーとなる。残りのメンバーは、教育セクターの各種協会から推薦され、教育大臣によって指名される。メンバーは、国内すべての地域、および教育セクターのすべての分野から構成される必要がある（Brasil, Presidência da República, Lei 9131 de 1995. http://www.planalto.gov.br/ccivil_03/leis/L9131.htm）。

（注８）実施ガイドは以下のリンクからアクセス可能である（http://basenacionalcomum.mec.gov.br/wp-content/uploads/2018/04/guia_BNC_2018_online_v7.pdf）。

02.4 −BNCC と州・市のカリキュラム−

　市と州では、質の高いカリキュラムを開発・実施するための組織的・人的な能力が大きく異なっている。教育省は、「ベース運動」の支援を受けて、ProBNCC というプログラムを実施している。これは、各都市を代表する委員会が指名する執筆者グループに対し資金を提供し、トレーニングを行い、技術的なサポートを与えることで、州や市が独自のカリキュラムを構築するのを支援するものである。これにより、教育省は、BNCC を州レベルのカリキュラムに変換するための献身的な執筆チームをすべての州が有することを保証しているが、これは他の方法では実現できなかっただろうものである。ProBNCC は、CONSED、UNDIME、国家教育審議会フォーラム、州教育審議会全国会議が参加する共同作業である（MEC 2018）。2019 年 10 月の時点で、26 州全てと連邦直轄区が、BNCC に沿ったカリキュラムをそれぞれの州レベル以下の教育審議会で承認してもらっている（InfoBNCC#2 2019）。

　教育省の戦略には、市と州が協力してカリキュラム開発をするためのインセンティブも含まれている。ブラジルの 5,568 ある自治体の教育局のほとんどは、独自に質の高いカリキュラムを開発する組織的能力に欠けているため、BNCC の成功にはこのインセンティブが不可欠である。自治体の教育システムは、その多くで管理する学校が 5 校未満であるため、条件や結果が非常に異なっている。子どもたちの成績を向上させるために、教育省と第三セクターは、市と州の教育システム間で協力関係を促進することに重点を置きつつあるが、通常は後者がより大きな組織的能力を持っているので、州に指導的役割を担ってもらっている。初等・前期中等教育に関しては、憲法上、市と州の責任が混在しているため、生徒の取り合いになり、政策に齟齬が生じてしまうのである。また、州の責任範囲外である幼児教育についても課題がある。そのため、州の教育局は、市を支援するために必要な技術的能力を構築できていないのである。また、市との間に強固で持続的な協力関係を築くことができていて、それが子どもたちのより良い成果につながっている州はほとんどない。

　州と市の協力関係で最も有名な例は、セアラー州である（Abrucio et al. 2016）。セアラー州は、ブラジルの最貧地域である北東部で最も教育成果が高く、公立小学校において不平等が他州に比べて最も少ないことで知られている。セアラー州では、初等・前期中等学校のほぼ 100％が市の教育局によって運営されて

いる。ブラジルでは平均して、市は公立小学校の80%以上、中学校の約半分の運営を担っている（INEP 2018）。最近まで、州は市に対して学校運営の支援をあまり行っていないケースがほとんどだったのだが、セアラー州の教育局は、市との協力のために一つの部門を丸ごと割り当てている。セアラー州教育局では、184の自治体に対して、財源、技術支援、教材、教師のトレーニング、生徒の外部評価などの協力を行っている。BNCC以前にも、セアラー州では、市と協力して幼児教育と初等教育のカリキュラムを作成していたのである。

　セアラー州のように、これまで市との強力なパートナーシップを築いてきた州は、教育成果を向上させるための協力関係がいかに重要かを理解している他の州にとっての参考事例となっている。結局のところ、州が一元的に責任を負っている後期中等教育の成果を向上させることは、子どもたちが初等・前期中等教育でしっかり学ぶべきところを学べなかった場合には、ほとんど不可能なのである。州は市に比べて財政的にも人的にも余裕があるため、市の間での不平等を解消しすべての住民に平等な機会を保証するためには、州のリーダーシップが不可欠である。

　理想的には、州、州都、そしておそらく大都市が独自のカリキュラムを開発し、小規模な都市が州のカリキュラムを採用し、学校は教育プロジェクトを通してそれらのカリキュラムを自らの文脈に合わせることになるだろう。ブラジルでは、すべての学校が独自のカリキュラムを作成した場合、5,500以上のカリキュラムが存在することになるが、前述のレベルの協力体制であれば、およそ60で済むことになろう。最初に出てきた結果は、教育政策の整合性が子どもたちのより良い成果につながるというBNCCのセオリー・オブ・チェンジに合致するものである。

　BNCCに沿ったカリキュラムを開発するには、州と市の協力という問題のほかに、より一般的な技術的能力に関わる問題がある。これは、ブラジル国内のカリキュラム専門家の数が限られていることと、その専門家がブラジルの南東部に集中していることに起因している。これに対し、教育省、レマン財団、「ベース運動」、「全ては教育のために」（Todos pela Educação）などが、この分野における国による研究や専門性を高めるための奨励策やプログラム、パートナーシップを構築している最中である。

02.5 *–BNCCと教材–*

　学校は市や州によって運営されているが、教師や生徒が使用する教科書は、教育省が最も長く実施している「全国教科書プログラム（PNLD）」の一環として、学校が事前に承認したリストから選択し、教育局はほとんど関与せずに連邦政府が直接提供する。2017年、同省はこのプログラムにいくつかの重要な変更を加え、教育局の参加の度合いを高めた。教育長がすべての学校またはサブグループの学校が同じ教科書を採用することを決定できる場合には、学校の教科書選択の前に一つステップを追加したのである。つまり、彼らが受け取る教科書について、参加している学校グループの教師が民主的に選ぶことになるというものであった（Brazil

2017）。

　教科書が暗黙のカリキュラムとなっていることが多い状況では、教科書の制作に影響を与えることは、BNCC のセオリー・オブ・チェンジにとって極めて重要である。連邦政府の政策である PNLD は、教育省によって簡単に変更されもする。BNCC の最終版が国家教育審議会で承認される前にも関わらず、同省は 2017 年7 月 31 日、BNCC の第三版に沿った全教科の幼児教育と初等教育（1 年生から 5年生まで）の教科書の公開入札を行った。これらの教科書は、2019 年度の新学期開始時に学校に届き、3 年間継続して用いられる。このようなタイトな制作スケジュールに加え、BNCC の最終版で変更された内容を 3 年サイクルの 2 年目に使用する教科書に適用する必要があったため、出版社からは強い反発があった。しかしながら、教育省は BNCC の導入を急ぐ姿勢を貫いた。PNLD 2019 にもたらされたもう一つのイノベーションは、BNCC の 10 のコア・コンピテンシーの育成に焦点を当てたプロジェクト型学習を導入する教科書が含まれたことである（FNDE2017）。

　PNLD は BNCC の実施にとって重要であると同時に、市や州のカリキュラムを考慮していないため、セオリー・オブ・チェンジの重要な要素を見落としてしまうという点で制約ともなっているのは明白である。PNLD では地域や地元のカリキュラムのニーズに応えることができなかったため（BNCC 導入以前からもそうであったが）、多くの州や市（サンパウロ州やセアラー州も含む）が独自の授業用教材を作成して学校に送り、PNLD の教科書に加えて、あるいはその代わりに使用してもらっている。このように複数の作業が並立する状況は、公的資源の二重化だけに着目し、州や市の教材が地域のカリキュラムや状況に役立つのに国の教材ではその目的を果たせないことを理解していない公選弁護人たちの攻撃を受けるところとなった。

　PNLD が BNCC の実施に与えるもう一つの制限は、BNCC に準拠した教科書の到着を PNLD 自身の 3 年周期に合わせて遅らせてしまうことである。現状では、幼児教育と初等教育の BNCC に準拠した教科書は 2019 年度の初めに学校に届き、前期中等教育の教科書は 2020 年の初めに、後期中等教育の教科書は 2021 年に届くことになっている。その結果、2020 年から地方のカリキュラムを BNCC に合わせても、教室で使う教材が全学年で揃うのは 2021 年となる。

　BNCC 改革により、カリキュラムを決定する教育局に、より多くのリソースと教育上の決定を与えるためにも PNLD の変更の必要性が明らかになった。しかし、年間 20 億レアル（約 5 億 2,100 万ドル）以上の予算を持ち、最も長い歴史を持つ連邦政府の公的教育プログラムである PNLD は、出版市場の主要な収入源のひとつであり、彼らは自分たちの利益に反するような変更に反対するための強力なロビー活動を展開してきた。

　BNCC のセオリー・オブ・チェンジによれば、州と市が互いに協力してカリキュラムを開発することが前提とされており、また、これらのカリキュラムが教室で習う内容に影響を与えるためには、教師が授業を計画するために使用し、生徒が家に持ち帰って勉強する教科書というものが、地域の事情やその他諸々の BNCC に持

ち込まれる追加事項をも含め、これらのカリキュラムに沿ったものである必要がある。PNLD が BNCC だけに準拠した教科書を提供することは、連邦政府の支援を受けて州や市が独自のカリキュラムを開発するために投入した資源を認めず、また、市や州には PNLD の教科書にそれぞれのカリキュラムの特性を考慮した追加の教材を加える責任を負わせることにもなるが、市や州にはその能力も手段もないのである。

02.6 −BNCC と教師研修−

BNCC が生徒の成果に望ましい影響を与えるためには、BNCC が示しているスキルやコンピテンシーを教員の最初の養成プログラムのカリキュラムに組み込み、将来の教師全員が生徒にそれらを身につけさせる準備ができていると自信を持てるようにする必要がある。テメル政権は、後期中等教育の改革を機に教育基本法を改正し、BNCC が承認されてから 2 年以内に教員養成のカリキュラムに組み込むことを義務づけた（LDB、第六十二条）。この法改正は強いメッセージを発しているが、教育省にはそれを強制させる仕組みがほとんどないのである。大学は依然として BNCC に対する最も強力な反対勢力である。CNE が開催した公聴会では、大学の代表者たちが繰り返し反対の声を上げた。BNCC の内容に対する概念的な違いを指摘する声もあったが、より憂慮すべきは、その存在そのものへの批判である。ブラジルの教育学者の多くは、BNCC が教師や学校の教育的自治を侵害していると考えており、BNCC のいかなるバージョンにも、特に多くの人により正統性がないと見なされている政府によって承認されたものには強く反対している。大学の教育学部が BNCC を受け入れなければ、それが学部のカリキュラムに組み込まれる可能性は極めて低い。

より効果的な施行方法としては、市や州が教員採用試験の一環として BNCC で規定されたスキルやコンピテンシーを要求することも考えられる。もし、教師教育プログラムの初期段階でこれらのスキルやコンピテンシーをそのカリキュラムに組み込めば、現在の理論中心の教育に大きな変化をもたらすだろう。しかし、これらのスキルやコンピテンシーをどのように教えるかという問題は、もちろんBNCC の射程を越えるものではあるが、依然として残るだろう。

より広くティーチングの質に取り組むために、教育省は、教員養成、研修プログラム（初期および継続的なものいずれについても）のための異なる「コモンコア」を開発し、2018 年末に国家教育審議会の検討に付した。CNE は 2019 年 11 月に全会一致でこれを承認した。この文書は現在、教育省による最終的な裁可と発表を待っているところである。

教師の質が生徒の成果にとってどれほど重要であるかを考えると、もし BNCC がこれらのプログラムに影響を与えることができなければ、BNCC 自体のインパクトも小さなものとなるだろう。教育局が直接提供する教員研修プログラムは、自律性が高く公立学校の教室のニーズや希望から何段階も遊離した関心やインセン

ティブに基づいている大学主体のプログラムよりも、BNCC に沿った独自のカリキュラムを容易に取り入れることができる。高等教育は連邦政府が直接管轄しているため、これらの大学によるプログラムが学生を優秀な教師に育てられるような政策を形成し、実施するのは教育省に委ねられている。非営利団体「全ては教育のために」が中心となり、第三セクターはブラジルの教育の質を向上させるための主要な手段として強力な知識基盤を構築し、政府に教員養成の改革を迫ることに焦点を置いているのである。

02.7 –BNCC と全国生徒評価–

　連邦政府の政策としての BNCC は、生徒を評価することでそこに記載されているスキルやコンピテンシーが習得されたことが証明できなければ、成功したとは言えない。評価については、地域のカリキュラムではなく BNCC に焦点を当て、教育の質に対する全国レベルの温度計としての役割を果たす必要がある。ブラジルには、技術的に頑健な長年にわたる強力な学生評価システムがあり、そのルーブリックは市や州のカリキュラムに強い影響力を有してきた。BNCC によって、市や州はカリキュラムやそれに続く諸政策（教材、教員研修、地域の生徒評価システムなど）について、より頑健で詳細な指針を得ることができる。これらの政策が地域レベルで適切に実施されれば、その結果は国の評価に反映されるべきものでもある。ただし、国の評価は地域の評価システムとは対照的に、カリキュラムに基づくものではなく、BNCC で定められているブラジルのすべての生徒が学ぶべきことに重点を置くべきである。BNCC によって、全国評価システムは、教育内容をテストの対象だけに限定されたものではなく、学校システムが重要な節目ごとに生徒のスキルと能力の開発に成功しているかどうかを知らせるという、正しいものへと戻るのである。

　ブラジルの教育基本評価システム（SAEB）は 1990 年に構築されたが、結果を比較できるのは、SAEB を管轄する連邦機関である INEP が項目応答理論（IRT）の手法を採用した 1995 年以降に限られる。それ以降は、初等教育終了時（現在の小学 5 年生）、前期中等教育終了時（現在の 9 年生）、そして高校終了時を対象に 2 年ごとに、公立学校の生徒を代表するサンプルについて、その国語と数学のスキルを評価してきた。2005 年には初等・前期中等教育終了時の全生徒に、2017 年には高校終了時の全生徒にも対象を広げ、これら基礎教育の三段階ごとに学校や都市ごとの結果を出している。

　2007 年からは、5、9、12 年生の成績と進級率を組み合わせて、初等・前期中等・後期中等教育の「基礎教育開発指数（Ideb: Índice de Desenvolvimento da Educação Básica）」を学校、市、州ごと、そして国全体で算出し、それに対応して教育省の国立教育調査研究所（INEP）が 2021 年までの目標を設定している。Ideb に基づく 2005 年以降の結果が公表される中で [注 9]、2 年ごとにブラジルの学校や学校制度の質に世間の注目が集まってきた。このスケジュールだと、Ideb は

常に選挙の年に公表され、選挙活動や討論会で取り上げられることになる。特に再選を目指す政治家は Ideb の結果が良くなったことを示すのに必死になるのである。

幼児教育、初等教育、前期中等教育の BNCC を制定した国家教育審議会の決議では、全国試験は公表から 1 年後にその変更を取り入れるべきだと定められており、これは 2018 年末に相当する。高校向けの BNCC を制定した決議は 2018 年 12 月 17 日に承認されたが、全国大学入学試験（ENEM）などの高校向けの評価・試験を新しいカリキュラムの目標に合わせるために、最大で 4 年の猶予が与えられた。最初の BNCC 決議を受けて、INEP は SAEB の新しい評価基準を公表し、これまで 3 年生（8 歳）の終わりに実施されていた読み書きと計算の試験を 2 年生（7 歳）の終わりに前倒しすることや、9 年生の試験に社会科学と自然科学を含めることなどの変更点を発表した（INEP 2018, p.46）。

2017 年の決議で、BNCC に準拠したカリキュラムを 2020 年度の学期始めまでに市や州が実施しなければならないと決定されたことを考えると、2019 年度の SAEB は BNCC 実施の評価というよりは、市や州にとっての基準値としての役割を果たすことになるだろう。「ベース運動」が行った国際的なベンチマークの一環として、コモンコアの導入から得られた教訓の一つに、ニューヨークの事例がある。ニューヨークでは、コモンコアに則った評価を性急に導入しすぎたために、教師の間に不満が生じ、改革に悪影響を及ぼすことになったのである。このような運命を避けるためには、改革がまだ実行途中であることを考慮して、INEP は 2019 年に何を評価するのか、また、対応する Ideb の結果をどのように公表すべきかを明確に意思表示しなければならない。SAEB を使って BNCC の実施状況を評価する際には、BNCC に準拠したカリキュラムで十二年間学んだ最初の学年が高校を卒業するのは 2032 年であるということを念頭に置くのが重要である。

（注9）高校の Ideb の結果が得られるようになったのは 2017 年からである。SAEB は 12 年生のサンプルではなく生徒全員を評価するようになり、市や学校ごとに結果が算出できるようになった。

02.8 –BNCC と 21 世紀型スキル–

BNCC の最も野心的な特徴は、文書の第三版において初めて登場するものであるのだが、幼児期から始まり基礎教育を通じ、すべての生徒が身につけるべき 10 のコア・コンピテンシーを設定したことである。これらのコンピテンシーには、生涯学習、批判的思考、美的感覚、コミュニケーションスキル、デジタルリテラシー、起業家精神、セルフケア、共感、市民性、倫理観などが含まれている。このコア・コンピテンシーは、基礎教育の目標を学力にとどまらず、第四次産業革命の課題に次の世代を備えるために不可欠とされる 21 世紀型のスキルにまで拡張されているのである。

BNCC は野心的なものであったが、10 のコア・コンピテンシーと教科別のコンピテンシーやスキルとの間に明確な関連性がなく、市や州が自分で関連づける責任を負わされているという批判がなされた。これに加えて、コア・コンピテンシー

は一般的に教員養成プログラムに組み込まれておらず、より基本的な識字能力や計算能力の必要性が優先されていないことが多い。このような状況の中、教育省と第三セクターのパートナーは、このギャップを埋めることを目的としたオリエンテーション、ビデオ、オンラインコースを作成し、市や州が 10 のコア・コンピテンシーをカリキュラムに組み込むことを支援している。

　「ベース運動」は、ボストンのカリキュラム・リデザイン・センターと協力して、「BNCC のコア・コンピテンシーの次元と発展（Dimensions and Development of BNCC's Core Competencies）」と題した文書を作成した (注10)。この文書では、10 のコア・コンピテンシーのそれぞれが、基礎教育のさまざまな段階で学生が身につけるべきスキルを示す次元と副次元に分類されている。その他の教材としては、「新しい学校（Nova Escola、ブラジルで一位の教師向け雑誌）」とレマン財団が作成した「BNCC のコア・コンピテンシー」と呼ばれる二時間のオンラインコースや、一般的なコンピテンシーと教科や学年ごとのコンピテンシーを関連付ける「BNCC におけるコンピテンシー」（http://www.competen- ciasnabncc.org.br/）というオンラインプラットフォームなどがある。これらの資料は、BNCC の公式ウェブサイト（http://basenacionalcomum.mec.gov.br/）、「ベース運動」のウェブサイト（http://movimentopelabase.org.br/）、および前述のコア・コンピテンシーのオンラインプラットフォームでアクセスしやすいように整理されている。

　このような足並みを揃えた取り組みと豊富な資料は、ブラジルの教育論議において 21 世紀型スキルと社会情動的スキルが関連性を持つようになったことを物語っている。アイルトン・セナ研究所は、2015 年 5 月に eduLab21 を立ち上げ、国内外の機関と連携して「教育のフロンティアを切り開き、21 世紀の生活に向けて子どもや若者に準備してもらうための科学的知識を普及させる」ことを目指しているという（https://institutoayrtonsenna.org.br/pt-br/Atuacao/Atuacao2/edulab-21.html, 翻訳は原著者による）。このサイトでは、社会情動的スキルをカリキュラムや教室に組み込む方法について、膨大な資料を提供している。また、社会情動的スキルを測定する方法にも力を入れており、社会情動的コンピテンシー、特にビッグ・ファイブ（開放性、外向性、協調性、良心性、神経症的傾向）に関連するコンピテンシーを学校で測定するための SENNA というツールを作成している。また、別の第三セクターにおける機関として、「ベース運動」のメンバーであり、コア・コンピテンシーの強力な支持者であるアンナ・ペニードが所属するインスピラーレ研究所（Inspirare Institute）が、この議論のリーダーとなっている。彼女は、ほとんどのビデオに登場し、BNCC のコア・コンピテンシーに関するほとんどの文書で引用されている。同研究所の活動の一つに、ウェブサイト Porvir（http://porvir. org/）があるが、コア・コンピテンシーや社会情動的スキルをより広く実践することに関心のある学校システム、学校、教師にとって、これもまた素晴らしい情報、資料、参考文献のソースとなっているのである。

　第三セクターは支援教材の提供に重要な役割を果たしているが、教室や学生に届く教材は、主に PNLD を通じて政府から提供されたものだ。前述したように、PNLD 2019 では、BNCC のコア・コンピテンシーに基づいたプロジェクト型の

教科書を配布する。このような教材が作られるのは初めてなので、出版社がどのようなものを出すのか、これが1年生から5年生までの教師にどのように受け止められるのか、興味深いところである。残念ながら、PNLDはこれまで評価されたことがなく、教材の違いが生徒の成績にどのような影響を与えるかを理解するための綿密なモニタリングも行われていない。第三セクターがこのギャップを埋める手助けをしてくれることを期待するところである。

　このような努力にもかかわらず、本章の冒頭で紹介した学習レベルの極端な低さは、これらのコア・コンピテンシーに焦点を当てることに対する強い抑止力となっている。特に数学と国語は、政治的に最も重要な指標であるIdebにカウントされる唯一の科目である。このような理由から、Idebの目標をすでに上回っている学校は、21世紀型スキルの開発を目的とした改革を実施していることが多いのである。その一つが、ブラジルで最も高いIdebの成績を誇る北東部セアラー州の都市ソブラルで、2018年から教師の社会情動的スキルの開発に焦点を当てたプログラムを実施している。

　コア・コンピテンシーを普及させるためには、ブラジルの評価システムであるSAEBにコア・コンピテンシーを統合するか、少なくとも強力な推進者が、カリキュラムや教材にコア・コンピテンシーを統合することで、国語や数学を含むすべての分野の学習成果が向上することを市や州に示す必要がある。

　ブラジルのすべての生徒が、高校卒業までにBNCCが定めた10のコア・コンピテンシーを習得することは、長期的かつ非常に野心的な目標である。いつまでにこの目標を達成するかを設定する前に、私たちは自らの状況を把握する必要があるだろう。コア・コンピテンシーにはいくつかのスキルや態度、時には価値観が含まれており、その複雑さゆえに、10個のコア・コンピテンシーをすべて測定できるかどうか、そしていつまでに測定できるかは不透明である。それまでは、すでにこの課題に取り組んでいるOECDが、ブラジルの進むべき道を切り開くことになるだろう。

（注10）この文書は「ベース運動」のホームページの中の以下のリンクから入手できる（http://movimentopelabase.org.br/wp-content/uploads/2018/03/BNCC_Competencias_Progressao.pdf）。

References   –参照文献–

● Abrucio, F. L., Seggatto, C. I., & Pereira, M. C. G. (2016). Regime de Colaboração no Ceará: Funcionamento, Causas Do Sucesso e Alternativas de Disseminação do Modelo http://www. institutonatura.org.br/wp-content/uploads/2016/12/Relatorio-Ceara-AF-Web.pdf. Accessed 30 Nov 2019.

● Brazil. (1988). *Presidência da República, Constituição da República Federativa do Brasil de 1988*. http://www.planalto.gov.br/ccivil_03/constituicao/constituicao.htm. Accessed Mar 2019.

● Brazil. (1996). *Presidência da República, Lei de Diretrizes e Bases*, Bill 9394/1996. http://www. planalto.gov.br/ccivil_03/LEIS/L9394.htm. Accessed Mar 2019.

● Brazil. (2014). *Presidência da República, Plano Nacional de Educação*, Bill 13005/2014. http:// www.planalto.gov.br/ccivil_03/_Ato2011-2014/2014/Lei/L13005.htm. Accessed Mar 2019.

● Brazil. (2017, July 18). Presidência da República, Decree 9.099. http://www.planalto.gov.br/ccivil_03/_ato2015-2018/2017/decreto/D9099.htm. Accessed Mar 2019.

● CNE Conselho Nacional de Educação. (2010). Resolução 4 de 2010, http://portal.mec.gov.br/dmdocuments/rceb004_10.pdf. Accessed Mar 2019.

● CNE National Education Council. (2017a). Decision 15 of 2017 on the matter of the BNCC. http://portal.mec.gov.br/docman/dezembro-2017-pdf/78631-pcp015-17-pdf/file. Accessed Mar 2019.

● CNE National Education Council. (2017b). Resolução 2 de 2017. http://basenacionalcomum.mec.gov.br/wp-content/uploads/2018/04/RESOLUCAOCNE_CP222DEDEZEMBRODE2017. pdf. Accessed Mar 2019.

● Elango, S., Garcia J. L., Heckman, J., & Hojman, A. (2015). Early childhood education. https://heckmanequation.org/www/assets/2017/01/FINALMoffitt-ECE-Paper2015.pdf. Accessed Mar 2019.

● FNDE. (2017). Public Bid 01/2017 for 2019 PNLD textbooks. https://www.fnde.gov.br/programas/programas-do-livro/consultas/editais-programas-livro/item/10521-pnld-2019. Accessed 30 Nov 2019.

● INEP. (2018). Resumo Técnico: Censo da Educação Básica 2018 [recurso eletrônico]. http://download.inep.gov.br/educacao_basica/censo_escolar/resumos_tecnicos/resumo_tecnico_censo_educacao_basica_2018.pdf. Accessed Mar 2019.

● InfoBNCC #2. (2019, October). http://movimentopelabase.org.br/wp-content/uploads/2019/10/infobncc2_out2019_final.pdf. Accessed Dec 2019.

● MEC. (2016). *Portaria MEC 790, July 27th 2016*. http://portal.mec.gov.br/index.php?option=com_docman&view=download&alias=46471-link-port-790-base-curricular-pdf&category_slug=julho-2016-pdf&Itemid=30192. Accessed Mar 2019.

● MEC. (2018). Paraná aprova primeiro currículo em consonância com a BNCC. http://portal.mec.gov.br/ultimas-noticias/222-537011943/71361-parana-aprova-primeiro-curriculo-em-consonancia-com-a-bncc. Accessed 30 Nov 2019.

● OECD. (2005). The definition and selection of key competencies: executive summary. https://www.oecd.org/pisa/35070367.pdf. Accessed Mar 2019.

● OECD, PISA. (2012). Results in focus: What 15-year-olds know and what they can do with what they know, p. 8. http://www.oecd.org/pisa/keyfindings/pisa-2012-results-overview.pdf. Accessed Mar 2019.

● Todos Pela Educação. (2018). Educação Já, 21–24. https://www.todospelaeducacao.org.br/_uploads/_posts/58.pdf. Accessed 20 Mar 2019.

● United Nations, Department of Economic and Social Affairs, Population Division. (2017). World population prospects: The 2017 revision. https://population.un.org/wpp/Publications/Files/ WPP2017_Wallchart.pdf. Accessed 30 Nov 2019.

● World Bank Data. (2015). https://data.worldbank.org/indicator/SE.XPD.TOTL. GD.ZS?locations=BR-OE. Accessed 20 Mar 2019.

● World Economic Outlook Database, International Monetary Fund, October. (2018). World eco- nomic outlook database. https://www.imf.org/external/pubs/ft/weo/2018/02/weodata/index. aspx. Accessed 20 Mar 2019.

Chapter 03

21世紀に向けた
コンピテンス開発を支える
フィンランドのカリキュラム・
教師教育をめぐる改革

ヤリ・ラヴォネン（Jari Lavonen）

J. Lavonen (✉)
Faculty of Educational Sciences, University of Helsinki, Helsinki, Finland

Department of Childhood Education and Centre for Education Practice
Research, University of Johannesburg, Soweto, South Africa

e-mail: Jari.Lavonen@helsinki.fi

© The Author(s) 2020
F. M. Reimers (ed.), Audacious Education Purposes,
https://doi.org/10.1007/978-3-030-41882-3_3

Chapter 03 第3章

21世紀に向けた
コンピテンス開発を支える
フィンランドのカリキュラム・
教師教育をめぐる改革

ヤリ・ラヴォネン（Jari Lavonen）

【要旨】

　本章では、フィンランドの教育現場において、21世紀型コンピテンスの学習がどのように実施されているかを、教師、学校、自治体、大学が高い自律性を持つ分権的な教育システムの中で、国や地方レベルのカリキュラムの制定や教師教育開発プログラムの設計などを通して分析する。カリキュラムと開発プログラムは、21世紀型のコンピテンスを学ぶことに重点を置いている。いずれも、フィンランドの教師や教師教育者、教育文化省、フィンランド地方自治体協会、教職員組合、学生組合、校長協会などの代表者らの協働で策定されたものである。これらの変化を実現するために取られた主な行動は、パイロットプロジェクト、セミナーや会議、さまざまなサポートや地域レベルでの協力体制を持つこと、そしてネットワーク作りであった。最近の評価によると、国や地域レベルのカリキュラムの開発と教師教育の開発プログラムという二つの試みは、学校や教師教育における21世紀型コンピテンスの導入に向けた進展をもたらした。

03.1 −はじめに−

　フィンランドの教育制度は、合理的な公的資金による広く行き渡った公平性、ならびに社会的結束を、高い教育の質とうまく組み合わせた、国際的に認められた高いパフォーマンスを誇るシステムの一例である（Niemi et al. 2012）。フィンランドの教育制度に対する国際的な関心は、2002年に発表されたOECDによる第1回生徒の学習到達度調査（PISA）の結果で、フィンランドの15歳の生徒が読解、科学、数学においてランキング上位に入ったことから始まった。その後、フィンランドの学生は、2000年、2003年、2006年、2009年にOECD加盟国の中で高得点を獲得している（OECD 2007, 2010）。高得点と成績のばらつきの少なさは、成功した教育システムの成果と一般に考えられている。国際教育データベース（International Education Database）[注1]は、国の教育システムが経済の安定と社会環境の発展に与えた影響について、フィンランドを世界第二位に位置づけている。

　フィンランドの教育が成功しているのは、フィンランドの教育政策とその実施に

よるところが大きいと説明されている。フィンランドの教育政策は、常に課題を認識し、共同での改革と戦略を通し課題を克服することを目指している。このような努力には、政策立案者、教育文化省（注2）、自治体（注3）、大学、教師、教師教育者が戦略や開発プログラムを設計するというようなプロセスが含まれている（Simola 2005）。さらに、カリキュラムや評価を実施するために専門職としての教師や教師教育者が分権化の中で自律的な役割を果たしていることも、フィンランドの教育が成功している理由のひとつだろう（Välijärvi et al.2002）。フィンランドの地方分権型の教育システムでは、専門職としての教師が重要な役割を果たしている。専門職としての教師は、地域のカリキュラムデザインに参加し、学習環境やコースを設計し、さらに、自分自身の指導と生徒の学習成果の両方について評価する責任を負っている。初等中等教育の教師は、フィンランドでは45年以上も前から伝統的な大学で5年間の修士課程を通じて教育されている。フィンランドの学校で働くすべての教師は、この5年間のプログラムを修了していなければならないのである。

　PISAの結果は、若者が21世紀を生き、成功するために必要な能力を示す重要な指標とされている。OECDは、PISAのフレームワークを設計する際に「コンピテンシーの定義と選択（DeSeCo: Definition and Selection of Competencies）」プロジェクト（OECD 2005）の成果を活用し、またPISAテストの項目設計に利用した（Ananiadou and Claro 2009）。DeSeCoの成果や21世紀のコンピテンシーと学習に関するその他の関連する分析（Voogt and Roblin 2012; Reimers & Chung 2016を参照）は、フィンランドでも2014年から2015年にかけて新カリキュラムを設計する際に使用された。そのため、フィンランドの視点から見ると、その教育指標はDeSeCoの21世紀型コンピテンシーのリストと一致しているのである。さらに、DeSeCoやその他の関連する21世紀の学習の記述をめぐる分析は、後述するフィンランドのカリキュラムを設計する際の一つのフレームワークとして使用された。したがって本章では、DeSeCoの枠組みを中心として分析、議論を行うものとする。

　DeSeCo（OECD 2005）によると、21世紀の人間は社会文化的（言語的）なものとデジタル的（技術的）なものを含む幅広いツールを使用して、環境と効果的に関わり、異質な集団と交わり、相互作用し、探究的な作業や問題解決を行い、また自分の生活を管理する責任を負い、そして自律的に行動する必要があるとしている。このような環境では、これらのコンピテンシーを身につけるために、批判的思考と創造的思考の両方が必要となる。

　フィンランドの教育制度は比較的高い評価を受けているが、過去8年間でいくつかの課題も認識されている。2012年のPISAテスト（OECD 2013）と2015年のPISAテスト（OECD 2016）でフィンランドの若者の学習成果の低下が報告されたときには、フィンランドの政策立案者は、教育システムが21世紀型の能力を促進しておらず、学生を将来に向けて適切に準備させられていないと主張した。フィンランドでの議論は、他のいくつかの国と同様に、どのような知識やスキルを教えるべきか、次世代がどのようなコンピテンシーを必要としているのかという疑問に基づいて行われてきた（Reimers & Chung 2016）。また、フィンランドで

は学校環境の内外における新しいテクノロジーの影響や利用に関する課題についても議論されてきた（Niemi et al.2012）。PISA に加えて、OECD 国際教員指導環境調査（TALIS: Teaching and Learning International Survey）の 2013 年度の結果では、フィンランドの学校運営や教師の活動にいくつかの弱点があることが示された（OECD 2013）。

こうした課題を背景に、フィンランドでは 2013 年以降、シピラ政権（2015 〜 2019 年）下でのプログラムの一環として、「未来の高等学校（Future Upper Secondary School）」（MCE 2013）、「未来の初等中等教育部会（Future Primary and Secondary Education Group）」（Ouakrim- Soivio et al.2015）、「フィンランド教師教育フォーラム（The Finnish Teacher Education Forum）」（MEC 2016）など、いくつかの全国規模のフォーラム、委員会、プロジェクトが立ち上げられてきた（Government Publications 2015）。さらに、基礎教育（初等・前期中等教育）と後期中等教育の両方のナショナル・コア・カリキュラムの作成もこれらの取り組みの一環として行われてきた（Finnish National Board of Education 2014, 2015）。フィンランドの教育システムにおける課題は、OECD、PISA、TALIS の調査（OECD 2013、2014）や、フィンランド教育評価センターが作成した国別のモニタリング報告書（例えば、Blömeke et al. 2018）に基づき、上記のフォーラム、委員会、プロジェクト内で議論されてきた。これらの報告書によれば、フィンランドの教育における課題は、以下のように要約できる。なお、21 世紀型コンピテンシーに関連する主な課題には下線を引いている。

● 生徒レベルの課題：学習成果の低下、健やかさ・幸福度（well-being）、学習への関与の低下、科学・技術・工学・数学（STEM）に関するキャリアへの関心の欠如、多様な学習者の学習プロセスへの様々なニーズと支援、さらに、学習を支援するために形成的評価と総括的評価を統合することへの課題。
● 教室レベルの課題：生徒を能動的・協働的な学習プロセスへと導く上での課題、多様で多文化的な教室での指導・学習の課題、新しいカリキュラムに沿って、生徒が 21 世紀型コンピテンシーを学ぶことをサポートする上での課題、学習におけるテクノロジーの利用を含む学校内外の多目的学習環境の設計と利用の課題。
● 学校・市レベルの課題：学習成果における学校間のばらつきの増加、教員の協働体制の欠如、地域レベルでの質の高い仕事の組織化、改善や教育改革の設計と実施、教育や事務におけるデジタルツールの活用、教員の個人的な能力開発の計画や導入段階での支援など、教員の職業的な学習に対する教育的指導者による支援の欠如、またリソースの不足。
● 教師のコンピテンシーに関する課題：教育学的能力とイノベーションへの志向性における課題、個人の専門的な能力開発と学校環境の整備に対する意欲とコンピテンシーの欠如、教師の地域的・国際的なネットワークの構築。
● 社会レベルの課題：学校や労働市場からドロップアウトする若者の数と格差の拡大、人工知能や自動化などのデジタル化が教育分野に与える影響、デジタル化などの労働環境の変化を反映した成人への継続的な研修の必要性、そして持続可能

な開発の支援の必要性。

初等教育や教師教育におけるカリキュラム改革のような開発プロジェクトや改革は、学校教育を改善し、認識された課題を克服するための一般的な手段である（Garm & Karlsen 2004; Young et al. 2007）。Nonaka et al.（2006）は、新しいアイディアを実践するには、個人・グループ・共同体の各レベルにまたがる学習プロセスと知識の創造が必要であり、仲間はより専門的な同僚に助けや指導を求めるとしている。同様の考え方は、実践共同体、つまり職場やコミュニティでの学習でも強調されており、専門家はコミュニティで開発された知識にアクセスし、それを取り入れ、内在化するのである（Wenger 1999）。OECD は、国レベルでの改革・開発プログラムの設計・実施を成功させるために以下のことを推奨している。つまり、教員・大学教授・教職員組合のメンバーなどのステークホルダーを巻き込むこと、戦略を設計するための組織を用いること、設計においてコンセンサスを得る努力をすること、戦略の設計と実施のために持続可能なリソースを割り当てること、パイロットプロジェクトを組織すること、そしてパイロットの成果を普及させることなどを推奨しているのである（Burns & Köster 2016）。

先に述べたように、フィンランドでは 2014 年以降、21 世紀型コンピテンシーを教育・学習の実践に導入するためにいくつかの国家プロジェクトが開始されている。本稿では、フィンランドの教育事情に合わせて 21 世紀型コンピテンシーを文脈化し、導入することを目的とした、二つの国家レベルのプロジェクトに焦点を当てる。

（注1）https://worldtop20.org/education-data-base?gclid=Cj0KCQiA-onjBRDSARIsAEZXcKZKxRAo5fD3GqmaUE
87NwK6TERn1GLz3vJXZi2TVFH7U4r0hVVmTPMaAjB1EALw_wcB
（注2）教育文化省は、全体的な計画、運営、就学前教育の監督、および必要な法律の起草を担当している（https://
minedu.fi/en/frontpage）。
（注3）教育の提供者（市や自治体）は、地域のカリキュラムを作成し、初等中等教育を組織する責任を負っている。

03.2 −基礎教育におけるカリキュラム改革〜
21 世紀に向けたコンピテンス開発の支援を目指して−

1985 年以降、フィンランドのカリキュラムは、国レベルのコア・カリキュラムと、地方や自治体の学校レベルのカリキュラムという二つのレベルで作成されてきた。国家レベルのコア・カリキュラムには、総則的な目標のほか、各教科の目的やそこで中心となる内容が含まれている。学校や自治体は、国のコア・カリキュラムに基づいて地域の状況やニーズを考慮した地域カリキュラムを作成する。

フィンランドでは、カリキュラム改革は政治レベルからスタートした。政府は、21 世紀型コンピテンシーを以前のカリキュラムよりも学校にうまく統合すべきであることを強調した（Change in Basic Education Act 642/2010）。国のカリキュラムの枠組みは、2013 年と 2014 年に行われた共同プロジェクト（その内容は以下に示される）において構築された。この改革に関連したいくつかの指針となるよ

うな問いが、国家教育委員会 [注4] によって以下のように示されている（Vahtivuori-Hänninen et al. 2014）。

● これからの教育はどうなるのか。日常生活や仕事の場面では、どのような能力が必要とされるのか。どのような学習環境、実践、指導方法が望ましい教育や学習を生み出すのに最適なのか。
● 自治体や学校のレベルで、さらにはすべての授業で、どのように変化を実現していくのか。
● 教師やその他の学校スタッフは、未来に向けて協力して学習を促進するために、どのような能力が必要なのか。
● 国のコア・カリキュラムは、地域カリキュラムの準備をどのように導き、教師や学校コミュニティ全体の活動をどのようにサポートするのか（FNBE 2014）。

　準備のプロセスは、これまでと同様、共同で行われた。就学前教育のクラス担任や教科担任、校長、教員養成者、教育学者、異なる分野の研究者、さまざまなステークホルダーの代表者など、多くの専門家が参加し、一緒にカリキュラム作成を行った。このプロセスは、ソーシャルメディア、オープンなディスカッションフォーラム、フィンランドのさまざまな地域で開催された会議などにより、透明性が高く、一般に公開されたものでもあった。
　専門家チームが第一稿を完成させた後、カリキュラムの原稿を含むすべての教材は、フィンランド国家教育委員会のホームページにアップロードされ、コメントが求められた。すべての教師、教師教育者、関係者、さらには保護者までもが第一稿に対して自由にコメントすることができたのである。そうしたコメントには内容分析も行われた。その後、コメントをもとに新たな原稿が作成され、再びウェブサイトに掲載され、コメントが集められた。設計プロセスにさまざまなステークホルダーが参加し、そのフィードバックが得られたことは、改革の実施にとって極めて重要なことであった。ステークホルダーは、Ogborn（2002）が示したところの、改革や開発プログラムに対するオーナーシップが確立されたような形で、カリキュラムの実施に自身が関与していると感じていたのである。
　上記の問いは、21世紀に必要なコンピテンス ［訳注：本章の著者はコンピテンスとコンピテンシーを互換的に使用しているが、訳においては両者を区別して訳出する］、教育の目的の再定義、21世紀の要求を満たすために学習をどのように組織するかについての議論などとともに、カリキュラムの設計を方向づけるものであった。結果として、2013年から2014年にかけて行われた国レベルのカリキュラムの制定過程は、21世紀に向けてフィンランドの教育部門を発展させるのに役立ったのである（Vahtivuori-Hänninen et al. 2014）。カリキュラムを設計する際には、横断的なコンピテンスも考慮に入れられた。横断的なコンピテンスは、以下のようなカテゴリーに分類されるものである。「自分を大切にすること・日常生活の管理」、「マルチリテラシー」、「デジタル・コンピテンス」、「仕事におけるコンピテンス・起業家精神」、「持続可能な未来を築くための積極的な参加」、「学び方を学び・考えること」、そして「文

化的コンピテンス・相互交流・表現」である。これら七つのコンピテンスの領域は、DeSeCo の 21 世紀型コンピテンスの定義に近く、生徒が 21 世紀に生きる人間、また市民として成長することを促進することが想定されている。横断的なコンピテンスの一般的な説明に加えて、それらのコンピテンスの目標は教科別のカリキュラムの目標にも含まれている。このアプローチは、教師がコンピテンスの意味を理解し、それをどのように実行するかを支援することを想定したものである（Halinen 2018）。さらに、教科書の著者やデジタルな学習環境の設計者にとっても、横断的なコンピテンスを考慮した教材や環境を設計することが容易になると想定されていた。以下の表 3．1 は、21 世紀型コンピテンス（DeSeCo）とフィンランドの横断的コンピテンス（FNBE 2014）とを比較したものである。

表 3.1　21 世紀型コンピテンスとフィンランドのナショナル・コア・カリキュラムで
　　　　導入された横断的コンピテンスの比較

21 世紀型コンピテンス（DeSeCo）	フィンランドのナショナル・コア・カリキュラムで導入された横断的コンピテンス
考え方	
批判的思考力	生徒たちは、質問をして、その質問に答えるために証拠を探すなど、どのようにして知識を構築できるかを理解するように指導される …（中略） 生徒は、問題を様々な視点から批判的に分析する機会を与えられる
創造的思考力	別の選択肢を見て、複数の視点を統一することを生徒に学ぶよう求める、革新的な解決策の発見 探索的かつ創造的な作業、協働作業、そして学び方を学び・考えることの向上に貢献すること
学び方を学ぶ	問題解決、推論、結論を出すために、情報を自分で使用し、また他者とやり取りする 仕事の場面で適切な行動力や協調性を実践し、言語力や対話力の重要性に気づく
働き方	
探究	協働的で、探究志向型の、創造的な働き
問題解決	問題解決、推論、結論を出すために、情報を自分で使用し、また他者とやり取りする
コミュニケーションと協働	仕事の場面で適切な行動力や協調性を実践し、言語力や対話力の重要性に気づく
働くためのツール	
情報リテラシー	文化的リテラシー、相互交流、コミュニケーション マルチリテラシーとは、生徒が多様な文化的コミュニケーションを理解し、自らのアイデンティティを築くために役立つ、異なるテキストを解釈し、生産し、評価するスキルを指す
テクノロジーに関するスキル、メディアリテラシー	伝統的な環境とマルチメディア環境の両方で、さまざまな方法でテクノロジーを活用するスキルを身につける ICT スキルは四つの主要分野で開発されている…（中略）ICT の使用と操作を理解すること
世界で活躍する	
グローバル、およびローカルな市民性	自分を大切にすること、日常生活のスキル、安全性…（中略） 生徒は、民主的な権利と責任に基づいて行動するアクティブな市民として成長する
文化的な意識、および社会的責任	仕事でのスキルと起業家精神…（中略） 社会参画と影響力、持続可能な未来への責任

フィンランドでのカリキュラムの準備において、教師は二つのレベルで横断型コンピテンスに精通することになる。教師はまず、全国レベルのカリキュラム作業に参加することで新しいカリキュラムと横断的コンピテンスの導入に慣れていく。また、地域カリキュラムの作成過程では、教師やその他の関係者が地域カリキュラムの作成に積極的に参加し、横断的コンピテンスの学習がどのように学校の教科に組み込まれているかを詳しく記述してきた。Jauhiainen（1995）や Holappa（2007）によると、地域カリキュラムの作成過程では、教師や校長が地域カリキュラムや自分たちの仕事のプロセスを組み立てることが促され、また彼らにそれをするだけの力が与えられることで、教育の全体的な質が向上するという。

　横断的なコンピテンスの学習を支援するために、カリキュラム改革では複数の教師が同時に何人もの生徒を相手にする、学際的で、現象・事象やプロジェクトをベースにした学習に生徒を参加させることによって、協働的な授業実践を増やすことを目指している。実際には、すべての学校が全生徒を対象に1学年に少なくとも一回、このような学習の時間を設けなければならないとされている。この学習の時間においては生徒が特に関心を持っている現象やトピックを学ぶことに重点が置かれるが、さらに生徒はこのような学習を計画するプロセスにも参加することが期待されているのである。学校は、これらの学習の時間の計画と実施のために、独自の視点、コンセプト、および方法を提供する。どのトピックを選び、どのように総合的な学習の時間を実現するかは、地域の学校レベルで決定される。

　カリキュラムの準備と実施において学校をサポートするために、国家教育委員会は灯台ネットワーク（Majakka Network）を立ち上げた（FNBE 2016）。このネットワークでは、会議を開催したり、オンラインのプラットフォームを製作したりしている。さらに2017年、国家教育委員会は教師が横断的コンピテンスを授業に導入するのをサポートできるチューター教師を雇用するために、教育機関に1億ユーロを支給した（MEC 2017）。フィンランドの自治体では、横断的コンピテンスの学習を支援するため、とりわけ新しいデジタル学習環境を構築するために、合計で2千人のチューター教師のポジションが設けられたのである（Oppiminen uudistuu 2018）。

　2018年には、フィンランド教育評価センターはすべての教育事業者の地域カリキュラムを分析することを通して、地域レベルでの国のコア・カリキュラムの実施と、地域カリキュラムの準備過程の両方を評価した。さらにセンターは、地域レベルにおけるカリキュラム実施の成功と課題について学ぶために、カリキュラムの専門家にインタビューを行った。そこでの評価によれば、国と地方の運営体制はカリキュラムの実施だけでなく、教室での授業をもサポートしてきたようだ。さらに、学校レベルでは横断的なコンピテンスが教科の目的と統合されており、教師はこのことを意識している。しかし、横断的なコンピテンスを教室での授業や学習そのものに統合することにはまだ課題があるという（Saarinen et al.2019）。

(注4) フィンランド国家教育委員会は国の開発機関であり、ナショナル・コア・カリキュラムの作成、その実施への支援、学校教育の開発、教員の現場研修プログラムへの資金提供などの責任を負っている（https://www.oph.fi/english）。

03.3 −教師教育の改革〜
21世紀に向けた能力開発支援を目指して−

　教師教育を進展させ、認識されている課題を克服するために、教育大臣は2016年にフィンランド教師教育フォーラムを立ち上げた（MEC 2016）。フォーラムでは教師教育の開発プログラムを共同で作成することが必要とされた。加えて、教師教育を発展させるために重要なアクションを特定し、開発プログラムの実施を支援するよう求められたのである。

　2016年から2018年にかけて、教師教育フォーラムは、教員の知識や教育に関する文献調査を行った。全国で12回、地方で7回もの会議を開催し、フィンランドの大学の教師教育者や、労働組合・地方自治体における責任者などの関係者らが参加した。これらの会議では、教師教育そのものの課題や目的に加え、教師教育に関する文書のための開発プログラムを準備するにあたっての課題・目的について話し合いが行われた。

　フォーラムにより実施された文献のレビューにおいては、以下のような研究成果が紹介された。つまり、社会における教育の役割、教師の知識と学習、多様性のある教室での教授と学習、学習者の個人差、Ed Techなどの教育イノベーションのデザインと利用などに関するものである（Husu & Toom 2016）。このレビューは、フォーラムでの議論、そして開発プログラムの設計にも影響を与えることとなった。

　教師教育の刷新に関連した全国的なオンラインでのブレインストーミングの過程は、少数のエリートよりも大きな集団としての人々の方が賢く、そのような集団の方がアイディアを生み出し、問題を解決し、イノベーションを促進し、賢明な決定を下すのに適しているという考えに基づいて組織されたものであった（Surowiecki 2005）。この全国規模のブレインストーミングは、開発プログラムの実施にも役立った。つまり、戦略の策定に参加すれば人々はその戦略を容易に採用することができるということである。ウェブ上で行われたブレインストーミングについては、フィンランドの全大学の教師教育者、国と地方の教育分野で働くすべての教師と事務職員へ参加が呼びかけられた。参加者たちは、将来の教師教育にとって何が重要であるかについてアイディアを出し、他の参加者が出した10個のアイディアを評価し、順位をつけるように指示された。順位づけにおいては、アイディアの重要性に対して0から100までの数字でもって評価を行った。ウェブ上のブレインストーミングのためのツールでは、似たようなアイディアを組み合わせて順位付けを行った。参加者によると、教師教育において学生が学ぶべき最も重要な優先事項は、学習の仕方を学習するスキルと、相互交流と協働のスキルであったという。前述のコンピテンスにおいても、アイディアを生み出すこと、変化に備えること、研究に基づいた行動をとること、パートナーシップやネットワークの中で協働することが含まれており、それらによって教師が特定の学校の文脈の中で教育実践やクラスルームの文化を発展させるために協働的に参加することができるのである。また、上位に挙げられたスキルやコンピテンスのほとんどは、教室の外で

も必要とされるものだった。これは、教師教育において効果的な教師の協働に必要なスキルやコンピテンスこそにもっと注意が払われるべきだと参加者が考えていることの証左と言えるだろう。

　この開発プログラムでは、教師の事前・現場研修、そして生涯にわたる継続的な成長のために、三つの戦略的なコンピテンスの目標を設定している。このコンピテンス目標は、実際にはすべての可能な目標を含んでいるわけではないのだが、教師教育の発展における指針を示すものである。この文書によると、専門職としての教師は第一に、特定の教科や教育法に関する知識、学習者の多様性に対応する方法、協働と相互交流、デジタルやリサーチのスキル、学校が持つ社会的・ビジネス的なつながり、そして倫理観など、幅広くしっかりとした知識基盤を持っていなければならないのである。第二に、教師は地域のカリキュラムを作成する際に、斬新なアイディアや教育上のイノベーションを生み出すことができ、さらにインクルーシブ教育の取り組みを計画し、教育のイノベーションを設計・採用することができなければならないのである。第三に、教師は自分自身や学校の専門性を高めるために必要なコンピテンス、特に生徒や保護者、その他の関係者とのネットワークやパートナーシップを構築するために必要なコンピテンスを持っていなければならない。表３.２では、21 世紀型コンピテンス（DeSeCo）と、フィンランドの教師教育の開発プログラムの戦略的目標（MEC 2016）を比較している。

表 3.2　21 世紀型コンピテンスとフィンランドの教師教育開発プログラムにおける
**　　　　戦略的目標の比較**

21 世紀型コンピテンス（DeSeCo）	フィンランドの教師教育開発プログラムにおける戦略的目標
考え方	
批判的思考力	リサーチスキル（批判的であること、研究に基づく知識を活用する上で求められるスキル）
創造的思考力	教授と学習に関連したアイディアを生み出し、評価するためのスキル
学び方を学ぶ	反省的な活動を通して教師自身の専門性向上のためのスキル 他の教師へのコーチング、メンタリング、あるいは研修のためのスキル
働き方	
探究と問題解決	教師自身の実践と生徒の学習を計画、実行、評価するためのスキル リサーチスキル（研究に基づいた知識を生み出すためのスキル）
コミュニケーションと協働	異なるネットワークやパートナーシップにおいて 協働するための相互交流のスキル
働くためのツール	
情報リテラシー	教科内容の知識、教育学および教育学的な内容の知識、文脈的な知識
テクノロジーに関するスキル、メディアリテラシー	デジタルスキルを含む、様々なデジタルおよび物理的な学習環境で行動するためのスキル、および教室外の環境で学習するためのスキル デジタルスキル 学習と学習者の多様性に関する知識
世界で活躍する	
グローバル、およびローカルな市民性文化的な意識、および社会的責任	人権や民主主義、起業家教育、持続可能な開発、グローバリゼーションなど、さまざまな教科横断的なトピックに対する意識 教育の社会的、哲学的、心理学的、社会学的、歴史的基盤、および学校の社会的つながりなど、教職のさまざまな側面についての意識

開発プログラムには、戦略的なコンピテンス目標に加えて、六つの具体的な戦略的な行動のためのガイドラインが含まれており、教師教育の開発の方向性を決定したといえる。2016年10月に開発プログラムを公表した後、31のパイロットプロジェクトが選定され、2016年末より開始された。これらのプロジェクトは、教師教育の発展のための三つの戦略的目標と六つの戦略的行動のガイドラインに沿って編成されている。これらには合計で3,000万ユーロが国家予算から割り当てられたのである。2017年と2018年のフォーラム会議では、パイロットプロジェクトについてのプレゼンテーションが行われ、会議の他の参加者からのフィードバックもなされた。

教育評価センターは、パイロットプロジェクトに関わる書類を分析し、アンケートを実施し、ステークホルダーや専門家にインタビューすることで、教師教育の開発プログラムの実施状況について評価を行った。それによると、教師教育フォーラムで作成された改革モデルは、様々な専門家やステークホルダーをネットワーク化して集めることができた点など、いくつかの強みを持っていたのである。このネットワーク化が、21世紀型コンピテンスを重視することなどを含む、すべての戦略的コンピテンス目標の実施を支えるものだったのだ。ほとんどのパイロットプロジェクトが、コミュニティの構築と協働に重点を置いていることも認められた。こうした評価は同時に、戦略的コンピテンス目標の達成を支援するための明確な計画の作成など、プログラムを実施していく上での課題やさらなる目標をも指摘している。さらに、パイロットプロジェクトの有効性は、2023年から2024年の完成時および完成後にもモニタリング、および評価していく必要があるという（Niemi et al. 2018）。

03.4 −考察−

本章では、フィンランドの教育の課題、特に初等中等教育、教師教育への21世紀型コンピテンスの導入について分析した。さらに、教師、学校、自治体、大学の各レベルでの自律性が重視される地方分権型の教育システムにおいて、全国レベルのカリキュラムと全国規模の教師教育開発プログラムを共同で設計・実施することがこれらの課題をいかにして克服するかについて検討を行った。国の評価によれば、コア・カリキュラムと教師教育開発プログラムの実施は、21世紀型コンピテンスの教育と学習の発展を支えるものであるという。しかし、カリキュラムと開発プログラムが教育実践にどの程度の影響を与えたのか、さらにカリキュラムとプログラムによって教師教育と学校がこれまでに見出されてきた教育の課題を克服するためにどの程度助けられたのかを評価するのは時期尚早だと言えるだろう。

国レベルの戦略、カリキュラム、プログラムの設計と実施は、いずれも目標志向、計画、設計とタイミング、協働とネットワーキング、パイロットプロジェクトとその成果の普及、そして反省的志向によって支えられていたという（Burns & Köster 2016）。協働とネットワーキングにより、学校と教師教育の課題を議

論するためのフォーラムや、コア・カリキュラム、および教師教育開発プログラムの設計を支援する戦略的目標を設定していくためのフォーラムが組織されてきた（Kitchen & Figg 2011; Paavola & Hakkarainen 2014）。そのため、学校や大学における教師と教師教育者の間、学校や大学と教育文化省などの教育関係者の間、そして教育の提供者や自治体と個々の教師教育者や教師の間などにおいて、連携が行われているのである。このような開発プログラムや戦略の実施に寄与する様々な特徴が、教師や教師教育者の専門的な学習を助けてきたのである（Maier & Schmidt 2015）。

　将来の課題に対応するために、フィンランドでは2014年から国や地方レベルで横断的なコンピテンスが強調されている。横断的なコンピテンスは、様々な学校の教科の目標に組み込まれている。さらに、学際的で現象・事象やプロジェクトに基づいた研究に生徒を参加させるような、協働的な授業の実践においてもそうしたコンピテンスが強調されている。横断的コンピテンスは、「自分を大切にすること・日常生活の管理」、「マルチリテラシー」、「デジタル・コンピテンス」、「仕事におけるコンピテンス・起業家精神」、「持続可能な未来を築くための積極的な参加」、「学び方を学び・考えること」、そして「文化的コンピテンス・相互交流・表現」という七つのカテゴリーに分けて説明されてきた。これら七つのコンピテンス分野は、DeSeCoプロジェクトの成果に沿ったものである（表3．1）。教育と学習のための横断的なコンピテンスの実施は、生徒が人間として、また市民として成長することを総合的に促進すると想定されている。横断的コンピテンスの導入を支援するために、国レベルのコア・カリキュラムは、国家教育委員会が自治体・学校・教師・教師教育者・研究者・その他の主要な関係者と協力して、広範かつ協働的なプロセスの中で設計された。地域カリキュラムのレベルでは、教師と自治体が、教育と学習に横断的コンピテンスを導入するためのカリキュラムを設計し、独自の革新的なアプローチを開発するための自律性を有しているのである。

　国家レベルのプロジェクトである教師教育フォーラムは、将来の課題に対応するために教師をよりよく支援することを目的としていた。開発プログラムは、大学や応用科学大学の専門家、教育文化省、フィンランド地方自治体協会、教職員組合、学生組合、校長協会などの代表者70名によって構築された。教師教育者が互いに協働し活動できるように、地域や全国規模の会議、パイロットプロジェクトへのリソースの割り当て、そして全国規模のオンライン上でのブレインストーミングを通じた支援が行われた。そこでは、教師教育の発展に関連する多様な意見を集めることが目的とされていたのである。フォーラムでは、21世紀のコンピテンスを教えるために、教師の事前・現場研修で強調すべき三つの戦略的コンピテンス目標が認識されることとなった。これらの目標によると、教育実習生や教師は、第一に、多様な学習スタイルへの対応やデジタルおよびリサーチのスキルの活用を含む、教科や教育学に関する幅広く強固な知識基盤、第二に、斬新なアイディアや教育のイノベーションを生み出すコンピテンス、第三に、教師自身の専門性や学校のそれの発展に必要なコンピテンスを身につける必要があるのである（MEC 2016）。この三つの戦略的コンピテンス目標は、DeSeCoプロジェクトの成果と一致している（表

３.２）。プログラムを設計している間、設計と普及の段階で、いくつかの地方および全国的な会議が開催された。全部で 31 のパイロットプロジェクトが、開発プログラムを実施するために教育文化省から資金提供を受けることとなった。

フィンランドの教育システムの特徴として、分権化と自治が挙げられる。分権化により、教師や教師教育者は国のカリキュラム、戦略、プログラムの実施において、地域の状況に対応することができる。地方分権と自治は、フィンランドにおける教師と教師教育者の専門職であることの解釈や、フィンランド社会における教師と教師教育の地位と強く結びついている。しかし一方で、地方分権や自治権こそが国家戦略や国のガイドラインの作成を困難にしているのである。どのようにして自律的な存在がそうした戦略やガイドラインを採用することをサポートすればよいのだろうか？フィンランドでは、21 世紀型コンピテンスは、ナショナル・コア・カリキュラムと教師教育開発プログラムの設計と実施を通じて、学校と教師教育に導入されている。これらは、国レベルとの協働で作成され、地方レベルで実施されるものであった。義務教育や中等教育だけでなく、教師の専門的な学習を組織する責任のある教師教育機関や学部、教育機関は、さまざまな形で開発と実施を支援してきた。第一に、設計と実施において、ナショナル・コア・カリキュラムと教師教育開発プログラムの作成に、教師と教師教育者を参加させた。第二に、メンタリング、トレーニング、パイロットプロジェクトを通じて、専門的な学習を組織した。第三に、コミュニケーションと専門的な学習を支援するために、いくつかの国や地方レベルの会議やセミナーが開催された。このように、ナショナル・コア・カリキュラムと教師教育開発プログラムの設計と実施は、教師教育者と教師が 21 世紀型コンピテンスに慣れ親しみ、これらのコンピテンスをサポートする教授・学習方略を計画するのに役立つ環境を提供しているのである（Müller et al. 2010）。

カリキュラムの設計や改革の策定における国家レベルの協働は、フィンランドでは国と地方の両方のレベルにおいて伝統となっている。これらは常に、さまざまな分野の専門家による多様なグループにより行われる。その過程で、何を目的とし、どのようにそれを達成するかが明らかになるのである。その後、改革案が議論され、フィードバックの収集と分析が行われることになる。さらに、試行と実施のためのリソースも提供される。結果として、実施と設計の性質は OECD の提言に沿うものとなっているのである（Burns & Köster 2016）。フィンランドの経験に基づいて、国や地域のカリキュラムを準備する際の支えとなる特徴に若干の修正を加えたものが、Burns と Köster（2016）によって提案されている。国レベルで新しいカリキュラムを策定したり、新しい戦略を実施したりするためには、以下の要素が重要となるだろう。

● プログラム、戦略、改革の設計と実施のためのタイミング、または十分な時間。
● プログラム、戦略、または改革を設計し実施するために、教師教育者、教育提供者、大学管理者、雇用者組織などのステークホルダーを巻き込むこと。
● 教職員組合や雇用者組合との連携を図ること。
● 設計と実施においてコンセンサスを得るよう努力すること。

●プログラム、戦略、改革の設計と実施のために、持続可能な資源を使用すること。
●全面的な開発、すなわち教育のいくつかの部門を同時に発展させ、これらのプロジェクト間での相互交流をも組織すること。

References −参照文献−

● Ananiadou, K., & Claro, M. (2009). *21st century skills and competences for new millennium learners in OECD countries: OECD education* (Working papers, 41). Paris: OECD Publishing. Retrieved from https://doi.org/10.1787/218525261154

● Blömeke, S., Eklöf, H., Fredriksson, U., Halldórsson, A. M., Jensen, S. S., Kavli, A. B., Kjærnsli, M., Kjeldsen, C., Nilsen, T., Nissinen, K., Ólafsson, R. F., Oskarsson, M., Rasmusson, M., Rautopuro, J., Reimer, D., Scherer, R., Sortkær, B., Sørensen, H., Wester, A., & Vettenranta, J. (2018). *Northern lights on TIMSS and PISA* 2018: TemaNord, 524. Cobenhagen: Nordic Council of Ministers. Retrieved from https://karvi.fi/app/uploads/2018/09/ Northern_Lights_ on_TIMSS_and_PISA_2018.pdf

● Burns, T., & Köster, F. (Eds) (2016). *Governing education in a complexworld.* Paris: OECD Publishing. Retrieved from https://doi.org/10.1787/9789264255364-en

● Change in Basic Education Act (Laki perusopetuslain muuttamisesta) 642/2010. Retrieved from: http://www.finlex.fi/fi/laki/alkup/2010/20100642

● Garm, N., & Karlsen, G. E. (2004). Teacher education reform in Europe: The case of Norway; trends and tensions in a global perspective. Teaching and Teacher Education, 20(7), 731–744. https://doi.org/10.1016/ j.tate.2004.07.004.

● Government Publications. (2015). Finnish government programme: Finland, a land of solutions: Strategic program of Prime Minister Juha Sipilä's government 29 May 2015: Government Publications. Helsinki: Edita Prima. Retrieved from http://valtioneuvosto. fi/documents/10184/1427398/Ratkaisujen+Suomi_EN_YHDISTETTY_netti. pdf/8d2e1a66-e24a-4073-8303-ee3127fbfcac

● Halinen, I. (2018). The new educational curriculum in Finland. In M. Matthes, L. Pulkkinen, C. Clouder, & B. Heys (Eds.), *Improving the quality of childhood in Europe: volume 7* (pp. 75–89). Brussels: Alliance for Childhood European Network Foundation. Retrieved from http://www.allianceforchildhood.eu/files/Improving_the_quality_of_ Childhood_Vol_7/ QOC%20V7%20CH06%20DEF%20WEB.pdf.

● Holappa, A.-S. (2007). *Perusopetuksen opetussuunnitelma 2000-luvulla – uudistus paikallisina prosesseina kahdessa kaupungissa* [Curriculum of basic school in 2000 century: renewal of local curriculum in two cities]. Acta Universitatis Ouluensis. series E 94. Oulun yliopisto. Kasvatustieteiden tiedekunta.

● Husu, J., & Toom, A. (2016). *Opettajat ja opettajankoulutus – suuntia tulevaan: Selvitys ajankohtaisesta opettaja-ja opettajankoulutustutkimuksesta opettajankoulutuksen kehittämisohjelman laatimisen tueksi* [Teachers and teacher education – directions to future: a review on research on teachers and teacher education for supporting the preparation of the teacher Eduaction Development Programme]. Opetus- ja kulttuuriministeriön julkaisuja. 2016:33.

● Jauhiainen, P. (1995). *Opetussuunnitelmatyö koulussa. Muuttuuko yläasteen opettajan työ ja ammatinkuva?* [Preparation of a local curriculum: How do teacher professionalism and identity change?]. Tutkimuksia 154. Helsingin yliopiston opettajankoulutuslaitos.

● Kitchen, J., & Figg, C. (2011). Establishing and sustaining teacher educator professional development in a self-study community of practice: Pre-tenure teacher educators developing professionally. *Teaching and Teacher Education, 27*(5), 880–890. https://doi.org/10.1016/j. tate.2011.02.003.

● Maier, R., & Schmidt, A. (2015). Explaining organizational knowledge creation with a knowledge maturing model. *Knowledge Management Research & Practice, 13*(4), 361–381.

● Ministry of Education and Culture (MEC). (2013). *Tulevaisuuden lukio: Valtakunnalliset tavoitteet ja tuntijako* [Future Upper Secondary School: National Aims and Allocation of Lesson hours]. Opetus- ja kulttuuriministeriön työryhmämuistioita ja selvityksiä 2013:14.

● Ministry of Education and Culture (MEC). (2016). Opettajankoulutuksen kehittämisohjelma [Development program for teachers' -pre- and in-service Education]. Retrieved from https:// minedu.fi/artikkeli/-/asset_publisher/ opettajankoulutuksen-kehittamisohjelma-julkistettiin- opettajien-osaamista-kehitettava-suunnitelmallisesti-lapi-tyouran

● Ministry of Education and Culture (MEC). (2017). *Osaamiseen ja tutkimukseen isot lisäpanostukset ensi vuoden budjetissa* [Next year budget promises more resources for education]. Ministry of Education and Culture. Retrieved from http://minedu.fi/artikkeli/-/asset_publisher/ osaamiseen-koulutukseen-ja-tutkimukseen-isot-lisapanostukset-ensi-vuoden-budjetissa

● Müller, J., Norrie, C., Hernández, F., & Goodson, I. (2010). Restructuring teachers' work-lives and knowledge in England and Spain. *Compare: A Journal of Comparative and International Education, 40*(3), 265–277. https://doi. org/10.1080/03057920902830061.

● Niemi, H., Toom, A., & Kallioniemi, A. (2012). *Miracle of education: The principles and practices of teaching and learning in Finnish schools.* Rotterdam: Sense Publishers.

● Niemi, H., Erma, T., Lipponen, L., Pietilä, M., Rintala, R., Ruokamo, H., Saarivirta, T., Moitus, S., Frisk, T., & Stylman V. (2018). *Maailman parhaiksi opettajiksi – Vuosina 2016–2018 toimineen Opettajankoulutusfoorumin arviointi* [The world's most competent teachers – Evaluation of the Teacher Education Forum in 2016–2018]. Kansallinen koulutuksen arviointikeskus. Julkaisut 27:2018. Retrieved from https://karvi.fi/app/uploads/2018/12/ KARVI_2718.pdf

● Nonaka, I., von Krogh, G., & Voelpel, S. (2006). Organizational knowledge creation theory: Evolutionary paths and future advances. *Organization Studies, 27*(8), 1179–1208. https://doi. org/10.1177/0170840606066312

● OECD. (2005). *Definition and selection of competencies (DeSeCo): Executive summary.* Paris: OECD Publishing. Retrieved from http://www.oecd.org/pisa/35070367.pdf.

● OECD. (2007). *PISA 2006: Science competencies for tomorrow's world, volume 1: Analysis.* Paris: OECD.

● OECD. (2010). *PISA 2009: Volume 2: Data.* Paris: OECD Publishing.

● OECD. (2013). *PISA 2012. Results in focus. What 15-year-olds know and what they can do with what they know.* Paris: OECD Publishing. Retrieved from http://www.oecd.org/pisa/keyfindings/pisa-2012-results-overview.pdf

● OECD. (2014). *Talis 2013 results: An international perspective on teaching and learning.* Paris: OECD Publishing. Retrieved from http://www.oecd-ilibrary.org/education/ talis-2013-results_9789264196261-en.

● OECD. (2016). *PISA 2015 results (volume I): Excellence and equity in education.* Paris: OECD Publishing. https://doi.org/10.1787/9789264266490-en.

● Ogborn, J. (2002). Ownership and transformation: Teachers using curriculum innovations. *Physics Education, 37,* 142–146.

● Oppiminen uudistuu. (2018). *Tasa-arvoisen peruskoulun tulevaisuus: Koulutustakuusta osaamistakuuseen* [The future of equal primary school: From training skills to knowledge skills]. Retrieved from https://oppiminenuudistuu.wordpress.com/category/uusi-peruskoulu/

● Ouakrim-Soivio, N., Rinkinen, A., & Karjalainen, T. (2015). Tulevaisuuden peruskoulu. Opetus- ja kulttuuriministeriön julkaisuja 8:2015. Retrieved from http://urn.fi/URN:I SBN:978-952-263-340-8

● Paavola, S., & Hakkarainen, K. (2014). Trialogical approach for knowledge creation. In SC. Tan, HJ. So. & J. Yeo (Eds.), *Knowledge creation in education* (pp. 53–73). Singapore: Springer Singapore.

● Reimers, F. M., & Chung, C. K. (2016). A comparative study of the purposes of education in the twenty-first century. In F. M. Reimers & C. K. Chung (Eds.), *Teaching and learning for the twenty-first century: Educational goals, policies, and curricula from six nations* (pp. 1–24). Cambridge: Harvard Education Press.

● Saarinen, J., Venäläinen, S., Johnson, P., Cantell, H., Jakobsson, G., Koivisto, P., Routti, M., Väänänen, M., Huhtanen, M., Kivistö, M., & Viitala, M. (2019). *OPS-TYÖN ASKELEITA Esi- ja perusopetuksen opetussuunnitelmien perusteiden 2014 toimeenpanon arviointi* [Stages of curriculum work – Evaluation of the implementation of the national core curriculum for pre- primary and basic education 2014]. Kansallinen koulutuksen arviointikeskus. Julkaisut 1:2019. Retrieved from https://karvi.fi/app/uploads/2019/01/KARVI_0119.pdf

● Simola, H. (2005). The Finnish miracle of PISA; historical and sociological remarks on teaching and teacher education. *Comparative Education, 41*(4), 455–470. https://doi. org/10.1080/03050060500317810.

● Surowiecki, J. (2005). *The wisdom of crowds.* New York: Anchor Books.

● The Finnish National Board of Education (FNBE). (2014). *The national core curriculum for basic education.* Helsinki: FNBE National Board of Education. Retrieved from https://www.oph.fi/ops2016

● The Finnish National Board of Education (FNBE). (2015). *The national core curriculum for upper secondary education.* Helsinki: National Board of Education. Retrieved from https://www.oph. fi/download/172121_lukion_opetussuunnitelman_perusteet_2015.docx

● The Finnish National Board of Education (FNBE). (2016). *Majakka-kouluille yhteinen sähköinen alusta* [A common platform for schools participating the Majakka- network]. Retrieved from http://www.oph.fi/ajankohtaista/verkkouutiset/101/0/ majakka-kouluille_yhteinen_sahkoinen_alusta

● Vahtivuori-Hänninen, S. H., Halinen, I., Niemi, H., Lavonen, J. M. J., Lipponen, L., & Multisilta, J. (2014). A new finnish national core curriculum for basic education and technology as an integrated tool for learning. In H. Niemi, J. Multisilta, L. Lipponen, & M. Vivitsou (Eds.), *Finnish innovations & technologies in schools: A guide towards new ecosystems of learning* (pp. 33–44). Rotterdam: Sense Publishers.

● Välijärvi, J., Linnakylä, P., Kupari, P., Reinikainen, P., & Arffman, I. (2002). *The finnish success in PISA-and some reasons behind it.* Jyväskylä: Kirjapaino Oma Oy.

● Voogt, J., & Roblin, N. P. (2012). A comparative analysis of international frameworks for 21st century competences: Implications for national curriculum policies. *Journal of Curriculum Studies, 44*(3), 299–321. https://doi.org/10.1080/00220272.2012.668938.

● Wenger, E. (1999). *Communities of practice: Learning, meaning, and identity.* New York: Cambridge University Press.

● Young, J. C., Hall, C., & Clarke, A. (2007). Challenges to university autonomy in initial teacher education programmes: The cases of England, Manitoba, and British Columbia. *Teaching and Teacher Education, 23,* 81–93.

04

21世紀型教育に向けた
日本の教育改革

鈴木 寛（Kan Hiroshi Suzuki）

山中 伸一（Shinichi Yamanaka）

S. Yamanaka (✉)
KADOKAWA DWANGO Education Institute, Tokyo, Japan
e-mail: shinichi_yamanaka@dwango.co.jp

K. H. Suzuki
University of Tokyo and Keio University, Tokyo, Japan

21世紀型教育に向けた日本の教育改革

鈴木 寛（Kan Hiroshi Suzuki）・山中 伸一（Shinichi Yamanaka）

【要旨】

　この章は日本における21世紀型教育を目指した教育改革の取組みに関する報告である。改革の出発点となったのは1984年に内閣総理大臣の主導の下に内閣に設置された臨時教育審議会である。当時、日本社会全体が20世紀型産業社会から21世紀型産業社会に転換しつつあった。教育改革もその一つと言える。このため、改革に関する議論は教育界のみならず、産業界、労働組合、マスコミ関係者、政治家を巻き込んだ国民的議論となった。また教育改革は、教育内容、教員、学校施設設備、学校運営組織、教育委員会制度、教育に関する基本的な法制度等、教育のあらゆる面に及ぶものであった。この章では初めに1990年代から2020年代にかけての学習指導要領改革に焦点を当てている。教育改革の基本的方向は、教育方法を記憶中心から生徒自身が学び考える能力を獲得することを支援する方向に転換するというものであった。そして、全国学力試験の導入、教育研修制度の改革、大学入試改革、学校運営制度の改革についても取り上げている。日本においては、このような教育改革に現在に至るまで継続して挑戦し続けてきている。

04.1 −概要−

　日本は現在、21世紀型教育を実現するための教育改革に取り組んでいる。この改革は、カリキュラム改革、学校評価、学力評価、教員研修、大学入試改革、学校と社会との連携など様々な分野を巻き込んだ総合的な改革として進められている。

　学校教育を21世紀型教育に転換する改革は1990年代に開始された。改革の出発点となったのは1984年に内閣総理大臣の主導の下に内閣に設置された臨時教育審議会の答申である。答申では、21世紀の教育改革の基本となる最も重要な考え方として個性重視の原則を挙げた。個性重視を教育の中心に掲げることにより、従来の知識の獲得を中心とした画一的・硬直的な教育から、自ら思考し、判断し、決断し、責任をとるという自由・自立の精神を育成する教育への転換を図ることを強く求めた。これ以降、日本の教育は個性重視の原則に基づき、21世紀型教育への転換に向けて、教育の内容、方法、制度、政策など全ての分野を抜本的に改革する方向に大きく舵をきることになる。

　しかしながら、このような21世紀型教育への転換は円滑に進んだ訳ではない。例えば、改革が開始された当初の時期である2003年と2006年に行われたOECD・PISAテストで日本の国際的順位が下がった際には、教育改革が学力低下の原因であり学校教育は生徒の知識の習得に注力すべきと非難された。けれども、日本の教育改革の基本的方向性は変わらなかった。学力低下の社会的批判に対応し、2007年に全国学力・学習状況調査が導入された。生徒の学力状況を定期的に把握することにより改革の有効性を検証することを目指した。学力や行動上の問題がある生徒を指導するための教員の採用など教育改善のための教員の採用、「朝の読書の時間」の導入など学力向上にむけた全国的な活動の広がりなど全国的な取組が進められ、徐々に成果を挙げていった。例えば2012年のPISA調査で日本の生徒はOECD加盟国の中で最高の総合得点となった。

　一方、生徒の学力は改善したが、学習意欲や自己肯定感が低いという状況は変わらなかった。更に、今後予想される人工知能（AI）等の情報技術の進展やOECD2030の議論など、社会や労働構造の更なる変化に対応した改革を推進することが求められていた。

　このような状況を背景に文部科学省は、生徒に育むことが期待される資質・能力を全面的に再検討し、それに基づき学習指導要領を改訂していった。最新の学習指導要領は2020年から2022年にかけて実施が開始され、アクティブ・ラーニング（主体的、対話的で深い学び）を全ての授業で実現することなどが内容とされている。新しい学習指導要領では、例えば高等学校の理数探求、総合的な探求の時間、日本史探求、世界史探求と地理探求といった新しい探求型の科目が設けられている。更に、大学入試についても、その選考過程において、生徒の単なる学力や知識量だけでなく、より広い能力を評価するための改革も進められている。

　教員養成に関しても教育内容改革に対応した制度改革が行われ、初任者研修制度の導入、教員免許更新制度の導入、現職研修の充実など、社会の変化に対応した教員能力の向上が図られた。

　学校と社会との連携については、学校運営に地域社会の考えを反映するための学校運営協議会制度の導入、教員経験のない社会人を教員や非常勤講師として採用するための教員免許制度の改革等が行われた。

　このような21世紀型教育実現のための教育改革は世界全体の大きな転換、日本社会全体の転換と深くつながっている。1868年の明治維新以降、日本は欧米先進諸国に追い付くことを目標に工業化を通じた富国を重点に国の発展を図ってきた。このような状況は戦後教育においても連続していた。日本はGDPが1968年に世界2位になりその後も追い付き型モデルによる成長を続けたが、1980年代になると日本が自ら将来の発展の目標を作る、モデルなき時代に入った。世界全体もグローバル化、情報化、成熟化という大きな文明史的転換期を迎えている。このような社会の大きな変化に対応し、21世紀型教育を実現するため、1990年代以降の日本の教育改革が続けられてきている。

04.2 −構成−

　世界中の国の社会組織、教育組織が、情報革命、グローバル化、環境問題などの世界的課題に直面している。これらの挑戦に応えるため、日本は1980年代以降、21世紀型社会に対応するための総合的な教育改革を実行してきた。

　この章では、先ず日本社会と教育の改革の背景について述べる。

　次に、学習指導要領の改訂について述べる。日本においては学習指導要領の改革はすべての改革の出発点となっている。学習指導要領は小中高の学校段階ごとに各授業科目について、教育目的、教育内容、授業時数等の大綱的な基準を定めている。学習指導要領が改訂されると、教科書が改訂され、教員研修の内容が変わり、教育用設備や教員数等も変わる。このような改革と相まって、学習指導要領は各教育委員会、学校で実施される。

　第3に、2007年から文部科学省が実施している全国学力・学習状況調査について取り上げている。この学力・学習状況調査は全国的な生徒の学力の状況を評価することにより、学習指導要領を含め各学校、教育委員会における教育の成果や問題点を明らかにし、教育の改善につなげることを目的にしている。

　第4に大学入試改革について取り上げている。日本においては、大学入試は生徒が学校教育で獲得した知識量を評価することに重点が置かれている。大学入試が改革されなければ小学校から高校までの教育改革が結局、失敗に終わることになりかねない。

　最後に教育行政制度の改革について取り上げている。国と地方公共団体の関係、学校と地域社会の協働についてである。

　この章は、主に文部科学省の中央教育審議会やその委員会の答申や報告、内閣に設置された臨時教育審議会や教育再生会議などの教育関係会議の報告に基づいている。おおまかに言うと、内閣に置かれた教育会議が基本的方向に関する提言を行い、それらを踏まえ文部科学省の中央教育審議会が具体化のための検討を行い、文部科学省や地方公共団体が中央教育審議会答申に基づいて改革を実行してきたということになる。

04.3 −教育改革の背景−

04.3.1 −臨時教育審議会−[※1]

　日本の教育を20世紀型教育から21世紀型教育に変換することを明確にしたのは1980年代の臨時教育審議会答申である。臨時教育審議会は当時の内閣総理大臣の諮問に答える機関として内閣に設けられた。教育改革を当時の文部省を始めとする教育関係者だけでなく、国民全体の課題として捉え、政府全体で教育改革に取り組むという強い考え方が審議会の設置形態にも反映している。

　1980年代の臨時教育審議会設置の背景には学校教育が危機に瀕しているとの強

い危機感があった。教育荒廃は具体的内容としては、いじめ、校内暴力、登校拒否等の生徒の問題行動、過度の受験競争による生徒の心理的・身体的圧迫、問題教師の放置などの学校の無責任体制が特に深刻な問題として指摘された。

このような教育荒廃の背景として指摘されたのは、一つは日本社会全体の抱える課題であり、一つは特に学校教育が抱える課題であった。

04.3.2 −日本社会の抱える課題−

日本は明治時代以降の工業化、戦後の高度経済成長の時代を経て1968年にはGDP世界2位となった。大量生産、大量流通、大量消費の経済メカニズムの中で貧困からの脱却（豊かさ）、生活水準の向上（便利さ）、平和、福祉・教育・文化水準の向上、安全な社会の実現、長寿化を果たした。一方、世界的には1970年代から先進工業国を中心に豊かさの副作用としての環境問題、資源・エネルギー問題、都市化核家族化と家族や地域共同体の崩壊などのいわゆる「先進国病」と言われた諸症状が顕在化したが、日本も同様であった。自然生態系や生活環境の悪化、人間の心身の健康の悪化、ストレスや欲求不満の増大等の病理現象が顕在化した。また、価値観の多様化・相対化、伝統的価値観の崩壊等など社会の統合を維持する力が低下する一方で、温かい人間関係や人間と自然との関係を作るのが困難になっていった。このような大人社会の病理現象が子供社会に大きな影響を与えた。

また、日本は明治時代の近代国家建設以降、欧米先進工業国に追い付くことを国家目標とし欧米先進国の開発した科学技術を上手に活用してきた。しかし、世界第2位の経済大国となり、日本自らが科学技術を創造し、新しいフロンティアを開拓することが求められた。欧米モデルを目標とする時代から日本自らが目標を構築する時代へと日本社会全体の転換が求められた。

一方で国際化の進展により、国際間の経済問題や地球環境問題など各国が共通して抱える地球的規模の問題に、諸外国と協力して取り組むことが求められた。国際化についても、明治以降、戦後高度経済成長期までの自国利益を追求する追い付き型国際化ではなく、全人類的な視野から人類の平和と繁栄、地球上の様々な問題解決に積極的に貢献するという形での国際化が求められた。

また、情報化の進展により従来のハードウエア中心の科学技術から、情報化、知能化、総合化などソフトウエア中心の科学技術への移行により、個人の情報処理・選択・情報発信能力が飛躍的に高まることが予測された。このことは、知識・情報・技術の生産・流通・消費システムを根底から変革し、教育・研究の在り方を根本から変え、標準規格型人間から知的生産性の高い、情操豊かな創造的人間の育成が求められた。

このように、1990年代からの21世紀型教育への転換を目標とする日本の教育改革は1970、1980年代の日本を含め先進諸国に共通する社会の成熟化、国際化、情報化等の科学技術の進展への対応という面があった。それとともに、日本特有の追い付き型社会から未来創造型、国際貢献型社会への転換に対応するためのものであった。教育改革のスピードも日本社会全体の急速な変革に対応するものであるこ

とが期待され、教育改革の主体と責任の明確化、社会と学校教育の連携が求められた。

04.3.3 −学校教育の抱える課題−

　教育荒廃の背景にある日本の学校教育の抱える問題としては、①大学や高等学校に進学するための受験競争の過熱や入試のための記憶力中心の詰め込み教育、②画一的、硬直的、閉鎖的な学校教育の体質が大きな問題点として指摘された。

　明治時代に近代学校教育制度が導入されて以降、教育を重視する国民性や国民所得の向上により、学校教育は急速に普及し、1980年代には高校進学率が94％、大学進学率は37％に達し、国民の教育の機会均等の拡大と教育水準の向上は日本の経済成長を支える原動力となった。一方、欧米先進国に追い付くことを目標とする日本社会全体の要請に対応し、学校教育も、欧米先進国の科学技術、知識を導入し、普及することを目標に、記憶力重視の知識詰め込み型の画一的教育となっていた。

　このような知識偏重教育を加速させたのが、過度の受験競争であった。戦前において、官公庁や大企業において特定の大学出身者に学歴に基づく処遇や賃金格差を設ける学歴社会が形成されたが、戦後においても大企業の採用の際に特定大学出身者を優遇するという指定校制が行われるなど、有名大学出身者を重視するという形で学歴主義が残った。大学進学率が上昇する中で、就職に有利な有名大学への入学を目指す受験競争が激化した。日本の大学入試は学力検査の点数を重視し、その客観性と公平性を重視する傾向が強い。このため、良い大学に入学するためには入学試験で良い点をとる必要があり、高校教育では大学入試で高い得点をとるための知識偏重教育が重視された。有名大学に入学するための受験競争は、有名高校を目指した中学生の受験競争を招き、受験競争の低年齢化をもたらした。受験競争の激化と低年齢化は、生徒たちから学ぶ喜びや遊ぶ楽しさを失わせ、学校や家庭生活からゆとりを奪う等、子供の心身の発達に深刻な悪影響を与えた。

　いじめ等の問題行動で表面化した子供の心の荒廃の背景には、近代工業化社会の負の側面が子供たちの心にも荒廃をもたらしたことに加え、大学入試、高校入試のための過度の受験競争や受験競争の低年齢化による子供の心身への過度のストレスが大きな原因になっていると考えられた。

　一方で、臨時教育審議会においては、今後の社会の急激な変化に積極的かつ柔軟に対応するための資質、能力として、創造性、考える力、表現力の育成が重要であることを強調している。21世紀に向けて個性的で創造的な人材育成が求められており、知識・情報を獲得するだけでなく、それを使い、自分で考え、創造し、表現する能力の重要性を強調した。

　このような21世紀に向けた人材育成のためには、学校教育を生涯学習の基盤となる資質、能力を育成するための21世紀型教育へと変革するための教育目標の明確化と教育内容の改革、個性重視の観点からの評価の多元化、生徒の能力を多面的に評価するための大学入試及び高校入試の変革などが提言された。

臨時教育審議会答申において日本の教育の問題として指摘されたのは、従来の学校教育の教育内容や方法だけではなかった。「教育上の配慮」に名を借りた学校の閉鎖性が教育荒廃の早期発見を妨げ、学校の無責任体制を助長し、学校と教師への社会的信頼を低下させたと厳しく指摘した。21世紀型教育を具体的に実施するためには、教育委員会を中心とした教育行政、学校運営体制の確立が極めて重要なものとされた。

具体的には、教育行政全般に見られた過度の画一主義、瑣末主義、閉鎖性を打破し、教育の実際の場での創意工夫による教育の活性化、個性重視の教育が実現できるよう、許認可、基準、指導・助言の在り方を見直し、規制緩和を進めることとされた。また、教育を行う学校、都道府県・市町村教育委員会の自主性、主体性、責任体制を強化する方向を重視し、教育における自由・自律、自己責任の確立を目指すこととされた。このため、学習指導要領など国の定める基準の大綱化や選択の幅の拡大により、都道府県や市町村が自己の判断、自己責任で多様な制度や仕組みを作ることや、新しい試みを行うことを奨励することとされた。

さらに、日本の教育行政制度においては、地方公共団体の教育委員会が教育についての権限と責任を持っているが、教育委員会がそのような責任感、使命感、自主性、主体性に欠け、21世紀への展望と改革の意欲が不足していると批判した。この原因としては、戦後、教育における地方自治への大転換があったが、国から与えられた教育という意識が教育関係者に根強く残存し、自分の責任で処理するという自治意識が未成熟であったとした。また、教育界、学校関係者に身内意識が強く、「教育上の配慮」という名目の下に問題を公開して処理しない閉鎖的体質、上からの判断や指示を待つ画一主義的体質、教育には安定性や連続性が求められる事を理由に改革に消極的と指摘された。

教育委員会の活性化のため、教育委員の人選・研修の改善、苦情処理の責任体制の確立、適性を欠く教員への適切な対応、知事部局等との連携等が具体的施策として提言された。併せて、学校運営の責任体制の確立と校長の指導力強化が提言された。

このような教育行政体制と学校運営体制における地方分権化と責任体制の確立が21世紀型教育を実施していく上で不可欠とされた。

04.3.4 –現在の日本の教育課題–

臨時教育審議会は1980年代における日本の教育の課題とそれに対する教育改革の方向性を示した。30年前と現在とは社会状況は大きく異なる。しかしながら、現在、教育改革の実行を政府全体として取り組むための具体的方策を提言するための教育再生実行会議の2010年代のテーマを見ても、カリキュラム改革、大学入試改革、教育委員会改革など、基本的には30年前と同じ問題意識に基づき、同じ方向性で更に21世紀型教育の実行を目指した教育改革を進める事が提言されている。

このため、以下、1990年代以降の具体的な21世紀型教育の実施について、具

体的にはカリキュラム改革、全国学力調査、大学入試改革、教育行政及び学校運営改革について、どこまで改革が実行されてきたか、その成果はどうであったか、現在どのような改革が実行に移されているのかを見ていく。

（※ 1）臨時教育審議会からは次の 4 つの答申が行われている。「臨時教育審議会第 1 次答申」文部時報 1985.6.P50-76　文部省。「臨時教育審議会第 2 次答申」文部時報 1986.4.P27-129 文部省。「臨時教育審議会第 3 次答申」文部時報 1987.4.P4-91 文部省。「臨時教育審議会第 4 次答申（最終答申）」文部時報 1987.9.P8-49　文部省。この他「我が国の文教施策 平成元年度第 II 部第 1 章」1989. 文部省、参照。
https://warp.da.ndl.go.jp/info:ndljp/pid/286184/www.mext.go.jp/b_menu/hakusho/html/hpad198901/index.html

04.4 −カリキュラム改革−

日本においては、教育課程の基準として学習指導要領が定められており、ほぼ 10 年ごとに改訂されてきている。学習指導要領においては、教育課程の全般的事項、各教科の内容と指導方法の要点、各教科の授業時数等について、小学校、中学校、高等学校等の学校種別に定められている。学校のカリキュラムを編成する権限は学校長にあるが、学校は学習指導要領に従ってカリキュラムを編成することとされており、学習指導要領の内容を検討することにより、21 世紀型教育がどのような形で実際の学校のカリキュラムにおいて実施されるかを検討することができる。

04.4.1 −1990 年代の改革−

臨時教育審議会答申に基づき改定された 21 世紀型教育への転換を具体的に実施するための学習指導要領は 1992 年から 1994 年にかけて実施に移された[※2]。1990 年代の学習指導要領では、「新しい学力観」として、自ら学ぶ意欲や思考力、判断力、表現力などの資質、能力を重視することが重要とされ、このような新しい学力観に立って学習指導の充実を図ることとした。具体的には、子供たちが自ら課題を見つけ、主体的に考え、判断し、表現することにより解決するような学習活動が重視された。このため、個に応じた指導の充実、体験的学習や問題解決的学習を授業に取り入れることが推進された。教員に対する研修会の実施、教師用指導資料の作成、研究指定校によるモデル的授業、研究校での実践成果の普及事業が国、都道府県、市町村レベルで行われ、「新しい学力観」による教育が推進された。また、小学校では、1 学年と 2 学年に新しく生活科が作られた。しかしながら、知識活用型授業を効果的に行う学校もあったが、多くの学校では数学や国語などの各教科の授業を知識伝達型から知識活用型へと転換することは困難であった。このような状況を背景に 2000 年代の学習指導要領改訂が行われた。

04.4.2 −2000 年代の改革−

2000 年代に実施された学習指導要領[※3]では、1990 年代のカリキュラム改革の趣旨を更に発展させ、21 世紀の子供たちに必要な力は「生きる力」であるとし、「生

きる力」を育むために、「総合的な学習の時間」の創設、教育内容の厳選と授業時間の削減等を行った。2000 年代の改革でも、多くの知識を一方的に教え込む教育を転換し、子供達の自ら学び自ら考える力の育成を重視するという、基本的な考え方に立ち、「いかに社会が変化しようと、自分で課題を見つけ、自ら学び、自ら考え、主体的に判断し、行動し、よりよく問題を解決する資質や能力」、「自らを律しつつ、他人とともに協調し、他人を思いやる心や感動する心など、豊かな人間性」、「たくましく生きるための健康や体力」を重要な要素とする「生きる力」を育むことを重視することとした。

　新たに導入された「総合的な学習の時間」においては、国際理解、情報、環境などいくつかのテーマの例が示されたが、生徒の実態に応じて各学校において自由にその内容を決定できる事とされ、各教科のように教育内容や方法が示されなかった。また、授業の中では、他者と協同して問題解決する学習活動、まとめたり表現したりする学習活動、自然体験、ボランティア活動、ものづくり、観察・実験、見学調査等の体験的学習を積極的に取り入れる事が奨励された。

　このようなカリキュラム改革は決してスムーズに進行した訳ではなかった。2000 年代改革で同時に学校週 5 日制が導入されたことにより授業時間数全体が減少し、さらに新たに総合的な学習の時間が新設された事により、数学、理科、国語など既存科目の授業時数が削減された。これに加えて既存科目の授業時間数の削減は 15％程度だったにも関わらず、生徒に自分で考える「ゆとり」を確保するため、教育内容がほぼ 30％削減された。

　このような教育内容の急激な削減は子供の学力低下を招き、日本社会全体の力を低下させる「ゆとり教育」として大きな社会的批判を招いた。「総合的な学習の時間」も、そのような「ゆとり教育」による学力低下の象徴として批判された。加えて 2003 年及び 2006 年の PISA 調査の結果、2000 年に比較して、読解力が 8 位からそれぞれ 14 位、15 位へ、数学が 1 位からそれぞれ 6 位、10 位へ、科学が 2 位からそれぞれ 2 位、6 位へと低下した事が「PISA」ショックとして大きく取り上げられ、「ゆとり教育」の転換を求める声が強まった。日本経済も 1990 年代の「バブル経済崩壊」後に「失われた 20 年」と呼ばれる経済停滞期に入っていた。GDP も 2010 年には中国に抜かれ世界第 3 位になる等、新興国が台頭する中で、日本の国際的競争力の低下が現実のものとして強く懸念された事がこのような批判の背景にあった。これらの「ゆとり教育批判」が 2010 年代の学習指導要領改訂と全国学力調査の導入に繋がるが、21 型世紀型教育を後退させるという動きにはならなかった。

04.4.3 –2010 年代の改革–

　2000 年代の改革は「ゆとり教育」として社会的にも大きな批判を受け、10 年ごとに改訂というサイクルとは別に 2003 年に異例の一部改正が行われた。一部改正の主な内容は、学習指導要領改訂に沿って教科書の内容も削減されたのに対し、学習指導要領に記載されていない項目も教科書に盛り込めるとしたものであ

り、本格的な改訂は 2010 年代の改訂で行われた。

　2010 年代から実施された学習指導要領改訂は、総理大臣のイニシアティブにより 2006 年内閣に設置された教育再生会議報告及びそれに基づく文部科学省の中央教育審議会答申に基づくものである。2007 年の教育再生会議報告[※4]では、学校教育は、学力低下、いじめや不登校、校内暴力、指導力不足の教員、「事なかれ主義」とも言われる学校や教育委員会の責任体制のあいまいさ等、極めて深刻な状況にあり、「公教育の機能不全」と言っても過言ではないと指摘した。20 年前と同様の問題が指摘され、保護者及び社会の学校教育に対する信頼を失わせていると指摘した。

　教育再生会議報告ではカリキュラムに関して、①「ゆとり教育」の見直しを行い、義務教育を中心に「読み書き計算」など、基礎・基本の徹底を図ることを最優先に取り組み授業時数を 10％増加させること、②併せて、知識を活かす応用力を身に付けることも目指すことを提言した。この報告を具体的に実施するための方策が中央教育審議会において行われ、その答申に基づいて 2010 年代の学習指導要領改訂が行われた。

　中央教育審議会答申では、21 世紀の知識基盤社会化やグローバル化の中で、基礎・基本を確実に身に付け、自ら課題を見つけ、自ら学び、自ら考え、主体的に判断し、行動し、問題を解決する資質や能力、他人と協調し思いやる心、豊かな人間性、健康や体力などの「生きる力」を子供に身に付けさせることは引き続き重要であるとした。学力について、「ゆとり」（21 世紀型知識活用型教育）か「詰め込み」（20 世紀型知識吸収型教育）か、という 2 項対立を乗り越え、「基礎的知識及び技能」、「思考力・判断力・表現力」、「主体的に学習に取り組む態度」の学力の三要素をバランス良く育成する事が重要とされた。議論においては、OECD の「知識基盤社会」に必要なキー・コンピテンシーの考え方や、国連の持続可能な発展のための教育の考え方等の教育に関する国際的な動きも参考とされている。また、子供の自主性を尊重する余り、教師が指導を躊躇する状況があったとし、教師が子供に教える事を抑制せずに、教えて考えさせる指導をする事が重要であり、知識獲得と知識活用をバランス良く行うこととされた。

　このような中央教育審議会答申に基づき、2010 年代の学習指導要領改訂[※5]では、①子供たちの「生きる力」を一層育むことを目指し、知識・技能の獲得と、それを活用して自ら考え、判断し、表現する力（21 世紀型学力）をバランスよく伸ばす、②小中学校の授業時数を 10％増加させ教育内容を増加させる、③「総合的な学習の時間」の時間数は若干減少させるものの維持し更に発展させることとされた。

04.4.4 –2020 年代の改革–

　2020 年以降実施されている新しい学習指導要領は 2017・2018 年に決定された。2020 年代の改革は 2016 年 12 月の中央教育審議会答申[※6]に基づくものである。2020 年代の改革は、これまでの実績を踏まえ、1990 年代以降の 21 世紀型教育を実現するカリキュラム改革を更に発展させた内容となっている。この改訂

では、学習指導要領において、教育内容だけでなく、教育成果の目標及び教育方法についても、明確に区別して記述している点が特徴となっている。

　中央教育審議会答申においては、これまでの学習指導要領では「教員が何を教えるか」を中心に組み立てられていたものを改革し、生徒が「何ができるようになるか」を明確にし、それを生徒が「どのように学ぶか」を明確にする必要があるとした。このためには、子供達が学習内容を人生や社会の在り方と結びつけて深く理解し、これからの時代に求められる資質・能力を身に付け、生涯に渡って学び続けることができるよう、「主体的・対話的で深い学び」や、アクティブ・ラーニングの視点が重要であるとした[※7]。

　このような考え方に基づき、2020年代の学習指導要領[※8]では新たに、(1) 数学、理科等の教科において「何ができるようになるか」を明確にするため、全ての教科について、①どのような知識・技能を習得するのか、②どのような思考力、判断力、表現力を育成するか、③どのような学びの意欲、人間性を養うか、の3つの観点から記述し、(2) 各教科に共通する「どのように学ぶのか」の方法として、主体的な学び、対話的な学び、深い学びや、アクティブ・ラーニングの視点に立った授業の改善のあり方について規定している。

　2020年代の学習指導要領において、21世紀型教育を推進することを明確にできた背景には、国際的学力調査で日本の順位が上がり、過去20年のカリキュラム改革の成果が出てきたことが挙げられる。例えば、OECDのPISA調査においては、2006年調査で読解力、数学、科学が15位、10位、6位であったのが、2009年はそれぞれ8位、9位、5位、2012年は4位、7位、4位、2015年は8位、5位、2位と学力の国際順位が改善した。

　2007年から導入された全国学力学習状況調査の結果においては、総合的な学習の時間に自分で課題を立て情報を集め整理して結果発表する学習活動に取り組んでいる生徒ほど、各教科の得点が高いという結果が出てきており、21世紀型教育が学力向上の成果を挙げている事が明らかになってきている。

04.4.5 −カリキュラム改革と検証−

　日本における21世紀型教育の実施を目標とするカリキュラム改革は1990年代から進められてきた。ただ、当初から知識活用型教育の実施により、知識レベルを低下させるという懸念が教育関係者の中にも社会全体にもあった。このため、カリキュラム改革を推進する側には、カリキュラム改革により学力が低下しないことを実証することが求められた。特に、2000年代のカリキュラム改革が「ゆとり教育」であり学力低下を招いたとして強い社会的批判を受け、学力の状況、学力向上策について実証的に検証する事が求められた。この際、知識獲得型でない、知識活用型学力をどのように評価するかという点が大きな課題であった。この点に関して、OECDのPISA調査が果たした役割は大きかった。PISA調査では、生徒が獲得した知識を実生活の様々な場面で直面する課題にどの程度活用できるかを評価することとされた。また、日本の教育関係者からは、2000年に行われたPISA調査の

問題は、知識活用型学力を評価するものとして適切なものと評価された。PISA 調査を参考にした問題で学力調査を行えば、知識活用型学力も調査できると考えられた。

　このような状況を背景に、カリキュラム改革の成果と問題点を検証するための全国学力・学習状況調査が 2007 年から導入された。

（※ 2）学習指導要領平成元年改訂小学校、中学校、高等学校学習指導要領については、国立教育政策研究所教育研究情報データベース「学習指導要領の一覧」参照。
（※ 3）学習指導要領平成 10 年改訂小学校、中学校、11 年改訂高等学校学習指導要領については、国立教育政策研究所教育研究情報データベース「学習指導要領の一覧」参照。
https://erid.nier.go.jp/files/COFS/h10e/index.htm
https://erid.nier.go.jp/files/COFS/h10j/index.htm
https://erid.nier.go.jp/files/COFS/h10h/index.htm
（※ 4）教育再生会議第 1 次報告「社会総がかりで教育再生を〜公教育再生への第一歩〜」2007.1.24。教育再生会議、内閣。
https://www.kantei.go.jp/jp/singi/kyouiku/houkoku/honbun0124.pdf
（※ 5）学習指導要領平成 20 年改訂小学校、中学校、21 年改訂高等学校学習指導要領については、国立教育政策研究所教育研究情報データベース「学習指導要領の一覧」参照。
https://erid.nier.go.jp/files/COFS/h19e/index.htm
https://erid.nier.go.jp/files/COFS/h19j/index.htm
https://erid.nier.go.jp/files/COFS/h20h/index.htm
（※ 6）「幼稚園、小学校、中学校、高等学校及び特別支援学校の学習指導要領等の改善及び必要な方策等について（答申）」中央教育審議会、2016.12.21、文部科学省。
https://www.mext.go.jp/b_menu/shingi/chukyo/chukyo0/toushin/__icsFiles/afieldfile/2017/01/10/1380902_0.pdf
（※ 7）同上。第 1 部第 3 章、第 4 章。
（※ 8）学習指導要領平成 29 年改訂小学校、中学校、30 年改訂高等学校学習指導要領については、国立教育政策研究所教育研究情報データベース「学習指導要領の一覧」参照。
https://erid.nier.go.jp/files/COFS/h29e/index.htm
https://erid.nier.go.jp/files/COFS/h29j/index.htm
https://erid.nier.go.jp/files/COFS/h30h/index.htm

04.5 −全国学力・学習状況調査−

　全国学力・学習状況調査実施のきっかけには、2000 年代の学習指導要領改訂が学力低下をもたらしたという批判や、社会的な学力低下に対する強い懸念への対応という側面があった。また、それとは別に、義務教育費国庫負担金問題を契機とした義務教育制度の構造改革の一環としても導入が提言された。

　日本では義務教育である小中学校は市町村に設置する義務がある。公立小中学校は全小中学校の 96％を占めており、義務教育に果たす公立学校の役割は極めて大きい。義務教育の全国的な機会均等と水準を確保するため義務教育費国庫負担制度があり、国が公立小中学校教員給与費の 2 分の 1 を負担することとされていた。国が負担する額は全国一律に決められることから、全国の公立小中学校教員の給与費水準が確保され、市町村の財政力に関わりなく質の高い教員確保が可能になっていた。一方で、2000 年代に政府全体として地方分権を推進する地方分権改革が進められていた。この中で、国から地方公共団体への補助金削減と地方公共団体への財源移譲により地方分権を進めるという、国と地方の財政構造改革が行われた。義務教育費国庫負担金額が大きかったこともあり、義務教育費国庫負担制度は国の補助金改革の主な対象として取り上げられ、結果的には国は公立小中学校教員給与費の 3 分の 1 を負担するという法改正が行われた。

　国庫負担制度を含め義務教育費国庫負担制度のあり方は中央教育審議会におい
て議論が行われ、2005年答申（※9）で次のような義務教育の構造改革を行う事とさ
れた。義務教育システムについて、①目標設定とその実現のための基盤整備を国の
責任で行う、②市町村・学校の権限と責任を拡大する分権改革を進める、③教育の
結果の検証を国の責任で行い、義務教育の質を保証する構造に改革する。国の責任
によるインプット（公立小中学校教員給与費1/3国庫負担や学習指導要領の設定
等）を土台に、プロセス（授業等の学校教育の実施）は市町村や学校が担い、アウ
トカム（教育の結果）を国の責任で検証し、質を保証する教育システムへの転換を
図ることとされた。国の責任によるナショナルスタンダードの確保、その上に市町
村と学校の主体性と創意工夫によるローカル・オプティマムの実現を図る制度への
転換である。

　全国学力・学習状況調査は義務教育の構造改革を進める上で、PDCA(Plan, Do,
Check, Action) サイクルのチェック機能を果たすものとして位置づけられた。同
様に、カリキュラム改革を進める上でのチェック機能を果たす役割も担った。この
ように、全国学力調査の導入は、義務教育改革の一環として行われたことから、小
中学校の全国調査として導入された。

　全国学力・学習状況調査は、小学校6年生、中学校3年生を対象に国語と数学
について行われている。A問題、B問題の2種類の問題があり、A問題は主とし
て知識の獲得に関する問題、B問題は主として知識の活用に関する問題である。
2015年からは理科についても3年ごとに学力調査を実施している。また、2019
年からは英語についても3年ごとに学力調査を実施する事とされている。

　全国学力調査は全国の公立小中学校を対象に悉皆調査として行われ（2010年
〜2013年は抽出調査。また、2011年は東日本大震災・津波のため中止）、カリ
キュラム改革や義務教育制度改革を検証する調査として大きな役割を果たした。
2020年代の学習指導要領改訂を提言した中央教育審議会における検討において
も、PISA等の国際学力調査の結果だけでなく、全国学力調査の結果、得点が低い
県と全国平均との差が縮小し全国的に学力が向上していることなど、より詳細な都
道府県ごとの学力の状況について言及している（※10）。全国学力・学習状況調査に
おいては、生徒の学力調査に加え、学級生徒数や教育機器の整備状況、授業方法、
生徒の学習意欲等についても調査しており、教育効果の高い教育方法の分析にも活
用されている。

　また、B問題として知識活用型問題を使った学力調査が全国の公立小中学校で行
われたことから、知識活用型学力を高めるための授業改善が全国の学校に広がると
いう役割も果たした。

　2019年の全国調査からは、新しい学習指導要領（※11）が「知識・技能」、「思考力・
判断力・表現力」、「学びに向かう力、人間性」の3つの柱が相互に関係し合いな
がら育成されるという考え方に立っていることを踏まえ、A問題、B問題という区
分を無くし、知識・活用を一体的に問う問題とする事とされた。このような一体型
問題による学力調査を全国の学校で実施することにより、学習指導要領の内容を教
育委員会や学校が理解することを促し、カリキュラム改革についての国の考え方を

具体的に示すことが期待されている。

　高等学校の学力調査については 2019 年から「高校生のための学びの基礎診断」として 2019 年から実施されている。小中学校のように、特定教科の同一問題を全国一斉に行うというのではなく、各高等学校で基礎学力の確実な修得と学習意欲の喚起を図るための学力測定ツールとして位置づけられている。このため、文部科学省が問題を作成し実施するのではなく、文部科学省が示した要件に合う民間事業者等の試験を国が認定し、各学校がそれぞれの判断で学力測定ツールを選んで活用するという形で行われている。現在、国語、数学、英語の 3 教科について行われており、初年度の 2019 年には全国の高等学校の約 60％に相当する 3,330 校が活用を予定している。これにより、各高等学校における教育改善や全国的なカリキュラム改革等の教育改革の成果の検証と改善という PDCA サイクルが機能することが期待されている。

（※ 9）「新しい時代の義務教育を創造する（答申）」中央教育審議会。2005.10.26. 文部科学省。
https://www.mext.go.jp/b_menu/shingi/chukyo/chukyo0/toushin/1212703.htm
（※ 10）「幼稚園、小学校、中学校、高等学校及び特別支援学校の学習指導要領等の改善及び必要な方策等について（答申）。第 1 部第 1 章」中央教育審議会 2016.12.21. 文部科学省。
https://www.mext.go.jp/b_menu/shingi/chukyo/chukyo0/toushin/__icsFiles/afieldfile/2017/01/10/1380902_0.pdf
（※ 11）注 8 参照。

04.6 −大学入試の改革−

　高等学校以下の学校教育で 21 世紀型能力の育成を図るためのカリキュラム改革が行われたとしても、大学入学に必要とされる能力が従来の 20 世紀型能力であれば、特に大学入試を控えた高等学校で 21 世紀型教育を進めることが実際上困難になる。日本では大学進学率が 5 割を超えており、大学入学試験が高校教育に与える影響は非常に大きい。このため、大学入試を多様なものとすることにより、知識重視型大学入試を改革し、高等学校レベルまでの教育で育成される知識活用型学力を評価する大学入試にするため種々の改革が行われてきた。しかしながら、2021 年からの大学入試の改革について検討した国レベルの各種の審議会が指摘しているように、従来の取組は不十分であり、21 世紀型能力育成を目指した高等学校までの教育の成果を反映した大学入試とするための抜本的改革が求められている。

　ここでは、2021 年からの導入を目指した大学入試改革の議論とその内容についての概要について、主に大学入試改革の具体策を検討した「高大接続システム改革会議最終報告書」[※12] に基づいて説明する。

　2021 年から実施される大学入試改革は、高等学校教育、大学入学者選抜、大学教育を一体として改革する、高大接続システム改革の一環として行われるものである。問題意識としては、21 世紀の大きな社会変動の中で、21 世紀型教育〔「学力の 3 要素」（①知識・技能、②思考力、判断力、表現力等の能力、③主体性を持って多様な人々と協働して学ぶ態度）として表現〕が必要となっているにもかかわらず、大学入試選抜は知識の暗記・再生や暗記した解法パターンの適用の評価に偏っ

ており、大学入試改革なしに日本の教育の21世紀型教育への転換が円滑に進まないということがあった。

　大学入試改革については、1980年代の臨時教育審議会の提言を受け、大学入試センター試験が1990年から開始された。大学入学センター試験は、当時大学入試問題に高等学校の教育内容と関係なく難問、奇問と呼ばれる問題が出題され、このことが入試地獄と呼ばれる過度な受験勉強の原因とされていた状況を改善するため、大学入試を高等学校学習指導要領に基づく入試へと改革するためのものだった。当初は主に選抜学力試験を2回行っていた国立大学の第1次試験として利用されたが、その後利用が拡大し2020年度入試においては、706国公私立大学（全大学の約90%）で利用され、志願者が56万人（大学入学希望者の約80%）という規模に発展し、大学入試改革を進める上で重要な役割を果たしてきた。

　しかしながら、大学入試センター試験は知識量を評価することを主な目的とするものであることから、これを改革し、「知識・技能」「思考力、判断力、表現力」を評価する「大学入学共通テスト」を2021年1月から新たに実施する事とされた。大学入学共通テストでは、これまでがマークシート式試験のみであったのに対し記述式試験も導入することが予定された。また、マークシート式試験においても、知識に加え、思考力、判断力を問う問題が出題されることになっている。大学入試センター試験は日本の大学入試において大きな役割を果たす存在となっており、これに代わる大学入学共通テストが高等学校教育にも大きな影響を与え、21世紀型教育を進めるための鍵となると期待されている。なお、記述式問題の導入については、その後2回の試行調査が行われたが、2019年1月に2021年からの導入見送りが決定された。記述式問題について採点ミスを完全になくすことは技術的に限界があること、自己採点の不一致を大幅に改善することは困難等がその理由とされている。

（※12）「高大接続システム改革会議『最終報告』」2016.3.31. 高大接続システム改革会議。文部科学省。
https://www.mext.go.jp/component/b_menu/shingi/toushin/__icsFiles/afieldfile/2016/06/02/1369232_01_2.pdf

04.7 −教育の地方分権と教育水準の確保−

　21世紀型教育においては、生徒が社会や世界の状況を幅広く視野に入れ、より良い社会を作り、国際社会に貢献する人材を育成することが求められている。学校教育においても、子供達が社会や世界と向き合い、関わり合いを持ち、自分の人生を切り開いていく資質、能力を育てることが求められている。このような教育を実施するためには、それぞれの教育委員会や学校が創意工夫しそれぞれの地域における最適状態を実現できるよう、学校制度において、学校や学校を設置する教育委員会の自主性、自律性を認めることが重要である。

　日本の学校教育制度においては、学校を設置する地方公共団体が学校教育についての権限と責任を持っている。公立小中学校については市町村教育委員会、公立高等学校については都道府県教育委員会が権限と責任を持っている。また、学校のカ

リキュラム編成や具体的な教育活動について権限と責任を持っているのは校長であり、学校の自主性、自律性を広く認める制度となっている。しかしながら、公立小中学校については都道府県が市町村立学校の教員給与費を全額負担し人事権は都道府県教育委員会がもっており、実質的には公立小中学校の教育について都道府県教育委員会が大きな力を持っている。また、戦中及び戦後も概ね国が都道府県が負担する公立小中学校教員人件費の1/2を負担する義務教育費国庫負担制度があったこともあり、国の定める教育に関する基準をそのまま守るという考え方が教育関係者には強く、実質的に国の教育に関する権限が強かった。

このような学校教育制度は教育の機会均等や教育水準の維持向上を全国的に図り、20世紀型教育を普及する上において大きな役割を果たした。しかしながら、学校教育のローカルオプチマムを達成する上では妨げになった。このため、1990年代以降の21世紀型教育を実現するための教育改革においては、国から都道府県へ、都道府県から市町村へ、都道府県・市町村から学校へとより学校現場に近い所に権限と責任を移すための制度改革が進められてきた。

一方で、学校、地域に自主性、自律性を認めることは、地域による教育格差を生み出すことになる。このため、教育の地方分権を進めつつ、教育水準の地域格差を出来るだけ少なくするための制度的装置が導入されてきた。全国学力調査は教育効果を検証するための制度として導入されたものであるが、ここでは、学校評価制度及び保護者や地域住民の学校運営への参画のための学校運営協議会制度について説明する。

学校評価制度は、各学校が教育の質を保証し、保護者や地域住民等に説明責任を果たすための制度として文部科学省の中央教育審議会[※13]や内閣の教育改革国民会議[※14]等で提言され2002年以降制度的に実施されてきていた。2006年には学校教育法に規定が設けられ法律上の制度とされた。学校評価制度においては、①学校は教育活動や学校運営について自己評価を行いその結果を公表することが義務付けられ、②保護者や地域住民等の学校関係者による第三者評価と結果公表が努力義務とされた。また、学校情報の積極的な公表についても規定された。

学校では学習指導要領等に規定された21世紀型教育を実施するため、各学校で教育目標を立てそれを達成するための教育活動を行うことになる。学校目標の達成状況について自己評価を行い、この結果を公表する事が全ての学校に求められる。また、保護者などの学校関係者による評価を導入した学校においては、更に学校関係者による評価を行い、その結果を公表する。このような学校評価制度を通じて学校の教育活動や学校運営を検証し、その改善を図ることとされている。また、学校と保護者、地域が教育目標を共有し、一体となって学校教育を充実させることが期待されている。

学校運営協議会は保護者や地域住民等が学校運営の基本方針や教員人事について一定の権限をもって参画するための制度であり、内閣の教育改革国民会議[※15]や文部科学省の中央教育審議会の提言[※16]を踏まえて2004年に法律上の制度となった。2017年には法律上設置が努力義務とされたこともあり、2018年においては5,432校に学校運営協議会が設けられている。学校運営協議会は学校ごとに

設けられ、地域住民や保護者が委員となる。学校運営協議会は①校長が作成する学校運営の基本方針を承認する、②学校運営について校長や教育委員会に意見を述べる事ができ、校長や教育委員会はこれを尊重することとされている、③教職員の任用に関して教育委員会に意見を述べる事ができ、教育委員会はこれを尊重しなければならない、こととされている。

学校運営協議会により、学校が地域社会に開かれた存在となり、地域住民や保護者の考えを学校運営に反映し、また、地域社会や保護者の理解と協力を得ながら21世紀型教育を始めとする教育改革を進めていく事が期待されている。

（※13）「今後の地方教育行政の在り方について（答申）」1998.9.1. 中央教育審議会。文部科学省。
https://www.mext.go.jp/b_menu/shingi/chuuou/toushin/980901.htm
（※14）「教育を変える17の提言」2000.12.22. 教育改革国民会議。内閣。
https://www.kantei.go.jp/jp/kyouiku/houkoku/1222report.html
（※15）同上、「4. 新しい時代に新しい学校づくりを」。
（※16）「今後の学校運営の在り方について（答申）」第2章。2004.3.4. 中央教育審議会。文部科学省。
https://warp.da.ndl.go.jp/info:ndljp/pid/9514442/www.mext.go.jp/b_menu/shingi/chukyo/chukyo0/gijiroku/attach/1345472.htm

04.8 −日本の教育改革の現在と将来−

日本においては、過去40年にわたり20世紀型教育から21世紀型教育に転換するための努力が続けられてきた。そして改革の成果が挙がりつつある。

例えばOECDの「日本の教育政策」（2018）では日本の教育を高く評価している。そこでは、"他のOECD加盟国との比較において、日本の教育システムは若者及び成人に関して最も優れた成果を挙げている国の一つである。日本の生徒はOECD生徒の学習到達度調査（PISA）の科学、数学、言語能力において最高の成果を挙げている。・・これらの卓越した成果は、学校及び学校外でのこれらを支える学習環境や、総合的・総体的な教育の効果的提供のための、教員による質の高い関わり、家族からの強い支援に支えられている。"[17] と述べられている。

一方、OECD報告書では次のような課題も指摘している。すなわち、"日本の教育の転換には、カリキュラム、授業と学校での実践、大学入試などの生徒の評価に関する改革が不可欠であり"[18]、そのためには"相互に関連する事項間の整合性を維持する戦略を通じてカリキュラム改革が最優先事項であることを明らかにし、関係者にそのような価値観を伝えることが重要。これには、既存の試験に新カリキュラムを反映させる改革、カリキュラム改訂に対応した教育実践力を強化するための教員の現職研修や初任者研修への投資を行うことを含む。"[19] と提言している。

また、"学校組織と学校コミュニティとのパートナーシップをより強めることを通じて、包括的な全人的教育の提供を維持すること。2030教育目標に照らして学校幹部の役割と研修を検証すること。新カリキュラム導入を支援するため学校運営事務と地域社会との協力関係に焦点を当てることにより、教員の負担を軽減すること。"[20] を提言している。

これらの提言は的を射ていると言える。日本の教育改革は、日本社会全体が 20 世紀型社会から 21 世紀型社会に転換していく中でその一部として行われてきた。教育改革が教育界の人々の議論だけでなく、保護者、地域社会、経済界といった社会全体を巻き込んだ議論を通じて行われてきた理由は正にここにある。学校と社会との協力関係及び関係者間の議論を維持し更に発展させていくことが、教育改革を成功させるための最優先課題と言える。

　日本の個々の教育実践についても、多くの学校の取組みが 21 世紀型教育のモデルとして世界的にも紹介されている。例えば、アンドレアス・シュライヒャーOECD 教育局長は 21 世紀型教育について世界の成功事例を挙げて論述した "World Class" の中で、広島なぎさ高等学校を創造的学習を実現するための教育を的確に実現している例として取り上げている。[21] また、高等専門学校の実践的プロジェクト型学習を科目横断的力を育む教育実践の成功例として取り上げている[22]。N 高等学校はニューヨークの国連本部で開催された "情報技術で貧困と戦う国際会議" に招待され、質の高い教育を全ての人にという SDGs 第 4 目標を ICT 活用で効果的に実現している学校の例として紹介された[23]。

　一方で、OECD 報告書は、"カリキュラム改革の大きな影響力が最小限なものになってはならない。カリキュラム改革が目指す能動的で相互的で本物の学習の導入が単なる理念的なものに留まる危険性があること"[24] を、日本の教育改革の大きな課題としている。

　カリキュラム改革は出発点に過ぎない。これをいかにして実行するかがより重要なそしてより困難な仕事である。その実現のため、学校そして教員は指導的役割を果たすことが期待されている。21 世紀型教育は生徒に自分で考え、決定し、行動する能力・技能を育むことを期待している。生徒だけでなく、それぞれの学校が 21 世紀型学校となることが期待されている。学校は、生徒がより良い生活を送り、社会や世界と関われる力を育む場であるべきである。生徒が自分で考え、判断し、行動する、21 世紀型教育の実現。教育システムは個々の学校や生徒が主役となることを支援するものとなる必要がある。

（※ 17）OECD (2018), *Education Policy in Japan: Building Bridges Towards 2030.* Reviews of National Policies for Education. OECD Publishing, Paris. P15. https://www.oecd.org/education/education-policy-in-japan-9789264302402-en.htm
（※ 18）OECD (2018) 同上。P16.
（※ 19）OECD (2018) 同上。P17.
（※ 20）OECD (2018) 同上。P17.
（※ 21）
Schleicher, A (2018). World Class; How to build a twenty-first -century school system, Strong Performers and Successful Reformers in Education, OECD Publishing, Paris. P103.
https://www.oecd.org/education/world-class-9789264300002-en.htm
（※ 22）Schleicher, A (2018). 同上。P242。
（※ 23）The Observatory on Digital Communication (OCCAM). 2019.4.12, XIX Infopoverty World Conference Final Declaration, OCCAM.
https://1fb5ebad-0440-42f2-91c3-b3805fd9934e.filesusr.com/ugd/bd7c1f_b8c9169e7e32461396f396d3317c0984.pdf
（※ 24）OECD (2018). 同注 17。P157.

References –参照文献–

●臨時教育審議会関係
・「臨時教育審議会第1次報告」臨時教育審議会、総理府。文部時報1985.5。P50-76。
・「臨時教育審議会第2次報告」臨時教育審議会、総理府。文部時報1986.4。P27-129。
・「臨時教育審議会第3次報告」臨時教育審議会、総理府。文部時報1987.4。P4-91。
・「臨時教育審議会第4次報告（最終報告）」臨時教育審議会、総理府。文部時報1987.9。P8-49。
●中央教育審議会関係
・「今後の地方教育行政の在り方について（答申）」中央教育審議会1989.9.1. 文部省。
　https://warp.da.ndl.go.jp/info:ndljp/pid/9514442/www.mext.go.jp/b_menu/shingi/old_chukyo/old_chukyo_
　index/toushin/1309708.htm
・「今後の学校の管理運営の在り方について（答申）」中央教育審議会2004.3.3. 文部科学省。
　https://warp.da.ndl.go.jp/info:ndljp/pid/9514442/www.mext.go.jp/b_menu/shingi/chukyo/chukyo0/gijiroku/
　attach/1345472.htm
・「新しい時代の義務教育を創造する（答申）」中央教育審議会2005.10.26. 文部科学省。
　https://warp.da.ndl.go.jp/info:ndljp/pid/9514442/www.mext.go.jp/b_menu/shingi/chukyo/chukyo0/
　toushin/1212703.htm
・「幼稚園、小学校、中学校、高等学校及び特別支援学校の学習指導要領等の改善について（答申）」"これまでの経緯"及
　び1〜5. 中央教育審議会2008.1.17. 文部科学省。
　https://warp.da.ndl.go.jp/info:ndljp/pid/9514442/www.mext.go.jp/b_menu/shingi/chukyo/chukyo0/toushin/__
　icsFiles/afieldfile/2009/05/12/1216828_1.pdf
・「幼稚園、小学校、中学校、高等学校及び特別支援学校の学習指導要領等の改善について（答申）」第1部第1章。中央教
　育審議会2016.12.21.
●「高大接続システム改革会議『最終報告』」
　高大接続システム改革会議2016.3.31. 文部科学省。
　https://www.mext.go.jp/component/b_menu/shingi/toushin/__icsFiles/afieldfile/2016/06/02/1369232_01_2.pdf
●教育改革国民会議
　「教育改革国民会議報告―教育を変える17の提言―」2000.12.22. 教育改革国民会議、内閣。
　https://www.kantei.go.jp/jp/kyouiku/houkoku/1222report.html
●教育再生会議
　「社会総がかりで教育改革を〜教育再生への第一歩〜」教育再生会議第1次報告。2007.1.24. 教育再生会議。内閣。
　https://www.kantei.go.jp/jp/singi/kyouiku/kettei/070124honbun.pdf
●苅谷剛彦「『大学性悪説』による問題構築という〈問題〉」（「50年目の『大学解体』20年後の大学再生：高等教育をめぐ
　る知の貧困を越えて」佐藤郁哉編著第1部第1章。）2018.12. 京都大学出版会。
●学習指導要領関係
　国立教育政策研究所 / 教育研究情報データベース / 学習指導要領の一覧
　https://erid.nier.go.jp/guideline.html
●文部省「学制百年史」。1992。ぎょうせい。
　https://www.mext.go.jp/b_menu/hakusho/html/others/detail/1317552.htm
●文部省「我が国の文教施策（平成元年度）」。1989. 文部省。
　https://warp.da.ndl.go.jp/info:ndljp/pid/286184/www.mext.go.jp/b_menu/hakusho/html/hpad198901/index.html
● OECD (2018), *Education policy in Japan: Building bridge towards 2030*, Reviews Ntional Policies for Education,
　OECD Publishing, Paris.
　https://www.oecd.org/education/education-policy-in-japan-9789264302402-en.htm
●Schleicher. A (2018), *World Class: How to build a 21st-century school system*, Strong Performers and Successful
　Reformers in Education, OECD Publishing, Paris.
●The Observatory on Digital Communication (OCCAM)(2019), *XIX Infopoverty World Conference Final Declaration*,
　OCCAM, Milano.
　https://1fb5ebad-0440-42f2-91c3-b3805fd9934e.filesusr.com/ugd/bd7c1f_b8c9169e7e32461396f396d331
　7c0984.pdf

05

教育が真に重要であるということ
―メキシコの全人教育のための教育改革からの教訓

エリーサ・ボニーヤ・リウス (Elisa Bonilla-Rius)

E. Bonilla-Rius (✉)
Antonio Madero Visiting Scholar, David Rockefeller Center for Latin
American Studies, Harvard University, Cambridge, MA, USA

© The Author(s) 2020
F. M. Reimers (ed.), Audacious Education Purposes,
https://doi.org/10.1007/978-3-030-41882-3_5

Chapter
05

教育が真に
重要であるということ
―メキシコの全人教育のための教育改革からの教訓

エリーサ・ボニーヤ・リウス（Elisa Bonilla-Rius）

第5章

【要旨】

　メキシコでは、2012 年から 2018 年にかけて連邦政府が大規模な教育改革を実施したが、その主な目的は巨大で複雑な教育システムを変革し、21 世紀の課題に立ち向かえる生徒を育成することであった。そこでの前提は、急速に変化する世界で成功するために必要なツールを生徒に提供することで、メキシコは繁栄し、公正で自由になるのだというものであった。そのために、システムの概念づけや構造を見直す必要があり、質と公平性を指針として、組織・予算・技術・教育・行政の諸領域で根本的な変革が行われたのである。このプロセスを先導した二つの破壊的なイノベーションとして、教師評価と新しいナショナル・カリキュラムが注目される。このカリキュラムについては、複数の顕著な特徴のうち、本章で以下の三つの特徴について示した。すなわち、義務教育の 15 学年のうち 12 学年を効果的に接続する学習成果の構造、就学前から 12 学年までの社会情動的学習の導入、そして学校での教育学的イノベーションを実現する手段としてのカリキュラムの自律性である。残念なことにこの改革は、様々なステークホルダーの深く根付いた慣習に反し、多くの政治的利益を踏みにじったため、複雑なプロセスを経て、その定着が危ぶまれている。新大統領はこの改革に反対する選挙活動を行った。どのような政策が継続されるかは依然不透明となっている。

05.1 ―はじめに―

　私たちは今、第四次産業革命の幕開けを迎えている。10 年後、15 年後には、ロボットと人工知能が、残されたわずかな産業プロレタリアートだけでなく、今日のデスクワークの大部分をも壊滅させるだろう。教育は、料理、車の運転、雇用と失業、政治、そして新しい生き方を発明するためにも必要なものとなるだろう。私が望むメキシコは、「教育は真に重要である」という一つの広範なコンセンサスがあるような国である（注1）(Lomnitz 2018)

　メキシコにおける近年の教育改革は、初等教育の普遍化を目的としたいわゆる「11 年計画」（注2）が開始された 1959 年以来で、最も重要なものであり、国による教育サービスの提供に関する新たなパラダイムを伴う、同国の教育制度の概念と構造の転換点となった。この計画は、質と公平性を基本理念として、組織、予算、技術、

教育、行政の各分野に大きな変革をもたらした。この変革を実現するには、複雑な
プロセスが必要であった。しかし、子どもたちや若者がグローバルな知識社会に参
加し、競争することを可能にするためには、メキシコにとってこの変革は最優先事
項なのである。

　本章は、改革を推進した連邦政権が終了した直後の 2019 年 1 月から 6 月にか
けて執筆され、八つの節から構成されている。この序論の後、第二節では、改革が
必要になった文脈的要因、すなわち、メキシコの教育制度の複雑な性質とその変則
的な慣行、学生の不十分な教育成果、教師に関わる個人的・制度的な課題について
説明を行う。第三節では、この成果主義的改革の設計図である、改革にとっての中
心的文書『新教育モデル』の五つの主要な要素を概観する。「新しいナショナル・
カリキュラム（就学前教育から 9 年生まで）」と題される第四節では、この改革の
教育目標と、それらが 21 世紀型スキルとどのように関連しているかを記述する。
教師にシラバスを普及させることを目的とした重要な文書を用いて、全人教育のた
めのカリキュラムの構成と、そこで扱われるスキルの幅広さ、教育学的な原則、社
会情動的な学習や学校のカリキュラム面での自律性の導入などのイノベーション
について説明がなされる。第五節では、様々な実施段階と、主要なステークホルダー
の役割について説明している。第六節では、この改革の政治的側面を分析している。
ここでは、この野心的な改革を実現するために必要だった政治的合意、それがもた
らした援助、また国内の一部のグループや地域から生じた抵抗について述べてい
る。第七節では、改革の影響について焦点を当てている。期待されたシステムの変
化を適切に評価するにはまだ早いが、独立機関や個人により実施された調査や研究
に裏付けられた興味深い成果があり、これらについては考察する価値がある。最後
の第八節では、様々な著者によって指摘されてきた、いくつかの重要な課題に焦点
を当てる。

　本章の執筆にあたっては、私自身の改革に関する経験に加え、法律や公的文書、
研究論文、教育者や政治評論家が書いた新聞記事や論説、メキシコ教育省（SEP、
以下教育省）が教師向けに発行している情報誌など、さまざまな資料を参考にした。

（注 1）この引用は元々スペイン語で発表されたものを本章著者であるボニーヤ・リウス氏が英訳したものである。
（注 2）詳しくは、Latapí（1992）、Granados（2018b）を参照。

05.2 –改革初期における背景–

　教育改革が開始された 2012 年末には、教育制度の規模、不平等、その複雑さ
に加え、縦割り、官僚主義、時代遅れの慣行など、学生の学習成果の低下を招く非
常に深刻な文脈的要因が存在していた。ヌニョ元教育大臣 (注3)（2018）は以下の
ように説明している。つまり、私たちの教育システムは、必要なスピードで成長し
てこなかったのである。すべての教育段階での入学者数の増加、技術教育の拡大、
そして 1992 年の地方分権化など、非常に重要な取り組みがあったにもかかわらず、

このシステムは多くの面で「旧体制」に適した構造を持ち続けていたのである。それは専横的な政党や縦割りで官僚的な構造を持つ閉鎖的な経済などであり、学校におけるイノベーションや創造性を阻害するものだった。さらに、その体制の中では深刻な不平等が続いていたのである。

（注3）ペーニャ・ニエト大統領の政権下（2012年12月〜2018年11月）では、以下の3人の教育大臣が就任していた。エミリオ・チュアイイフェット氏（2012年12月〜2015年8月）、アウレリオ・ヌニョ氏（2015年8月〜2017年12月）、オット・グラナドス氏（2017年12月〜2018年11月）。

05.2.1 −教育制度の構造とガバナンス−

メキシコは人口が多く、1億1,950万人以上（INEGI 2015）で、約半数（45%）が25歳以下である。メキシコの教育制度は世界で9番目に大きく、3,640万人の生徒、200万人の教師、約26万校の学校（高校段階まで）を擁している。教育省はこの制度を主導し、全国的な（幼稚園から9年生までの）カリキュラムを含むすべての主要な政策を設計する責任を負っている。しかし、1992年には学校の実際の運営は、メキシコの32の連邦州へと委譲された（注4）。この制度は、大規模で非常に多様な人口の教育ニーズに対応するものである。全生徒の21%が農村部に住んでおり、3%の生徒が64の先住民族の言語のうちの一つを話し、母語とスペイン語の両方で教育を受けている。全小学校の43%が複数学年制を採用しているが、それらの生徒数は全生徒数の4.6%に過ぎない。つまり、学校の規模が小さく、遠隔地にあることが多く、多くの学校が構造的にいくつもの欠点を抱えているということである（SEP 2018）。

メキシコの教育制度は、規模が大きいだけでなく、非常に複雑である。20世紀後半に作られたこの制度は、当初の高度に垂直的で中央集権的な構造を維持している。およそ30年前に学校と教師についての権限が州に委譲されたことで（注5）、縦割りの傾向は徐々に弱まってきているが、元々の政治的・行政的な取り決めの多くはいまだに効力を持っており、教育制度に必要な成長への大きな妨げとなっている可能性がある。

何人かの論者（特にFuentes-Molinar 2013; Ramírez-Raymundo 2013; Moe 2017; Chambers-Ju and Finger 2017）は、数十年にわたり、全国教育労働者組合（SNTE）（注6）に権力をゆだねることで、いかに教育における国家の権力が徐々に、しかし効果に表れる形で減じられてきたか、そしてその結果、SNTEが制度のいくつかの領域に関与するようになったかを研究してきた。このプロセスは、教育当局（連邦および地方）とSNTEによる事実上の共同統治であり、2006年にSNTEの著名なメンバーが基礎教育を担当する教育省の高官に任命されたときにピークに達した。長年にわたる組合の干渉は、教育関係者の社会的関係を歪め、その結果、制度の中に深刻な異常をもたらしたのである。そのような不正の中でも、説明責任の欠如は際立っている。例えば、改革の当初、教育省には学校や教師の正確な数などの信頼できる統計が存在しなかった。これらの情報は、改革の方針を策定するためにはもちろん、国の教育制度を運営するためにも不可欠なものであっ

た。このような透明性の欠如は、教育予算とその政治的なパトロンを利用するための手段として、同組合がその伝統的な権力 (注7) を利用して密かに推進してきたものである。そこで、改革が始まった 2012 年 12 月には、メキシコの公教育制度に実際に存在する学校数、教師数、生徒数を正確に把握するための国勢調査（INEGI 2014）が行われたのである。とりわけ、何千人もの幽霊教師やその他の不正な給与受給があるのではないかと疑われていたが、それらは後に確認され、修正されることとなった（SEP 2017c）。

　広範に存在し、またよく研究されてきたもう一つの異常さ（Moe 2017; Chambers-Ju and Finger 2017）は、SNTE が教員の任命権のうちその配置と昇進に関与してきたということである。何十年もの間、組合には新しい教員を雇う余裕があり、教師の昇格にも深く関わってきたのである。彼らの手にかかれば、教職は高価な商品となり、組合とその指導者たちは、長年にわたって金銭的にも政治的にも大きな利益を得ることができたのである。教師の任命や昇進が不透明なため、教職を売ったり、貸したり、相続したりといった悪質で不正な行為が行われていた。改革で導入された競争的な評価プロセスによって教員の職が割り当てられるようになる前は、「闇市場」での教職の価格は、階級や場所にもよるが 10 万〜 60 万メキシコペソ（5000 〜 3 万米ドル相当）で変動していた (注8)。多くの教師や校長は、授業の質や職務上の能力ではなく、組合の政治的要請に応じて採用・昇進されていたのである。

　慢性的な教師の欠勤は、SNTE が教師の仕事をコントロールしていることによる悲惨な結果であり、教育の質に大きな影響を与えている。2012 年の国勢調査では、教員数の 13 ％（298,000 人）が出勤していないことが判明した（INEGI 2014; The Economist 2014）。改革前、SNTE は組合のためにフルタイムで働く教師たちを抱えていたのだが、彼らが拠点としているとされる学校の給与体系を通じて、そうした教師たちは国から給与を受け取っていた。改革により、組合自身がそのような給与の支払いを開始しなければならなくなったため、多くの教師が教職に復帰することとなった (注9)。

　このような負の慣行は、学生の教育の質に深刻な影響を与えていた。そのため改革には、組合の政治的影響力と、長年にわたって蓄積されてきた膨大な数の不正行為に正面から取り組む必要があった。そのためには、国が事実上の共同統治を解除し、教育制度への完全なコントロールを取り戻すことが不可欠だった。それは面倒なプロセスであり、多くの利害関係者が衝突し、また SNTE 内の急進派である全国教育労働者委員会（CNTE）が教職員組合を支配している地域では、CNTE が改革に反対した結果、教育改革の進行速度が異なったり、全く進まなかったりした (注10)。

(注 4) ただし、メキシコシティだけは例外で、今でも教育省が一元管理している。
(注 5) この地方分権化（あるいは「連邦化」と呼ばれてきた）の利点と欠点について、複数の専門家によって研究がなされてきたが、完璧とは言い難い状況である。Ornelas (2003) は、「地方分権化は、官僚的な中央集権主義に代わるものであることは確かで（少なくともそれ以上に悪いものではない）、それを求める政府に正統性を与える可能性も秘めているが、統制の度合いを失うことに抵抗を感じる人もいる」と指摘している。Mancera (2010) は、それが教育予算にどのような影響を与えたかを説明している。
(注 6) SNTE はメキシコ最大の労働組合（組合員 160 万人以上）であり、ラテンアメリカ最大の労働組合とも言われている。

SNTE は 32 州のうち 31 州を、また教師の給与総額の 80％以上をコントロールしている。唯一の例外は、メキシコ州教員組合で、メキシコで最も人口の多い同州で最も影響力のある組織である。SNTE の自称「民主的」派閥である教育労働者委員会（CNTE）は、4 つの州、オアハカ州、チアパス州、ゲレーロ州、ミチョアカン州を支配し、それ以外の地域では存在感が薄い。他にもはるかに小規模な組織があるが、その性質はローカルなものであり、関連する政治的影響力を持っているわけではない（Fuentes-Molinar 2013）。

（注7）「伝統的な権力」とは、マックス・ウェーバーに従うと、法的・合理的なルールに拘束されないリーダーが、個人的な目的のために権力を行使するという伝統的な支配の形態のことである（Chambers-Ju and Finger［2017］によるWeber［1968］の引用）。このような権力は、SNTE と（70 年にわたってメキシコで与党の座にある）PRI の間に形成されたコーポラティズム的な関係に由来するものであった。2012 年の大統領選挙の時点で、PRI は過去 12 年間支配しておらず、SNTE はペーニャ・ニエト大統領の政党である PRI を支持していなかった。そのため、このような関係はもはや存在していない。このような状況は、改革にとって有利なものだった。

（注8）改革期における 3 人目の教育大臣であったオット・グラナドス氏は、公聴会で改革について語り、これらの数字を公に明らかにするとともに、国の教育制度の中でなされる決定は「SNTE との取り決めにとらわれている」と述べた。これらの発言は、メディアで広く報道された（https://www.debate.com.mx/mexico/Plazas-de-maestros-se-vendian-hasta-en-600-mil-pesos-SEP-20180220-0374.html［最終アクセス日：2019 年 2 月 26 日］）。

（注9）地方分権化された教育給与からの資源の大量流出を解決するために、2014 年、議会は教育給与・運営費拠出基金（FONE）を通じて教員の給与を一元化するという大統領の構想を可決した（Fernandez and Herrera 2018）。

（注10）特に、オアハカ州、ミチョアカン州、ゲレーロ州、チアパス州の 4 つの州は、メキシコで最も田舎の州であり、先住民族の人口も多い。

05.2.2 −メキシコの国レベル、および世界における教育成果−

　メキシコの学習成果は、国内テストでも国際テストでも、満足できるものではない。全国レベルでは、1990 年代から実施されているさまざまな標準化されたテストにおいて、学生の成績は芳しくない。PLANEA [注11] は、9 年生の国語と数学の成績を評価するために改革の中で導入されたものである。このテストは、国立教育評価研究所（INEE）によって 2015 年と 2017 年の 2 回実施されたのだが、結果は 2 回とも同様のものであった。

　2017 年の調査によると、64％の生徒が数学で最低レベル（レベル 1）の結果しか取れなかった。これは 10 人中 6 人以上の生徒が、多少の算数の知識はあっても、代数的なスキルを持たずに中学校を卒業していることを意味する。国語では 34％の生徒が最低レベルの結果しか取れず、つまりそうした生徒たちは、新聞などの中程度の複雑さのテキストを理解し解釈することにも非常に苦労するということを意味するのである。これでは、進学はもちろん、単純労働でない仕事に就くのも難しいだろう。

　一方、成績優秀なレベル 4 を取った生徒数ははるかに少ない。国語では、複雑な文学、ノンフィクション、あるいは論説文のようなテキストのさまざまな部分に含まれる暗黙的、および明示的な情報を評価するために、複雑な議論を分析し、重要度の高い順に並べることができる生徒はわずか 8％にとどまった。数学では、分数と小数を組み合わせた問題や、未知の値を求める方程式を用いた問題を解くことができる生徒は、わずか 5％だった。

　国語においては、多くの生徒（40％）が基礎レベル（レベル 2）である。これは、フィクションとノンフィクションのテキストの構造を区別することができ、また簡単な推論ができることを意味するが、それはテキストに含まれる明示的な情報に限られるのである。彼らの解釈の能力は徐々に向上し始めてきているが、これは彼らが今後、学業面でも大きな困難に遭遇することを意味している。数学（レベル 2）では、22％の生徒が、小数の足し算、引き算、掛け算、割り算の問題を解くことができる。

また、文字を変数として使用し、未知の値を持つ単純な数的関係を構築することもできる。しかし、こうした生徒たちは、やはり今後多くの学習課題に苦戦することになるだろう。

　これらの結果は、公平性に関する重要な問題をも提起している。例えば、国語の全国平均点は495点であるが、都市部の学校では507点、農村部の学校では452点となっている。また、数学の全国平均点は497点で、都市部の学校では503点、農村部の学校では475点である。さらに、社会的背景、特に親の教育水準によって、生徒の成績には非常に大きな開きが存在している。親の学歴が低いほど、生徒はより不利な立場に置かれるのである。読み書きのできない両親を持つ子供（注12）の平均点は、国語で398点、数学で413点であった。両親が小学校しか卒業していない生徒の平均点は、国語で442点、数学で460点である。一方、両親が大卒の生徒は、国語の平均点が559点、数学の平均点が555点と、トップクラスの成績を取る傾向にある。

　国際的なレベルでも、メキシコの学生の成績は低迷してきた。2012年のPISA評価では、65カ国中、メキシコは53位だった。2015年のPISAでは、72カ国中58位で、メキシコの生徒の得点はOECD平均を下回り、科学で416点、読解で423点、数学で408点にとどまった。3つの領域すべてにおいて、トップレベルの成績を取った生徒は1%にも満たない。実際、およそ2人に1人（科学47.8%、数学56.6%、読解41.7%）の生徒が、高等教育を受けたり、複雑な社会問題や環境問題の解決策を見出すような活動において活躍したりするために必要な最低限の能力レベルにさえ達していないのである。科学リテラシーが経済成長との結びつきを強めている現在、将来の科学者や技術者だけでなく、すべての市民が科学に関する問題に立ち向かう意欲と能力を持つことが必要である（OECD 2018b）。しかし、メキシコの15歳の生徒の科学の平均的な成績は、科学が主な評価領域であった2006年から大きく変わることはなかった。また、読解においても、2009年以降、生徒の成績の平均は一定のままである。一方、数学の成績は、2003年から2015年までの間、平均して3年ごとに5点ずつ向上しているが、他のOECD諸国と比較すれば依然として低い水準にある。メキシコのPISAにおける平均点は、科学で8点、数学で17点、読解で6点だけ、他のラテンアメリカ諸国の平均を上回るものである。

　改革の主な目的の一つは、学校を卒業した人たちがより良い豊かな未来を手に入れられるようにすることだったため、こうした学業成績の悪さは改革の重要な原動力の一つとなった。しかし、後述するように（注13）、この改革では学業成績に対する明確な責任を州と学校の両方における特定の関係者に割り当てることが十分にできず、学業成績に対する説明責任を果たすことができなかったのである。

（注11）PLANEAは、初等・中等・高等学校の生徒に実施される標準化されたテスト。中学3年生を対象とした2017年のテストの詳細は、http://planea.sep.gob.mx/content/general/docs/2017/ RESULTADOS_NACIONALES_ PLANEA2017.pdf（最終アクセス日：2018年10月26日）を参照。
（注12）メキシコの非識字率は、2012年の6.2%から4.1%に低下し、過去最低を記録した。これは、多くの理由から非常に心強いことであるが、何よりも、これからは親が非識字者ではない子どもたちが増えていくことになり、それは統計的に子どもたちが成功する可能性が増えることでもある（http://noticiasncc.com/cartelera/articulos-o-noticias/11/13/

mexico-libre- analfabetismo-tasa-menor-4/)。

(注 13) 05.7.3 を参照。

05.2.3 −教師の労働環境―TALIS による評価−

　教育システムの質は決して教師の質を超えることはない、という原則が、ますます広く受け入れられてきている。言い換えれば、教師の資質・態度・労働条件は、生徒の学習にとって極めて重要なのである。OECD 国際教員指導環境調査（TALIS: Teaching and Learning International Survey）は、「各国が質の高い教職を育成するための政策を検討・定義する際に、学校の実務者の視点から有効かつタイムリーで比較可能な情報」を提供することを目的に、世界中の学校の教師の学習環境や労働条件に関する国際比較可能なデータを収集しているものであるが、その2013 年の結果 (注 14) は改革開始時に公開され、改革のための政策を設計する際の重要なインプットとなった。

　TALIS は、教師の特徴、労働環境、リーダーシップ、学習・向上の機会、評価とフィードバック、教育的実践と信念、自己効力感、そして仕事の満足度などの情報を収集している。TALIS の主な発見は、メキシコの教師は他国の教師に比べて、より困難な状況で働き、仕事をする上でより準備が整っていないと感じていることである。メキシコの中学校教師の 44％は、生徒の 30％以上が社会経済的に恵まれない環境にあるような学校に勤務している。また、メキシコの教師の半数以上は、校長がサポート要員の不足（60％）、資格のある教師や優秀な教師の不足（56％）を報告している学校に勤務しているが、TALIS の平均値はそれぞれ 47％、39％である。さらに、調査対象となった教師の約 4 分の 1（24％）が、自分の仕事を遂行するための準備ができていないと回答している（本調査では 3 番目に多い）が、TALIS 平均では 7％にとどまっている。

　さらに、TALIS に参加している国の中で、メキシコは教師教育や訓練プログラムを修了したと回答した中学校教員の割合が最も低く、62％だった。また、校長の報告によると、72％の教師が教育機関での正式な導入プログラムを利用しておらず、60％がメンタリングプログラムを利用していなかった。なお、TALIS の平均値はそれぞれ 34％と 26％であった。一方、メキシコの教師は職場での研修活動への参加率が高いことが示された。メキシコの教員の更なる向上を支援するための OECD の提言は、教育当局が「現職研修が良質なものであり、教員のニーズに関連し、また職業上の成長についての一貫した見解を提供するものであることを保証すべきだ」としていた（OECD 2014）。

　また TALIS は、メキシコの教師が評価を個々の実践にとって役に立つものと考えていることを示している。調査対象となった教師の 80％以上が、生徒のテストスコアの分析や教室での授業の観察を経て、自分の指導に対するフィードバックを受けていると回答した。一方、TALIS へ参加した国では、これらの方法でフィードバックを受けたと回答した教員は少ないのである（それぞれ 64％、79％にとどまる）。さらに、メキシコの教師はフィードバックが実践の改善にどのように役立っ

ているかについて、概ね肯定的な見解を示している。

　メキシコの校長は、自分の学校の教師に比べて意思決定能力が低いと回答した。TALIS の平均と比較して、一般的にメキシコの校長は、学校関連の仕事に大きな責任を持っていると答えた割合が低かった。そのような業務には、教員の任命・採用（16％、TALIS 平均は 39％）、教員の解雇・停職（14％、TALIS 平均は 29％）、教員の初任給や給与体系の設定（6％、TALIS 平均は 14％）、教員の昇給（8％、TALIS 平均は 18％）などが含まれる。これに対し、OECD の提言は「学校により大きな自治権を与える」ことと、「校長が成功できるよう、より多くの支援と能力開発を行う」ことであった（OECD 2014）。

　本章の後の節（第三・四節）で説明するように、この改革には教員と校長の専門的な能力開発（SEP 2017）や、学校への自治権の付与が含まれているのである（Treviño & Velasco 2018）。

（注 14）TALIS の母集団は、公立と私立の学校における中学校教師と管理職からなるものである。メキシコでは、187 の学校から 3138 名の中学校教師と 186 名の校長がランダムに抽出され、紙とオンラインの TALIS の質問票に回答した（OECD 2014）。メキシコは、2013 年に初めて TALIS に参加した。

05.2.4 −サービスの普遍的な広がりと義務教育の拡大−

　20 世紀のメキシコは、基礎教育を普遍化することに骨を折っていたのだが、改革が発表された 2012 年には、普及率は過去数十年間とはうって変わって、もはや問題ではなくなっていたのである。そのため、教育当局は、アクセスの向上から教育サービスの質の向上へと焦点を移すことができた。2012 年には、高校への進学率が 66％にとどまったため、教育の普遍化を求める圧力は高等学校レベルへと移った。この年、義務教育が延長され、18 歳まで高校に通うことができるようになった。この法改正により、高校への入学に拍車がかかり、2018 年には高校への入学率は 19 ポイント近く上昇し、85％に達した（Ortega 2018）。就学率が全体的に伸びたことで、平均就学年数にも影響があり、それまでの数年間で 9.5 年間まで上昇することとなった。

05.3 −メキシコの改革における重要な次元−

05.3.1 −成果主義に基づく改革−

　2012 年に実施されたメキシコの教育改革は、概念的には成果主義型の制度改革に属している。改革者たちは、この改革をサービスの拡大に焦点化し、生徒や教師、教育機関の成果にはあまり焦点を当てていなかった初期の改革とは異なるものとするよう努めた。Moe（2017）によれば、これらの初期の教育改革は、一般市民に公共サービスを提供することを目的とした主要な公共機関の出現、および制度化に対応するような歴史的な時代に属している。それゆえ、そうした改革は…

制度における学業成績とはほとんど関係がなかった…学業の質は［それらの］主要な問題ではなかった。そこでは単純なサービスの提供が問題だったのである。［従って、それらが頼ったのは、］既得権益を持つ様々な構成員、特に教師や官僚、そして教育に関わる巨額の公金を利益供与や単純な汚職のために利用する政治家や地方の指導者たちであった。［対照的に…］メキシコやインドのように、利益供与や汚職が横行し、学校制度が非常に貧弱なままの国でも、成果主義に基づく改革が新しい常識となっている（Moe 2017）。

なぜなら、知識経済の中で効果的なパフォーマンスを発揮するためには、子どもたちに学力をつけさせる必要があるからだ。したがって、すべての人に質の高い教育を提供することが、この改革の推進力となったのである（SEP 2018a）。このような質を達成するためには、システム内の深刻な不平等を取り除き、新しい組織と運営の形を構築する必要がある。システムを根底から再構築しなければ、教育の質を達成することはできない。その意味で、「義務教育のための教育モデル–自由と創造性のための教育（NME）」（SEP 2017）は、メキシコの改革を示した中核的な文書であり、教育制度の完全な変革を実現するために取り組むべき5つの次元を特定するものである。

05.3.2 –第一の次元―新しいカリキュラムの開発–

カリキュラムは、改革の羅針盤であり、21世紀に直面する課題のために生徒を教育するための青写真であると考えられていた。そのためには、幼少期から高校卒業までの教育を見直す、大規模なカリキュラム改革が必要であった。この過程で、3つの規範となるような文書(注15)が作られたが、これらは教育省の2人の次官が別々に、しかし共通の教育的アプローチを用いて協調して作成したものであった。これらの文書は以下の三つである：

Starting out Right　スペイン語で「Un buen comienzo」[訳注：直訳すると「良いスタート」]と呼ばれる幼児期（0歳から3歳になるまで）の教育プログラムである（SEP 2017e）。このカリキュラム改革では、生徒の教育課程の基礎の部分として、初めて幼児教育が盛り込まれた。人生の最初の3年間は、子どもの身体的、認知的、情緒的な発達を促進するとともに、学校に入学して成功できるような準備をするための重要な期間であると考えられている。幼児教育は、教育システムの不可欠な部分として認識され、それが評価されるまでに長い過程を経てきたが、いまだにいくつかの課題に直面している。第一に、乳幼児を権利の主体として、また能力ある学習者として認識することである。第二に、3歳未満の子どもに注意が向けられるということを、働く母親だけの権利と考えるのではなく、生まれたときから教育とケアを受ける子どもの基本的な権利を強化する必要がある。最後に、子どもの教育的権利という観点から、幼児教育やその他のサービスを提供している複数の機関や社会組織の取り組みを統合する必要がある。

Key Learnings for Educating the Whole Child　これは、スペイン語では「Aprendizajes clave para la educación integral」（SEP 2017b）と呼ばれ、「全

人的な教育のための重要な学び」を意味するものである。幼稚園から９年生まで
を対象とする国家カリキュラムである。本章第四節にて、改めて国家レベルで義務
づけられているこのカリキュラムの開発、およびその特殊性について分析する。

Shared Curricular Framework　スペイン語で Marco curricular común と
呼ばれるものである（SEP 2017f）。後期中等教育として知られる義務教育の最後
の３学年（10 ～ 12 年生）のカリキュラムは、国家によるものではない。つまり、
そのカリキュラムは地域レベルと機関レベルの両方で定義されるものであり、教育
省だけが責任を負うものではない。法律では、州や一部の大学、さらには民間団体
など、他の機関がこの教育段階のカリキュラムを作成し、制定することができる。
この教育段階は、30 以上の学問的および職業的な下位システムから構成されてい
る。改革の一環として、またこれらの下位システムを接続する試みとして、教育省
はこのコンピテンスの枠組みを構築し、全国バカロレア制度（SNB）の発足に向
けた取り組みを開始したが、これはいまだ開発段階にある（Ortega 2018）。

（注 15）最初の二つの文書は基礎教育担当の次官の下で、三つ目の文書は高等学校担当の次官の下で作成された。

05.3.3 −第二の次元─学校を制度の中心に据える−

　「学校を制度の中心に据える」という改革のモットーは、官僚主義的な制度に立
ち向かうためには、教育制度を「ひっくり返し」て、教育当局をはじめとするすべ
ての構成要素が学校のために働くようにしなければならないということを意味し
ていたのである。長い間、メキシコの学校は、教育というチェーンの中で最後の、
そして最も弱いリンクであった。学校は生徒の教育に専念するどころか、学校の運
営とはしばしば関係のない地方の教育当局からの様々な外部要求に応えなければ
ならなかった。学習のための貴重な時間が、他の課題で浪費されていたのである（注
16）。したがって、改革を成功させるためには、教育制度の焦点を学習者に移すこと
が何よりも重要であった。そのためには、「学校を制度の中心に据え」、つまり、地
方教育当局、監督官、そして学校コミュニティの関心を生徒の学習成果に向けると
いう経営戦略が必要だった。学習者に焦点を当てることは、学校にとって当然の選
択のようにも思われるが、古いやり方を変えるのは、学校、そしてシステム全体に
とって大きな努力を要するものであった。
　教育サービスの質、公平性、レリバンスを向上させるためには、学校に自律性を
与える必要があった。そのため、学校コミュニティ（校長、教師、生徒、家族）の
意思決定能力が法的に拡大された。学校には、授業時間や物的資源の最適な利用、
教職員の専門化、協働作業の促進、そして子どもの学習への保護者の関与などを通
して、運営を改善するためのより大きな自律性が与えられたのである。
　この教育改革では、以下の事柄を各学校に保証することが最優先とされた。つま
り、学校の自治を効果的に行使するための統合された運営組織を持ち、意思決定プ
ロセスにおいて監督官から適切な支援を受け、また教育当局、保護者、社会ととも

に支援を行い、そして物理的インフラの欠点に対処することなどである（Treviño &Velasco 2018）。

　学校向け技術支援サービス（SATE）は、すべての学校が新たに与えられた自律性を効果的に管理するために必要なアドバイスとサポートを提供することを目的として構築された。SATE は、学校に優れた教育学的な支援を提供することに焦点を当てた専門家チームとして構想された。というのも、学校が自律性を発揮するには、学校と監督官のつながりが、従来の事務的な機能から技術的・教育学的な機能の強化へと進化し、従ってそれが教育専門家の間での連携となる必要があったためである。そのため、すべての監督官（18,000 人）は、18 カ月にわたる集中的なトレーニングを受けることとなり、それは彼らにとっても大いに好評を博するものであった。ピア・ラーニングを基本としたこの研修方法は、監督官が自分の役割について考え、学校改善のための技術支援を行う能力を強化することを促したのであった（Treviño & Velasco 2018）。

（注 16）校長は事務的な会議や作業に多くの時間を費やし、教師は後に読まれることも分析されることもないデータを延々とフォーマットに記入することを要求され、そして生徒の学習時間は、生徒の学業達成をほとんど考慮しない余分な学校組織によって組織された、その教育的性質が疑わしいような無数のプログラムに参加するために流用されるのである。

05.3.4 −第三の次元―教師の専門的キャリアの再構築−

　教育の質を向上させることは、すべての教育システムの優先事項であるべきだ。学習を改善するためには、必然的に教え方を改善しなければならず、それには教師のキャリアを専門化する必要があるということが前提である。このように、NME 政策の第三の次元は、「教師の熟練度が学校で生徒が学べる内容の限界を決める」という考え方が中心にあり、それゆえメキシコの文脈ではかなり新しい概念である「メリット」［訳注：業績や成果に基づいて教師の処遇（給与など）を定めるような仕組みとしてメリットペイが存在するが、こうした文脈でのメリットは功績や業績を意味する］が導入されたのである。教師の専門的な能力開発に関する法に由来するこうした政策では、採用、職場での認証、昇進など、教師のキャリアパスにおける進展はメリットに基づいて行われることになったのである。より良い候補者を教職に就かせるために、「専門的な教授サービス（SPD）」が創設されることとなった。

　De Hoyos & Estrada（2018）によると、SPD のデザインには、教員の就職・昇格時の評価、研修期間、継続的な現職研修、良好なパフォーマンスに対するインセンティブなど、海外のベスト・プラクティスが多く取り入れられていた。さらに二人は、2012 年から 2017 年の間に教職に就いた 55,189 人の教師のデータを比較して、教師の高校時代の読解と数学に関する成績と、高校を卒業したその他の人々の成績を比較する大規模な統計調査を実施した。その予備的な結果によると、2014 年から採用されたメキシコ人教師は、それ以外の高校卒業者よりも優れた能力を持っていることが判明した。2014 年というタイミングは、SPD が始まり教師の雇用に評価を用いるようになった時期と一致しているのである。

　この第三の次元における改革の取り組みのほとんどは、教師のキャリアパスとそ

のトレーニングの再編成に集中していたが、改革の政策の中で最も議論を呼んだものでもあった（Reimers 2018）。何よりもまず、教師の評価に基づく新たな仕組みが複数の政治的・経済的利益を脅かすこととなった。さらに、メリットに基づく政策の結果は十分に予想されておらず、教師や一般市民にその利点が十分に伝えられてもいなかった。そのため、メディアに煽られ支配的だったシナリオは、改革そのものを懲罰的なものと決めつけていた。つまり、教師を評価し、メリットにより選抜、認定、昇進させることは、教師や教員養成大学の卒業生を軽視し、悪意に満ちたものだという主張であった。また、政府が制度の全ての害悪を教師のせいにしようとしているということも含意されていた。CNTE の反対派リーダーと、改革期間における最初の教育大臣は、主に教員の評価について、何カ月にもわたって対立する議論の応酬を行い、メディアにも広く取り上げられた。例えば、2015 年 6 月、CNTE のリーダーの一人は、大臣が「... 傲慢で、衒学的で、無礼な態度をとって（中略）[自分たちを] 服従させようとしている」と非難した[注17]。まるでそのリーダーが正しいことを証明したかったかのように、大臣は「雨が降ろうが雷が鳴ろうが、教師は評価される」と返答した[注18]。

しかし、すべての教師がこの改革に反対したわけではない。それどころか、多くの教師は自分の実力で教職に就くことができることを歓迎し、SPD の強化を支持した。進んで評価プロセスに参加した多くの卒業生と教師は、SPD への支持を表明した。教育省の統計によると、2014 年度には、181,521 人の応募者が SPD による 1 回目の評価プロセスに登録し、69,490 人が教職のオファーを受けたという（Granados 2018b）。翌年度（2015 年度）に行われた 2 回目の評価では、159,791 人の候補者に対し、74,068 人が教職のオファーを受け取った。その後の 2 回の応募まで内定者数は増え続け、2016 年度は 84,905 人で、2017 年度は 88,864 人であった。昇格のための評価でも同じ傾向が見られた。

これらの結果は好ましく、また必要なものでもあるが、十分なものとは見なされていない。教育省でさえも、教師のパフォーマンスの向上は、教師を評価することだけにより達成されるものではなく、教師や管理職の専門的な能力開発をサポートするために、監督官、メンター、教育アドバイザーなどの専門的なアクターによる効果的な介入が必要であると認めているのだ（Granados 2018b）。このように、教職を強化するためには、三つの重要な変数に基づいた、より強力な前進が必要である。それらは（a）学校への監督の専門化、（b）メンタリング、（c）教育学に関連する技術的アドバイス、の三つである[注19]。

この NME 政策の三つ目の次元には、教員養成大学や、教師の初期研修を担当する教育大学などを含む他の機関の見直しや、現職教員の研修に関する新たな規定も含まれている。しかし、これらの機関の改革はまだ十分には進んでいないのである。

(注 17) https://lajornadasanluis.com.mx/nacional/reclamara-cnte-en-el-df-cancelar-evaluacion- educativa/
(注 18) https://www.animalpolitico.com/2015/06/chuayfett-responde-a-maestros-habra-evaluacion-llueve-o- truene/
(注 19) このトピックに関しては、Aceves-Estrada（2018）、Farias-Maldonado（2018）、Chávez-Campos（2018）がより詳しい。

05.3.5 −第四の側面─公平性と包摂を担保する−

多くの不平等を抱えるメキシコが、生産的、かつ公正で、まとまりのある社会として成長していくためには、教育改革において、社会経済的背景や性別、障害の有無とは関係なく、より良い公平な教育成果を生み出すために、公平性と包摂に横断的に取り組む必要があった。NME では、公平性と包摂性を備えた質の高い教育とは、以下のように定義されている。あらゆる種類の区別なく、すべての人に教育の機会を拡大し、多様な学校コミュニティの統合を促進し、生徒には異なる能力、テンポ、学習スタイルがあることを認め、教育と学習に必要なすべての（技術的、物理的、人的）資源を公平に分配し、そして、すべての生徒にとって有意義で同等の学習を保証するものである（Tuirán 2018）。

この第四の次元では、教育省が報告しているように、いくつかの方策が実施されてきた（Tuirán 2018）。その中でも特に目立つものを以下に列挙する。6 年間で 25 億米ドルを投じて、33,000 校のインフラ、机・椅子、設備の改修が行われた。学校統合のプロセスでは、7,660 人の生徒が 539 の非常に小規模で設備の整っていない学校から、生徒の家の近くにあり、より大きくて設備の整った学校に移された。5 億 5,000 万米ドルを投じて、1 日の学習時間を延長する「フルタイム授業プログラム」を、主に停滞した社会経済的な状況にある 2 万 5,000 校以上の学校に拡大した。さらに、6 年間で 10 億米ドルをかけて、770 万人の生徒が恩恵に与れるよう、奨学金の提供件数を大幅に増やした。識字率、紛争処理、自尊心や、学習スキルなどをテーマにしたワークショップが学校で開催され、約 10 万9,000 世帯の親たちが改革の理念を理解できるようになった。また、幼い頃から少女たちに STEM 分野 [訳注：理系の諸分野（科学 Science、技術 Technology、工学 Engineering、数学 Mathematics）を総称した呼び方] でのキャリアを選ぶことを奨励するために、メンターとなる女性科学者の支援を得て、青少年女子を対象とした啓発戦略が小学校以上を対象に実施された[注20]。そして最後に、非識字率が 6.4％から 4％まで下がったことが挙げられる（2015 年の人口調査で報告された値による）[注21]。

[注 20] この戦略を開始した時点では、男子の 5 人に 1 人という割合とは対照的に、女子は 20 人に 1 人しか STEM 分野での職を選択していなかった（Tuirán 2018）。
[注 21] https://www.proceso.com.mx/561558/la-sep-presume-una-tasa-de-analfabetismo-de-4-en-mexico

05.3.6 −第五の次元─教育制度の新しいガバナンス構造を構築する−

すべてのステークホルダーが万人に開かれた質の高い教育を提供できるようにするために、教育制度のガバナンス構造を変革することが、いくつかの国際機関によって推奨されている（UNESCO 2009; UNDESA, UNDP, UNESCO 2012）。このような変革には、当局が教育システムを管理する方法の再構築が必要である。特に NME は、家庭や市民社会など、教育の改善に深い関心を持つ人々の参加を促進するために、その構造を民主化する必要があることを表明した。このような参加を通じて、公教育が共同の努力と責任に裏付けられ、より高いレベルの自信と正統性

が得られるのである。NME は、この構造改革の中で、説明責任と透明性の文化を確立し強化するために、ガバナンスの変革を必要な要素と考えていたが、十分に展開されておらず、大きな懸案事項の一つとなっている[注22]。

(注22) メキシコの教育制度の管理における問題点や歴史については、Mancera（2018）に詳しい。

05.4 *−21 世紀型スキルの育成−*

メキシコのカリキュラム改革は、破壊的イノベーションとみなすことができる。なぜならば、過去の改革で一般的に用いられてきた規律の論理に基づいて新しいカリキュラムを開発するのではなく、義務教育が、就学前・初等中等の三段階の基礎教育を通して一貫して接続され、さらに生徒が人生の過程で直面するであろう要求に関連するものであることを保証するために改革が着手されたからである。従って、この改革は、Reimers & Chung（2016）の定義に則って、「適応性のある挑戦」[注23] と名付けることができよう。彼らは、「技術的な挑戦」とは対比させる形で、カリキュラム改革を分析する文脈においてこの概念を導入した。彼らによると、このような試みは

　教育の目標を定義するために複数の視点を調整することを必要とする。それは、特に全ての生徒に対して教育を行う意欲という点で、結局のところ、比較的最近の制度的な発明である学校が注目すべき問題や機会についての異なる認識に対応するものなのである。[それは] 学校の実効性を継続的に改善しようとする技術的な挑戦というよりは、教育者や社会が時として相互にゆるく関連したエピソードのような形で取り組む試みなのである。

メキシコのカリキュラム改革では、まず学生が一生の間に直面するであろう要求に対応できるような教育目標に加え、教育が学生の潜在能力の育成と社会の向上にどのように貢献するかについて、憲法の条文をより多くの人々に明確に伝えるために役立つであろう教育目標を定義することから始めたのである。

(注23) Reimers と Chung は、持続的イノベーションと破壊的イノベーションの間の緊張関係に関する Christensen と van Bever（2014）の研究から、これらの概念を導き出した。

05.4.1 *−メキシコの 21 世紀型教育の目標−*

1917 年以来、メキシコ憲法は全人教育を行うことを企図してきた。すなわち、社会経済的背景、民族的出自、性別にかかわらず、すべての青少年に学校へのアクセスを与え、また、彼らが受ける教育が有意義なもので、レリバンスを有し、有用な生涯学習を提供することを、国家の教育目的としてきたのである。つまり、憲法は、教育を社会の存続を確保するための強力な手段とみなしている。第三条では、教育制度は以下に挙げるものを育成すべきとしている。

（中略）人間のあらゆる能力を調和的に育成し、愛国心、人権の尊重、国際的な連帯・独立・正義の意識を育むものとする。

　教育目標の策定には、多くの人が関わり、合意を得るために多くのバージョンを作成するなど、手間のかかる複雑な作業となった。義務教育の15学年を対象に国家目標を設定するこの試みは、史上初の試みであるだけでなく、新たな目標を明確に設定することで教育課程を修正しようとするものであった。それは、生徒が一生の間に直面するであろう要求に教育を関連させようとするものであるが故に、適応的な挑戦だったのである。

　この取り組みの重要な側面は、最終的に『21世紀型教育の目標』（SEP 2017a）と題された、短くて「友好的な」文書を生み出したことであった。この文書は2ページの構成になっている。1ページ目では、21世紀に民主主義社会として繁栄するために、メキシコがどのような市民を必要としているかという問題を検討している。2ページ目では、4列掛ける11行からなる複式記入表（図5.1参照）を用いて、そのような市民になるために生徒が学校教育の中で身につけなければならないスキルを紹介している。四つの列には、義務教育の四つのレベル（K-12）である、就学前、初等教育、中等教育、高等教育のいずれかが表示されている。各行の方には、21世紀を豊かに生き抜くために必要と考えられる11の能力が記されており、それは以下のようなものである。（1）言語とコミュニケーション、（2）数学的思考、（3）自然界・社会的世界の理解、（4）批判的思考と問題解決、（5）社会情動的能力と人生をかけたプロジェクト、（6）チームワークと協働、（7）市民性と社会生活、（8）創造性と芸術鑑賞、（9）ヘルスケア、（10）環境への配慮、（11）デジタル能力、である。これらのコンピテンスは、さまざまな著者や組織がこれまでに行ってきた、それらを認知的、個人間、個人内というカテゴリーに分類する研究と一致している（Hilton & Pellegrino 2012）。この表は複式記入であるため、二つの方法で読むことができる。縦方向では、各列が、各学校レベルを卒業する際に期待される学力状況を示している。水平方向では、各行が、メキシコの義務教育を構成する15の学年を通して、各コンピテンスを育成するための生徒の段階的な発展の様子を示しているのである。

　この文書は、学生や教育の専門家がより公正で、より公平で、より発展した社会を構築するための複雑な旅路を導くための海図なのである。この文書は、そこへ向け国が国民を発展させるべき理想の姿であると同時に、一人ひとりが進むべき道でもある。カリキュラムの改革には、少なくとも二つの重要な目的があった。第一に、現在、そして未来の学校に期待されることを社会に伝えることが挙げられる。それは21世紀の目標を達成するために、生徒、教師、家族が辿るべき光を発する灯台なのである。第二に、カリキュラムの設計に携わる専門家に明確な方向性を示したことが挙げられる。このリーフレットは、教師や校長に幅広く配布されたが、より分かりやすいように、学校用のポスターや、生徒や家族用の小冊子も作られた[注24]。これらは、一般的に教育改革が何を求めているかを伝えるために、何百万人もの間に配布されることとなった。

『21 世紀型教育の目標』は、2016 年度のパブリックコメントにかけられ、2017 年に最終版が発表されることとなった（SEP 2017a）。2016 年のパブリックコメントの結果によると、『目標』は主に肯定的なフィードバックを得て、一般的に「野心的な」目標と評されたが、そこでは二つの対照的な視点があった（Heredia & Razo 2018）。最も肯定的で優勢な見方は、それらの目標がインスピレーションを与え、メキシコの教育政策を導いていくことができると考えていた。一方、否定的であまり広まっていない見方では、「多くの学校で見られる制約や好ましくない環境への配慮が不十分」であるため、それらの目標はむしろ非現実的で簡単には達成できないものだと考えられていた。

（注 24）以下のリンクからダウンロードできる（https://www.aprendizajesclave.sep.gob.mx/index-multimedia-carteles-listado.html ）。

05.4.2 ─新しいナショナル・カリキュラム（就学前から 9 年生対象）─

メキシコの義務教育は、就学前から高校までの 15 学年で構成されているが、ナショナル・カリキュラムには、基礎教育と呼ばれる、就学前（3 年）、初等（6 年）、前期中等（3 年）の 12 学年のみが含まれている。したがって、本項では、『全人教育のための重要な学習』と題された、就学前から 9 年生までを対象とするナショナル・カリキュラム（SEP 2017b）のみを分析する。このカリキュラムは、全国の公立・私立を問わず、すべての学校である 233,163 校で適用され、義務づけられている。法律（注 25）に基づき、教育省はこれら 12 学年の公的なシラバスを定義することに責任を負う唯一の機関である。

どの国でも、いかなる内容をすべての生徒が学ばなければならないのかということは、常に議論の対象となっている。似たような質問が立ち現れ、それにはいくつもの回答が可能なのである。例えば、学校では何を学ぶべきか？何が基本で、何が余計な内容なのか。さらに、何がカリキュラム上の優先事項なのか、それは何のために、また誰のために優先事項なのか？メキシコには、こうした問題に関する長い議論の伝統があり、ある程度のコンセンサスが得られてきた。カリキュラム開発は、各シラバスに含まれるべき内容を選択し、制限するための基準を考案しなければならない複雑なプロセスであるため、今回の改革はこのような論争を再び呼び起こすこととなったのである。また、そうしたプロセスは教室や学校の内外での学習機会の創出を可能にするような戦略を練り上げることでもあった。

今回の改革では、それらの機会は『21 世紀型教育の目標』で示されたビジョンを達成するために、用いられたのである。そのため、カリキュラム開発の初期段階において、ある主要な課題に取り組まなければならなかった。他の多くの国と同様に、メキシコのカリキュラムは内容が過多で、ほとんどのトピックが表面的にしかカバーされていなかったのである。これでは、メキシコの『21 世紀型教育の目標』に盛り込まれている高次の思考スキルをはじめ、批判的・創造的思考を身につけるための学習機会が不足してしまうのである。深い学びを実現するためには、各学年

スキル	就学前教育修了時、5歳で以下のことができる	初等教育修了時、11歳で以下のことができる	前期中等教育修了時、15歳で以下のことができる	高等学校修了時、18歳で以下のことができる
言語とコミュニケーション	気持ち・好み・アイディアを母語(スペイン語であれ先住民の言語であれ)で表現する。他者と関わるために言語を用いる。いくつかの英語のフレーズを理解する。	感情・出来事・アイディアを母語(スペイン語であれ先住民の言語であれ)で会話・書き言葉の両方で伝える。先住民言語の話者であったら、スペイン語でも会話・書き言葉の両方で伝えることができる。すぐに必要なもの・過去の出来事・それらの文脈について英語で説明する。	複数の目的のために、異なる文脈で、敬意を表したり自信を示したりしつつ、スペイン語で効果的にコミュニケーションする。先住民言語の母語話者であっても同様である。英語で経験・出来事・願い・願望・意見・計画を説明する。	スペイン語で口語・文語の両方において明瞭に表現する。文章や会話における重要な考えを同定し、それらから結論を引き出せる。情報を集め、それを解釈する。効果的に議論を行う。英語で流暢に、かつ自然にコミュニケーションする。
数学的思考	少なくとも20まで数える。算数の問題を推論により解き、平面や立体の幾何学的な形を用いて構造を組み立て、基本的な情報をまとめる(例えば、表などを用いて)。	さまざまな数学的問題を解き、それらを多様な文脈に適用するための、概念や手続きを理解する。数学に対して好意的な態度を有する。	より複雑な問題を解くため、数学的な概念や技法についての自らの知識を前進させる。シナリオを予測し、状況を分析し、また数学的思考の価値を評価する。	数学的推論を用いることを要求する、現実の、あるいは仮定や定型の状況を構築し、解釈する。様々な方法を用いて問題を考え解く。数字・図・分析的手法を用いて問題に対する解法を論じる。
自然界・社会的世界の理解	好奇心と驚きを示す。身の回りの環境を探求し、質問を投げかけ、簡単なデータを記録し、基本的な表象をデザインし、世界についての知識を広げる。	疑問に答えようと好奇心や関心をかき立てる自然・社会現象を認識する。研究・分析・実験を通してそのような現象を調べる。モデルや表象の基本的な特徴を知っている(例えば、地図・年表・図を用いたまとめなど)。	様々な自然・社会現象を同定し、それらについて読み、異なる情報源から情報を集め、科学的手法により調査し、増大する複雑性について質問を投げかり、分析し、実験を行う。発見について体系化し、質問への答えを探し、現象を抽象化するためモデルを用いる。自然・社会科学の関連性を理解する。	情報を集め、記録し、体系化し、関連するソースを分析し、重要な分析や調査を実施する。科学・技術・社会・環境が特定の歴史・社会的文脈において関連していることを理解する。問題を同定し、科学的な質問を立て、それに答えるために必要な仮説を構築する。
批判的思考と問題解決	アイディアを組み立て、遊び・学びやその文脈について、さらに知るための活動を提案する。簡単な問題を解き、その推論を説明する。	多様な戦略(観察・分析・熟考・計画)を適用し問題を解く。その問題に対し提案された解決法を支持する証拠を集める。そうした思考のプロセスを説明する。	問題を解くために質問を投げかける。その答えを支持するため、情報を集め、分析を行い、結論について論じる。ログや図によるまとめ(例えば表やメンタルマップ)を用いて、思考のプロセスを表現し、その価値を評価する。	科学的な手法、論理的・数学的思考の助けを借りて、多様な現象を分析し、批判的に問う。主張を提示し、目標を評価し、問題を解き、結論を洗練・正当化し、イノベーションを可能にする。変化する状況に適応する。
社会情動的能力と人生をかけたプロジェクト	自らの個人的な特徴を捉え、他者のそれをも認識する。一人による、あるいは集団での遊び、学ぶためのアイディアを表現する自律性を示す。目標を達成したときの満足感を経験する。	注意を払うことができる。自らの気持ちを律するための自らの強さを捉え、それを用いる。他者と遊び、学び、共感を培い、交流するため平常心でいられる。短期的・中期的プロジェクトを設計し、実施する(例えば、自らの成績を改善したり、趣味を練習したりすることなど)。	自らのウェルビーイングと他者のそれに対し、思いやりを通し責任を負う。短期・中期・長期的にウェルビーイングを獲得するための行動をとる(例えば、運動など)。困難をチャンスへと転換する。個人的な計画を立てるための「ライフ・プロジェクト」の役割を理解する。	自覚的で、決意を持っており、立ち直りが早い。自らを律し、健康的な人間関係を得る。効果的に行動することができ、助けが必要なときを認識することができる。選択肢やリソースを最大限に活用する。目標を設定し、それに基づきライフ・プロジェクトを構築できる。現在のために、ならびに新しい機会を生み出すのに役立つ決定を行う。将来のリスクに対処する準備をする。

表 5.1 21 世紀型教育の目標 (次ページへ続く)

チームワークと協働	関心と熱意をもって、個人的、集団活動のいずれにも参加する。	協働する。自らの強みを自覚し、他者のそれをも認識し評価する。	協働に際して、様々なスキルやビジョンを認識し、尊重し、評価する。主体性を持ち、起業家精神を持ち、個人的・グループでのプロジェクトのいずれをも完遂する。	建設的にチームで活動し、責任感があり自らを動かすようなリーダーシップを発揮する。問題を解決するため代替案を提示する。建設的なアプローチを支援する。
市民性と社会生活	自らの家族・伝統、他者のそれについて話す。家庭・学校の両方における基本的な社会規範を知っている。	一人の個人としてのアイデンティティを確立する。市民的な権利と義務を知り、尊重し、行使する。対話を好む。調和的な社会環境に貢献し、暴力や差別はいかなるものでも拒絶する。	メキシコ人としてのアイデンティティやメキシコへの愛を育む。国の個人的、社会的、文化的、民族・言語における多様性を認識する。メキシコの世界での役割を把握する。社会的責任と共に行動し、人権や法律を尊重する。	民主的な空間において多様性が発生することを認識し、全ての人々に包摂性と平等な権利を与える。ローカル、ナショナル、そして国際的な出来事の間での関係を理解する。異文化間理解の価値を認め、それを実践する。制度の価値や法による支配の重要性を評価する。
創造性と芸術鑑賞	芸術的に自らを表現する（例えば、ダンスや演劇、ビジュアルアーツなどを通し）、創造性や想像力を育む。	様々な芸術の形式を探求し、経験する。音楽・ダンス・演劇・ビジュアルアーツを通し、創造的に表現する。	異なる芸術の形式を分析し、評価し、実践する。自らの文化的な権利を同定し、行使する（例えば、慣習や伝統を守る権利など）。芸術（中でも、音楽・ダンス・演劇）を通し自らを表現する創造性を発揮する。	文化的な表現の多様性を評価する。コミュニケーション手段として芸術の価値を認め、経験する。というのも、芸術はアイデンティティを与え、人間の十全たる発展に寄与するためである。
ヘルスケア	自らの身体的特徴を同定し、他者のそれをも認める。ゲームを通し身体を用いた活動に関わり、それが健康に良いことを知る。	自らの体に自覚的である。身体能力を創造的に用いることで困難を克服する。衛生や栄養について情報に基づいた決定を行う。身体を用いた活動やゲームに参加し、健康的で非暴力的な社会生活を絶えず維持する。	身体的スキルを用い、遊びやスポーツで遭遇する異なる状況に応じて対応する。日々体を手入れし、健康的に食べ、身体的な活動を行うことによる利得を発見することで予防的なアプローチを取る。	心身の健康を保つ責任を負う。リスクのある行動や実践を避ける。活動的で健康的なライフスタイルを好む。
環境への配慮	環境に良い習慣（例えば、ゴミの分別など）を知り、実践する。	環境を思いやることの重要性を認識する。ローカル、グローバル両方における問題、実施可能な解決法（例えば、電気を消す、水を無駄にしないなど）を同定する。	環境への思いやりを積極的に促進する。エコシステムに関わる問題ならびに、責任をもって、かつ合理的に天然資源を用いるような解決策を同定する。環境に対し持続的な活動（例えば、リサイクルなど）を適用するよう努力する。	サステナビリティの重要性を理解し、持続的な解決策を生み出すための積極的な態度を身につける。グローバルに考え、ローカルな実践を行う。イノベーションや科学的発展の社会的・環境的な影響を評価する。
デジタル能力	利用可能なデジタルツールの基本的な使用法を知る。	様々なツールや技術的な発展を同定することで、それを用いて情報を得て、コミュニケーション、創造、実践をし、学び、遊ぶ。	それらが置かれている文脈において技術的なリソースを比較し、選択し、様々な目的のために、倫理的で責任のあるやり方で、それらを用いる。様々なコミュニケーションの形式を学び、情報を集め、選択、分析、評価、区別し、組織化を図る。	調査、問題の解決、素材を生み出し、アイディアを表現するために、情報伝達技術を、倫理的に責任をもって用いる。アイディアやイノベーションを生み出すためこうした技術を最大限に活用する。

表 5.1 21 世紀型教育の目標
出典：教育省（2017b）、https://www.planyprogramasdestudio.sep.gob.mx/index-english-skills-keylearnings.html

教育が真に重要であるということ―メキシコの全人教育のための教育改革からの教訓

で扱う内容を限定するなど、いくつかの困難を克服する必要があった。これまでのカリキュラムの改訂や更新の過程で生じてきたカリキュラム内容の堆積というものを乗り越えることが不可欠だったのである。また、カリキュラムのレリバンスを確保するためには、主に専門分野内部に固有の論理と伝統的な知識の構成に特権を与えるような姿勢を超克し、様々な異なる視点で補完することが必要だった。そのような異なる視点の例として、「状況化された知識（situated knowledge）」というものが挙げられる。これは、文脈、個人的な経験や視点というものを教育プロセスに導入することで、学生が文脈の状況から意味を生み出し、日常生活におけるリアルな活動に積極的に関わり、より現実的な問題に対処できるようにすることを目的としている。さらに、そこには教育学上の配慮もあった。例えば、多くのトピックを取り上げるために、高次の思考スキルを身につけるなどの本質的なことを減らすのではなく、重要な学習内容に教育というものを集中させるということである。加えて、学校コミュニティが全人教育に注意を払い、生徒の学習パフォーマンスを妨げる可能性のある他の社会的要求を回避することも重要である。

　ナショナル・カリキュラムに選ばれた内容は、教師や教育研究者からなる約100人の学際的な専門家チームの作業の結果である。これは、望ましいものと実現可能なものとの間の対話から生まれた文書なのだ。そこでは子どもや青少年の学習方法に関する最新の教育研究や、最良の教育方法が考慮されている。この文書では、「キー・ラーニング」はコンピテンスの同義語とされているが、それは「生徒の総合的な成長に大きく貢献する知識、実践、能力、態度、根本的な価値」と定義されている（SEP 2017b）。キー・ラーニングやコンピテンスは、学校教育を通じて具体的に育成されるべきものであり、「もしそれらが十分に育成されなければ、生徒は他の文脈での生活の重要な側面に影響を与えてしまうような深刻な制限を抱えたまま義務教育を終えることになるだろう」。そこでの前提は、これらのコンピテンスがないと、学生が人生の過程で直面する要求を満たすことができないため、学生の市民としてのスキルの範囲が制限されてしまう、つまり、教育がレリバンスを持ち得ないということである。一方、ナショナル・カリキュラムに記載されているように学校でのキー・ラーニングが適切に行われていれば、生徒たちは、具体的な目標を定め、個人的な決断をした結果−これはまさにライフ・プロジェクトの実行といえるものであるが−、将来どうなりたいのか、何をするのかという計画を立てることができるようになる。それにより、社会的排除のリスクを減らすことができるのである。メキシコの基礎教育カリキュラムは、この「キー・ラーニング」の定義に基づき、21世紀の社会を最大限に活用でき、自由で責任感があり、十分な情報を持った市民の育成を目指している。このカリキュラムは、子どもに全人教育を施すことを目的としており、そのため、図5.2に示すように三つの要素で構成されている。それらは（1）学問的知識、（2）社会性と人間性の育成、（3）カリキュラムの自律性、である。

　このようなカリキュラムの構成も、その新しさの一つである。これは、教師や他の読者が使いやすいように、意図的に単純化して体系化したものなのである。シラバスの構成には、「修了内容表」と呼ばれる複式記入表が使用されている。このよ

うな表は、二層からなる「カリキュラムのカテゴリー」を使って構成されており、就学前から9年生までの間に難易度が段階的に上がる学習成果（またはキー・ラーニング）の漸進性を明らかにすることが目的とされている。

　例えば、言語のシラバス（SEP 2017b）から引用したこの例では、図5.3に修了内容表の1行が示されている。表の1列目は第一層のカリキュラムの構成要素である「スタディ・スキル」^{（注26）}に対応し、2列目は第二層の「口頭での発表、および人前でのスピーチ」（スタディ・スキルに関連する五つの社会的実践の一つ）^{（注27）}に対応している。学習成果は右側の各列に記入され、その難易度は就学前から中等教育にかけて上昇していく。各学習成果の形式は、三人称単数形の動作動詞を用いた短い文で表される。この形式により、各学習成果は「測定可能」なものとなっている。つまり、生徒がそれを達成したかどうかを観察（または証明）することができるのである。教師は、各生徒のニーズに合わせて指導することができ、各行内で簡単に「前後に」移動することで、包摂を促進することも可能である。

(注25) 2013年教育法の第十二条、および四十八条を参照（http://www.diputados.gob.mx/LeyesBiblio/ pdf/137_190118. pdf）。
(注26) 言語のカリキュラムには、スタディ・スキルの他に、二つの第一層に属する構成要素が含まれており、それらは文学的スキルと社会的交流スキルである。
(注27) スタディ・スキルに関連する他の四つの社会的実践は、読む能力、読解能力、メモを取り要約する力、そして書く力である。

05.4.2-1　学問的知識

　カリキュラムの最初の構成要素は「学問的な知識」である。それは、生徒の認知的なコンピテンス、並びに「学び方を学ぶ」能力、そして知的好奇心・チームワーク・協働などを含む個人間・個人内スキルの向上を目的とするものである。学問的知識は三つの分野で組織された科目群を含んでいるが、その三つとは「言語とコミュニケーション」、「数学的思考」、「自然界と社会的世界の探求と理解」である。

言語とコミュニケーション　この分野には三つの科目がある。第一に、学生の母語における言語教育であり、それはスペイン語や、あるいは60以上の先住民族の言語のうちの一つでもありうる。第二に、先住民族の言語話者にとっての、第二言語としてのスペイン語である。そして最後に、外国語としての英語である^{（注28）}。スペイン語教育の場合、この科目は三つのコンピテンシー分野（第一層のカリキュラムの構成要素）で構成されており、それはさらに言語の社会的実践（第二層のカリキュラムの構成要素）から成るものである。この三つの分野は以下に挙げられる。

スタディ・スキル：この分野での生徒の作業は、学業成績を上げるための準備を主な目的として、学習のための言語使用を習得することを企図している。
文学的スキル：この分野に含まれる言語の社会的実践は、生徒が言語の創造的意図を理解し、文化的な視野を広げることに貢献するものである。
社会的交流スキル：この分野に含まれる社会的実践は、責任感のある思慮深い市民

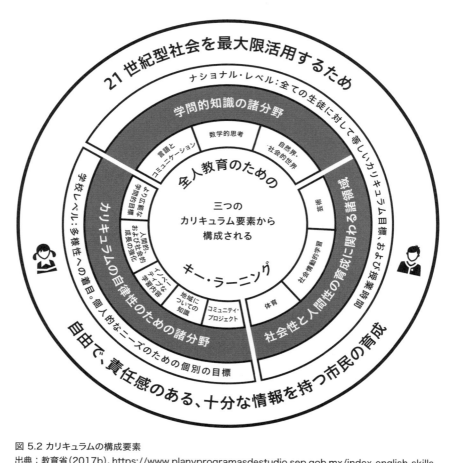

図 5.2 カリキュラムの構成要素
出典：教育省（2017b）、https://www.planyprogramasdestudio.sep.gob.mx/index-english-skills-keylearnings.html

領域	社会的実践	就学前	初等			前期中等		
			第1・2学年	第3・4学年	第5・6学年	第7学年	第8学年	第9学年
スタディ・スキル	口頭での発表、および人前でのスピーチ	ノンフィクションの文章の特徴を声に出して言える。	生徒自らが作ったポスターを用いて、あるトピックについてのプレゼンテーションをクラスで発表する。	自分の街の物理的な特徴や歴史的な出来事についてのプレゼンテーションをクラスで発表する。	自分で集めた科学的事実、発見、実験結果についてプレゼンテーションを人前で発表する。	自ら選択したトピックについて講義を行う。	ラウンドテーブル形式の発表に参加する。	聴衆のいるディベートに参加する。

図 5.3 修了内容表の例
出典：教育省（2017b）、https://www.planyprogramasdestudio.sep.gob.mx/index-english-skills-keylearnings.html のうち、スペイン語の「言語」のシラバスから引用したものである。なお、元の表に対し著者が調整を施し、英訳を行なっている。

を育成することを目的としており、基本的なスキル（書類の記入など）の習得から、新聞、テレビ、ラジオ、インターネットで発信される情報に対する批判的・分析的な態度の育成までを行う。

数学的思考　この分野唯一の科目は数学であり、そのカリキュラムの構成要素は、数・代数・変化、形・空間・測定、そしてデータ分析・確率である。

自然界と社会的世界の探求と理解　この分野には６つの科目がある。自然科学・技術（生物、物理、化学）、歴史、地理、公民の６科目である。この分野では、分析的思考力と研究能力を身につけることが目指されている。

（注28）英語教育の水準を高めることは、この改革の優先事項であった。そこで、ヨーロッパ言語共通参照枠の基準に合わせるべく、ケンブリッジ英語検定の監修の下、英語科目の10学年分（就学前３年次から９年生まで）のシラバスが作成された。

05.4.2-2　社会性と人間性の育成

　カリキュラムの２番目の要素は、特に「生きることを学ぶ」ことや「共に生きることを学ぶ」ということに関連したスキルの育成を通じて、全人教育に貢献するものである。このカリキュラムには、発達についての三つの分野が含まれている。芸術、社会情動的学習（SEL: Socio-Emotional Learning）、体育の三つである。SELの導入は、このカリキュラムの最も斬新で重要な特徴の一つである。このカリキュラムでは、12学年すべてにおいて、生徒が自分の感情を認識し、管理することを学ぶための特別な授業時間が割り当てられている。このカリキュラムでは、自分の感情を認識し、コントロールすることは、教えたり学んだりすることができると考えられているのである。それらはもはや個人の特長とは考えられず、カリキュラムにおいては学校が感情面で健康な個人を育む役割を担うことが強調されている。SELシラバスは、就学前教育（３歳）から前期中等教育修了時（15歳）までに身につけるべき五つの要素で構成されている。これらの次元は、自己認識、自己管理、自律性、共感、協働となっている。前者三つの性質は個人内のものであり、後者二つの性質は個人間関係に関するものである。五つの次元は、以下のようにそれぞれ五つの感情スキルに対応している。

自己認識：注意力、情動面での意識、自尊心、健やかさ・幸福度（well-being）、
　　　　　感謝
自己管理：メタ認知、感情表現、感情の管理、グリット［訳注：心理学者アンジェラ・ダックワースにより世間に広められた概念であり、物事を投げ出さず情熱をもってやり続ける特質を指す］、自己動機付け
自律性：　自発性、情動面でのニーズを絞り込むこと、自己効用感、寛容性とリーダーシップ、意思決定と注力すること
共感：　　他者を尊重すること、異なる視点を持つこと、偏見を見抜くこと、多様性を認めること、思いやり
協働：　　自他を尊重するコミュニケーション、責任感、包摂、いざこざの解決、相互に頼ること

芸術、社会情動的学習、体育は、認知能力の開発を必要とするが、カリキュラムでは、これらを「教科」とはみなさないことを強調している。ソフトスキルの向上を目的としていることから、それらの分野は「発達に関する領域」と呼ばれ、教育的アプローチや評価方法も学問的な教科とは異なるものが推奨されている。この例のような注意書きは、子どもに全人教育を行おうとするときに教師が直面する問題点を浮き彫りにするという意味で重要なものである。この例では、従来、学問的な教科の指導や評価のために開発されてきた方法論を、ソフトスキルの育成のために用いることの難しさを警告するものなのである。しかし、このカリキュラムは、学習成果を定義するだけでなく、教師が育成すべき新しいスキルを明示しているため、このような課題を指摘すれば、初期研修や現職研修のための青写真としても解釈可能である。そうしたことを、公的な専門的能力開発プログラムへの参加や、個人的な学習、あるいは学校を基盤としたピアグループなど、どのような方法で行うかは、教師自身の特定のニーズとそうした専門的な能力開発の機会の有無によるだろう。

05.4.3 −カリキュラムの自律性−

三つ目のカリキュラム構成要素は、「カリキュラムの自律性」と呼ばれるもので、革新的かつ柔軟なものである。それは個々の興味に応じて新しいテーマを学んだり、知識を深めたり、新しいスキルを身につけたり、欠点や困難を克服したり、アイデンティティや帰属意識を強化したりする機会を生徒に提供するという点で、斬新なのである。また、それはすべての生徒の個人的な教育ニーズや関心を満たそうとするものであり、包摂的教育の原則に基づいている。前項で示した二つの構成要素の内容は、教育省によって定義され、国レベルで規定されている（例えば、すべての生徒は、年間で同数の授業時間の指導を受けなければならず、また同じカリキュラム目標を達成しなければならない）が、「カリキュラムの自律性」の内容は、学校レベルで定義されるべきものなのである。新しい規定では、学校は「クラブ」と呼ばれる教育課程の内容を5つの領域において開発することができる。その領域とは、（1）学問的な指導の拡大、（2）人間的および社会的な成長の強化、（3）新しい関連性のある内容、（4）地域についての知識、（5）社会的インパクトのあるプロジェクト、である。

学校では、異年齢からなるクラブを作ることが奨励されており、学校内での交流や共生の新しいやり方を生み出している。また、コーディング、ロボット工学、金融、起業など、革新的な内容を導入する機会を学校に提供し、教師が新しい方法論を試し、教育実践を刷新することを可能にするのである。同様に、学校は自分たちの強みと弱みを分析し、改善計画を立てることができる。この要素に割かれる時間数は、その学校の1日の授業時間の長さにより、学校ごとに異なっている。ほとんどの学校では、授業時間の20%がクラブ活動に充てられているが、1日の授業時間が長い（最大8時間）学校では、余った時間をすべてクラブ活動に充てなければならず、他の二つの要素のために公式に指定されている時間の2倍にもなること

しばしばである。

学校がこの要素を完全に実施できるようにするために、カリキュラムでは、学校が市民社会や大学などの組織と価値ある提携関係を築くことが推奨されていた。

> 自律性を獲得することで、学校は教育問題を専門とする公的・私的機関に働きかけ、教育の遅れを克服して、より早く目標を達成するための味方になってもらうことができる。[（中略）このような協力関係は]、学校コミュニティのメンバーの社会的・文化的資本を増加させるだろう。社会的・文化的資本が大きければ大きいほど、学校が学習を促進する組織に自らを変革する能力が高まるのである（注29）(SEP 2017b, p.39)。

カリキュラムの自律性は、学校に成長の機会を与える革新的なものであり、能力のある官庁がその責任を学校に転嫁したり、義務を放棄したりするものと解釈してはならない。それどころか、そうした官庁に対し、学校がカリキュラムの自律性を十分に発揮できるように、学校を支援し、資源を提供することを義務づけるものなのである。つまり、外部からでは不可能な、学校内部の根幹からの変革を実現するものなのである（Granados 2018b）。

（注29）このカリキュラムでは、市民社会組織、研究者個人や大学などの教育に関心のある人々が学校の変革に貢献できる方法のひとつとして、こうした連携を推進している。そうした人々のイニシアティブや研究などの活動が学校の成長、強化をいかにして助ければいいのか考えることにつながるとされているのである。教育省は、これらの提携関係を導き、コントロールするための具体的なガイドラインを出している（https://www.planyprogramasdestudio.sep.gob.mx/descargables/doctos/dof/DOF_lineamientos-de-autonomia.pdf）。

05.4.4 –カリキュラムの教育原理–

メキシコでは、小学校以降の段階では講義が最も一般的な教育方法であると言われている。伝統的に、学校教育のほとんどの期間、生徒たちは教師の話を聞いている（あるいは聞いているふりをしている）だけで、調べたり、考えたり、質問をしたり、他の生徒とやり取りしたりする機会はほとんどなく、したがって、21世紀型のスキルを身につけることができる機会はほとんど存在しないのである。そのため、新しいカリキュラムでは、従来のカリキュラムとは異なり、よりインタラクティブな教育的アプローチを基本としている。このカリキュラムでは、14の教育原理に基づいて、教師が新しいスキルを身につけ、また徐々に新しい実践方法を指導に取り入れることが重要だとしている。その原理について、以下に列挙する。（1）教育プロセスを、生徒とその学習に焦点化する、（2）生徒の予備知識を学習活動に取り入れる、（3）生徒の学習に足場かけを行う、（4）生徒の興味を知り、それを学習活動に織り込む、（5）生徒の学習への内発的動機を刺激する、（6）知識の社会的性質を認識し、生徒の対話と相互作用の重要性を認識する、（7）真正的な活動を教育プロセスに取り入れることで、状況化された学習を促進する、（8）授業計画と学習評価を相互に関連した二つのプロセスとして可視化する、（9）生徒に学習の模範を示す、（10）生徒のノンフォーマルで、自己主導的な学習を大切にする、（11）教授と学習への学際的なアプローチを重視する、（12）学習文化を醸

成する、（13）知識と学習の源として多様性を大切にする、（14）学習を促進する手段として教室での規律を用いる。

　新しいカリキュラムでは、教育の変革に必要な条件として、これらの教育原理を教室で徐々に、しかし継続的に適用していくことを考えていたのだが、同時に、変化は一夜にして起こらないことも認識されていた。そのため、この変革は中期的な目標として設定され、それが完全に実現されるまでには数年を要すると考えられていたのである。生徒の学習成果を向上させるためには、教師の教育学的な進化が必要であり、その結果、改革で定義された21世紀型の目標が徹底的に達成されるようになるのである。

05.5 −カリキュラム改革の実施−

　新しいカリキュラムは、その形式、あるいは内容においても革新的なものであったが、他のカリキュラムと同様、その実施を完遂するという点が大きな課題であった。効果的な現職研修コースを提供し、変化を促すインセンティブを与えたとしても、すべての教師と学校の間で歩み寄りを実現することは、かなりの困難を伴うものであったのである。このカリキュラムは、教育実践の変革に大きく依存しているが、Webster et al.（2012）が注意を促しているように、教職の変革は「あたかも教師が一枚岩の専門家であり、全員が同じ反応をするような」ものと理解してはならない。このカリキュラムを実施するためには、Reimers（2017）が言うところの「効率を高める変化」が必要であったのである。というのも、それは「どのコンピテンシーが重要なのかについての見解に関して内省するような指導の変化をもたらすが、それを達成するための目標や教育実践のいずれについても広範な合意はもたらさない」ためである。逆説的ではあるが、このような形の教育改革では、カリキュラムの実施が成功するために必要な条件について、それを研究する人（例えば、理論家や研究者など）よりも、実践者（例えば、実施の作業を主導する人々）の方がよく知っているかもしれないと彼は主張している。それこそ、彼が「公的な知と私的な知のミスマッチ」と呼ぶものである。

　このカリキュラムでは、「21世紀型の目標を達成するための手段」と呼ばれる特定の条件の有無によって、カリキュラムの適切な管理と実施が有利になったり不利になったりすることが強調されている。これらの条件の中には、学校レベルで推進すべきものもあれば、連邦および地方レベルの両方での教育当局の実施に依存するものもある。実施を実現するために学校が取り組むべき最も優れた手段は以下の通りである。（1）ケアの倫理を学校内のすべての社会的関係の統制原理とすること、（2）先に紹介した14の教育原則を教育実践に組み込むこと、（3）家族との絆を深めて学習を共同で促進し、自ら学習し、かつ学習を促進する組織へと進化すること[注30]、である。一方、当局の介入に依存するような手段として以下のものが挙げられる。（1）関連する現職研修の機会を提供する[注31]、（2）優れた初期研修の選択肢を確保する、（3）学校にカリキュラムの柔軟性を与える（カリキュラム

の自律性を適用すると同時に、必要に応じてカリキュラム自体を適応させる）、（4）学校に対する良質な技術支援サービスを行う、（5）新任教師にメンタリングを提供する、（6）生徒の学習成果を向上させるための資金を学校に交付する、（7）良質な教材を配布する、（8）学校のインフラと設備を定期的に更新する、などである。

　学校でのカリキュラムの実施を支援するとともに、改革の公平性と包摂性の原則を尊重するために、新しい世代の教材が教育省によって開発または取得された。こうして、2018 年 8 月には、1492 の新しいタイトルをもつ 2 億冊以上の無料の教材が、公立および私立の学校に配布された（Granados 2018a）。この出版の試みには、大きな文字や点字を使ったシステムなどのさまざまなフォーマットが含まれ、テレセクンダリア（注 32）の生徒のための新しい教科書、外国語としての英語教育のための教科書、そして 22 の先住民族の言語での教科書なども作成された。

（注 30）新しいナショナル・カリキュラムによると、学校が学習する組織になるためには、以下のことをする必要があるとされている。学習文化を重視し、学校時間を最適に使い、校長のリーダーシップを強化し、より良い技術支援を受け、学校の教育指導委員会により多くの自律性を認め、保護者会の機能を向上させ、市民社会などとの価値ある連携を確立し、学校の教育指導委員会が使える連邦政府や地方自治体の資金をより多く受け取り、さらにサマースクールを運営すること（SEP 2017b）。
（注 31）SPD では、現職研修で取り組むべき五つの次元が紹介されている。D1：生徒のことを知り、彼らがどのように学び、何を学ぶべきかを知っている教師、D2：クラスでの活動を組織・評価し、適切な教育的介入を行う教師、D3：自分自身を専門家とみなし、生徒の学習をサポートするために継続的に成長する教師、D4：生徒のために、教職の法的責任と倫理を守る教師、D5：学校が効果的に機能するよう積極的に参加し、すべての生徒が無事に学校生活を終えることができるように、学校コミュニティや家族との絆を深める教師（SEP 2017b）。
（注 32）テレセクンダリア（Telesecundaria）は、メキシコ政府が作成した中等教育のための遠隔教育プログラムのシステムで、国内の農村地域をはじめ、中米、南米、カナダ、米国でも衛星を使って利用可能である。詳細は以下を参照（https://en.wikipedia.org/wiki/Telesecundaria）。

05.5.1 –NME 実行プラン–

　NME が公表された 2017 年 3 月、教育省は同時に『新しい教育モデル実行プラン（スペイン語では Ruta para la implantación del Nuevo Modelo Educativo）』と呼ばれる改革実施のための青写真を発表した。この文書は、メキシコの教育改革としては初めての類のもので、NME の目標達成のために短期・中期的に実行すべき包括的な政策が記されている（SEP 2017d）。このような政策は優先事項とされたが、それは NME の五つの次元を定着させ、2012 年から 2018 年の連邦政権以降もそれを継続させるために不可欠、あるいは戦略上重要であると考えられた程であった。この文書では、それらの政策に関わるステークホルダー、規模、組織などの点が大きく異なるため、そうした政策群は基礎教育と後期中等教育の二つのセクションに分けられている。いずれの場合も、それぞれの政策、その目的と関連性、そして政策を実施するために特定の教育省の官僚やその他の関係者が進めるべき主な活動を定義している。また、各政策について、会計年度または学校年度ごとの具体的な目標と成功指標も適宜記載されている。

　この文書が発表されたのは 2017 年初頭であったため、2017 年の予算予測に基づいて 2018 年の会計年度（政権最後の年度）の目標が定義されており、それらの達成はその年度に議会で承認されたリソースがどの程度利用できるかに依存する、ということについて注意を促している。しかし、「現在の緊縮財政の状況下で

は、連邦政府は、野心的でありながらも予算的に実行可能な目標を設定せざるを得ない」ということを強調している。また、この文書には、改革によって導入されたさまざまな政策と、修正や新規作成が必要ないくつかの規則についてのスケジュールを記した附則が含まれている。さらにこの文書の序章においては、地方の教育当局、校長、教師が理解し、受け入れることができるように、NME を広く知らしめることの重要性が強調されている。その文書では社会において広く共有されるコンセンサスの必要性を訴えているのである。

NME の実施が成功するか否かは、学校コミュニティが新しい教育原理や学校運営のルールを理解して受け入れるかどうか、さらに、地方自治体がこれらのコミュニティに提供するサポートというものに大きく依存するのである（SEP 2017d）。

05.5.2 −実施の各段階−

この改革は 2012 年 12 月に始まり、政権が任期を全うする 2018 年 11 月まで続いた。それは以下のような、主としてカリキュラムとその実施に関連する様々なマイルストーンを伴うものであった。

幼稚園から 9 年生までを対象とするナショナル・カリキュラムを実施するプロセスは、2017 年 3 月に三つの重要な改革に関わる文書が発表されたことで開始さ

2012 年 12 月：	大統領は教育改革の開始を正式に発表し、三つの教育法案を議会に送付。
2013 年 3 月–9 月：	質の高い教育を提供するための国の責任と、教師の評価制度を盛り込むための憲法改正の立法手続きと、三つの新しい教育法規の制定。
2014 年 1 月– 6 月：	カリキュラム（基礎教育、後期中等教育、教師養成を含む）開発のための教育目標と教育上の優先事項を定義することを目的とした第 1 回公開協議。
2016 年 2 月：	教育省と 32 州政府の関係者をメンバーとする「システムの中心にある学校」戦略のための全国理事会が正式に設立される。
2016 年 7 月：	NME、『メキシコの 21 世紀の目標』、そして、幼稚園から 9 年生と、10 年生から 12 年生を対象とするカリキュラムそれぞれの草案が発表される。
2016 年 7 月–12 月：	先に発表された文書に対する第 2 回目の公開協議。
2017 年 3 月：	NME、『21 世紀型教育の目標』、『新しい教育モデル実行プラン』それぞれの最終版が発表される。
2017 年 6 月：	カリキュラムの最終版が発表される。
2017 年 7 月：	NME 実行プランが開始される。

2017 年 8 月–2018 年 8 月：	全国の学校にナショナル・カリキュラム（幼稚園から 9 年生までを対象）を普及させるための働きかけが行われる。それらは、1027 校で実施された「カリキュラムの自律性」に関するパイロット・プロジェクト（フェーズ 0）、100 万人以上の教員を対象としたオンラインでの現職研修、国、地域、学校レベルでのその他の学問的な活動などである。
2017 年 12 月：	幼児教育（0 〜 3 歳）を対象とするカリキュラムの最終版が発表される。
2018 年 7 月：	大統領選挙
2018 年 8 月：	（幼稚園から 9 年生までを対象とする）ナショナル・カリキュラムの適用が学校で開始される。
2018 年 12 月：	政権交代

れた。それらは、それぞれ前述した 21 世紀の目標（SEP 2017a）、NME（SEP 2017）、改革の実行プラン（SEP 2017d）である。その数週間後にはカリキュラム（SEP 2017b）が発表され[注33]、学校は 2017 年度全体をかけて、翌年の学校での適用に向けて準備を進めた。この適用は 2 段階に分けて計画された。第一段階は 2018 年度に実施され、第二段階はその翌年に実施されることになっていた[注34]。連邦政権は 2018 年 11 月 30 日にその任期を終えたため、学校でのカリキュラムの完全実施を監督することはできなかった。

　教室レベルでのカリキュラムの質の高い実施を促進し、改革の中核となる考え方やカリキュラムの主要なイノベーションを普及させるために、例えば、2017 年から 2018 年にかけて、100 万人以上の教師が自発的にオンラインコースに登録して、教室での新カリキュラムの実施に備えた（Farías 2018）[注35]ほか、ほぼ同数の教師が複数の学術的な活動に参加した。これらの活動は、連邦政府と地方自治体が共同で計画したもので、「システムの中心に据えられた学校」戦略の全国理事会が主催する全国および地域のセッションにおいても何度も会合が持たれた[注36]。この理事会は、州当局と連邦当局の責任者を合議制の水平的な機関に集め、学校における改革政策の実施を設計、監督するために 2016 年 1 月に設立されたものである。

（注 33）カリキュラムは印刷版だけでなく電子版も発行され、2017 年 7 月には「キー・ラーニング」という非常に包括的な Web サイトが開設された（https://www.planyprogramasdestudio.sep.gob.mx/index. html）。2018 年度には、すべての教師、校長、監督官がカリキュラムの印刷版を受け取った。すべてのタイプに合わせられるように、20 種類以上の異なるタイトルが出版・配布されたのである。

（注 34）第一段階は、年度始めに当たる 2018 年 8 月にスタートしたが、それは全 12 学年（幼稚園 3 年を含み、9 年生まで）において、「社会性と人間性の育成」と「カリキュラムの自律性」というカリキュラムの構成要素を全面的に適用した形であった。なお、学問的知識の要素の適用については二つに分かれており、最初の実施段階である 2018 年 8 月には、就学前の全 3 学年、初等教育の第 1・第 2 学年、前期中等教育の第 7 学年の 6 つの学年で、学問的な科目が教えられることとなった。残りの 6 学年（初等教育の 3–6 年生と、前期中等教育の 8・9 年生）は、第 2 ステージ、つまり、次年度の始まりに当たる 2019 年 8 月に開始される予定だった。

（注 35）最初の実施段階の初めに当たる 2018 年 8 月には、26,547 人の教師が教育省により実施された満足度調査に参加した。そこでの目的は、(a) オンラインコースが教師の期待に応えられたかどうかを評価すること、(b) そのようなコース

を改善する方法を明確に示すこと、(c) 新たな現職者向け戦略の設計を方向付けること、であった。85% 以上の教師が、コースの活動が適切であると考え、教材（読み物、ビデオなど）に好意的であり、新カリキュラムを実施する準備をするのに役立ち、また自分の欠点を確認するのにも役立つと考えていることが分かった。オンラインコースへのリンクは以下である (https://fcregistro.televisioneducativa.gob.mx/descargas/AC_ Repositorio.html)。
(注 36) 詳細は以下を参照（ https://www.gob.mx/sep/prensa/mensaje-del-secretario-de-educacion- publica-aurelio-nuno-mayer-durante-la-reunion-de-instalacion-e-inicio-de-los-trabajos?idiom=es)。

05.6 –改革をめぐる政治–

　この改革を実施する上で最も重要な要因の一つは、複数の教育当局や政治アクターが関与し、変革に取り組んだことである。しかし、この改革はトップダウンのアプローチで実施されたため、長期的にはそれが大きな障害となってしまった。ボトムアップのアプローチがなかったために、いくつかの教員グループや学校コミュニティは、改革の意思決定プロセスから取り残されているように感じ、自分たちの利益が完全に代表されているとは思えなかったために、改革の目的に十分に賛同できなかったのだ、ということについては意見の一致が見られるようである。そのため、改革のいくつかの側面に異議を唱える者もいれば、改革を拒否する者、さらには、改革は自分たちに押し付けられたものだと主張する者もいたのである。

05.6.1 –政治的協定と法改正–

　2012 年 12 月 2 日、連邦政権発足の翌日に、当時の三大政党のリーダーが「メキシコのための協定」と呼ばれる合意書に署名した [注37]。31 の州知事、メキシコ市政府の首長、連邦議会の両院である元老院と代議院の議長も賛同し、過去数十年で最も重要な政治的合意となった。この協定は、成長の促進、雇用の創出、貧困と社会的不平等の削減を目的としていた。そのために、1994 年から 2000 年までの連邦政権時代から政治的に停滞していた 11 の構造改革 [注38] が提案された。協定の議題は 95 の政策を網羅しており、その中でも教育改革は最も重要なものの一つである。この政治的合意は、その後 2 年ほどの間に、多くの立法活動を生み出すこととなった [注39]。
　教育改革のための法整備は 2013 年に始まり、すべての人が質の高い教育を受ける権利を認めたメキシコ憲法第三条の改正と、1993 年教育法の改正、そして2013 年の教育評価法と、教員のための専門的能力開発に関する法の二つの新しい法律という、合わせて三つの教育関連法規の制定が行われた [注40]。これらの法律は、教員の成果を監視することで教員の専門性を高め、また教職の相続、売却、終身雇用を廃止することを目的としていた。2013 年の教育評価法は INEE（05.2.3 を参照）を改良し、特に教育省からの自律性を与え、同年の教員のための専門的能力開発法では非常に議論を呼ぶこととなった SPD（05.3.4 を参照）が創設された。

(注 37) それらの政党とは、制度的革命党（PRI）、国民行動党（PAN）、民主的革命党（PRD）である。この協定についての詳細は、https://www.as- coa.org/articles/explainer-what-pacto-por-m%C3%A9xico を参照。
(注 38) これらの改革は、教育、社会保障、エネルギー、通信、選挙政治、労働規制、経済競争力、金融政策、税金、刑法、および透明性に関する法律であった（https://www.economist.com/news/21566314-enrique-peña-nieto-mexicos-

（注 39）Sada（2013）を参照。
（注 40）詳細は以下を参照。INEE（2015）Reforma Educativa. Marco Normativo, Mexico. http:// www.senado.gob.mx/comisiones/educacion/docs/docs_INEE/Reforma_Educativa_Marco_nor-mativo.pdf

05.6.2 −公開協議−

　教育改革の中心的な考えは、何十年にもわたる国内外の研究、2 回の大規模な公開協議、そして 2013 年以前に実施された教育制度の分析から得られた提言に基づいていた。その分析では、知識基盤社会の要求を満たす上でメキシコの教育制度が直面する困難が明らかにされたのである（注41）。公開協議は自らのビジョンを共有してくれる数多くの参加者を得た上に、非常に重要な参加者を得たという点で意義深いものであった。そうした参加者は、例えば、知事会議（CONAGO）、INEE、地方教育当局、教員、議員、教育の専門家、研究者、保護者、NGO などであった。最初の公開協議は 2014 年に行われ、18 の地域フォーラムも開催された。このプロセスで得られた結論は、三つの全国会議で発表されることとなった。28,000 人以上が意見を寄せ、そのうち 15,000 人以上が書面で意見を述べた。これらの意見を考慮して、教育省は改革文書の第一次草稿を 2016 年 7 月、2 回目の公開協議において発表した。そして、さらなる検討が 2016 年の下半期に行われ、幅広い社会的な参加を得ることができたのである。合計で 81,800 件以上のエントリーと298,200 件以上のコメントが登録されていた（注42）。

　さらに、国内外の著名な専門家 100 名以上がカリキュラムの設計に参加した。その中には、基礎教育段階での指導経験を有する、カリキュラムに含まれるさまざまなディシプリンの専門家、カリキュラム開発や教育学の専門家などが含まれていた。カリキュラムが完成すると、メキシコ歴史学アカデミー、メキシコ言語学アカデミー、メキシコ科学アカデミーなどの学術団体による技術的な検証が行われることとなった。また、このカリキュラムを教室で確実に実施するために、2017 年から 2018 年にかけて、何十万人もの教師が複数の活動に参加し、カリキュラムの核となる考え方やその主要な革新的な点について学んだのである（05.5 を参照）。

（注 41）例えば、以下を参照。Uribe et al.（2012）、INEE（2012）、Santiago（2012）。
（注 42）この協議に含まれるものとして以下が挙げられる。教育省が主催した 15 の全国フォーラムには、さまざまな分野から 1,000 人以上が参加し、32 州の地方自治体が主催した 200 以上のフォーラムには、約 5 万人が参加することとなった。また、異なる意見や提案を有する複数の機関により 28 もの文書が作成された。ウェブサイト一般は 180 万アクセスを記録し、その目的で作られた特定のウェブページには 30,200 以上もの学校コミュニティによる閲覧が記録されていた。これら全ての情報は、経済研究・教育センター、教育政策と教育実践に関する学際的プログラム（PIPE-CIDE）の著名な研究者チームによって体系化されることとなった。研究報告の全文は、Heredia & Razo（2018）を参照。

05.6.3 −改革へのサポートと変化に対する抵抗−

　この改革は、教師の熟達度によって学校で生徒が学べる内容の限界が決まるという前提に立つものであったため、前述したように（05.2、05.3 を参照）、教師の専門化に重点が置かれ、新しく制定された法がその基礎を築いた。改革の中心的な目的の一つは、州が公教育の主導権を取り戻すことであった。したがって、強力な

SNTE を抑制する必要があったが、これは多くの人に賞賛される一方で、一部の人にはあまり歓迎されなかった。最も悪名高いことは、SNTE が新しい法律の条件を受け入れられず、教育改革に対する中傷キャンペーンを展開し、メディアの注目を集めたことである。それに対してメディアは、「教師たち」というものがあたかも一枚岩で改革に反対しているかのような非常に偏った考えを伝えたのである。先に述べたように（第二節第二項および第三節第四項）、CNTE が何十年にもわたって最も大きな影響力を持ってきた州の学校と生徒たちが、特に影響を受けることとなった（注43）。本章の第二節で述べたように、主としてそれが教員の収入と政治的な力という、CNTE 自身が教員ポストをコントロールする上で源としているものを脅かしてしまうからという理由でもって、CNTE は教員のキャリアパスの再編成に激しく反対していたのである。しかし、CNTE は、自分たちの評判の悪い慣習を認めるどころか、教師の評価を「懲罰的なもの」として貶める言説を展開したのだ。新しい評価を喜んで自発的に受けた何十万人もの教師（CNTE 下の異議を唱えた教師よりも何万人も多い）は、世論における CNTE の効果を打ち消すのに十分だったはずだ。しかし、野党の一つにとっては CNTE の大義名分を政治課題に組み込むことは、政治的に利益をもたらすものであったのである。この政党は 2018 年 7 月の大統領選挙で勝利し、2018 年 12 月 1 日に新政権が発足したが、これにより改革政策の多くは宙に浮いたままとなってしまった。

(注 43) 国内の特定の地域で、CNTE が数カ月にわたって行ったピケッティングやストライキによって直接被害を受けた人々の証拠が多く存在している。例えば、著名な小説家であり歴史家でもあるカルロス・テッロ（2018）は以下のように証言している。「私はオアハカで暮らしていたが、数カ月間、街の中心部を占拠し、道路を封鎖し、子どもたちから授業を奪い、あらゆるものを壊し、汚し、何百もの会社を倒産に追い込んだ教師たちの暴力がそこにはあった」。

05.7 −改革政策の実施を評価する−

この改革によって期待されるシステムの変化を適切に評価するには、まだかなり早い段階である。しかし、独立機関や個人が行った研究や調査に裏付けられた興味深い成果がいくつかあるので、ここで紹介する。それらは（1）OECD の調査に基づく改革の概要（第一項にて紹介する）、（2）学校においてカリキュラムの自律性を実施するためのパイロット・プログラムの結果（第二項）、（3）特に学生の学習成果を向上させ、また改革の説明責任を果たすために、政策の実施に州当局が参加することの重要性をめぐる分析（第三項）、（4）生徒の学習成果を向上させるために有効なこととして、改革が成功した政策（この場合は全日制の学校を拡大すること）に継続性を持たせる重要性についての分析である（第四項）。

05.7.1 −OECD によるメキシコの教育改革についての一般的評価−

ベアトリス・ポント氏（注44）が率いる研究者チームにより、メキシコの改革のさまざまな構造的側面について包括的な研究（OECD 2018a）が最近になって行われた。それによると、メキシコが 2013 年に施行し始めた改革の多くは、正しい

方向に進んでいることが強調されている。

> メキシコは、教育制度の適用範囲と質を向上させるために重要なステップを踏んできている。そして、インプットと数による制度から、教育の質に基づき、生徒の学習に焦点を当てた制度へと移行しつつある。［この道をさらに進むためには、］メキシコの教育制度は、生徒の学習を向上させるために、学校での義務教育の提供を強化する努力を続ける必要がある … (中略)。［しかし、］最近の教育改革のパッケージにおけるそうしたすべての利点も、包摂的で十分なリソースを費やす実施プロセスによる慎重なサポートが必要である［と警告してもいる］… (中略)。学校がすべての生徒に質の高い教育を保証するためには、成熟するための時間と、必要に応じて調整するための柔軟性［が必要なのである］。

ポント氏のチームは、新政権に対して次のような種々の提言を行った。a) 改革のビジョンと目標を強化すること、b) 生徒の学習に焦点を当てることを継続すること、c) ステークホルダーの関与を促進すること、d) 文脈について考慮すること、e) 十分なリソースを確保すること、f) 戦略を見直すこと、などである。

また、これらの研究者は、政策のさらなる発展のための四つの優先事項を明らかにした。(1) 質を伴った公平性の提供、(2) すべての生徒への 21 世紀型学習の提供、(3) 教師と学校への支援、(4) 学校と生徒の学習に焦点を当てた評価・アセスメント、の四つである。この研究では、今後の導入プロセスにおいて、包摂性・水平性・協働を強化する必要性が強調されている。というのも、メキシコの「国の政策やプログラムを非常に大きな規模で実施する」という能力はとても素晴らしいものだと認めているものの、メキシコがトップダウンのアプローチをとってきたことが指摘され、そのようなアプローチには限界があり、したがってボトムアップの戦略と組み合わせる必要があることが強調されているためである。

(注 44) OECD の上級教育政策分析官である。

05.7.2 −カリキュラムの自律性を試行する−

2017 年度には、新しいナショナル・カリキュラムの三つの構成要素のうち最も斬新な「カリキュラムの自律性」が、「フェーズ 0」として知られる試験的な試みとして 1,027 校で実施されることとなった。 ラテンアメリカ社会科学研究所 (FLACSO) メキシコ支部は、この構成要素を実施する際に学校コミュニティが直面する課題を評価するための調査を実施した (Gomez- Morin 2018)。その結果、フェーズ 0 では、学校は非常に興味深く生産的な振り返りのプロセスに没頭することができ、自校の状況を把握し、生徒の個々の興味やニーズを特定することで、カリキュラムに関する決定を行うことができるようになる、ということがわかった。今回の調査では、学校社会がクラブを導入する際に遭遇する多様な課題についても明らかになった。しかし、一般的には、学校はそのような課題を克服するために、革新的で柔軟な戦略を立てていることもわかった。この事実は、そうした構成要素が学校内の学習活動の組織の仕方を変える可能性があることを示唆している。これは、理論家の知識にではなく、実践者の創意工夫に頼ることで、「変化を拡大

する効率性」というものがもたらされたことを示す良例である。FLACSO の調査によると、フェーズ 0 に参加した学校は、以下に示す分野での改善を報告しているという。

特に自らが参加登録したクラブ活動に関連して、生徒の学習への関心が高まった

生徒も教師も、有意義な学習の機会が多様にあることを報告し、自分たちが行った作業が豊かな経験になったことを述べていた。

生徒同士の交流が深まり、いじめが顕著に減少した

これは、異なる学年やクラスの生徒が、年齢やクラスではなく、個々の興味に応じてクラブに登録できるようになった結果ではないかと考えられる。こうした学校の再編成により、子どもたちは他のクラスの生徒と知り合い、新しい交流を経験し、新しい人間関係を築くことができたのである。

生徒の学校コミュニティへの帰属意識の強化

生徒の関心事について相談を受け、登録するクラブを選択できるようにしたことで、生徒の自信や誇り、学校への帰属意識が高まった。

生徒の前向きな姿勢と価値観の向上

ここでも、学校の自律的なカリキュラムを設計する際に生徒を考慮することが、生徒の態度や価値観にプラスになっているようである。生徒たちは以前よりも敬意を払い、協力し合うようになってきている。

学際的な教育チームの統合

教師の協力体制が強化され、それぞれの教師が特定の教科内容の知識やスキルを持ち寄って、教育チームを編成することができるようになった。

生徒間、教師間、および生徒と教師の間での協働作業の増加

自律的なカリキュラムの開発にすべてのステークホルダーが積極的に参加したことで、保護者を含む学校コミュニティのすべてのメンバーの交流が深まった。また、そうしたメンバーの参加が生徒の学習に良い影響を与えてきている。

　しかし、こうしたエビデンスは現在進行中の実施プロセスの一部であり、まだ 1 学年が経過したのみであるため、学習の質や学校の一般的な組織における長期的な改善という点で、これらの開発がどの程度の影響を与えるかを確証することはまだ不可能である。今回の調査で明らかになった喫緊の課題は、教師、校長、監督官に対する現職研修の必要性である。カリキュラムの自律性という構成要素は、これらの専門家に対し学校の自律的なカリキュラムを設計する積極的な主役として多くのことを要求する。フェーズ 0 の参加者は、研修だけでなく、監督官やその他の責任あるステークホルダーによるタイムリーなフォローアップなど、実施プロセスにおけるより一層のサポートやアドバイスの必要性を訴え続けていた。さらに、こ

れらの学校では、学校診断の準備、計画段階、学校の自律的なカリキュラムの設計のために、より多くの研修の必要性を認識していた。

カリキュラムの自律性の実施に関する規則では、学校のインフラやリソースなど、それぞれの状況に合わせてクラブをデザインすること、または教育省が認可したメニュー（注45）から選択することが求められている。しかし、今回の調査では、学校が開発した自律的なカリキュラムがそれぞれの状況に本当に適したものであるかを保証するためには、学校はさらなる支援を必要としていることがわかった。また、21世紀の目標の要求というものによりよく対応するためには、学校のインフラや建築デザインを継続して改善していく必要があることも判明した。伝統的な教室は、カリキュラムの自律性という要素のもとで設計されたクラブの多くには適していないのである。望ましいのは、子どもたち一人ひとりの可能性を最大限に引き出し、協働作業を促進し、必要に応じて個人の集中力を高めることができる学習スペースの開発であろう（注46）。

今回の調査では、学校におけるカリキュラムの自律性の実現に向けて、徐々にではあるが具体的なステップが踏まれていることが明らかになった。しかしながら、新しいカリキュラムがその構成要素として提示している前提条件や基本的な考え方を完全に実現するには、まだまだ長い道のりがあるのだ。今後は、学生や教育界一般に良い影響を与えたカリキュラムの自律性に関わる要素を統合するとともに、学校におけるカリキュラム設計と教育学的発展のための戦略を強化していく必要がある。これは、学校にカリキュラム開発のための前例のない余地を与えるための概念的・組織的基盤を構築するだけでなく、教育の質を確保するための教育実践の変革をもたらす制度的条件と能力の向上という点においても、学校の重要な変革を促進するものなのである。

（注45）このメニューには以下からアクセスできる（https://modulos.siged.sep.gob.mx/propuestas_curriculares_cicloescolar_18-19/）。
（注46）何人かの建築家は、アメリカ、ヨーロッパ、中国、その他の地域で、すでにそうしたスペースの設計に成功している。例えば、Prakash Nair（2014）https://www.fieldingnair. com/team/prakash-nair/ や、Rosan Bosch（2018）http://www.rosanbosch.com/en を参照。

05.7.3 ─学習成果の向上と不平等の抑制に向けた地方自治体の戦略─

先に述べたように、教育に関わる全てのステークホルダーに対し、特に州レベルで、生徒の学習成果に関する説明責任を果たすことが求められている。全国教育評価システム会議は、2013年の法改正に伴って作られた、教育省とINEEの高官および32州の教育長官が参加する合議制の組織である。その主な目的の一つは、学習評価のための全国プラン（PLANEA）テストでの生徒の成績をはじめとした、評価方針の遵守状況を監視・検証することであった。この組織が当初の計画通りに活動を継続するならば、上述のような説明責任を果たすことは、割合早いうちに可能であろう。2017年のPLANEAのデータ分析では、生徒の学習成果を政策の中核に据える上での州教育当局の関与の重要性について、非常に説得力のあるエビデンスが得られた。2015年から2017年にかけて、スペイン語では11州、数学

では18州がその成績を大幅に伸ばした。ソノーラ州（INEE 2018）、プエブラ州（OECD 2016）、メキシコシティ（AEFCM 2018）などのような一部の州は、生徒の学習成果を向上させるために州を挙げての努力を行った。こうした努力にもかかわらず、2017年の全国レベルでの学生の学業成績は、2015年とほとんど変わらなかった。一部の州の改善は、タマウリパス州（スペイン語と数学の両方で28点の低下）やサカテカス州（スペイン語で23点低下し、テストを受けた28州中27位であった）のように、他の州の平均スコアの悪化によって打ち消された[注47]。したがって、地方自治体が明確な説明責任を果たさなければ、メキシコの全国レベルでの成績は停滞し続ける可能性があるのだ。

　次にソノーラ州の改善計画を分析する必要がある。というのも、この州は2017年のPLANEAに参加した29州のうち、スペイン語で29点、数学で27点と30点に近い増加を見せ、突出しているからだ。これほど大きな上昇を見せた州は他になく、ソノーラ州は両科目でそれを達成したのである。ソノーラ州は、2015年には最も成績の低い州の一つであった（テストを受けた28州のうち27位）のが、2017年には全国平均点を上回るまでに改善したということを考えると、こうした推移は特に注目に値するものなのだ。これらの結果は、偶然に達成されたものではない。むしろ、地方自治体が策定し、学区と学校が2016年度を通して実施した、非常によく練られた計画の結果なのである。この計画は、ソノーラ州知事の全面的な政治的支援を受けており、そこではソノーラ州の社会を味方につけるため幅広いコミュニケーション・キャンペーンが展開された。9年生の生徒全員と、その教師や校長は、州の教育長官から、最善の努力をするようにとの手紙を受け取り、さらにそうすることで得られる個人的・社会的なメリットが説明された。また、2015年のPLANEAの成績が最も低かった122の中学校に対しては、強化プログラムが導入された。生徒の弱点を特定するために、9年生全員が診断テストを受け、戦略の進捗状況を評価するために、学年の途中で別のテストまで行われた。加えて、PLANEAのサンプルを拡大し、9年生全員を対象とした。さらに、3種類の現職研修が行われたが、それらは、（1）対象校の教師のための革新的な教育・学習ワークショップ、（2）対象校の校長のための学校経営ワークショップ、（3）すべての中学校の職員を対象とした、PLANEA戦略に関する一般的なワークショップ、である。具体的には、生徒用のワークブック（392の練習問題）、教師用手引き（教授法と900の練習問題）、100本のビデオ[注48]、対面式セッションを促進するための64のプレゼンテーションコンテンツなど、生徒と教師向けの教材が作成された。この計画の重要な側面は、地方自治体による学校へのフォローアップ訪問である。九つのフォローアップチームが、州（メキシコで2番目に大きく、7万平方マイルに及ぶ広さである）内の七つの地域にある学校を訪問し、教師や校長のサポートや、保護者との面談などを行った。各チームは、リーダー1名とサポートメンバー2名で構成されていた。リーダーは、中等教育機関の運営を担当する上級管理者であった。

　地方自治体の政策に関して、より詳細な分析が望まれるもう一つの問題は、不平等と学習成果の関係についてである。低い学習成果というものが、社会的不平等の

因果関係として一元的に説明されることがあまりにも多いのである。しかし、De Hoyos（2018）の研究やその他の研究が示しているように、学習成果の悪さを説明する要因は、所得だけではないことはもちろん、それが必ずしも最も決定的なものでもないのである。例えば、2015年、メキシコで最もGDPの高い州であるヌエボ・レオン州^(注49)は、スペイン語で502点、数学で501点と、国の平均点をわずかに上回るばかりであった。一方、同じ年、プエブラ州（貧困率59.5％で、一人当たりの所得はヌエボ・レオン州の約3分の1である）は、数学で527点を記録し首位に立っていた。2年後も、プエブラ州はさらに6点増加し533点で1位を維持した一方で、ヌエボ・レオン州は数学で7点、スペイン語で4点下げてしまい、すでに凡庸だった結果を悪化させることとなってしまったのである。ヌエボ・レオン州のように、かつて教育で傑出していた州であっても、その慣性による力だけではトップを維持することはできない。また、GDPがいくら高くても、優れた結果を保証するには十分ではない。それよりも、具体的な政策や戦略の実施が重要なのである。プエブラ州の学習レベルがヌエボ・レオン州のそれよりも著しく優れていることの違いは、主に次のように説明される。

> （中略）過去6年間にプエブラ州が実施した教育政策では、学生の学習が教育制度の中心に据えられていた。（中略）達成度が最も低かった学校は、監督官や地元の教育当局から技術的な支援や指導を受けることとなった。そして学校は、学習成果を向上させることを主な目的とした計画を実行した。これらすべてが、所得水準にかかわらず、プエブラの子どもたちの学習に大きな影響を与えたのである（De Hoyos 2018）。

　これらのデータは、より多くの地方の教育当局が、生徒の学習成果を向上させるために、一貫性のある継続的な教育戦略を実施する役割を認識すれば、他国でそうであるように、メキシコの教育環境は全体的により早く変化するであろうことを立証しているのである^(注50)。

（注47）CNTEが支配する4つの州はテストを受けなかった（INEE 2018）。
（注48）ビデオは以下のサイトで閲覧可能である（https://youtu.be/wJn36dh7S1U）。
（注49）ヌエボ・レオン州は、石油採掘を考慮しない場合でも、メキシコで最もGDPが高い州である（INEGI 2017）。
（注50）ポーランドは、地域開発への投資が国レベルでどのような影響を与えるかを示す良い例となっている。そして、特にそのような開発において教育が果たす役割については、World Bank（2017）の第7章を参照。

05.7.4 −より長い授業時間が与える学習への効果−

　2013年の憲法改正では、成功していた政策が取り消されることはなく、逆に強化されることが多かった。その一例が「フルタイム・スクール」と呼ばれる、授業時間の延長を目的とした連邦政府のプログラムである。この制度は、改革が始まる5年前の2007年に設けられたものであるが、それはメキシコの子どもたちの多くが、幼稚園で3時間、小学校で4時間半または5時間と、1日の学校生活が非常に短いためであった。対照的に、フルタイム・スクールにおいては、6～8時間となっている。教育省は改革政策の一環として、学校数の増加（2012年度の6,700校から2017年度の2万5,132校）、延長された授業時間の質の高い活用のための

優れた実践方法の導入、不平等を抑制するために最も必要とされる地域、特に先住民族、農村部、複数学年の学校に対してプログラムを再配置することなどを通して、このプログラムを拡大、強化、統合したのである（Treviño & Velasco 2018）。これらの学校は、授業時間の延長のほか、以下を目的として連邦政府からの資金を受け取っている。（a）学校運営能力を強化するための技術支援、（b）関連する教材の入手、（c）社会的交流を促進するための学校でのスポーツや文化活動の開催、（d）職員への時間外手当の支給、（e）学校のインフラの改善、（f）特に極度の困窮地域にある学校での給食の提供、などである [注51]。

　1980 年代以降、学校の授業時間を延長することは、社会的弱者である子どもたちをケアするために、世界中で繰り返し行われている政策である [注52]。この政策は、授業時間の増加や、生徒や教師がより多くの教材を利用できるようになるなど、学校のリソースが充実すれば、効果的な授業の時間数が増え、その結果、生徒の学業成績が向上するというような考えに基づいている。学校の一日の授業時間を延長することが、特に貧困層の生徒の学習の質に非常に良い影響を与えることは、国内外の数多くの研究で証明されている [注53]。また、学校の一日の長さは、10 代の妊娠率や青少年の犯罪率の低下など、他のポジティブな指標とも関連しているのである [注54]。

　このプログラムの最も重要な成果のひとつは、フルタイム・スクールに通う生徒が、さまざまな標準化されたテストや指標によると、同種の学校に通う生徒よりも学業成績が良かったということである。世界銀行の報告によると、評価の結果は以下の通りである。

　　（中略）小学生の学習成果に対するプログラムのポジティブな効果については強力なエビデンスがあり、（中略）プログラムの効果は長期的に維持され、脆弱で下位に位置するような学校の生徒にはより大きな効果があることがわかった（Silveyra et al. 2018）。

　この結果から、授業時間やその他のフルタイム・スクールが受け取るリソースを増やすことは、ダイナミックで、かつ長期的な効果があることが明らかになったのである。最も貧しい地域の学校では、数学とスペイン語の成績が最低レベルにある生徒数がより大きな減少幅を示し、出席率や不登校、退学率などのその他の指標でも改善が見られた。これらの学校の運営を維持するために、多額の投資が行われてきた。したがって、メキシコが直面している最大の課題の一つは、学校の授業時間を延長し、すべての学校をフルタイム・スクールにするためのリソースを見つけることなのである。

（注51）13,000 以上のフルタイム・スクールで、150 万人以上の生徒が毎日丸々一食分をとっている。また、20,000 人の生徒が家族総合開発国家機構（DIF）により提供される朝食を受け取っている。このように、給食サービスは、生徒の健康、出席率、学校生活の継続にとって重要な資産となっている。また、フルタイム・スクールが生徒の給食のために受け取っている連邦政府のリソースを利用して、母親が学校給食の調理に参加することも多いため、家族間の絆を深めるのにも役立っている。Treviño & Velasco（2018）を参照。
（注52）ラテンアメリカについては、チリ（Arzola 2010; González & Paz 2010）、コロンビア（Hincapié 2016）、ウルグアイ（Llambi 2014）などの研究を参照。
（注53）例えば、Cabrera（2015）、Padilla（2016）、Cabrera（2018）を参照。
（注54）Berthelon & Kruger（2011）を参照。

05.8 −将来の課題−

　本章で示した教育改革は、メキシコの近代化を目指して連邦政府が導入した 11 の大規模な構造改革の中に組み込まれたものであった。改革の主なきっかけとなったのは、国内外のアセスメントで浮き彫りになってきた教育成果の低さと不平等であった。この改革で進められた政策は、2 回の公開協議（2014 年と 2016 年）に深く裏打ちされたものであった。このような政策は、21 世紀型スキルの開発に明確に焦点を当てた、広範かつ堅実なカリキュラム改革（就学前教育から中等教育までを対象とする）を含むものであった。知識社会のニーズに応えるために、教育を真にレリバンスのあるものにするという目的は、すべての主要な改革文書の中心となっている。新しいカリキュラムでは、学校の自律性を高め、学習成果と指導スキルに明確な重点を置いているのである。

　確かに、21 世紀型教育の目標、NME や新カリキュラムの最終版が発表されたのは 2017 年で、憲法改正が成立してから 3 年以上が経過しており、連邦政権に残されていたのはわずか 14 ヶ月だけだった。さらに、学校でのカリキュラムの全面的な実施が始まったのは 2018 年 8 月で、15 週間を残すばかりであった。しかし、前の教育大臣ら（Nuño 2018、Granados 2018b）が論じているように、今回の改革の場合、その初期状態が政府の採用した戦略に明らかに影響を及ぼしていた。つまり、NME の概要を示し、21 世紀の目標と新カリキュラムを定義する前に、まず組合との政治的関係を清算し、教育制度のリーダーシップを完全に回復させることが必須だったのである。このような政治的な作業には、望まれる以上の時間がかかったが、2017 年前期には、この野心的な改革のほとんどの政策がすでに実施されており、いずれにせよ（6 年の任期を持つ）単一の連邦政権がそれらを実施するにはそもそも十分な時間もなかったのである。

　また、これらの政策の中には、他の政策よりもうまく発展し、定着したものがあることも事実だ。2017 年度には 100 万人以上の教師を養成したにもかかわらず、最大の課題は依然として、特に経済的に恵まれない地域において、21 世紀の目標とカリキュラム基準に準拠した教育実践の変革である。教師の初期研修や現職研修をさらに充実させる必要がある。また、学校への技術支援サービスは、実務レベルよりも規則に関するレベルで進んでおり、100% の監督官に研修を実施したにもかかわらず、それは学校を学習組織に進化させるための必要条件だが十分条件とは言えず、今後もその完全な実施を行っていく必要がある。

　また、教育制度の新たなガバナンス体制の構築は、改革の主目的の一つであったにもかかわらず、改革の中で十分に展開されず、大きな懸案事項の一つとして残っている。一方で、改革を成功させるためには、州が教育制度の完全な支配権を取り戻す必要があり、政治的・戦略的な理由から、政権発足当初にそれを行う必要があった（Nuño 2018）。したがって、官僚組織的な慣性を打破するために選ばれた方法は、教育機関の政治的・行政的・財政的プロセスを転換するために、国の法的枠組みを大幅に修正することだった。一方で、このようなトップダウンのアプローチは、たとえ必要であったとしても、教育改革がすべての人に受け入れられず、特に既得

権益の大きな影響の下にある人たちには受け入れられないというマイナスの結果をもたらした。そのため、反体制派の教員グループの不満を利用して、「教育改革をキャンセルする」ことが2018年の大統領選挙で勝利した候補者の主要な選挙公約の一つとなってしまった[注55]。

したがって、改革の原則、つまり、メキシコ人全員に公平（equity）で質の高い教育を保証することを成功に導き、持続させるための最大の課題は、よりボトムアップに基づくアプローチで教育ガバナンスのモデルを構築することにある。ガバナンスとは、ここでは次のようなものである。

> 柔軟性、様々なアクター間での水平方向の相互作用、透明性、共同責任がその最も優れた特徴であるが（中略）、我々が目指すこのようなガバナンスは、教育制度自体の基盤から構成されるようなものでなければならない（Granados 2018b）。

2回の大規模な公開協議にもかかわらず、改革の設計と実施はトップダウンのプロセスであると多くの人が考えていた。確かに、教師の中には、改革の構築過程にもっと参加する機会が欲しかったと思う者もいた。しかし、政治的な調整に行政の労力が割かれていたため、政策を広く受け入れてもらうために適しているが、より時間がかかるかもしれない、ボトムアップのアプローチを推進するための十分な時間が残されていなかったのである。

政治的なタイミングと技術的な有効性はしばしば衝突する。改革の政治性が低ければ低いほど、技術的な厳密さを備えた目標を達成できる可能性が高くなる。真の変革は一夜にして起こるものではないし、また、そのような変革がシステムに十分に浸透し、すべてのステークホルダーに広く受け入れられ、理解され、協力を得られるようになるまでには時間が必要であるため、長い政策サイクルが必要であることは周知の事実である。しかし、メキシコの場合、この改革の最大の課題は継続性にあるかもしれない。

メキシコの教育は、州の政策というよりも、政府の政策といっても過言ではない。それゆえ、その目的は大統領の任期ごとに転換される傾向がある。今回の例では、2018年の選挙で与党（PRI）が最近誕生した政党（国家再生運動、MORENA）に敗れた。MORENAの教育に関するナラティブからは、改革に関わる事実の客観的な検証、改革が達成した具体的な前進、そのような前進の根拠となる確かなデータ、さらには2012年から2018年まで一貫して改革が維持していた世論調査での高い支持率などが抜け落ちていた（Granados 2018a）。それは、CNTEのような政治的な同盟を喜ばせるために作られたもので、客観的というより政治的なものであった。

そのため、現大統領は選挙活動の一環として教育改革の撤回を公約し、2019年5月には前政権の教育政策を撤廃することを目的とした新たな憲法改正が行われた。2013年に制定された三つの教育法は、現在議会で審議されているため、個々の政策の行方はまだ不明である。憲法の条文からは評価が削除され、その代わりに教師の初期研修と現職研修が挿入された。この憲法改正により、INEEは解体され、その代わりに教師のトレーニングを促進するはずの新組織が設立されたが、INEE

の当初の人員と予算の一部は維持された。その組織は、元老院によって新たに任命された運営体を有するものである。新教育法の制定に向けた立法プロセスが完了するまでは、教職員組合にどの程度の権限が戻り、どのような改革方針が継承されるかは不透明である。この数ヶ月間、日和見主義と流言が氾濫していたため、正確な予測をすることは困難なのである。

　教育学者、教育学部、市民社会、地方自治体など、主要な改革方針の実施に尽力し、生徒の学業成績にも説明責任を果たしうる人々が、多くの改革方針を覆すことに疑問を呈することを期待したい。また、2012年の改革や組合の力を抑えることに好意的だった世論も、2012年以前の腐敗した仕組みを復活させることに反対するかもしれない。元教育大臣が指摘したように（Granados 2018b）、過去の教育政策は基本的に可能なことをやった結果に過ぎなかったが、2012年の改革では「必要なこと」を可能にしようとしたのである。また、私自身も付言するとすれば、そうした「必要なこと」の大部分はメキシコの教育制度を高水準なシステムに変えることであり、この改革はまさにそれを目的としていたのである。しかし、それはまだ決して現実のものではないと言わざるを得ないのも事実である。とはいえ少なくとも、この改革はそのようなシステムを構築し続けるための非常に強固な基盤を築いたのである。願わくは、現連邦政府がそのような基盤を破壊することなく、むしろ、2012年の改革が成果を上げていた過去の政策を基礎にしていたように、そのような基盤の上に積み重ねていく方法を見つけてほしいと思う。

　楽観的に考えれば、新しい教育関係者も、学校教育が生徒に21世紀型スキルを普遍的に与え、すべての人に公平性をもたらす必要があるならば、本章で記述してきた政策が定着するには時間がかかるのだということを理解してくれるかもしれない。また、このような政策は、広範な社会的コンセンサス、すなわち、本章の冒頭でロムニッツの言葉を借りて強調したように、なぜ「教育が真に重要」なのかをすべての市民が理解し、支持しているという前提に基づいた合意によってこそ、裏付けられる必要があるということも認識してくれるのではないだろうか。

（注55）https://www.eluniversal.com.mx/elecciones-2018/lopez-obrador-promete-cancelar-reforma-educativa

References −参照文献−

● Aceves-Estrada, A. M. L. (2018). El Servicio Profesional Docente. In *SEP, Educación en México 2013–2018: Balance y perspectiva* (pp. 75–96). México: Secretaría de Educación Pública.

● AEFCM. (2018). *Retrato del quehacer educativo en la Ciudad de México. Testimonios desde las Escuelas, 2012–2018*. Mexico: Autoridad Educativa Federal en la Ciudad de México.

● Arzola, M. P. (2010, December). *Impacto de la Jornada Escolar Completa en el Desempeño de los Alumnos, medido con la Evolución en sus Pruebas Simce*. Tesis de Grado Magister en Economía. Instituto de Economía. Pontificia Universidad Católica de Chile. http://economia.uc.cl/wp-content/uploads/2015/07/tesis_mparzola.pdf.

● Berthelon, M. E., & Kruger, D. I. (2011). Risky behavior among youth: Incapacitation effects of school on adolescent motherhood and crime in Chile. *Journal of Public Economics, 95*(1–2), 41–53. https://www.sciencedirect.com/science/article/abs/pii/S0047272710001210.

● Bonilla-Rius, E. (2018). Aprendizajes clave para la Educación Integral: La norma curricular para los niveles de preescolar, primaria y secundaria. In SEP, *Educación en México 2013–2018: Balance y perspectiva* (pp. 154–179). Mexico: Secretaría de Educación Pública.

● Bosch, R. (2018). Cómo el diseño físico puede motivar a los estudiantes. *Trasatlántica de Educación: Eduación para innovar, innovación para educar* pp. 20–21. https://issuu.com/con-sejeria.mx/docs/transatlantica_20-21_web.

● Cabrera, F. (2015). *Does lengthening the school day increase students' academic achievement? Evidence from a natural experiment*. University of Sussex, *Working Paper Series,* No. 74–2015. https://pdfs.semanticscholar.org/c955/feb1b25fbc8735799bd91cb8ff69f47ee2d3. pdf. Accessed 5 Aug 2019.

● Cabrera, F. (2018). Programa *Escuelas de Tiempo Completo:* resultados positivos y lecciones apendidas. *Distancia por tiempos. Blog de Educación. Nexos.* https://educacion.nexos.com. mx/?p=1200.

● Chambers-Ju, C., & Finger, L. (2017). Teachers' unions in Mexico: The politics of patronage. In T. M. Moe & S. Wiborg (Eds.), *The comparative politics of education* (pp. 215–238). Cambridge: Cambridge University Press.

● Chavez-Campos, M. A. (2018). La formacion inicial docente. Estrategia de fortalecimiento y Transformación de las Escuelas Normales. In *SEP, Educación en México 2013–2018: Balance y perspectiva* (pp. 114–129). México: Secretaría de Educación Pública.

● Christensen, C., & van Bever, D. (2014, June). The Capitalist Dilemma. In *Harvard Bussiness Review* 92, no. 6. https://hbr.org/2014/06/the-capitalists-dilemma.

● De Hoyos, R. (2018, November 2). "Educación: clave para superar pobreza y desigualdad." Interview by Gerardo Laveaga. *El mundo de la Educación.* http://elmundodelaeducacion.mx/ revista/entrevistas/item/rafael-de-hoyos. Accessed 5 Aug 2019.

● De Hoyos, R., & Estrada, R.. (2018). ¿Los docentes mejoraron? ¡Sí!. In *Nexos* 480, (January). https://www.nexos.com.mx/?p=39531.

● Farías, J. M. (2018). La formación continua en Educación Básica. In *SEP, Educación en México 2013–2018: Balance y perspectiva* (pp. 97–113). México: Secretaría de Educación Pública.

● Fernández, M. A., & Herrera, N. (2018, October). La batalla por la nómina. In *Nexos* 490. https://www.nexos.com.mx/?p=39524.

● Fuentes-Molinar, O. (2013). Las tareas del maestro y los desafíos de la evaluación docente. In R. Ramírez-Raymundo (Ed.), *La reforma constitucional en materia educativa: alcances y desafíos*. Mexico: Instituto Belisario Domínguez, Senado de la República. http://bibliodigi- talibd.senado.gob.mx/bitstream/handle/123456789/2937/La_Reforma_Constitucional_en_ Materia_Educativa.pdf?sequence=1&isAllowed=y. Accessed 26 Feb 2018.

● Gomez-Morin, L. (Ed.). (2018). *Seguimiento a la implementación de la Fase 0 del componente de Autonomia Curricular.* México: FLACSO. https://www.aprendizajesclave.sep.gob.mx/ descargables/biblioteca/basica-autonomia/Seguimiento-a-la-implementacion-de-la-fase-0.pdf. Accessed 26 Feb 2018.

● González, A., & Paz, M. (2010). Impacto de la jornada escolar completa en el desempeño de los alumnos, medido con la evaluación de sus pruebas SIMCE. Tésis Magíster en Economía, Pontificia Universidad Católica de Chile, Santiago. http://economia.uc.cl/publicacion/impacto- de-la-jornada-escolar-completa-en-el-desempeno-de-los-alumnos-medido-con-la-evolucion- en-sus-pruebas-simce/. Accessed 11 Nov 2018.

● Granados, O. (2018a). Los grandes temas de la Reforma Educativa. In *SEP, Educación en México 2013–2018: Balance y perspectiva* (pp. 14–31). México: Secretaría de Educación Pública.

● Granados, O. (2018b). Prólogo. In O. Granados, X. P. de la Mora, & E. Betanzos (Eds.), *Fortalecimiento de derechos, ampliación de libertades. Reforma Educativa. Reforma en Materia de Transparencia. Reforma en Materia de Combate a la Corrupción* (pp. 15–25). México: Fondo de Cultura Económica.

● Heredia, B., & Razo, A. (2018). *Consulta sobre el modelo educativo 2016*, CIDE, Programa Interdisciplinario sobre Política y Prácticas Educativas. https://docs.wixstatic.com/ugd/9fac05_ a8d98950760f44b9936e432220d07 4b3.pdf. Accessed 26 Oct 2018.

● Hilton, M., & Pellegrino, J. (2012). *Education for life and work: Developing transferable knowledge and skills in the 21st century*. Washington, DC: NRC, The National Academies Press.

● Hincapié, D. (2016). *Do longer school days improve student achievement? Evidence from Colombia. IDB Working Paper Series,* No. 679. http://www.education.gov.yk.ca/pdf/schools/do_longer_school_days.pdf. Accessed 11 Nov 2018.

● INEE. (2012). *La Educación en México: Estado actual y consideraciones sobre su evaluación*. Presentación del INEE ante la Comisión de Educación de la LXII Legislatura de la Cámara de Senadores, Ciudad de México, 21 de noviembre de 2012, México: INEE. http://www.senado. gob.mx/comisiones/educacion/reu/

docs/presentacion_211112.pdf. Accessed 26 Feb 2019.

● INEE. (2015). *Reforma Educativa. Marco normativo.* México: INEE, México. http://www.senado. gob.mx/ comisiones/educacion/docs/docs_INEE/Reforma_Educativa_Marco_normativo.pdf. Accessed 26 Oct 2018.

● INEE. (2018). *Resultados Nacionales de PLANEA 2017. Secundaria, PPT presentation.* https:// www.inee.edu.mx/ wp-content/uploads/2019/02/P2A336-secundaria2017.pdf.

● INEGI. (2014). *Censo de Escuelas, Maestros y Alumnos de Educación Básica y Especial (CEMABE),* Instituto Nacional de Estadística y Geografía & Secretaría de Educación Publica. Mexico. https://www.uv.mx/personal/ kvalencia/files/2013/09/INEGI-2014-Censo-Escolar.pdf

● INEGI. (2015). *Encuesta intercensal 2015.* http://www.beta.inegi.org.mx/contenidos/proyec- tos/enchogares/ especiales/intercensal/2015/doc/eic_2015_presentacion.pdf. Accessed 26 Oct 2018.

● INEGI. (2017). *Producto interno bruto por entidad federativa 2016,* Comunicado de prensa núm. 536/17, 6 de diciembre de 2017. http://www.indetec.gob.mx/2015/wp-content/uploads/e- Financiero/351/Evolucion/ BoletinNo351_3.pdf. Accessed 10 Nov 2018.

● Latapí, P. (1992). El pensamiento educativo de Torres Bodet: una apreciación crítica. In *Revista Latinoamericana de Estudios Educativos,* XXII, No. 3: 13–44. plan de once años jaime torres bodet pdf.

● Llambí, M. C. (2014). La política de tiempo completo y los resultados educativos en la ense- ñanza media en Uruguay. *In Revista de economía* 21 No. 1: 101–152. https://dialnet.unirioja. es/servlet/articulo?codigo=4747511.

● Lomnitz, C. (2018, January). Tomarse en serio la educación. In Nexos 480. https://www.nexos. com. mx/?p=35313.

● Mancera, C. (2010). Financiamiento de la educación básica. In A. Arnaut & S. Giorguli (Eds.), *Los grandes problemas de México, t. VII, Educación.* México: El Colegio de México. https://2010. colmex.mx/16tomos/VII.pdf.

● Mancera, C. (2018). La Reforma Educativa: su pertinencia, implementación y perspectivas. In O. Granados, X. P. de la Mora, & E. Betanzos (Eds.), *Fortalecimiento de derechos, ampliación de libertades. Reforma Educativa. Reforma en Materia de Transparencia. Reforma en Materia de Combate a la Corrupción* (pp. 26–124). México: Fondo de Cultura Económica.

● Moe, T. M. (2017). The comparative politics of education: Teachers unions and education systems around the world. In T. M. Moe & S. Wiborg (Eds.), *The comparative politics of education.* Cambridge: Cambridge University Press.

● Nair, P. (2014). *Blueprint for tomorrow: Redesigning schools for student-Centered learning.* Cambridge, MA: Harvard Education Press.

● Nuño, A. (2018, November). Respuesta a *Nexos.* La reforma educativa. In *Nexos* 491. https://www. nexos.com. mx/?p=39966.

● OECD. (2014). *Mexico. Country note. Results from TALIS 2013.* Paris: OECD Publishing. https:// www.oecd.org/ mexico/TALIS-2013-country-note-Mexico.pdf. Accessed 26 Oct 2018.

● OECD. (2016). *Improving school leadership and evaluation in Mexico: A state level perspective from Puebla.* Paris: OECD Publishing. https://www.oecd.org/education/school/Improving- School-Leadership-and-Evaluation-in- Mexico-A-State-level-Perspective-from-Puebla.pdf. Accessed 24 Feb 2019.

● OECD. (2018a). *Strong foundations for quality and equity in Mexican schools.* Paris: OECD Publishing. Paris. https://www.oecd.org/centrodemexico/medios/OECD%20Mexico%20 Schools%20Report%20FINAL.pdf. Accessed 26 Oct 2018.

● OECD. (2018b). *PISA 2015 results in focus.* Paris: OECD Publishing. https://www.oecd.org/pisa/ pisa-2015- results-in-focus.pdf. Accessed 4 Sept 2018.

● Ornelas, C. (2003). Las bases del federalismo y la descentralización en educación. In *Revista Electrónica de Investigación Educativa* 5, Núm. 1 (2003). https://redie.uabc.mx/redie/article/ view/73/1256.

● Ortega, S. B. (2018). Educación Media Superior en la educación obligatoria de México. In *SEP, Educación en México 2013–2018: Balance y perspectiva* (pp. 194–291). México: Secretaría de Educación Pública.

● Padilla-Romo, M. (2016). The Short and Long Run Effects of Full-Time Schools on Academic Performance. In *Three Essays on Applied Microeconomics.* PhD diss., Texas A&M University. https://oaktrust.library.tamu. edu/bitstream/handle/1969.1/161499/PADILLAROMO-DISSERTATION-2017.pdf?sequence=1&isAllowed=y . Accessed 24 Feb 2019.

● Ramírez-Raymundo, R. (Ed.). (2013). *La reforma constitucional en materia educativa: alcances y desafíos.* Instituto Belisario Domínguez, Senado de la República: Mexico. http://bibliodigi- talibd.senado.gob.mx/bitstream/ handle/123456789/2937/La_Reforma_Constitucional_en_ Materia_Educativa.pdf?sequence=1&isAllowed=y . Accessed 26 Feb 2018.

● Reimers, F. (Ed.). (2017). *Empowering all students at scale.* Charleston: Create Space.

● Reimers, F. (2018). Reformar la escuela pública para el siglo XXI. Los desafíos para México. In O. Granados, X. P. de la Mora, & E. Betanzos (Eds.), *Fortalecimiento de derechos, ampliación de libertades. Reforma Educativa. Reforma en Materia de Transparencia. Reforma en Materia de Combate a la Corrupción* (pp. 125–166). México: Fondo de Cultura Económica.

● Reimers, F. M., & Chung, C. K. (2016). *Teaching and learning for the twenty-first century: Educational goals, policies, and curricula from six nations.* Cambridge, MA: Harvard Education Press.

● Sada, A. (2013). Explainer: What Is the *Pacto por México?"*. In American Society, Council of the Americas, *Newsletter*, March 11. https://www.as-coa.org/articles/explainer-what- pacto-por- m%C3%A9xico. Accessed 26 Oct 2018.

● Santiago, P., McGregor, I., Nusche, D., Ravela, P., & Toledo, D. (2012). *OECD reviews of evalu- ation and assessment in education México 2012.* Paris: OECD Publishing. https://www.oecd. org/mexico/

Mexico%20Review%20of%20Evaluation%20and%20Assessment%20in%20 Education.pdf. Accessed 26 Feb 2019.

● SEP. (2017). *Modelo Educativo para la Educación Obligatoria: Educar para la libertad y la cre- atividad.* México: Secretaría de Eduación Pública. https://www.gob.mx/cms/uploads/attach- ment/file/207252/Modelo_Educativo_ OK.pdf. Accessed 1 Jan 2018.

● SEP. (2017a). *Los Fines de la Educación en el Siglo XXI.* México: Secretaría de Eduación Pública.

● SEP. (2017b). *Aprendizajes clave para la educación integral: plan y programas de estudia para la educación básica.* México: Secretaría de Eduación Pública. https://www.planyprogramas- destudio.sep.gob.mx/descargables/ APRENDIZAJES_CLAVE_PARA_LA_EDUCACION_
INTEGRAL.pdf. Accessed 25 Feb 2019.

● SEP. (2017c). *Comunicado 191. Anuncia Nuño Mayer recuperación de 44 mil 76 plazas docen- tes que estaban irregulares.* https://www.gob.mx/sep/prensa/comunicado-191-anuncia-nuno- mayer-recuperacion-de-44-mil-76-plazas-docentes-que-estaban-irregulares?idiom=es. Accessed 26 Oct 2018.

● SEP. (2017d). *Ruta para la implementación del Modelo Educativo.* México: Secretaría de Eduación Pública. https://www.gob.mx/cms/uploads/attachment/file/207248/10_Ruta_de_implementacio_n_del_modelo_ educativo_DIGITAL_re_FINAL_2017.pdf. Accessed 25 Feb 2019.

● SEP. (2017e). *Aprendizajes clave para la educación integral: Educación Inicial: Un buen comienzo. Programa para la educación de las niñas y los niños de 0 a 3 años.* México: Secretaría de Eduación Pública. https://www. planyprogramasdestudio.sep.gob.mx/descargables/biblioteca/ inicial/1Educacion-Inicial_Digital.pdf. Accessed 25 Feb 2019.

● SEP. (2017f). *Planes de estudio de referencia del marco curricular común de la Educación media superior.* México: Secretaría de Eduación Pública. https://www.gob.mx/cms/uploads/attach- ment/file/241519/planes-estudio-sems.pdf. Accessed 25 Feb 2019.

● SEP. (2018a). *Educación en México 2013–2018: Balance y perspectiva.* México: Secretaría de Eduación Pública.

● SEP. (2018b). *Principales Cifras del Sistema Educativo Nacional, 2017–2018.* México: Secretaría de Eduación Pública.

● Silveyra, M., Yáñez, M., & Bedoya, J. (2018). *¿Qué impacto tiene el Programa de Escuelas de Tiempo Completo en los estudiantes de educación básica: Evaluación del programa en México, 2007–20016.* Grupo Banco Mundial: México.

● Tello-Díaz, C. (2018). Cuando no esté aquí. In *Nexos* 480, (January). https://www.nexos.com. mx/?p=35343.

● The Economist. (2014, April 7). *Education in Mexico: Phantom Teachers.* https://www.economist. com/americas-view/2014/04/07/phantom-teachers. Accessed 3 Aug 2019.

● Treviño, J., & Velasco, P. (2018). Educación Básica: La escuela al centro. In *SEP, Educación en México 2013– 2018: Balance y perspectiva* (pp. 130–153). México: Secretaría de Eduación Pública.

● Tuirán, R. (2018). Equidad e inclusión en el ámbito educativo. In *SEP, Educación en México 2013–2018: Balance y perspectiva* (pp. 238–263). México: Secretaría de Eduación Pública.

● UNDESA, UNDP, UNESCO. (2012). *Governance and development. Thematic Think Piece.* http:// www.un.org/ millenniumgoals/pdf/Think%20Pieces/7_governance.pdf. Accessed 1 Jan 2018.

● UNESCO. (2009). *Overcoming inequality: Why governance matters; EFA global monitor- ing report, 2009.* Oxford: Oxford University Press. https://unesdoc.unesco.org/ark:/48223/ pf0000177683. Accessed 1 Jan 2018.

● Uribe, C., Lopez-Cordova, E., Mancera-Corcuera, C., & Barrios-Belmonte, M. (2012). *México: Retos para el Sistema Educativo 2012–2018,* BID, PPT presentation. http://federalismoedu- cativo.cide.edu/ documents/97536/36092cfa-7133-449f-be68-72dd4dd1d9d1. Accessed 26 Jan 2019.

● Weber, M. (1968). *Economy and society.* Berkeley: University of California Press.

● Webster, A., D. McNeish and S. Scott with L. Maynard and S. Haywood. (2012). *What influ- ences teachers to change their practice? A rapid research review,* National Centre for Social Research for Centre for Understanding Behaviour Change, Short Policy Report No. 12/07 (February). https://www.bristol.ac.uk/media-library/sites/cubec/migrated/documents/pr7.pdf.
Accessed on 25 Jan 2019.

● World Bank. (2017). *Poland catching-up regions. Overview report.* Washington, DC: The World Bank. http://documents.worldbank.org/curated/en/693011496056300360/pdf/115314-WP- OverviewENvwww-PUBLIC-ENGLISH.pdf. Accessed 9 Nov 2018.

Chapter

06

ペルー
—学習と公平性へのこだわりに
裏打ちされた包括的な改革

ハイメ・サーベドラ（Jaime Saavedra）
マルセラ・グティエレス（Marcela Gutierrez）

J. Saavedra (✉) · M. Gutierrez
The World Bank, Washington, DC, USA
e-mail: jsaavedra@worldbank.org; mgutierrezb@worldbankgroup.org

© The Author(s) 2020
F. M. Reimers (ed.), Audacious Education Purposes,
https://doi.org/10.1007/978-3-030-41882-3_6

Chapter 06 第6章 ペルー——学習と公平性へのこだわりに裏打ちされた包括的な改革

ハイメ・サーベドラ（Jaime Saavedra）
マルセラ・グティエレス（Marcela Gutierrez）

【要旨】

　数十年にわたる拡大を経て、ペルーの教育制度は、アクセスは比較的高い程度を達成したものの、その質は低く、不平等であった。学習危機の深刻さは、ペルーがPISAで最下位となった2013年に明らかになった。これを受けてペルーは、これまでの取り組みを踏まえた野心的な改革を実施した。この改革は四つの柱で構成されている。(i) 選考と昇進を能力主義に基づくものにすることで教師のキャリアを刷新し、優れた人材を引きつけ、学校ベースのコーチングを通して教師の専門的な能力開発を支援する。(ii) カリキュラムの見直し、幼児教育と全日制教育の拡大、学校への直接支援（レッスンプランと学校補助金）、そして大学システムの大規模な制度改革を行うことで、万人のための学習の質を向上させる。(iii) 学校の計画策定のために学習調査データを活用するなど、学校と教育システムの効果的なマネジメント。これによって、学校の自律性が高められ、校長の選考に能力主義が導入され、エビデンスに基づく意思決定の文化が創出された。(iv) インフラの格差を解消する。この改革プロセスには、大きな政治的、財政的な努力が必要だったが、その結果、生徒の学習成果は目覚しく向上した。最も重要なことは、学習に焦点を当てるという考え方の変化をもたらしたことである。

06.1 −はじめに−

　ペルーはこの20年間、安定した成長を続けてきたが、経済成長に伴って人的資本への投資が活発に行われたわけではなかった。この間、教育制度の大幅な拡充が図られ、就学率は着実に上昇した。しかし、財政支出は同じペースで加速してはおらず、生徒一人当たりの支出が徐々に減少していった。まさに、量と質のトレードオフが起きていたのである。現在では、より多くの子どもたちが学校に通っており、実際、純就学率は初等教育レベルで100%近く、中等教育レベルで80%近くに達している。ペルーは中所得国であり、90年代から第一次改革を実施して経済成長を促進してきたが、機会の平等を推進するための他の構造改革などは行われなかった。教育の機会は拡大したのだが、その質は低く、また不均等なものであった。また、就学自体は増えたが、学習量は十分ではなかった。座席数は増えたものの、学

校や教師には、子どもたちが潜在能力を最大限に発揮するために必要なコンピテンシー、能力、知識を身につけるためのサポートを行う体制が整っていなかった。

　2003年以降、ペルーでは2年生の全クラスを対象に全国統一試験を実施し、学習状況を厳密に測定するシステムを導入している。結果の示すところによれば、一貫して学習率が低く、比較的横ばいであった。しかし、2013年11月、閣僚交代後に発表された2012年PISAの結果のために、いわゆるPISAショックを受けることとなった。ペルーは、PISAを受験した65カ国の中で、下位10%ですらなく、最下位だったのだ。これは国全体にとっての衝撃であった。政府は、「しかし、ペルーは2009年以降、どの国よりも成績を上げている」（これは事実である）、あるいは、「しかし、PISAを受験してすらいない多くの国よりも我々は優れている」、「これはOECD諸国の試験であり、ペルーの文化や関心とはかけ離れたものだ」などと言って、結果を軽視することもできた。しかし、そのルートが選択されることはなかった。その代わりに、政府はこの問題を自分のものとして、結果を使い、「いいか、我々は単に問題を抱えているのではない。深刻な問題を抱えているのだ」と意思表示をしたのである。この国の主要な新聞の一面に教育が掲載されたのだが、そもそも教育が新聞の一面を飾ることなど今まで決してなかったのである。

　ペルーではその後、学習効果を高めることを目的とした教育改革が行われ、現在もそのプロセスが進行中である。構想された改革には四つの行動指針があり、それらを同時に、かつ包括的に追求する必要があった。それらは（i）教師のキャリアの再評価、（ii）すべての生徒の学習の質の向上、（iii）学校システムの効果的な運営、（iv）インフラのギャップの解消、である（図6.1）。

図6.1
ペルーの教育改革の柱

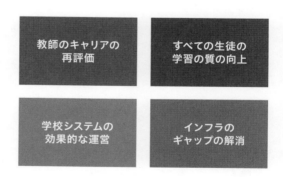

この改革の要素は、それまでに国内の多くの関係者と協議して策定されてきた複数の国家計画（万人のための教育国家計画2005-2015などを含む）の延長線上にあるものであった。しかし、この改革は、一般市民、教師、ビジネス関係者、ジャーナリスト、そして政権自身にもよく理解してもらう必要があった。公教育の質は低く、これは避けられない宿命であり、教育セクターが二流のものに堕してしまうという認識があったのである。実際、2012年の年次経営者会議（スペイン語で頭文字をとってCADE）では、公共部門で必要とされる改革は不可能に近いという認識のもと、民間部門をどのようにして教育の提供者として活用できるのかということが議題の一つとなっていた。つまり、改革が必要なだけでなく、公共部門の変革

と改善が可能であることを国民に明確に示すために、その改革は十分に伝えられ、実行可能なものでなければならなかったのである。それには計画がなければならないが、それと同じくらい重要なのは、明確で実行可能な計画があるという認識を国民に持ってもらうことであった。

　学習レベルの低さは、質の非常に大きな不均一性をも伴っていた。非常に不平等な国であるペルーにおいては、結果の不平等の原因の大部分を、深刻な機会の不平等に求めることができる。親の社会経済的背景、居住地、民族によって、子どもの教育の質が決まり、また、幼児教育や高等教育へのアクセスにも差が出る。例えば、公立教育機関と私立教育機関の間の質の差は大きく、また、同一カテゴリー内でも多くのばらつきが存在していた。都市部の学校と農村部の学校の質にも非常に大きな差がある。このような不平等の存在を踏まえ、2013年から2016年にかけて行われた改革では、公的制度を改善し、貧困層が質の高い教育を受ける機会を増やすことに重点が置かれた。

　改革が始まった当初、公教育には多くの欠点が存在していた。まず、学校のインフラの状態は非常に貧弱なものであった。それは、長年にわたる投資にもかかわらず、建物を維持するための経常的な支出が公共予算に含まれていなかったことが一因である。教科書は不足しており、すべての学校に計画通りには届かず、多くの場合、学用品が不足していた。経常支出のほとんどは、教師の給料だったのである。

　一般の人々の視点から見ると、公教育の問題のほとんどは、公立の教師の準備や取り組みの不足に起因していると考えられていた。彼らは、労働組合に所属する伝統的な公務員の集団であり、子どもたちの学習ではなく、自分たちの労働権や雇用の安定だけを重視していると見なされていた。実際、この認識に当てはまる教師のグループもあったが、多くの場合そうではなかったのである。モチベーションの問題や給料の低さもあったが、内発的な動機に基づきこの職業に就いている先生もたくさん存在していた。そもそも、学習の魔法は、教師と生徒の相互作用から生まれるものなのである。このように、教師のキャリアパスを改革し、優秀な人材を集め、既存の教師から最高のパフォーマンスを引き出すことが、改革の重要な要素だったのである。

06.2 −教職の社会的価値を高める−

　学校の良さは、教師の良さである。米国では、効果的な教師がいるクラスの生徒は1学年で1.5学年分か、それ以上進むのに対し、効果的でない教師がいるクラスの生徒はわずか0.5学年分しか進まないという（World Development Report 2018）。教師の質が学習に与える同様の効果は、エクアドル、ウガンダ、パキスタン、インドでも観察されている（Bau & Das 2017）。Beteilleと Evans（2019）によると、生徒の学習を改善するための最も効果的な介入のいくつかは、教師に依存しているという。彼らは、低・中所得国において、以下の三つのタイプのプログラムが生徒の学習に与える効果を比較した。それらは、教師主導の介入（例えば、構

造化された教授法など）、コミュニティに基づくモニタリング、そして、コンピュータ支援学習プログラムの三種類である。その結果、教師主導の介入が生徒の言語スコアを約 9 カ月分上昇させたのに対し、コミュニティに基づくモニタリングはその半分、コンピュータ支援型学習プログラムは 20 分の 1 以下の効果しかなかったことが示された。この結果は、世界で最も優れた成績を収めている教育システムをめぐる分析などの他のエビデンスによっても支持されており、各国の学習レベルは教師の質に依存しており、学習を向上させるための最良の介入策は教師のトレーニングであると結論づけている（Barber & Mourshed 2007）。

　このようなエビデンスにもかかわらず、ペルーの教職は高給ではない。ペルーの教師と似たような特徴を持つ専門職の平均給与は、教師のそれよりも 42％高かった。実際、ペルーは教師とその他の専門職の間の賃金格差が最も大きいラテンアメリカ諸国において 2 番目に格差の大きい国なのである（Mizala & Ñopo 2016）（図 6.2）。

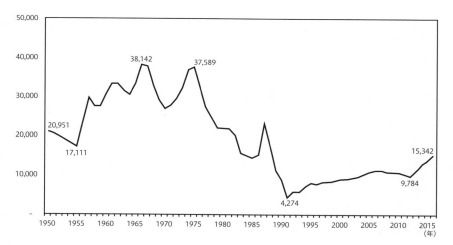

図 6.2　ペルー人教師の年間給与 1950-2016 年（2011 年の恒常価格、単位は $）（Ñopo 2017 より転載、GRADE（2004）を参考に更新したデータである）

　1970 年代までは、教師という職業は、新興中産階級の典型的な職業であった。しかし、その年代に始まった教育の大衆化に伴い、教師の給料は実質的に徐々に下がり始めた。2010 年には、教師の給料は 1960 年代後半の約 3 分の 1 にまでなっていた（実質ベース）。また、社会的な評価も徐々にではあるが着実に低下していった。公的機関の教員採用基準が引き下げられ、教員養成を行う機関の質が低下する一方で、教育機関（大学を含む）の数は増加した。教師のインセンティブは、パフォーマンスや専門性とは無関係であり、最も強調すべきは、生徒の学習とは何の関係もないということである。世論調査会社 IPSOS が 2015 年に実施した調査[注1] によると、ペルー人のほとんどが教育に対して良いイメージを持っていないことが分

かった。30％が公立学校の教師の仕事は質が低い、または非常に低いと考えており、55％が教師は楽な仕事だと考えており、64％が自分の子どもに教師の道を歩ませたくないと考えている（特に社会経済的地位の高い人々の間で顕著である）。さらに、教師自身も自分たちの仕事に対する評価が低く、63％が自分たちの職業の価値を社会が極小化していると考え、53％が自分の子どもを教師にしたくないと答えている[注2]。全体として、ペルー社会は教育というものを劣悪なキャリア選択と見做しているのである。

低賃金と社会的価値の低さなどが、若者の教師の仕事への関心を低下させてきた。1999年から2012年の間に、35歳以下の教師の割合は51％から21％に減少した。同じ期間に、44歳以上の教師の割合は15％から47％に増加している[注3]。心配なことに、中等教育を修了した優秀な学生たちは、教師を希望するキャリアパスとして思い描いてはいないのである。

この状況はペルーに限ったことではない。Elacqua ら（2018）は、このようなラテンアメリカで広く見られる現象を記述している。彼らは、1960年から1980年の間に就学対象が急速に拡大したため、より多くの教員を雇用する必要があったと述べている。これを達成するには、教師になるための基準を下げ、教師養成機関の数を増やすしかなかったのだが、多くの場合、あまり規制がなかったという。また、生徒一人当たりの支出が減るにつれ、教師の労働条件も低下していった。この二つの要因により、教師の威信が失われていったのである。

> 教員のキャリアの社会的価値を高めるための改革の要素。
> ●教員改革法（Ley de Reforma Magisterial）
> ●教職のための奨学金
> ●就職時の評価
> ●教員の昇進評価
> ●学校ボーナス
> ●教師の専門的な能力開発

2012年に教員改革法（Ley de Reforma Magisterial）が成立した。この法律は、優秀な人材を教職に引きつけ、そこに引き止めることを目的としており、能力主義に基づいた新しいキャリアパスを導入している。この新しいパスでは、教職への就職は、その教師の努力とパフォーマンスに基づいて行われ、維持と昇進は、在職期間や年齢だけでなく、実績に関連して行われるのである。また、能力開発の新しいスキームも導入されることとなった。

（注1）IPSOS（2015）より。この調査は2015年に教育省から依頼されたもので、16都市を対象としている。
（注2）公私立教育機関の教員を対象とした全国調査（ENDO）、2014年に基づく。
（注3）ENAHO 1997-1999 および 2010-2012 を用いて教育省が算出。

06.2.1 −最高の候補者を教職に引き寄せ、選抜する−

中等教育機関の卒業生が教師になることを奨励するために、教育省は 2014 年に教職のための奨学金（Beca Vocacion de Maestro）を開始した。この奨学金は、国内の優秀な大学で教育学を専攻する学部生に、成績に応じ学費全額を提供するものであった。年間で約 500 名に奨学金が授与された。数は少ないものの、公的セクターが優秀な学生をキャリアに引きつけ始めていることを示すシグナルとなったのである。

大きな課題となったのは、公正で透明性のある採用と職に留まるプロセスの実行、現職研修の強化、そしてキャリアの社会的価値の向上などを含む、法律に定められたいくつかの義務の実行であった（Vargas & Cuenca 2018）。公立の教職に就くための最初の評価は 2015 年に実施された。19,632 人の公務員としての教職に 202,000 人の応募があった。教師は、基礎能力（読解力と論理力）、カリキュラムの知識、教授法、専門性を測る筆記試験で評価された。その結果、最低点を獲得した者は、実際に授業を行い、同僚から直接査定されるという第二段階の評価プロセスを経ることになっていた。優秀な人材を確実に教職に就かせるために、教育省は試験の成績優秀者の上位 3 分の 1 に 6,000 米ドルの経済的なインセンティブを与えた^{（注4）}。これは、他の同じような政府の施策と共通するものであった。

2 万人分のポストが用意されていたが、20 万 2 千人の応募者のうち選ばれたのは 8,137 人であった。これは採用率が 4％であったことを意味しており、名門大学の入学率よりも厳しいものであった。そのうち、54％が農村部の学校で働くことになった。このプロセスは、教育学的にもロジスティクス的にも複雑なものであった。筆記試験で優秀な人材を正しく見極めるのは容易ではない。筆記試験は第一段階として用いられたが、人数の規模から見て他の方法を導入するのは困難であった。重要なことは、改革が受け入れられるためには、このプロセスが公正で透明性があり、これまでの慣習である汚職やコネの気配すらないと認識されることが不可欠だったということである。このプロセスが成功した理由の一つは、世論が、そして何よりも教師が、このプロセスは能力主義的であり、いかなる政治的な干渉をも受けないものであると考えたためである。

（注4）これは、公的な教育ポストへ引きつけるためのボーナス（Bono de Atracción a la Carrera Magisterial）を通して行われた。

06.2.2 −教師のパフォーマンスと努力に報いる−

2014 年には、20 年以上ぶりに教員の昇進のためのコンテストが開催された。勤続年数によらない昇進は初めての試みであった。18 万人以上の教師が参加し、60 以上の都市で一斉に筆記試験が行われた。およそ 3 分の 1 の教員が昇進し、平均で 32％の昇給を獲得した（実際の昇給率は 70％から 0％までを含む）。過去 5 年間の昇給率はわずか 8％で、ほとんど横ばいであった。試験は透明性、客観性、公平性が保たれ、汚職やコネなどは微塵もなかった。その後の 3 年間で 11 回の評価プロセスが実施され、教師が給与を上げられるような機会が幾度もあった。

教師が努力し、学習に焦点を当てることを促すために、生徒の成績で最大の伸びを達成した学校に携わったすべての教師と校長に対し、学校ボーナス（Bono Escuela）が与えられることとなった(注5)。このボーナスは、同じ地域の学校の中で、入学率とリテンション率［訳注：入学後、どれだけの生徒が退学せず学業を続けるかを示した割合を指す］、学校の学習スコアの変化に応じてランク付けされた上位3分の1の学校に与えられた。León（2016）による厳密な影響評価研究によると、この奨励金は生徒の学習に加えて、教師や校長の出席率にも統計的に有意なプラスの影響を与えたという。

　しかし、インセンティブは金銭的なものだけではなかった。組合との関係は複雑だったが、おおむね良好だった。まず、組合はすべての試験や評価プロセスをボイコットすることもできたが、そうはならなかった。組合のリーダーを含め、教師たちは大量に参加したのである。教育省の立場は、教師は解決策の一部であるというものだった。教育の質を向上させるためには、教師の参加とパフォーマンスの向上が不可欠であり、必要な物質的援助はすべて重要だが、人的要因こそが最も重要なのである。まさに教師は改革のパートナーである。それが改革の一貫したメッセージであった。教師にはより良い報酬が与えられるが、それは教師のパフォーマンスと生徒の学習に基づいて行われるのである。ここでいくつかの重要なシンボルの存在が指摘できる。例えば、教師と直接コミュニケーションをとることを目的とした方針があった。学期初めに、ペルー全土の18万人の教師にテキストメッセージが送られたが、そこには「マリアよ、あなたはペルーの教育にとって必要不可欠なのです。私たちの生徒がベストであることを確実にするため、我々はあなたに期待しています。敬具、ハイメより」と書かれていた。以前は、教師が大臣から個人的なメッセージを受け取ることは決してなかった。また、全国的なコンテストを通じて、教師がイノベーションや優れた実践、新しいアイディアを発表し、共有する機会が増えたのである。さらに、教師の健康や福祉の問題にも大きな重点が置かれるようになった。

(注5) 2014年から2015年にかけて実施された学校ボーナス（Bono Escuela）は、8,000以上の小学校の3万人の教師と校長が受け取ることとなった。ボーナスは、教育機関の種類や教員（役職や学年）によって異なり、月給1〜2ヶ月分の間で変動する。

06.2.3 −教師の専門的な能力開発−

　教育省は、教員の現職研修のための新しい政策ガイドラインを承認した。このガイドラインでは、新任教員のニーズに対応し、すでに教室で働く教員の知識とコンピテンシーの向上を促進するような、体系的で多様な研修についての明確な計画が提示されている。

　2016年、同省は初めて、公立学校での教職経験が2年未満の者を対象とした初任者研修プログラムを実施した。このプログラムは、教師の専門的・個人的なコンピテンシーを強化し、労働力としての導入を容易にし、教師の取り組みと組織的責任を促すことを目的としている。経験豊富な教師が6ヶ月間、新任教師のメンターとなり、また、新任教師はオンライン教材や遠隔指導を受けることができる。

2018年、このプログラムは26地域1,559校において、1,694人の新規採用教員にサービスを提供したのである。

さらに2014年には、同省はコミュニティベースの幼児教育センターや単一教師・複数学年制の小学校の教師を対象とした継続的な専門能力開発プログラムの実施も開始した。これは、学校を中心とした永続的なコーチングプログラムである。このプログラムは、複雑な環境で働く教師に対して、計画的、継続的、適切かつ状況に沿った指導を行うことを目的としている。このプログラムでは、学校を訪問して授業を観察した後に教師にフィードバックを行い、少人数でのワークショップやコース、再教育プログラムなどが実施されている。MajerowiczとMontero（2018）は、この介入を評価し、標準化テストで測定した生徒の学習成果について、このプログラムにより0.25から0.38標準偏差の間で増加したことを明らかにした。重要なのは、この伸びは成績の良い生徒だけに集中しておらず、成績の悪い生徒にも同様な恩恵を与えていることである。著者は、この効果は研修終了後、少なくとも1年間は持続すると推定している。このプログラムは比較的コスト効率が良く、100ドルの投資に対して0.72から1.12の標準偏差分の伸びが得られた。なお、これは学校をやめた教師や、研修が時代遅れのものとなってしまう可能性なども考慮に入れた計算の結果である。

06.3 −万人のための教育の質を改善する−

ペルーの学校は、革新的かつ創造的で、疑問を持ち、自分の意見を持つことができる生徒を育てることを目指している。それは、ますます困難になる世界の一員として、自分の可能性を最大限に生かすためのツールを持った生徒たちである。あるいは、後に、国の発展のために尽力し、思いやりのある市民となる生徒たちだ。これを達成するためには、近代的なカリキュラムに導かれた質の高いシステムが必要である。すべての子どもたちにその本人にとって必要な教育を提供するシステムであるが、それは他の人が必要とする教育とは異なるかもしれないのである。

教員のキャリアの社会的価値を高めるための改革の要素
- カリキュラムのアップデート
- 小学校への教育支援
- 中等教育の全日制化
- 平等：バイリンガル・異文化間教育、特別支援教育、ハイパフォーマンス・スクール、そして代替的な基礎教育
  パフォーマンス・スクール、オルタナティブ・ベーシック・エデュケーション
- 幼児教育の拡大
- 高等教育の質向上のための制度整備
- 奨学金と教育ローンの国家プログラム

06.3.1 –カリキュラムのアップデート–

　ナショナル・カリキュラムの改革プロセスは、2010年の学習基準の策定とともに始まった（Tapia & Cueto 2017）。新しいカリキュラムを精緻化するためのこれらの進展を踏まえ、教育省は2012年から2016年にかけて、国や地域の公的機関（国家教育審議会を含む）、市民社会、教師、さらにはカリキュラムの構造や内容に関する国内外の専門家との全国的な協議プロセスを実施した（MINEDU 2017）。さらに、新カリキュラムでは、さまざまな国や地域のカリキュラムをレビューした結果をも考慮した。同カリキュラムは2016年6月に承認されることとなった。そこでは、就学前教育、初等教育、中等教育までに生徒が到達することが期待される学習成果が定められている。また、基礎教育を受ける生徒の「出口プロフィール」、分野横断的なアプローチ、要求されるコンピテンシーを育成するためのカリキュラムプログラム（教育サイクルごと）などで構成されている。

　生徒のための「出口プロファイル」では、基礎教育の終了までに学生が到達すべき11の学習成果を定義している。

- ●生徒は、自分自身を価値ある個人として認識し、さまざまな文脈の中で自分の文化を識別する。
- ●生徒は自分の権利と義務を認識し、ペルーと世界の歴史的・社会的プロセスを理解する。
- ●活発で健康的なライフスタイルを実践し、日々の活動やスポーツを通じて身体的な健康に気を配る。
- ●芸術作品を大切にし、そのような作品による文化や社会生活への貢献を理解している。また、自分の考えを伝えるために芸術を利用することができる。
- ●生徒は、母語、第二言語としてのスペイン語（母語が異なる場合）、そして外国語としての英語でコミュニケーションをとる。
- ●生徒は、生活を向上させ、自然を保護するために、ローカルな知識と対話しながら、科学的知識をも用いて自然界や人工的な世界を探究し、理解する。
- ●現実を解釈し、状況に応じた数学的知識に基づいて意思決定を行う。
- ●経済的、社会的起業家精神に基づいたプロジェクトを倫理的なやり方で指揮する。これにより、労働市場や生活手段の環境的、社会的、経済的な発展につなげることができる。
- ●学習とコミュニケーションのために、情報通信技術を責任を持って利用する。
- ●学習成果を継続的に向上させるために、自律的な学習プロセスを身につけている。
- ●人々の生活や社会における精神的・宗教的側面を理解し、評価する。

　また、ナショナル・カリキュラムには、教室における教師の教育活動に情報を提供し、先述の出口プロフィールを得るために学生が身につけるべきコンピテンシーに関連する七つの分野横断的なアプローチが含まれていた（MINEDU 2016）。

●権利に基づくアプローチ：学生の権利と義務の認識を促進し、自由、責任、協働などの他の民主的価値を促す。

●包摂的で多様性を意識したアプローチ：すべての人を平等に尊重し、差別や排除、機会の不平等を避けることを教える。

●異文化間アプローチ：多様な文化的視点から生まれたアイディアや経験のやり取りを促進する。

●ジェンダー平等アプローチ：男女間の機会の平等の必要性を認識する。

●環境的アプローチ：環境を大切にするための教育を目指す。

●共通善のアプローチ：共感、連帯感、正義感、公平性などの社会情動的スキルの育成を促す。

●卓越性追求のアプローチ：目標達成のために最善の努力をし、地域社会に貢献することを奨励する。

　新旧カリキュラムの間には、いくつかの構造的な変更が存在した（Tapia & Cueto 2017）。まず、学習に重点が置かれ、教育サイクルごとに期待される達成レベルを示す学習プロセス・マップと基準が明確に定義された。新カリキュラムはコンピテンシー志向で実践的なものであった。コンピテンシーは、統合された学習リソースを通じて習得されるものであり、断片的で分離した教育では習得できない。さらに、生徒の学習プロセスの進行と継続性に焦点を当て、全体的な計画の一部として、また各サイクルの終わりだけでなく日々の教育実践を導く情報源として、授業中の評価を重視していた。最後に、分野横断的なアプローチの一環としてジェンダー平等が盛り込まれた。その目的は、男の子と女の子、男性と女性には同じ権利、義務、機会が存在することを強調することであった。教育省は保守主義的な団体の反対に遭い、家族の原則を破壊する「ジェンダー・イデオロギー」を推進していると非難されることとなった（The Economist 2017）。その理由の一つとして、10代の妊娠とジェンダーに基づく暴力が非常に多い国では最重要課題である、性的指向に対する寛容と尊重の教え、ならびに性教育をカリキュラムに盛り込んだことが挙げられる。政治的な圧力により、2017年3月には、ジェンダー、性、セクシュアリティなどの概念を巡って、カリキュラムのわずかな文言修正が行われることとなった。

　教育省は、カリキュラムの実施には指導方法の変更が必要であることから、段階的かつ緩やかな実施を計画していた。まず2017年に都市部の公立・私立小学校で最初に実施され、2019年以降はすべての学校種と教育段階での実施を見込んでいる（RM 712-2018、MINEDU）。

英語と体育について

　2015年に「英語使用と教育の国家政策（National English Language Use and Teaching Policy）」が承認された。これにより、全日制の高校では、週2時間の英語教育の代わりに、自習用ソフトウェアと対面式セッションを組み

合わせた混合学習システムを用いて、週5時間の英語教育が行われるようになった。このサービスを提供するために、2015年から2016年にかけて、3,000人近い対面式の教師とオンラインの教師がトレーニングを受けた。このうち800人の教師が、ブリティッシュ・カウンシルとピアソンが提供するサマースクールとウィンタースクールの対面式トレーニングに参加した。また、600人近くの教師が、政府間協定が結ばれているアメリカやイギリスで学ぶための奨学金を受け取った。

体育と学校スポーツの強化のための国家計画には、授業時間を5時間に延長することのほか、教師のトレーニングやスポーツ用具の提供などが含まれている。2016年の時点で、全国で5,076人の体育教師枠が設けられ、7歳から17歳までの50万人の青少年が適切な条件の下で体育の訓練を行っている。2014年に始まったこの取り組みにより、80年代末に排除されることになった体育が正規のカリキュラムに戻ってきたのである。

06.3.2 –小学校への教育支援–

小学校における学習プロセスの質を向上させるために、教育省は以下の構成要素からなる教育支援（Soporte Pedagpogico）戦略を実施した。その構成要素とは、(i) 教師の作業を指導・促進するためのサンプル・レッスンプラン、教育実践における創造性とイノベーションを育むための小学校教師向けトレーニング・ワークショップ、教室で教師を指導するメンターやコーチ、教師や校長を含めた同僚間での学びのグループ、オンラインでの教育に関わる相談などを通した、教師や校長への支援、(ii) 学習スタイルの異なる1年生から3年生までの生徒を対象とした算数・国語の個別指導、(iii) 教育リソースの提供と活用、(iv) 日常的な場面で生徒の学習をサポートする方法を教える保護者とのワークショップや、親子で楽しみながら学べる集会などのような、地域社会や保護者を巻き込んだ活動、である。2016年現在、18地域の110万人（小学生全体の43％にあたる）の生徒がこの教育支援を受けている小学校に通っている。

なお、レッスンプランの使用については、賛否両論があったことが注目される。教育界の一部の評論家は、規定されたレッスンプランは教師の自主性や創造性を低下させるものであり、教師はカリキュラムのガイダンスに従いつつも自由に授業を準備すべきだと主張したのである。しかし、そもそもの提案内容は、レッスンプランの使用を義務とするものではなかった。授業を準備したい教師はもちろんそうすることが歓迎されるが、レッスンプランというものは、それが役に立つと思うような人のための基盤としての役割を果たすものでしかないのである。実際のところ、苦情を言うのは、レッスンプランを受け取っていない高学年の教師であることがほとんどであった。これらの教師たちは、自分たちもレッスンプランを受け取れるよう求めていたのである。

06.3.3 −全日制の中等教育学校−

1970年代の中等教育［訳注：ペルーの中等教育は5年制であり、これを卒業後、大学に進学することになる。従って、中学校という名称を避け、以下では中等教育学校と呼称する］への入学者数の増加に対応するため、ペルーの中等教育学校は3部制になった。全日制の中等教育学校モデルは、教育サービスの質を向上させることを目的として、学校の授業時間を週35時間から45時間に延長し、数学、コミュニケーション、英語、科学、体育、職業訓練などをより多くの時間をかけて教えることができるようにした。このモデルは、従来から全ての私立学校で行われていた授業時間や学校の仕組みを公立学校にも導入するものであった。新しいモデルでは、心理学者、ソーシャルワーカー、チューター、教育コーディネーターのサポートを受けて、運営体制も刷新された。また、設備やインフラも充実している。このモデルは、2015年に1,000校（34万5千人の生徒）でスタートし、2016年には1,601校（50万人以上の生徒）、2017年には2,001校にまで達した。さらに、長期的な目標は、ペルーの公立中学8,000校すべてをカバーすることである。

カリキュラムの実施を容易にするために、学校はハードウェア、ソフトウェア、デジタル設備、そして技術とカリキュラムを結びつける教師のトレーニングを受けているところである。例えば、全日制の中等教育学校では、英語、コミュニケーション、数学、科学の各科目にICTを導入するために、ノートパソコンとソフトウェアのライセンスが取得、配布されている。加えて、現在、国内の15地域の小学校にタブレット端末が配布され、教育リソースとして活用されている。

Agüero（2016）は、このプログラムの影響を検証し、初年度に数学の学業成績について0.14〜0.23標準偏差分の改善が見られたことを明らかにしている。このプログラムでは、初年度にコミュニケーションにおいても正の効果があったが、その効果はそれほど頑健なものではなかった。これらの結果は、ラテンアメリカで実施された同様のプログラムで得られた効果よりも大きく、世界的に見ても最も高い部類に属している。重要なのは、最も貧しい地区でより高い効果が得られたことである。

06.3.4 −一人ひとりの学生に必要なサービスを提供するための取り組み−

機会の平等という基本方針のもと、改革のシナリオの一部において、機会の平等とは、状況とニーズに応じて非常に異なるサービス、そして、生徒一人当たりの支出というものを意味していた。ペルーの重要な側面の一つは、非常に豊かな民族言語の多様性である。ペルーには55の先住民族のコミュニティがあり、47の異なる言語が話されている（Vílchez & Hurtado 2018）。そのためペルーでは、家庭でスペイン語とは異なる言語（ケチュア語、アイマラ語、アワジュン語、シピボ・コニボ語、アシャニンカ語など）を話す子どもが非常に多いのである。法律上、これらの子どもたちは、社会・文化に十全に参加できるように、母国語と（ケチュア語とならんで国語である）スペイン語の読み書きを教えるバイリンガルの異文化間

教育を受ける権利がある。ペルーは、こうした教育がこの地域で最も進んでいる国のひとつなのである。実際、ペルーでは文化的・言語的な強化戦略として、教材やカリキュラムの作成、教師のトレーニングなどが行われている。現在までに、500以上のタイトル（ワークブック、学校図書館用の本、教師用のカリキュラムガイド）が19の母国語で出版されている。同様に、コーチングプログラムを通じて9,000人の教師のコンピテンスも強化されてきた。後者は厳密な評価がなされており、異文化間の教育的支援を受けることで、生徒の学習に対し平均して数学で28ポイント、読解で21ポイントの影響があることがわかっている。これはそれぞれ、0.28、0.29標準偏差分と同等であった（Majerowicz 2016a）。教材制作の面では進歩しているものの、スペイン語と母国語の両方を話せる教師が十分にいないのである。2017年には、初等教育の生徒のうち母国語の教育を必要とし、そのための訓練を受けた教師がいるのは約半数にとどまった。

　また、教育省は、あらゆる種類の障がいを持つ子どもたちに対応するため、特別基礎教育に関する戦略を実施した。この戦略には、特別基礎教育センターの強化と、軽度または中程度の障がいを持つ生徒を通常の教室に受け入れ、包摂性と学習効果を高めることが含まれていた。この戦略の一環として、障がいのある生徒への対応についてすでに専門知識を持っている56の普通学校（1,500人の教師）が、インクルーシブ教育やさまざまな種類の障がいに対応した専門テキストによる研修を受けたのである。さらに、今回初めて、普通学校に質の高いサービスを提供するために必要な技術設備が導入された。国内7地域の聴覚障がいのある生徒が通うインクルーシブ教育の学校で、ペルー手話の通訳者も採用されることとなった。2015年から2016年にかけて、障がいのある生徒が通う普通学校の活動を支援するため、全国に26の特別基礎教育リソースセンターが設立された。ただし、2013年から2016年にかけて、特別基礎教育の予算は3倍になったが、その増加にもかかわらず、必要なサービスを受けられたのは、特別なニーズを持つ子どもたちの約25％にとどまった。

　三つ目として、米国のマグネット・スクールのように、特別に才能のある若者を対象としたハイパフォーマンス・スクール（COAR: Colegios de Alto Rendimiento）のネットワークが教育省によって創設されたことが挙げられる。COARは公立の全寮制学校で、才能のある若者がより難しいカリキュラムで自分の可能性を最大限に伸ばすことができるようにデザインされている。これらの学校は、国際的に認められた高い基準を提供する国際バカロレア（IB）の認定を受けているのである[注6]。各COARには、学業、スポーツ、芸術のいずれかの面で優れた能力を持つ生徒が1学年あたり100名ずつ選抜され、中等教育の最後の3学年が対象となっている。ペルーには以前からIB校が存在していたが、学費を課す私立のエリート校に限られていたため、このネットワークによって、能力主義的選抜によりIB教育を無料で受けることが初めて可能になったのである。2014年から2016年にかけて、このシステムは拡大し、各地域に一つのCOARが設置され、全国で合計4,350人の生徒にサービスを提供している。同プログラムの拡大後、公立のIB校で学ぶ生徒の数は、私立を上回るようになった。これらの学校の教師

のほとんどは、追加のトレーニングを受けた公立学校の教師だったが、2年後には元いた学校に戻っていった。CAFと教育省が実施したこのプログラムの影響評価は、現在進行中である。

(注6) https://www.ibo.org/programmes/diploma-programme/what-is-the-dp/

06.3.5 ─幼児教育サービスの拡充─

ペルーでは、3〜5歳の子どもを対象とした幼児教育へのアクセスは、貧困層ではかなり低いため、対象範囲を拡大することが政策の優先事項であった。2011年から2016年にかけて、純出席率は73%から86%に上昇した。この期間に、農村部の4,150以上の村で、初めて幼児教育サービスが受けられることとなった。これにより、都市部と農村部のアクセス格差が完全に解消されたのである。既存および新規の幼児教育センターに教育リソースと教材が提供され、3,000人以上の教師が初任者研修を受けることとなった。厳密な影響評価によって、公的な幼児教育プログラムに参加することで、2年生段階の生徒の読解力で8.7点、数学で2.5点の正の効果があったことがわかっている（Majerowicz 2016b）。

06.3.6 ─高等教育の質に関する制度的取り決め─

ペルーの高等教育制度は、過去20年間にわたって拡大してきた。多くの新興国で見られるように、この拡大は急速で混沌としたものであった。このシステムはほとんど規制されておらず、高等教育の入学者数の増加の約90％は、民間部門の拡大によって説明されるもので、その質は極めて不均一であった。数十年にわたる混乱の後、2014年7月に新しい大学法（Ley Universitaria）が公布された。この法律では、ペルーの大学システムを、学術的に自律性を有する公私立の機関であり、専門家や市民の育成に責任を負い、研究を優先し、かつ、国の開発に関わる課題の解決に貢献する責任を持つものと定義している。

また、「高等教育の質保証方針」が承認され、質の向上のための四つの柱が確立された。それらは、（i）経営情報システム、（ii）質の向上、（iii）継続的な改善のための認証評価、（iv）基本的な質の条件を保証するためのライセンス付与、である。

例えば、第一の柱の一環として、2015年7月に「レースへの参加（Ponte en Carrera）」（www.ponteencarrera.pe）が立ち上げられた。「レースへの参加」は、労働市場の成果に関する詳細な情報を提供するオンライン・プラットフォームである。このポータルでは、大学や専門学校、あるいは教育機関の特徴に応じた、異なるキャリアから得られる収入についての情報を提供している。Yamadaら（2016）は、このポータルのデータを用いて、情報の社会的価値を分析している。彼らによると、大学とキャリアの組み合わせのうち、経済的リターンがプラスになるのは62%に過ぎないという。さらに、負のリターンしかない大学でのキャリアを選択した新卒者のうち、たった1%が（その負のリターンの情報が得られるようになったことで）代わりに労働市場に直接参入したとすると、生涯で450万ペルー・ソ

ル（130万米ドル）の追加収入が得られることになるため、著者らはこのポータルの社会的価値は高いと推定している。

　この新法により、全国大学教育監督庁（SUNEDU）が設立されることとなった。同組織は、基本的な質基準に基づいて大学を認可し、また、公的資源の適切な利用を監督する役割を担うものである。これは、公立の場合はほぼ公的資金で賄われており、私立の場合は消費税が免除され、所得税も非常に優遇されていたためである。2015年11月、SUNEDUは「基本的な質に関する条件」を承認した。12月には、「違反と制裁に関する規則」の承認も行なった。そして、認可のプロセスは2016年に始まった。大多数の私立大学は自らの大学規則を新法に沿うよう改正し、また、大多数の公立大学は同法で定められた普遍的な投票メカニズムを用いて大学当局を刷新した。

　この法律の承認、特に新しい規制の枠組みの導入と新しい規制機関の設立は、政治的に非常に大きな論争を伴うものであった。新興国、特に南アジアやアフリカでは、質の低い私立大学の所有者が政治的に代表権を持っていることが多く、基本的な基準を設けることや、免税制度の運用をより厳しく監督することに同意しなかったのである。当時、議会では政権側が相対的に多数を占めていたにもかかわらず、同法は僅差でようやく可決されることになったが、これは大学に対するより効果的な規制を設けることに好意的な世論があったことが一助となったのである。同法は法廷でも幾度か争われ、憲法裁判所にも訴訟が提起された。いずれの場合も、大学法は問題なしとされた。さらに、公立大学と私立大学の両方の学生団体から非常に強い政治的支持を受け、ソーシャルメディアやデモを通じて、改革への支持が何度も声高に表明されることとなった (注7)。

(注7) 同法が承認されてから5年後、およそ60の大学が運営の許可を取得したが、他のいくつかの大学は監督下に置かれ、四つの大学では閉鎖の手続きが取られていた。

06.3.7 −奨学金と教育ローンの国家プログラム−

　政府の優先課題は、貧困層が質の高い高等教育を受けられるようにすることであった。2012年には、初めて大規模な公的奨学金をめぐる国家政策が擁立されることとなった。この奨学金と教育ローンに関わる国家プログラム（National Program of Scholarships and Educational Credit、スペイン語の略語でPRONABEC）は、2012年から2016年の間に約10万人分の奨学金を支給し、年間予算は2億8千万米ドルにも上り、ラテンアメリカ最大の公的奨学金プログラムの一つとなっている。PRONABECには、以下のようないくつかの奨学金が含まれている。

● 「奨学金18（Beca 18）」は、社会経済的に恵まれない環境にありながら高い学力を持つペルーの若者に、学部課程で学ぶための全額奨学金を提供するものである。2011年から2016年にかけて、ペルーの94％の地区で、資力に乏しい約5万人の若者に学部課程での学資金を提供してきた。厳密な評価によると、

このプログラムは、高等教育へのアクセスの割合を高め（大学へのアクセスは33ポイント、教育機関へのアクセスは40ポイント）、学生の福祉を向上させることがわかっている。さらに、奨学金を受けた者は、より良い大学に進学し、より早く勉強を始める傾向があるという。しかし、奨学生はより多くの差別を受けていると報告しており、承認される授業の割合も低いという（これは、より質の高い教育機関に入学していることと関連している可能性がある）（MEF 2019）。

● 「連邦大統領奨学金（Beca Presidente de la Republica）」は、主要な世界ランキングで上位400位以内にランクインしている名門大学の大学院での研究（修士課程および博士課程）を支援するものである。この奨学金ですべての費用がカバーされる。申請者は、出身学部の中で上位3分の1の成績を収め、一流大学からの入学許可書を持ち、自身の月収が大学院の学費を支払うには不十分であることを証明しなければならない。2016年までに、およそ1,500人に授与されてきた。

● 「大学教員奨学金（Beca Docente Universitario）」は、国内外の有名大学で公立大学の教員が修士課程や専門課程を学ぶための資金を提供する。2016年までに11,742人の教師がこの恩恵を受けている。

● 2015年、高校を卒業していない若者を対象とした「再チャレンジ奨学金（Beca Doble Oportunidad）」が開始された。これにより、受給者は中等教育学校の第五学年の学習を終え、職業高校修了証明書を取得することができる。

また、ペルー政府は2015年に「クレディット18（Credito 18）」という教育ローンを立ち上げた。これは、若者が自分の将来の収入をローンの保証にして、ペルーの最高の大学や教育機関に入学することを可能にするものなのである[注8]。このプログラムには、卒業生の就職率が高く、国とローンを二分割して保証してくれる機関のみが参加している。融資を受けられるのは、高校および大学で高い成績を収めた若者に限られる。

（注8）カトリカ大学、デル・パシフィコ大学、カエタノ・ヘレディア大学、ピウラ大学、ペルー工科大学（UTEC）、高等技術学院（TECSUP）が対象である。

06.4 −学校システムの効果的な運営−

ペルーの教育システムでは、52,000の公立学校に通う約700万人の生徒とその家族に、日々質の高いサービスを提供しなければならない。ペルーの場合、公共部門がサービスを提供すると同時に、民間部門の提供については規制を課している。そのため、何千もの民間のサービス提供者の活動も規制する必要があるのである。さらに、このシステムは、800の専門技術学校、および教育機関を管理し、およそ150の大学をも統制している。また、このシステム自体は、教育省に勤務する3,500人の職員、25の地方教育局（DRE: Direcciones Regionales de Educacion）と220の地方教育管理事務所（UGEL: Unidades de Gestion

Local）に勤務する 4,000 人近い政府職員、公立学校に勤務する約 38 万人の教師と校長、そして民間部門に属する 10 万人の教師と校長によって管理されているのである。

　このような教育サービスは、提供するにも規制するにも非常に複雑なものとなっている。教育システムは、人々の人生を形成するものである。それは、生徒に知識、価値観、ライフスキルを身につけさせ、彼・彼女らが自らの運命を決める市民となり、生産的で充実した人生を手に入れることができるようにしなければならない。教育改革では必ずしも強調されていないことの一つとして、このような複雑なサービスには、たとえ学校が自律性を持つシステムであっても、非常に優秀で学際的な官僚が必要であるということが挙げられる。サービスの質、および、この章で述べたすべての改革の実施というものはいずれも、マネジメントにかかっているのである。サービスの提供をデザインし、実施し、評価し、常に調整していくためには、タスクを割り当て、その進捗を監視し、仕事のペースを決め、人的・物的リソースを効果的に管理する経営体制が必要なのである。

　各学校レベルでは、学校経営の質は、教師の影響力、提供されるサービスの質、そして教育機関全体の運営に非常に大きな影響を与える。この主張を裏付けるエビデンスとして、「国内外から得られた相関的なエビデンスに加えて、影響評価の数が増えていることから、より高いスキルを持った管理職と効果的な経営手法の使用が教育と学習を改善することが示されている。PISA に参加している国々から得られたエビデンスは、この考えを裏付けるものである。つまり、学校経営の質が最下位から最上位の四分位に移行することは、1 年間だけでも約 3 カ月の学校教育の追加と相関している」という（Adelman & Lemos, forthcoming, p. 2）。Barber と Mourshed（2007）は、2006 年に行われた研究である「学校リーダーシップのための国立大学（The National College for School Leadership）」を引用し、生徒の学習において優れたパフォーマンスを達成している学校は、その経営方法には違いがあるかもしれないが、すべての学校で共通して、校長が優れたリーダーであるという特徴が見られると述べている。

　教育システムにおける経営の重要性にもかかわらず、ペルーの公立学校経営は、硬直した組織構造を特徴としており、校長は非常に多くの時間を事務作業に費やしていたが、それは学習を中心としたものではなく、あるいは、国内のさまざまな状況に合わせた柔軟なものでもなかったのである（MINDU 2005）[注9]。また、校長と教師以外の職員がいない学校においては、校長が多くの事務活動を行うことになっていた。ペルーでは、50,000 校の学校をサポートするために 32,000 人の事務職員が存在していたが、これは 1 校に 1 人以下の事務職員しかいないということを意味している[注10]。その結果、ほとんどの校長は日常業務や事務作業に集中し、教育的リーダーシップや人的資源管理に割く時間はほとんどない。地域ユニットも同様の問題に直面している。実際、2013 年には、地方教育管理事務所の職員のうち、学校に教育的支援を行っているのは 30％に過ぎなかった（なお、残りの70％は事務的な業務を行っている）。

> 教育システムの効果的な運営を促進するための改革の諸要素
> ●学校経営の強化：校長の役割を強化し、事務職員を雇用する
> ●中間・中央レベルでの運営体制の改善：プロセスの近代化、業績への真剣な
> 取り組みを創出
> ●データの収集・活用の向上

　教育における経営の近代化は、個々の学校の運営を強化することに主眼が置かれていた。そこでは、学校は、強力で独立したリーダーシップと適切な職員を必要とする、運営していく上で複雑な機関であると認識されていたのである。校長の役割を再定義し、校長の選抜方法を改善することで進展が見られた。2015年に初めて、既存の学校の約3分の1にあたる1万5,000人の校長が能力主義のプロセスに基づいて任命されることとなった。さらに、校長の研修プロセスが改善され、学校経営に関する専門的な研修を受けるようになった。最後に、校長の裁量権が拡大され、少額の維持費や購入費の使用と配分に責任を持つようになり、初めて教員の任命プロセスにも参加するようになったのである。

　校長の役割をサポートするために、この改革では事務職員の採用も行われた。2015年には、全日制の恩恵を受けた1,000校の中等教育学校で、約8,000人の事務職（心理士やソーシャルワーカー、管理職、秘書、介護者、清掃・メンテナンススタッフ）が採用された。この方針は、2016年に開校した600校の新たに追加された全日制中等教育学校でも継続され、各学校における事務職員の格差を徐々に埋めていくことが目指されている。

　この改革では、教育システムの中間管理職（地域教育局［DRE］と地域教育管理事務所［UGEL］）や、教育省、あるいは中央レベルでの改善も行われた。例えば、パフォーマンス・コミットメント（Compromisos de Desempeño）は、セクターの優先目標に対するパフォーマンスに応じて、DREに追加のリソースを移すことができるツールとして設計された。これらの目標は、計画プロセスの改善、適切な学年開始のための条件の整備、年間を通じた管理の改善に関連していた。さらに、教育省では、実行管理機構、ダッシュボード、コントロールパネル、購買プロセスの簡素化など、大幅な近代化プロセスを実施した。

　最後に、学校レベル、UGELやDREレベル、そしてシステム全体のレベルで何が効果的に行われているかについての情報の不足に対処するため、情報システムが強化された。その一つが、「学校の信号機（Semaforo Escuela）」というツールである。この管理ツールは、生徒・教師・校長の出席率、教材の有無、基本的なサービスへのアクセスなど、学校の機能に関する重要な情報を収集する。2015年には、32,000の教育機関を訪問し、25万人以上の教師と面談が行われた。さらに、2016年には1万校以上の学校のデータが追加された。現在、このツールはシステム全体をカバーするに至っている。「学校の信号機」は、220のUGELの代表的な情報を月ごとに作成し、校長やUGELにとって説明責任を果たす手段となっている。作成されたデータから、UGEL（ほぼ州に相当）と地域レベルのデータを公開

することが可能になった。予想された通り、当初は、例えば教師の欠勤率などのデータを公開することは、一部の地域の知事には受け入れ難いことであったが、長い目で見れば、そうした反応も情報公開が政府のサービスの質を向上させるインセンティブになっていることを示す良い兆候だと言えよう。

(注 9) ほとんどの私立学校には、総務・財務担当者、心理士、警備、各業務のコーディネーターなどがいるが、公立学校は通常、校長と教師だけで構成されている。
(注 10) 2013 年の学校調査に基づき、教育の質に関する統計（ESCALE）より入手した教員以外の職員に関する元データおよび分析済のデータを参照。

06.5 *–教育におけるインフラ格差を縮める–*

　生徒の学習を実現するためには、最低限のインフラが整っていることが必要不可欠である。Murillo と Román（2011）は、国によって違いはあるものの、ラテンアメリカの初等教育においては、基本的なインフラやサービス（電気、水道、下水）、教育に関わるリソース（図書館、実験室、スポーツ施設、書籍、コンピューター）の有無が生徒の学力レベルに影響を与えることを明らかにしている。Leon と Valdivia（2015）は、ペルーのデータを用いて、学校リソースが学業成績に有意な効果を持つことを示している。彼らは、これまでの学校効果の推計では、特に最貧地域について、学校リソースの関連性を過小評価していたと指摘している。

インフラ格差を解消するための改革の諸要素
●教育インフラの全国調査
●投資の拡大
●教育インフラの維持管理プログラム
● PRONIED の創設
●特定地域向けの革新的な取り組み
●官民パートナーシップと公共事業税控除制度

　2014 年、国立統計情報研究所（INEI）は教育省と共同で、ペルーの歴史上初めて、公教育部門のインフラ状況の評価を実施した。教育インフラの全国調査では、10 校中 7 校で補強や改築が必要であること、60％の学校で地震のリスクが高いこと、3 分の 1 の区画で物理的または法的な解決がなされていないこと、農村部の学校の 80％以上で上下水道の利用ができないことなど、悲惨な状況が示されることとなった。何十年にもわたる不十分な投資と維持管理不足の結果、ペルーの教育システムには、基本的な教育インフラの赤字が蓄積され、それは GDP の約 10％にあたる 200 億米ドルを超える額となっている。この数字は、中等教育システム全体の一部制への転換、幼児教育の普遍化、複数学年制の学校の改善に必要な投資（必要な器具や設備を含む）を考慮すると、230 億米ドルに達するのである（MINEDU 2016）。

　そこで、政府は教育への投資を加速させた。2011 年から 2015 年にかけて、す

べての政府機関を含めた教育インフラへの公共投資額は 50 億米ドル（150 億ペルー・ソル）相当を超え、過去 5 年間と比較して 150%増加した。これらの投資は、全国の約 4,000 校の学校の修復や建設に充てられた。この投資のほとんどは農村部で行われており、2016 年の農村部における生徒一人当たりのインフラ投資額は都市部の 6.5 倍に上った。

学校インフラの持続可能性を確保するため、2012 年には教育インフラ維持管理プログラムが策定された。このプログラムにより、学校のインフラを維持するために、校長や学校が受け取るリソースが増えることとなった。2016 年までに、50,000 校以上の学校を対象に、18 億ペルー・ソル（5 億 3,000 万ドル）以上の修理費が支給された。

中央政府（教育省）によるインフラ投資の管理効率を高め、教育インフラのギャップを解消するプロセスを加速するために、2014 年に行政的・財政的な自律性を持つ「国家教育インフラプログラム」（スペイン語での頭文字をとって PRONIED）が設立された。この制度により、建設の技術的な書類が作成される速度を向上させるような標準化された建築モデルが策定され、また、すべてのプロジェクトを追跡する監視システムが確立されたのである。

教育改革では、特定の地域や生徒のニーズに合わせた革新的なインフラ投資も行われた。例えば、PRONIED は 2014 年に「セルヴァ計画」の実施を開始した。この計画は、国内で最もインフラ整備の必要性が高いジャングルのコミュニティを対象としている。同計画以前、ジャングルの学校は都市部と同じようにコンクリートで建設されていた。しかし、これらの構造は豪雨に耐えられず、夏には高温になるなど、ジャングルに適したものではなかったのである。セルヴァ計画では、この地域に適した学校の設計・建設が行われた。それは木造で、ソーラーパネルが設置され、雨をしのぎ、高温に対応できる特殊な屋根を備え付け、川が増水しても洪水にならないように地面から高い位置に建てられた。最初の 10 校の学校は、ヴェネツィア・ビエンナーレの世界的な建築の賞で 2 位を受賞することとなった（MINEDU 2016）。

インフラギャップ解消のスピードを上げるため、教育省は官民パートナーシップ（PPP: Public Private Partnerships）や公共事業税控除（OxI: Obras por Impuestos）を通じた民間企業との連携を強化した。PPP は 2014 年からその計画が開始されたが、2016 年までに、学校 66 校、COAR7 校、高等技術教育機関 3 校のインフラ課題に対応する教育に関する PPP が策定されることとなった（潜在的な投資額は 22 億ペルー・ソル［6 億 4,800 万米ドル］に相当する）。

06.6 −財政−

2003 年、すべての政党、ビジネス協議会、市民社会団体が署名した国民協定により、教育費を毎年対 GDP 比で 0.25％ずつ増加させ、GDP の約 3％を基準にして、GDP の 6％まで達するようにすることが合意された。その 10 年後、教育費

はまだ GDP の 3％程度にとどまっていた。しかし、教育改革を実施するために、2011 年から 2016 年にかけて、教育予算は対 GDP 比で 2.8％から 3.9％、名目では 88％も増加した。これは、国家予算全体に占める教育予算の割合が 15％から 18％に増加したことに反映されている。前例のない大幅な増加がなされたのである。

　リソースの増加に伴い、より早く、より良く資金を使わなければならないというプレッシャーが高まることとなった。従来は、割り当てられた予算のかなりの部分が効果的に使われていなかった。支出を加速させるために、低い支出にとどまっている省庁の部署が他の部署に資金を放出できるようにする「シングル・バランス・ウィンドウ」の仕組み、スケジュールを短縮するための調達プロセスに対するより細かな監督、行政上のボトルネックを特定するためのダッシュボードなど、いくつかの対策が講じられた。これにより、省庁直轄のすべての部署（ただし、例えば、こうしたプロセスにおいて自律性を有する公立大学などは含まれていない）の支出が劇的に増加したのである（図 6.3、6.4、6.5）。

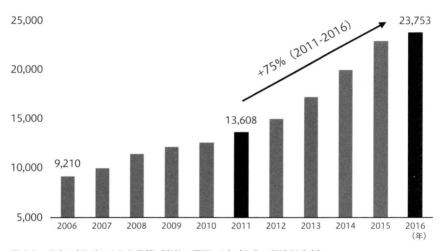

図 6.3　教育に割り当てられた予算（単位：百万ソル）（出典：経済財政省）

　支出の増加は、三つの教育レベル（幼児教育、初等中等教育）における生徒一人当たりの支出の大幅な増加にも反映されている。しかし、支出額はまだ他のラテンアメリカ諸国や OECD 諸国には遠く及ばない。2011 年から 2016 年の間に見られた大幅な増加にもかかわらず、ペルーは初等教育において生徒一人当たり約 1,200 米ドルしか支出しておらず、これはコロンビアよりも少なく、チリの約半分、OECD 平均の 5 分の 1 でしかない。生徒一人当たりの支出を増やし続けるための主なルートは、公共予算における教育費の割合を増やすことではない。事実、教育費はすでに国家予算のおよそ 20％を占めており、伸びしろは少ないのである。従っ

て、主なルートはむしろ国家の規模そのものを拡大することであろう。ペルーでは徴税率が低く、国家予算は GDP の約 16％と比較的小さい割合にとどまっている。これに加え、強力な経済成長プロセスを継続することもそうしたルートの一つであろう。

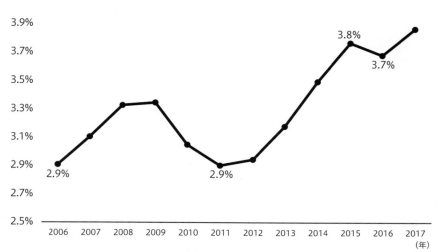

図 6.4　教育に割り当てられた予算の GDP 比（出典：経済財政省）

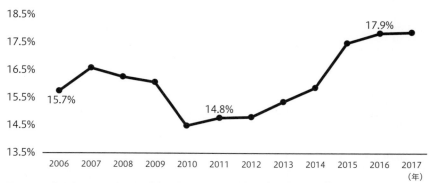

図 6.5　国家予算のうち教育に割り当てられた予算の占める割合（出典：経済財政省）

06.7 −生徒の学習結果−

　ペルーは、2009 年から 2015 年の間で、PISA における生徒のテストスコアの伸びが最も大きかったラテンアメリカの国である[注11]。生徒のアウトカムは常に向上しており、2009 年から 2015 年の間に、読解力と科学で 8％、数学で 6％増加した。この成長は、社会参加に必要な最低限のコンピテンスを下回る得点を取る生徒の数の減少に反映されている。こうした生徒の数は、科学で 10 ポイント、数学で 7 ポイント、読解で 11 ポイント減少した。重要なのは、ペルーの改善は特に公的な教育機関において顕著であるということである（Moreano et al. 2017）。PISA スコアの最大の改善は 2012 年から 2015 年にかけてみられ、これは改革が実施された期間（2013 年から 2016 年）と一致する。PISA の結果は、他のアセスメントとも一致している。例えば、1997 年から 2013 年にかけて、ペルーは三つのラテンアメリカ諸国の地域的なサーベイ（LLECE: Latin American Laboratory for Assessment of the Quality of Education）[注12]に参加している。これらの評価は、小学校 3 年生と 6 年生の英語、数学、科学のコンピテンシーを測定するものであった。2013 年と 2006 年を比較すると、ペルーはこの 3 分野で大幅な改善を示したのである。同様の傾向は、2007 年から小学 2 年生の全児童を対象に算数と読解力の評価を行っている全国学校調査のデータでも観察されている。2007 年から 2013 年の間に、読解力が十分なレベルに達している生徒の割合は 2 倍に、算数においてはその割合は 3 倍になっている。2014 年には、過去 7 年間で教育成果の最大の伸びが見られた。2011 年から 2015 年にかけて、満足できるレベルに達した生徒の割合は、読解力では 30％から 50％に、数学では 13％から 27％に増加した（図 6.6、6.7、6.8、6.9）。

（注 11）ペルーの読解の平均スコアは、327 点から 384 点に上昇した。PISA は数学、科学、読解のコンピテンシーを評価するが、国ごとに比較できるのは読解に限られる。
（注 12）1997 年に「第 1 次地域比較・分析調査（PERCE: Primer Estudio Regional Comparativo y Explicativo）」、2006 年に「第 2 次地域比較・分析調査（SERCE: Segundo Estudio Regional Comparativo y Explicativo）」、2013 年に「第 3 次地域比較・分析調査（TERCE: Tercer Estudio Regional Comparativo y Explicativo）」が実施された。

06.8 −今後の課題−

　近年重要な進歩が達成されてきたにもかかわらず、今後の課題はいまだ計り知れないものである。ペルーの教育制度の質と公平性は、本来あるべき姿からはまだ程遠い。例えば、2015 年の PISA では、ほとんどの生徒が依然として最低習熟度の基準を下回っている。基本的なコンピテンシーに達していない生徒の割合は、科学で 58％、数学で 66％、読解で 54％であった。同様のことは、全国学校調査でも見られ、満足できるレベルに達していない小学 2 年生の子どもの割合は、読解力で 50％、数学で 73％であった。以前に比べて劇的に改善されたが、まだ不十分なシステムであることは間違いないのである。

図 6.6
ペルーの生徒の PISA に
おける平均スコアの変遷
（出典：OECD 2017）

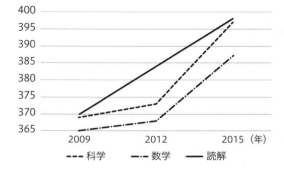

科学   ・ 数学   読解

図 6.7
ペルーの 6 年生の LLECE
における平均スコアの変遷
（出典：Bilagher 2014）

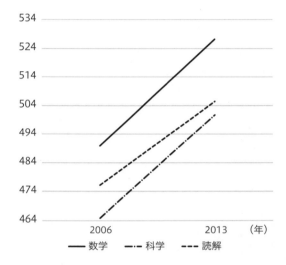

数学   ・ 科学   読解

図 6.8
ペルーの 3 年生の LLECE
における平均スコアの変遷
（出典：経済財政省）

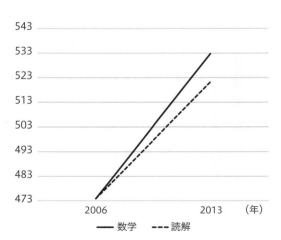

数学   読解

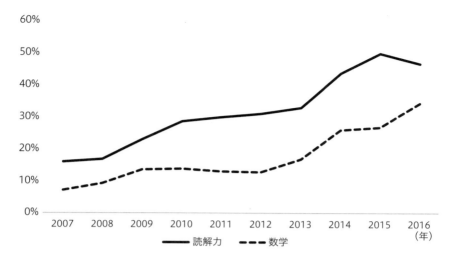

図6.9　全国学校調査において十分なレベルに達しているとされた2年生の割合
（出典：National School Census MINEDU）

　さらに、テストスコアはシステムの不平等性を反映している。PISAでは、家庭の社会経済的地位が低く、農村部出身で、公立学校に通っている生徒は、それ以外の生徒よりも低いスコアであった（Moreano et al. 2017）。さらに、改善されたとはいえ、農村部と都市部での学習成果の差は依然として非常に大きい。2007年から2014年の間に、読解力が満足できるレベルの生徒の割合は、都市部では21％から50％になったのに対し、農村部では6％から17％であった。また、数学で満足できるレベルの成績を収めた生徒の割合は、都市部では9％から30％の上昇幅であった一方、農村部では5％から13％の伸びにとどまった（図6.10）。

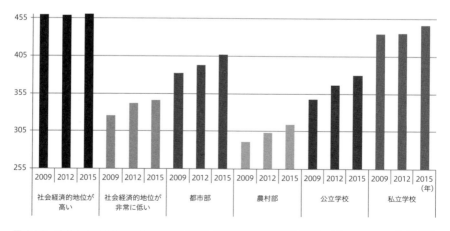

図6.10　生徒および学校の属性別で見たPISAの平均スコアの変遷（出典：Moreano et al. 2017）

　上述した政策のほとんどは、定着して普遍化されるまでに何年もの年月を要するであろう。特に、質の高い教育の提供に限定して分析すると、幼児教育が提供される範囲はまだ普遍的になってはいない。前述の通り、基本的な学校教育では、各生徒に基本的なスキルはもちろん、それぞれが潜在能力を最大限に発揮するために必要な機会も与えられていないのである。バイリンガル教育は開始されているが、まだ完全ではなく、全日制の中等教育もまだ普及していない。高等教育もまた、アクセスと質の両面で限界が存在している。2013年において、中等教育学校の卒業生のうち高等教育へアクセスできたのは39%にとどまっている(注13)。また、アクセスできたとしても、そうした学生たちは質が保証されているようなシステムに入学しているわけではないのである。ペルーにある140の大学のうち、世界のベスト500に入っている大学は一つもなく(注14)、ラテンアメリカ地域のベスト100に入っているのもわずか3校に過ぎない(注15)。

　公平性における格差に関しては、正しい方向に向かっていると言えよう。幼児教育へのアクセスの格差は解消され、中等教育段階の公立学校では、私立学校と同様に全日制の学校に通うことができる生徒が増えた。貧しくても才能のある子どもたちは、より高いパフォーマンスの学校（COAR）や、大学で学ぶための公的な奨学金を利用することができるようになった。しかし、基礎教育における都市と農村の質の格差は依然として大きく、優れた大学や専門学校へのアクセスも富裕層にとってより容易なままである。

　教育サービスを改善・拡大するには、前例にない財政的・政治的な努力が必要である。ペルー建国200周年にあたる2021年までに、教員の給与を2倍（2015年比）にすることが掲げられている。そのためには、予算の大幅な増額だけでなく、支出の効率化のプロセスを継続する必要があるだろう。しかし、最も重要なのは、学習へのこだわりを持ち続け、子どもたちの学校での経験の質を向上させることなのである。教師への投資を継続するには、学習への影響を期待するのであれば、教師や校長の選考・昇進における能力主義的なプロセスを深化させ、継続的な専門能力開発の文化を深めることが必須である。必要な制度変更はすでに実施されており、政治的な干渉やコネによらない能力主義的なキャリアを維持することに対して、政治的にも世論的にも明確な支持が得られている。

　高等教育レベルでも、システムの質を高めることを目的とした改革を支える制度的な改革が進み、若者や世論による政治への支持も明確になっている。しかし、他の国と同様に、勝者（現在、および未来の学生）が分散し、政治的に強力な敗者（質の低い教育機関）が凝集してしまうような大学改革では、政治的バランスの変化という脅威に常にさらされることになってしまうのである。

(注13) 教育省、教育の質に関する統計（ESCALE）より。
(注14) QS Ranking 2013より。
(注15) QS Ranking 2013より。

References –参照文献–

● Agüero, J (2016). *Evaluación de impacto de la Jornada Escolar Completa*. Repositorio institucional – GRADE. http://repositorio.grade.org.pe/handle/GRADE/378. Accessed 22 Nov 2019.

● Barber, M. & Mourshed, M. (2007). How the world's best-performing schools systems come out on top. McKinsey & Company. https://www.mckinsey.com/industries/social-sector/our-insights/how-the-worlds-best-performing-school-systems-come-out-on-top. Accessed 22 Nov 2019.

● Bau, N., & Das, J. (2017). *The misallocation of pay and productivity in the public sector: Evidence from the labor market for teachers*. Washington, DC: The World Bank.

● Beteille, T, & Evans, D., (2019). Successful teachers, successful students: Recruiting and supporting society's most crucial professions. The World Bank's policy approach to teachers. http:// documents.worldbank.org/curated/en/235831548858735497/Successful-Teachers-Successful- Students-Recruiting-and-Supporting-Society-s-Most-Crucial-Profession.pdf. Accessed 22 Nov 2019.

● Bilagher, M. (2014). Resultados comparados SERCE-TERCE. UNESCO Regional Bureau for Education in Latin America and the Caribbean, Santiago de Chile. https://drive.google.com/file/d/0BwzG1KOQMVTlVG5nOUV1LVlzM28/view. Accessed 22 Nov 2019.

● Elacqua, G., Hincapie, D., Vegas, E., Alfonso, M., Montalva, V., & Paredes, D. (2018). Profesión: Profesor en América Latina:¿ Por qué se perdió el prestigio docente y cómo recuperarlo?. Inter-American Development Bank.

● León Jara-Almonte, J., (2016). *Evaluación de Impacto del Bono de Incentivo al Desempeño Escolar o "Bono Escuela"*. GRADE – Proyecto FORGE http://www.grade.org.pe/forge/des- cargas/Evaluaci%C3%B3n%20Bono%20Escuela%20Juan%20Le%C3%B3n.pdf. Accessed 22 Nov 2019.

● Leon, G., & Valdivia, M. (2015). Inequality in school resources and academic achievement: Evidence from Peru. *International Journal of Educational Development*, 40, 71–84. https:// doi.org/10.1016/j.ijedudev.2014.11.015.

● Majerowicz, S. (2016a). *Evaluaciones Rápidas de Impacto: Acompañamiento Pedagógico, Soporte Pedagógico Intercultural (ASPI) y Soporte Pedagógico*. GRADE – Proyecto FORGE http://www.grade.org.pe/forge/descargas/evaluaciones%20rapidas%20de%20impacto%20 Majerowicz.pdf. Accessed 22 Nov 2019.

● Majerowicz, S. (2016b). *Impacto de educación inicial sobre desempeño académico*. GRADE – Proyecto FORGE. http://www.grade.org.pe/forge/descargas/Impacto%20de%20 educaci%C3%B3n%20inicial%20Majerowicz.pdf. Accessed 22 Nov 2019.

● Majerowicz, S. & Montero, R., (2018). Working Paper. "Can Teaching be Taught? Experimental Evidence from a Teacher Coaching Program in Peru (Job Market Paper). https://scholar.har- vard.edu/smajerowicz/publications/job-market-paper-can-teaching-be-taught-experimental- evidence-teacher. Accessed 22 Nov 2019.

● MEF. (2019). *Evaluación de impacto del Programa Beca 18 (Cohorte 2015 – Modalidad Ordinaria)*. https://www.mef.gob.pe/contenidos/archivos-descarga/Informe_FINAL_Beca_2015_publicar. pdf. Accessed 26 Aug 2019.

● MINEDU. (2005). *Plan Nacional de Educación para Todos, Perú*. Hacia una educación de calidad con equidad. Repositorio MINEDU. http://repositorio.minedu.gob.pe/handle/123456789/323. Accessed 22 Nov 2019.

● MINEDU. (2016). Por una Educación con Dignidad. http://www.minedu.gob.pe/p/pdf/inversion- en-infraestructura-educativa-2011%E2%80%932016.pdf. Accessed 26 Aug 2019.

● MINEDU. (2017). *National curriculum of basic education*. Lima: Ministry of Education.

● Mizala, A., & Ñopo, H. (2016). Measuring the relative pay of school teachers in Latin America 1997–2007. *International Journal of Educational Development, 47*, 20–32. https://doi.org/10.1016/j.ijedudev.2015.11.014.

● Moreano, G., Christiansen, A., Ramos, S., Saravia, J.C., Terrones, M., (2017). El Perú en PISA 2015: informe nacional de resultados. http://umc.minedu.gob.pe/wp-content/uploads/2017/04/Libro_PISA.pdf. Accessed 22 Nov 2019.

● Murillo, F. J., & Román, M. (2011). School infrastructure and resources do matter: Analysis of the incidence of school resources on the performance of Latin American students. *School Effectiveness and School Improvement*, 22(1), 29–50. https://doi.org/10.1080/0924345 3.2010.543538.

● Ñopo. (2017). https://twitter.com/hugonopo/status/892767867783041026

● Organisation for Economic Co-operation and Development. (2017). *PISA 2015 technical report*. Available at: http://www.oecd.org/pisa. Accessed 26 Aug 2019.

● Tapia, J., & Cueto, S. (2017). *El apoyo de FORGE al desarrollo del Currículo Nacional de la Educación Básica del Perú. Informe final*. Lima: GRADE – Proyecto FORGE. http://reposito-rio.grade.org.pe/handle/GRADE/397. Accessed 22 Nov 2019.

● The Economist, (2017). *Latin America's battle over "gender ideology"*. https://www.econo-mist.com/the-americas/2017/09/30/latin-americas-battle-over-gender-ideology. Accessed 26 Aug 2019.

● Vargas, J.C. & Cuenca, R. (2018). Perú: el estado de políticas públicas docentes. Instituto de Estudios Peruanos. http://repositorio.minedu.gob.pe/handle/MINEDU/5868. Accessed 22 Nov 2019.

● Vílchez, K. M. R., & Hurtado, N. S. (2018). El derecho a la educación intercultural bilingüe de la niñez indígena en el Perú: avances y desafíos. *Persona y Familia*, 1(7), 135–163. https://doi.org/10.33539/peryfa.2018.n7.1255.

● *What is the Diploma Programme*. https://www.ibo.org/programmes/diploma-programme/what-is-the-dp/. Accessed 26 Aug 2019.

● World Bank. (2017). *World Development Report 2018. Learning to realize education's promise.* The World Bank. https://openknowledge.worldbank.org/handle/10986/28340. Accessed 22 Nov 2019.

● Yamada, G., Lavado, P., & Oviedo, N. (2016). La evidencia de rendimientos de la educación superior a partir de "Ponte en Carrera" *Documento de Discusión CIUP* No. 16-08.

ペルー――学習と公平性へのこだわりに裏打ちされた包括的な改革

ポーランドの教育改革

イェジー・ヴィシニェフスキ（Jerzy Wiśniewski）

マルタ・ザホルスカ（Marta Zahorska）

J. Wiśniewski (✉)
Freelance expert in education policy, Warszawa, Poland

M. Zahorska
The Maria Grzegorzewska University of Special Education, Warszawa, Poland

© The Author(s) 2020
F. M. Reimers (ed.), Audacious Education Purposes,
https://doi.org/10.1007/978-3-030-41882-3_7

ポーランドの教育改革

イェジー・ヴィシニェフスキ（Jerzy Wiśniewski）
マルタ・ザホルスカ（Marta Zahorska）

【要旨】

　本章は、1999 年から現在までのポーランドにおける教育改革の成功と課題の歴史を、政治的・社会的変化の中で紹介するものである。

　1999 年の学校制度改革の目標は、教育制度の質と効果を高め、機会の均等を確保し、中等教育と高等教育の卒業生の数を増やすことであった。この改革には、コア・カリキュラムの近代化と外部試験の導入が含まれている。改革で最も重要な点は、初等教育を 8 学年から 6 学年に減らし、3 年間の一般中学校を新設したことである。これにより、総合的な一般教育が 1 年間延長され、一般中学校と職業中等学校への進路分けが先延ばしされることとなった。改革の取り組みは、認知能力、分析能力、問題解決能力の育成を目的としたカリキュラムのさらなる変更によって継続された。改革の成果は、PISA 調査の連続したサイクル（2000 年から 2018 年）におけるポーランドの生徒の成績向上として現れている。しかし、生徒の成績が良かったにもかかわらず、新しい中学校に対する世間の評判は悪いものであった。2015 年の選挙活動で、当時の野党は「古き良き時代」への世間のノスタルジーに訴え、他のポピュリスト的な提案に加え、中学校を廃止して教育改革を覆すことを公約していた。選挙に勝った同党は、研究者や地方自治体の否定的な意見、親や教師の抗議を無視して、すぐにそれまで行われた改革を撤廃したのであった。この改革による混乱、劣悪な労働条件、低賃金に対する教師の不満は、2019 年のストライキで頂点に達し、約 80％の学校がそれに参加した。この抗議行動は成功しなかったものの、教育に関する市民討論会（NOoE）のような市民社会のインフォーマルな活動の始まりとなったのである。

注記：本章は、ポーランド・アメリカ自由財団が出資する、質の高い教育財団（Foundation for Quality Education）が運営するプログラム、「ポーランド・アメリカ自由財団とワルシャワ大学の教育学校（The School of Education of the Polish-American Freedom Foundation and the University of Warsaw）」の支援に基づくものである。

07.1 −はじめに−

　本章では、1999 年から現在までのポーランドにおける教育改革の成功と課題の歴史を、政治的・社会的変化の中で紹介する。

　1999年の学校制度改革は、中央・東ヨーロッパ全体に変化をもたらし、ソビエト体制の崩壊につながることとなった、ポーランドの政治・経済の包括的な変化が始まってから10年後に導入されたものである。改革の目的は、教育システムの質と効果を高めること、すべての生徒に教育の機会均等を確保すること、そして、後期中等教育および高等教育プログラムの卒業生数を増やすことで教育達成度を向上させることであった。これらの目標を達成するために、教育省は、各教育段階での一般的な学習目標のみを設定し、教育方法や教育ツール、教科書の選択については教師や学校に任せるという、再設計されたナショナル・コア・カリキュラムを導入した。カリキュラム改革に伴い、初等・前期中等・後期中等教育の各サイクルの終わりに外部試験も導入されることとなった。この改革で最も重要かつ目を引くのは、初等教育を8学年から6学年に減らし、新たに3年間の一般的な前期中等教育レベルを設けたことである。この構造改革により、総合的な一般教育が1年間延長されたため、カリキュラム改革の実施が容易になった。新しいカリキュラムと学校レベルの自律性が強化された新しい中学校の開校は、教師にとって、教え方や学び方の革新的なアプローチを推進し、新しい教授法を試す機会となったのである。教師の自主性を高めることは、教師のスキルや能力に対する信頼を示すものであり、これは改革の実施に対処する教師の能力や、改革全体の成功に不可欠なものであった。改革の成果は、PISA調査の経年的なサイクル（2000年から2018年）におけるポーランドの生徒の成長として現れている。特に重要だったのは、2000年のPISAと比較して、2003年には成績の低い生徒の割合が減少したことである。それらの生徒は、一般教育の年限追加や、農村部の学校の質の改善などから恩恵を受けていた。

　しかし、生徒の成績が良かったにもかかわらず、新しい中学校の評判は芳しくなかった。これは、改革コンセプトの発表から新しい学校の開校、新カリキュラムの導入まで2年未満という、改革実施の期間が短かったことが主な原因であった。さらに、新しい中学校の教師は、10代の若者特有の問題行動に遭遇することとなった。その後、教師たちはこれらの問題に対処し、10代の生徒と効果的に働くための方法を開発したにもかかわらず、そうした否定的な経験は集団の記憶に残ってしまった。

　この改革は年々成果を上げ、それは2006年と2009年のPISA調査におけるポーランドの生徒の結果でも確認された。ポーランドは、OECD平均を上回る成績と、学校間のばらつきが減少したことで、「成績上位国」となったのである。しかし、弱点もあった。生徒は慣れない問題解決の課題に苦戦しており、また、高等学校の種類によって生徒のコンピテンスに大きな差があった。さらに、就学前教育プログラムへの参加率も比較的低かった。

　このような課題に対処するため、教育省は2008年にカリキュラム改革を開始し、認知的能力や分析能力、問題解決能力の開発や、職業訓練生のコンピテンス向上が目指されることとなった。同時に、6歳児には学校教育が、5歳児には就学前教育が義務化された。この変更は、就学前プログラムへのアクセスを容易にするための正当な手段と思われたが、学校は幼い子どもたちを受け入れる準備ができていな

いと一般的に考えられていたため、多くの人々にとって受け入れがたいものであった。そこで、「幼児を救え（Save the Toddlers）」というスローガンのもと、草の根の抗議運動が非常に効果的に組織されることとなった。

2015年の選挙戦で、当時の野党は「古き良き時代」への一般的なノスタルジーに訴え、1999年の教育改革と就学年齢の変更に対する否定的な世論を利用した。ポピュリスト的な提案の中で、教育改革を撤回して古い教育システムの構造を取り戻すことを約束したのである。これには、中学校の廃止や就学年齢の7歳への引き上げなどが含まれていた。選挙で勝利した同党は、教師、親、地方自治体、研究者の抗議を無視して、すぐに新しい法律を議会に提出し、改革の撤回を果たした。新しい「教育法」は、適切なインフラなしに変化をもたらすことで、学校システムを破壊したのである。カリキュラム、教科書、手引書などが急いで作成され、新しいカリキュラムでは、一度に複数の教科を統合して学ぶことはできなくなった。歴史とポーランド語のシラバスは、学生のナショナル・アイデンティティをより効果的に形成するために拡張されることとなった。

そうした2017年の改革は、エビデンスに基づく研究や政策に根ざしたものではなく、学校が適切に機能していないという集団的な世論への反応に過ぎなかった。教師たちは皆、自分たちの仕事や、教育の質を高めるための長年の努力が否定的に評価されたと受け止めた。その後、中学校の教師チームが解散されたことで、彼・彼女らの貴重な功績は否定され、地域の社会資本も失われることとなった。

ポーランドにおける近年の教育改革の歴史から得られる教訓として以下が挙げられる。

● カリキュラム改革は、教師のスキルとコンピテンスに信頼を置く、改革に賛成し、革新的な学習環境の構築によって促進されるべきである。
● 改革が成功しても、それが社会全体、特に保護者に理解され、支持されなければ、持続可能なものとはならない。国民の支持がなければ、政治家（ポピュリスト）は、「古き良き時代」への国民のノスタルジーに訴え、エビデンスを無視し、以前の改革を覆すことをためらわない。このような変化は、不可能ではないにしても、元に戻すのは難しいものである。

07.2 −1999年の教育改革−

07.2.1 −1999年の教育改革に関する社会的・政治的背景−

この30年間のポーランドの社会的、政治的変化は、1989年の歴史的な転換点を抜きにしては語れないだろう。この年、1982年の戒厳令で禁止されていた労働組合「連帯」と与党共産党の代表者が集まり、いわゆる「円卓会議」が開催された。何週間にもわたる交渉の末、労働組合の結社の自由や検閲の廃止など、市民的自由が回復された。しかし、最も重要な成果は、上院（セナト）の自由選挙と下

院（セイム）の35％の議席に対する自由選挙の実施が合意されたことである。選挙は1989年6月4日に実施され、市民委員会の候補者がすべての議席を獲得し、1980年のストライキのリーダーであったレフ・ワレサ［訳注：ポーランド語の発音に従えばヴァウェンサがより正確な表記であるが、ここでは日本の外務省などの表記であるワレサを用いる］が「連帯」の初代リーダーとなった。この選挙により、ポーランドは、いわゆるソビエト圏において、民主的な野党の代表が実際に影響力と権力を得た最初の国となった。1989年9月には非共産主義政権が成立し、ポーランドはもちろん、その後数カ月のうちに東欧全体の共産主義体制が象徴的かつ実際に終焉を迎えたのである。

　新政府は、政治的な改革（民主化、法の支配、市民の自由）と経済的な改革（競争、自由市場、国家の役割の制限）の両方を強力に導入し始めた。この改革は、過度のインフレに歯止めをかけ、個人の起業家精神を復活させ、市民をさまざまな社会活動に参加させるなど、好ましい結果をもたらした。しかし、急激な変化は、社会的分裂という形で深刻な影響をももたらすこととなった。多くの企業が倒産し、失業者も増加した。一部の人々の急速な経済的成功と、多くの社会集団の生活水準の急激な低下の両極端が顕在化した。教師を含む公共部門の担い手も苦痛の伴う賃金カットを経験した。政治的にも不安定で、政権が次々と交代したため、さまざまな改革が行われたが、結局はすぐに放棄されてしまった。このようなシステムの変化は、教育にはほとんど影響を与えなかったのである。

　1989年以降、国の独占的な管理が制限されたことで、教育を含む社会サービスの提供にも変化が起こった。教育、健康、その他のニーズを満たすために、多くは私立の新しい機関が設立された。公立ではない学校や大学も開設されたのである。特に私立の高等教育部門は、組織や資金調達、運営方法が社会の期待にもはや応えられなくなった国立大学に代わるものとして、活気づいていた。

　90年代初頭には、学校のカリキュラムに修正が加えられ、特に歴史の分野では共産主義イデオロギーの要素が排除された。それと同時に、学校は保護者や生徒が学校生活に対し影響を与えることを奨励した。しかし、それでも教育方法は変わっていなかった。授業は講義形式で行われ、生徒が自主的に問題を解決したり、議論に参加したりすることはほとんどなかった。90年代後半になると、教育省は学校のカリキュラム改革の議論を開始し、外部試験の導入など、教育の質保証の仕組みを確立した。こうした努力を支えたのは、欧米先進国との交流や、世界銀行、OECD、欧州連合（EU）との協力関係であり、特にEUはポーランドの加盟に備えて特別な資金援助を行ったのであった。これらのつながりは、特に各国の生活水準や公共サービスの質を比較することで、ポーランドの教育システムの発展についての議論を豊かなものにした。1960年代に国際教育到達度評価学会（IEA: International Association for the Evaluation of Student Achievement）、その後OECD（特にPISA）によって開発された生徒の学力に関する国際比較研究[注1]も一役買っていたかもしれない。しかし、1990年代のポーランドは、まだこのような国際調査に参加していなかったので、ポーランドの教育システムが十分なパフォーマンスを発揮しているという広く共有されていた考えを検証したり、それを否定したりすることは困難であった。

(注 1) Spring J (2009) Globalization of education. An Introduction, Routledge, New York and London

07.3 –1999年教育改革に伴う教育システムにおける変革–

　1989年にポーランドで始まった大規模な制度改革は、公教育システムにはほとんど影響を与えることはなかった。抜本的な改革が行われたのは、それから10年後のことだった。1999年の教育改革は、自由市場というソリューション、ならびに地方分権化という新与党の指針に基づいた数多くの公共部門の改革の一つをなすものであった。政権発足から3カ月後の1998年1月、教育大臣は教育システムの包括的な改革の計画を公に発表した。改革の必要性は、何よりもまず、全体的な教育達成レベルの低さと、経済的・社会的発展を制限する教育へのアクセスにおける著しい不平等によって正当化された。教育省は、改革の主要な目標を以下の三つとしていた。

● 後期中等教育および高等教育の卒業者数を増加させることにより、社会の教育達成度を向上させる。
● 特に農村部において、職員や設備の整った学校のネットワークを整備し、学生への経済的支援や特別なニーズを持つ学生への対応を改善することで、教育の機会均等を確保する。
● 生涯学習や経済・社会生活への積極的な参加に向けて生徒を準備させるために、ナショナル・カリキュラムの構造と内容を近代化することを通じて、教育の質を向上させる。

　改革の主な要素は、教育制度の構造を変えることであり、3年間の前期中等教育学校という新しい学校レベルが導入されることとなった。同学校では、6年間の小学校に加えて一般的なカリキュラムが提供され、学問または職業に重点を置いた高等学校への導入としての役割を果たした。この教育制度改革は、年金制度、医療、行政などの公共部門の改革と同時に、迅速に実施された。1998年5月、包括的な教育改革の草案 (注2) が提示され、7月にはセイム（下院）で法律が改正された。1999年1月には「学校制度改革のための諸規定」(注3) という法律が成立し、2月には新しいナショナル・カリキュラムとその実施のためのガイドラインが制定されたのである。一方、新設された中学校の最初の授業は1999年9月に開始される予定だったが、改革の発表から立法手続き、実施までの時間が短かったため、適切な協議を行うことは困難であった。批判的な意見を受け付けるという教育大臣や大臣関係者の発言にもかかわらず、このような限られた時間の中で深い議論をすることは不可能だったのである。

(注 2) Ministry of National Education (1998) "Reforma Systemu Edukacji – projekt". WSiP, Warszawa
(注 3) Przepisy wprowadzające reformę ustroju szkolnego.

07.3.1 −学校構造の変革−

　この改革で最も目立った変化は、新しい学校レベルの導入である。8年間の初等教育が6年間に短縮され、3年間の前期中等教育機関（ギムナジウム、gimnazjum）が設立されたのである。これにより義務教育が1年延長され、7歳から始まり16歳で終了するものとなった。その後の教育段階^(注4)では、生徒は3年制の高等学校（リツェウム、liceum）、4年制の技術学校、あるいは、2～3年制の職業学校のいずれかを選択することができた。18歳までは何らかの機関で教育を受けなければならないという原則は変わらなかった^(注5)。

　新設された中学校は、国のカリキュラム改革の実施に貢献し、特に農村部の教育の質を高めることが目的とされていた。それらは、それまでの小学校よりも広い通学区域を持つことになっていた。また、物理学、化学、生物など特定の教科に精通した教師を雇い、ワークショップや実験室に必要な設備が揃えられる経済的な余裕を持てるよう十分な規模を持つこととされていた。さらに、すべての中学校でコンピューター教室を導入することも優先事項とされていたのである。

（注4）改革を行った政府は、総合制中等学校モデル［訳注：イギリスにおいてのそれが有名である。それまでの複線的な学校制度を改め、異なる学力や進学の意思を持った生徒を学校種で分けず一つの学校にまとめるための学校モデルを指す］に基づいたプロファイル・スクールの設置により、中等レベルの教育の異なる形態を意図していた。しかし、政権はわずか4年の任期の後、選挙に敗れたため、これ以上の教育改革を続けることができなかった。その後の政権では、ポーランドの伝統的な3種類の中等教育機関の区分が維持された。
（注5）この義務を厳格に守っているため、18歳までに教育システムから脱落する生徒はほとんど存在しない。

07.3.2 −カリキュラム改革−

　学校組織の変更は、改革の最も重要な要素である新カリキュラムをより効率的に導入するためのものでもあった。1989年以前の教育制度では、1科目につき1冊のシラバスと1冊の教科書が用いられていた。1990年代には、各学校が独自の教育プログラムを実験的に実施することが認められた。しかし、準備ができていなかったり、それをするような能力に欠けていると考えたりしたため、この機会を受け入れる教師はほとんどいなかった。

　1999年の教育改革では、学校のシラバスが大幅に変更された。シラバスは、一般的な教育目標（横断的スキルを含む−次ページのコラム7.1.を参照）、学習内容に関するガイドライン、および学校の機能に関する一般的なルールを決定するナショナル・カリキュラムをもとに作られるものであった。新しいカリキュラムを支える重要な原則は、教育の使命と目標の実施に対する学校の責任を強調することであった。各教科に関するガイドラインは以下の三つのポイントに基づき策定された。

●教育目標：育成すべきコンピテンスと態度
●学校の課題：学習と教育のプロセスをどのように実施すべきか
●内容：学校のシラバスの内容

国のカリキュラムのガイドラインは、教育の各段階で生徒が達成すべき標準的な要件を定めたものである。このガイドラインは、学校のシラバスや教科書の普及の基礎となるものでもあった。それにより、教科ごとに多くのシラバスを作成し、さまざまなマニュアルを導入することが可能になったのである。つまり、シラバスや教科書の選択は教師に委ねられることとなった。これは教師にとって根本的な変化であり、中央で定められたシラバスから離れることで、教師の自律性が高まると同時に、カリキュラムをうまく実施する責任も生じたのである。実際には、知識とスキルの指導のバランスをとることが、教師にとっての課題となった。というのも、シラバスには教科内容の知識が過剰に盛り込まれており、教師たちはスキルを実践するための十分な時間が取れないという不満を抱えることとなった[注6]。

コラム 7.1　1999 年の一般カリキュラムにおける横断的スキル

学校では、生徒は知識、技能、習慣、つまり以下のようなコンピテンスを習得するための諸条件を与えられる。

学習
- ノウハウの習得
- 問題解決
- 学習プロセスを組織し、自分の教育に責任を持つこと
- 経験を用いて、知識の諸要素を組み合わせること

思考力
- 過去と未来の関係、原因と結果、機能的な依存関係の理解
- 複雑な現象を全体的、文脈的に認識する

探究心
- 様々な情報源から情報を探し、整理し、利用すること（情報技術やメディアの合理的かつ適切な利用を含む）

行動力
- 自分と他人の仕事を整理する
- 活動を準備し、その実行と結果に責任を持つ
- 合理的な時間管理

自己研鑽
- 共有された基準や普遍的な価値観に基づいて、自分の態度や行動、そして他者のそれを評価する
- 自分と他者に責任を持つ
- 変化に柔軟に対応し、新たな解決策を模索し、逆境にも立ち向かう
- 心身の健康維持

コミュニケーション
- ●効果的なコミュニケーション
- ●自分の意見を提示し、議論を展開し、自分の意見を主張する
- ●他者の意見に耳を傾け、考慮に入れることができる。対立の解消を行う
- ●新しい通信技術の活用

協力
- ●グループワーク、交渉を行い合意形成する、グループでの意思決定、民主的
手続きの適用
- ●他者との交流を確立し発展させる、対人関係の構築

（注6）Konarzewski K, Reforma oświaty. Podstawa programowa i warunki kształcenia (2004). ISP, Warszawa.

07.3.3 −改革のための広報、および研修プログラム−

　教育省は、地方レベルで関心を持つすべての関係者、特に教師と保護者に改革に関する情報を広めるために相当な努力をした。教育省は、短期的な改革の実施だけでなく、教育システムの継続的な発展という長期的なプロセスにおいても、教師が重要な役割を果たすことを常に強調していた。教育大臣は、将来の改革を紹介する出版物の序文で以下のように述べている[注7]。

　　教育システムの改革が完全に終了した仕事となることはあり得ず、むしろ、それは刺激的なプロセスのための枠組みなのである。私たちは、良いものを壊すことを望んでいるわけではない。改善のために努力している人たちを助けたいのである。だからこそ、個々の教師や校長、そして地方自治体の功績を認識することが、この迅速かつ包括的な改革を進めるための使命であり、また義務であることを明確に強調しなければならない。

　教師に働きかけるために、教育省は「新しい学校（Nowa Szkoła）」というテーマの下、カスケード方式の研修プログラムを立ち上げた。このプログラムの第一段階では、2,750人のトレーナーが、教師のための専門的な能力開発プログラムを提供するための研修を受けた[注8]。トレーナーたちは、カリキュラムの変更について話し合うために、教師会[注9]とのミーティングを実施した。この会議では、シラバス作成、学際的（教科横断的）統合、学校評価システムの確立、外部試験の準備などのための学校の自律性と責任の強化についてのトピックが取り上げられた。同省の推計によると、約70％の教員がこの研修プログラムに参加したという[注10]。同時に、地域の教員能力開発センターが主催する説明会も行われた。1999年4月から6月にかけて、20万人以上の教師が6,363回の会議に出席したのである[注11]。教育省は大学当局と協議の上、教員の専門能力開発コースの要件を定義し、大学に助成金という形で特別な競争的資金を提供した。3サイクル行われた助成金プログラムの結果、1万5,000人の教師が大学院のコースを修了し、約8万人の教師がより短い現職研修コースに参加することとなった[注12]。

また、同省のキャンペーンの重要な要素は、いわゆる「改革ライブラリー（"Biblioteczka reformy"）」であった。これには、改革に関する重要事項をわかりやすく簡潔にまとめた40冊の小冊子（A5判のテキストで、1冊数十ページ）も含まれていた。そこでは、シラバス、学校のネットワーク組織、資金調達、指導マニュアル、評価・試験、教師の仕事、監督などの事項が扱われていた。発行部数は7万5千部ほどで、学校や図書館、教員研修センターなどに無料で配布された。しかし、このような努力にもかかわらず、不安が完全に払拭されたわけではなく、人々が完全に安心したわけでもなかった。教師を対象とした調査によると、彼らは計画されている変化に非常に大きな不安を感じており、特に雇用条件の変化により不安を感じていた。1999年に行われた教員対象の抽出型全国調査では、回答者の50％以上が改革を保留すべきだと考えていた[注13]。

（注7）Ministry of National Education (1998) "Reforma Systemu Edukacji – projekt". WSiP, Warszawa
（注8）Ministry of National Education (2001) "Edukacja, Raport 1997–2001". Wydawnictwo CODN, Warszawa
（注9）教師会は、学校における主要な意思決定機関である。教育プログラム、能力開発、学生の成績や卒業などを決定する。
（注10）注8を参照。
（注11）なお、当時学校にはおよそ50万人の教師がいた。注8を参照。
（注12）注8を参照。
（注13）Putkiewicz E, Siellawa-Kolbowska K, Wiłkomirska A, Zahorska M, (1999) Nauczyciele wobec reformy edukacji. ISP, Warszawa, p. 142.

07.3.4 −教科書−

学校用教科書市場を非独占化する政策は、1989年に行われた経済全体の変革のうち早い段階で導入されたものであった。そのため、1999年の教育改革が導入されたときには、1989年以前に唯一教科書を提供していた国営企業（WSiP）が依然として支配的な地位を占めていたものの、複数の競合する専門的な出版社がすでに存在していた。この改革により、特に学校がシラバスと教科書を選択できるようになったことで、出版社にとっては市場での地位を高め、さらに発展させる特別の機会が生じたのである。

改革が発表されてから実施されるまでの短い期間に、出版社は、1999年度の学年開始時に、改革が開始されたクラス、特に中学1年生のための新しい教科書を教師に提供するために多大な労力を注いだ。すべての教科書は、学校での使用を許可される前に、教育省が指定した専門家による検定を受けなければならない。1999年度開始前に発表された新しい教科書リストには、179の品目が掲載されていた。なお、このリストには、問題集や教師用マニュアルは含まれていなかった。推定ではあるが[注14]、150の出版社から合計500以上ものタイトルが発行されていたという。

新しい教科書の大半は、方法と形式の両面で革新的な解決策を提示するものであった。そのため、教師たちは自分の教育方法や指導方法を検証し、新たな解決策を模索するようになったのである。新しい教科書が市場に出回ると、方法論や授業計画、教材などが記載されたマニュアルが添付され、それをコピーして生徒に配り、授業で使用することができるために、それらは教師に対する大きなサポートとなっ

た。しかし、出版社は、学校のシラバスや教科書についての自社の商品に関する情報を教師に伝えることが困難であると感じていた。そのため、出版社は様々な教育会議を開催し、またそこに参加することで、教育省の改革キャンペーンを補完し、教師のノウハウの開発に貢献することとなったのである。

(注14) Gołębiewski Ł, (2000) "Raport o książce szkolnej", Biblioteka Analiz, Warszawa

07.3.5 −アセスメント−

　教育の各段階の終わりに標準化された外部試験が導入されたことは、重要な意味を持つ変化であり、大きな結果をもたらすこととなった。そこでは、中等教育における最終試験（バカロレアまたはマトゥーラ）ではなく、小学校と中学校での試験が義務化された。しかし、バカロレア（またはマトゥーラ）が大学入学試験に取って代わったため、より高いレベルの教育を受けることを希望する生徒は全員、試験を受けることになった。改革関係者たちは、テストと試験のシステムを以下のようにすることを意図していた [注15]。

●ナショナル・カリキュラムで定義された生徒の習得したスキルと知識を評価する。
●学校や個々の生徒の成績を比較することができる。
●学習の一貫性と質を示す。

　テストや試験は、何よりも学校の反省と自己評価のためのツールでなければならない。それらは、学校のパフォーマンスや質に関する結論を導き出すプロセスを支援するものである。テストの結果を外部の評価（監督）に利用するのはあくまで限定的なもので、特定の学校の状況を考慮に入れることが意図されていた。しかし、新聞に掲載されたランキング表によって、テストはすぐに、学校のパフォーマンス、学校間の比較、さらには特定の教師の評価などの、世論による（かつ非公式な）評価の基礎となってしまった。こうなってしまったことのもう一つの理由は、中学校卒業時の試験の結果が（学校卒業証明書のスコアとともに）、中学校の生徒集めにとって決定的に重要だったためである。良い結果が得られれば、有名な高等学校に入学することができ、その結果、バカロレア試験でも良い結果が得られ、最高レベルの国立大学に無料で入学できる可能性が高まるためである。大都市では、法律で保証された学校の通学区域があるにもかかわらず、中学校への選抜が行われた。例えば、学校では外国語の上級クラスを導入し、募集の際には生徒の言語能力をテストするが、小学校卒業後の試験の結果までも考慮されたのである。次第に、生徒の試験対策は、すべての教師にとって最も重要な仕事の一つとなっていった。そのため、生徒たちは頻繁に試験を受ける練習をし、「テストのための学習」を行うことになったのである。

(注15) Ministry of National Education (2001) Edukacja, Raport 1997–2001. Wydawnictwo CODN, Warszawa

07.3.6 −マネジメント、財政、質保証−

教育改革は行政改革と並行して実施され、3層構造の地方行政制度が導入され、異なるレベルに対し学校運営の責任が委譲された。具体的には、小・中学校は市町村、高等学校は郡、また、高等職業学校は県レベルで運営されることとなった（注16）。地方自治体は、国の予算から補助金という形で教育資金を受け取っていた。その額は生徒数に応じて算出されていた。しかし、この資金は地方予算において使途が限定されていなかったため、どのような目的にも使うことができた。実質的には、この補助金は教師の給料に充当されるのが通例であった。つまり、残りの費用は地方自治体が独自に負担しなければならなかったのである。

新しい当局の最も重要な初期課題の一つは、通学地域内の学校ネットワークを構築することであった。市町村レベルの自治体は、中学校を設立し、8年制から6年制へと大幅に縮小された小学校の機能を維持するための決定を行う必要があった。郡においては、現在の経済的ニーズではなく、かつての産業のニーズに対応した職業学校を含む高等学校を担当することとなった。教育資金は生徒数に依存するため、農村の小規模学校に割り当てられる資金は不十分なものであった。それらの学校の多くは閉鎖され、生徒たちはより大きな学校に転校しなければならなかった。

行政改革と並行して行われた教育制度の改革では、監督の問題も扱われた。学校活動の法的・教育的側面を管理する任務は、県政府の行政組織内に置かれた教育委員会（Kuratoria Oświaty）に委ねられることとなった。学校の業績は、保護者や生徒の意見調査を含む自己評価、専門家による訪問調査、外部試験などによって定期的に評価された。全体として、学校の機能に影響を与えているのは、地方自治体（物質面での教育条件）、教育委員会（規制面、特にナショナル・カリキュラムの遵守を監督）、そして校長（学習プロセスの調整）の三つの機関なのである。このような体制は、特に金銭的な影響を伴う組織的な問題（例えば、クラスサイズや課外活動など）において、時折、対立をもたらすこととなった。

組織変更に伴い、新しい校長の任命や既存の学校間での校長の配置転換も必要となった。校長は競争によって選ばれたため、地域社会での信頼と高い地位を得ることができた。新しい校長、特に中学校の校長は、質と協力に基づく学校文化を促進しようとしていた。学校のシラバスに関する決定において、学校と教師の自律性が高まったことで、そうした課題は容易に進められた。提言によると、学校は地域社会、特に保護者との協力に前向きでなければならない。すべての学校は、規則、理念、教育プログラム、成績に関する規則、そして、その他の学校生活を導く原則を持つものでなければならなかった。提言の目的は、共通の目標を達成するために協力する教師のチームを作ることであった。多くの学校では、同提言は面倒なお役所仕事に過ぎないと考えられていた。しかし、ガイドラインを実施したことで、花開いた学校もあったのである（コラム7.2参照）。

コラム7.2　改革実施の成功事例

● ワルシャワ大学の社会学者のグループが2006年に20の中学校で行った調査によると、パートナーシップに基づいた友好的な学校文化の創造という改革の提言が完全に達成された学校の存在が確認された。

● この学校の校長は、非常に活動的で機知に富んだ人物であった。彼は多くの国を旅し、多くの国の学校制度に通暁していた。1999年の春に中学校の導入が決定されると、彼は教師の募集を始めた。学期が始まる3カ月前から、学校運営の基本戦略を議論していた。開校式は、教師、保護者、地元関係者、起業家などが参加して盛大に取り行われた。このイベントの後、学校を支援してくれるスポンサーを見つけることは、容易いことであった。

● 学校には独自の規則があり（保護者会と合意したものである）、それは忠実に守られていた。そこでは、生徒の権利も尊重された。クラスのリーダーは、校長が週に一度会う諮問会議を形成していた。生徒は、高い期待を持つ文化の中で、学び、コンピテンスを伸ばすことに意欲的であった。学生の問題行動で深刻なケースも見られなかった。ポーランドのほとんどの学校で問題となっている欠席率も、留年もほとんどなかったのである。この地域は、他の農村地域と同様に、高い失業率、親の教育達成度の低さ、そして低い平均所得水準などの影響を受けていたが、生徒のテスト結果は地域の平均を大幅に上回っていた。

　ポーランドでは多くの学校が、革新的で協力的な教師のための組織的なシステムを確保することで、実践的、かつ社会的なスキルを育成しようとしている。しかし、大多数の学校では、教師は伝統的な授業を行い、試験で良い結果を出すために必要だと思われる知識を伝えることに主眼を置いている。これは、翻って考えると、教師に対する世間の評価や学校の格付けを直接反映するものなのである。

（注16）大学については、すでに90年代初頭に自律性を獲得している。

07.3.7 −教師−

　多くの教師にとって改革は変化を意味するものであったが、中には職を失うことになった教師もいた。これは、初等教育の年数が8年から6年に短縮されたこと、地方の小規模な学校が閉鎖されたこと、中学校教師に求められる条件が高くなったこと（大卒資格）などが原因であった。さらに、昇進に関する新しい原則が導入された。所定の在職期間を経て、専門的な能力開発コースに参加することで、より高いレベルに達することができるようになった。次のレベルへの昇格は、より高い給与を意味するものでもあった。

　教師へのアンケートでは、改革の計画時と実施時における不安が浮き彫りになった。特に、雇用条件の変更に伴う不安感が大きかった。1999年、全国の教師を対象とした抽出型調査では、50％以上の回答者がこの改革をやめるべきだと答えて

いた ^(注17)。改革の枠組みの中での具体的な解決策に対する教師の態度については、教育省の要請により 2000 年末に調査が行われた^(注18)。この調査には、生徒、保護者、地方の教育行政の関係者も参加することとなった。幅広い課題の中から、我々は特に重要と思われる以下のいくつかの事項を選択した（表 7.1）。

表 7.1　教育改革に関する教師の認識について（単位は％、2000 年のデータに基づく）

改革に伴い導入された変化	肯定的な回答の割合	
	小学校の教師	中学校の教師
中学校の創設	41	72
教科書とシラバス選択ができるようになったこと	90	90
内部のシステム評価の導入	80	86

　教科書やシラバスの選択が可能になったことについては、いずれの学校段階の教師 ^(注19) からも非常に高い評価を得ていた（90％の肯定的回答）。また、教師がチームとなってルールや基準、評価尺度を決定する新しい内部評価システムも非常に高い評価を得た（80％と 86％）。小学校の教師は、新しい中学校で働いている同僚（72％が肯定的な回答）に比べて、中学校の導入をより否定的に評価していた（41％のみが肯定的な回答）。この調査では、教師たちが使用している学校のシラバスについても尋ねている。圧倒的多数（小学校で 98％、中学校で 95％）の教師が、専門家によって作成され、教育省によって承認されたシラバスを使用していた。4 人に 1 人は、生徒のニーズに合わせてシラバスを部分的に変更していた。独自のシラバスを作成していたのは、最も創造的な教師（2 〜 3％）のみであった。

　改革が開始されてから 4 年後、コナルジェフスキ教授により、サンプルとして抽出された 950 人の小中学校の教師にインタビューが行われた^(注20)。改革の効果に関する彼・彼女らの意見は、以下の表にまとめられている（表 7.2）。

表 7.2　改革の効果に関する教師の意見について（単位は％、2003 年のデータに基づく）

	小学校		中学校	
	農村部	都市部	農村部	都市部
全て良い方向の変化であった	2	0	3	1
良い方向の変化が悪い方向の変化を上回った	29	35	44	32
悪い方向の変化が良い方向の変化を上回った	44	40	27	39
全て悪い方向の変化であった	10	10	10	12
効果なし	6	7	6	4
意見なし	9	8	10	12

　農村部の中学校の教師は、改革の影響について、マイナスよりもプラスの方が多いと報告した唯一のグループであった。一方で、農村部の小学校の教師は、最も懐疑的なグループであった。このように意見が分かれたのは、中学校は新しく、設備も整っており、近代的な建物の中にあることが多く、また、優秀で、革新的なことにも積極的であった教師がいたためだと考えられる。一方、村の小学校は、生徒数、

クラス数、教師数いずれも減少しており、物質的な条件も悪化する一方だった。小さな学校は閉鎖の危機にさえさらされていたのである。

(注 17) Putkiewicz E, Siellawa-Kolbowska K, Wiłkomirska A, Zahorska M, (1999) Nauczyciele wobec reformy edukacji. ISP, Warszawa, p. 142.
(注 18) Ministry of National Education (2001) "Edukacja, Raport 1997–2001". Wydawnictwo CODN, Warszawa
(注 19) 抽出されたサンプルは、小学校 765 校とその教師 7,091 人、中学校 241 校とその教師 2,604 人を含むものであった。
(注 20) Konarzewski, K. Reforma oświaty, ISP 2004

07.4 −改革の実施とその帰結−

改革の実施は、小学校 6 年生の卒業生全員を、新しく設立された中学校の 1 年生に入学させることから始まった。当初、カリキュラム改革の対象となったのは 1 年生の生徒だけであった。このような短期間に必要な学校インフラを確保することは不可能であったため、地方自治体は特定の小学校を選んで、それを中学校に転換せざるを得なかった。中学校を設立するということは、それまでの小学校の生徒を他の施設に移さなければならないということを意味していた。しかし、それができない場合もあったので、7 年生を中学校の 1 年生に名称を変更する以外、学校をそのままにしておくことさえあったのである。

改革実施の初期段階では、数多くの課題が山積していた。改革のスピードが速かったため、教師は新しいシラバスや教科書に慣れることができず、適当に教材を選んでしまうことが多かった。すべてのシラバスが生徒のニーズにうまく合致していたわけでもなかった。例えば、物理を教えるのに必要な要素が、数学のシラバスに欠けているようなこともしばしばあった。また、教科書の印刷や学校への配送が遅れることもあった。このような物流面での問題が、世論の改革に対するネガティブなイメージにつながっていたのである。しかし、世間での中学校に関する最大の問題は、行動面に関わることであった。それまでの小学校では考えられなかったような、生徒と教師の間の対立が生じていたのである。これは、いわゆる「難しい年頃」の青少年を単一の学校に集めたことと、教師が適切に訓練されていなかったことの複合的な要因によっていた。また、このような場合に学校をサポートするための機関である心理カウンセリング・センターも存在してはいなかった。

しかし時が経つにつれ、実施における課題のほとんどが解決されていった。中学校には新しい校舎が建設され、シラバスや教科書の問題も解決された。教師たちは、10 代の若者と一緒に働き、思春期特有の問題に対処するための経験と能力を身につけていった。しかし、中学校は、暴力、アルコール、薬物、セックスなどによって若者の道徳が退廃するような場所であるという認識は依然として残っていたのである。

こうした困難にもかかわらず、特に新設校の校長や教師の多くは、この改革を、旧態依然とした学校の慣習を捨て、若者を惹きつける革新的な教育方法を導入し、地域社会との協力関係を築き、コンピューター技術の応用を徐々に拡大していくチャンスだと捉えていたのである。学校への新しいシラバス導入を支援したのは、

さまざまな教育書を扱っていた出版社である。複数の出版社により、自社の教科書、プログラム、メソッド、教材を広めるためのトレーニングコースが提供された。教育当局の支援を受けたそうした出版社の努力は、すぐにではないが、良い結果をもたらすこととなった。

改革の効果を評価することは常に難題である。ポーランドは幸運にも最初のPISA 調査に参加することができ、1999 年の改革を評価することができた。この調査は 2000 年に初めて実施された。当時、15 歳の生徒（PISA の対象年齢）は改革の影響を受けていなかった。2003 年に行われた PISA の第二サイクルでは、新しい中学校の最終学年の生徒が対象となった。つまり、2000 年の PISA で対象とされたグループは、連続した調査サイクルの結果と比較することで、改革の評価の基準とすることができたのである。

2000 年から 2003 年にかけての PISA スコアの向上は、この改革に対する非常に肯定的な評価に資することとなった（図 7.1 を参照）。ポーランドは、すべての分野で大幅にスコアを伸ばした。さらに、生徒の成績分布の分析[注21] によると、2000 年から 2003 年にかけての平均スコアの上昇は、成績の低い生徒の減少が主要な要因であることがわかった。さらに、最も顕著な改善が見られたのは、以前は基礎的な職業学校に通うことになっていた生徒たちであった。改革後は、追跡調査が延期されたため、新設された中学校でより一般的なスキルを身につける機会が与えられたのである。

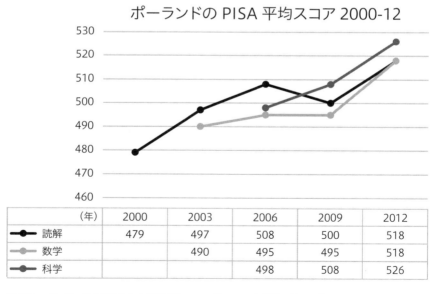

図 7.1　ポーランドの PISA における平均スコア（PISA の各学習領域は、第三サイクルごとにメインの領域となる。読解は 2000 年から、数学は 2003 年から、科学は 2006 年から傾向が算出できる。出典：http://pisadataexplorer.oecd.org/ide/idepisa/）

　教育の各段階の後に試験が導入されたことで、進学に関する意思決定が容易になった。全員が試験を受ける（中学校修了時）か、あるいは、ほぼ全員が試験を受ける（バカロレア）ことで、生徒は自動的に次の段階の学校に出願できるようになったのである。確かに選抜プロセスはあるが、しかし、全体的には後続の学習段階への道はよりアクセスしやすくなっていた。その結果、教育ブームが起きることとなったのである。中学、高校、大学の卒業者数は急増した。一方で、共産主義時代に最も人気があり、半世紀にわたって小学校卒業者のほぼ50％が通っていた職業学校は、応募者不足のために崩壊することとなってしまったのである。

　しかし、数年後には、この改革の主旨がうまく実行されているにも関わらず、改革の立案者に対する非難の声が上がることとなった。学生の準備不足や卒業証書の価値の低下が人々の不満となっていたのである。批判的な論者たちは、中等教育機関や高等教育機関への候補者の流入が大幅に増えたことがこうした事態の原因であるという事実を無視していた。生徒たちのコンピテンスや能力はより多様化していた。ただし、知識やスキルを広げることよりも、学生としての地位（特に国家が保証する健康保険などの恩恵）を維持し、高い失業率の労働市場への参入を先延ばしにすることに関心を持つような生徒もいた。

　改革の主目的の一つである機会均等のための中学校の役割も疑問視されていた。大都市の中学校では、法律で保証されている通学区域の原則にもかかわらず、選抜による入学の仕組みが作られたため、学校の質に格差が生じていた。例えば、学校は上級外国語コースのクラスを開設したり、募集の際に生徒の能力をテストしたりしていた。これは深刻な結果をもたらすこととなった。親たち、特に中流階級の親たちは、自分の子供をより評判の良い学校に入学させようとした。本来ならば、このようなことはあってはならないのだが、学校の校長は優秀な生徒を入学させたいと考えていたため、例外的に見て見ぬふりをしていた。農村の子供たちの教育レベルを上げるためにも、農村の中学校には大きな期待が寄せられていたが、ある程度の失望感もあった。多くの町では、学校の設備は整っていたが、地元の生徒しかその機会を十分に享受できなかった。遠くの村から子供たちを運ぶバスは、通常の授業が終わるとすぐに学校から出発していた。その結果、これらの子どもたちは、多くの課外活動に参加することができず、また、学習過程で教師の追加的な支援を受けることもできなかった。試験の結果を見ると、生徒の成績は両親の教育水準や居住地といまだ強く関連していることが明らかになっている[注22]。

　2001年、ポーランドでは議会選挙が行われたが、選挙戦では各政党が教育を重要なテーマとして取り上げた。野党は1999年の改革を批判し、いくつかの「修正」が必要であると提案した。特に、技術学校を、一般的な中等教育学校や職業訓練センターに変更しないことが提案された。また、外部による中学卒業試験の導入を延期することも提案された。選挙で勝利した野党は、これらの両提案の変更をすぐに導入したのである。この動きから読み取れるメッセージは以下の三つである。第一に、改革は完璧なものではなかったということ。第二に、改革を（少なくとも部分的には）変更することが可能であるということ。そして第三に、後期中等教育のカ

リキュラムの変更が遅らされたということである。

　これは、教育改革の持続性と継続性が、政治的変化によって影響を受ける可能性があることを示す最初のシグナルであった。

（注21）Jakubowski, M., Patrinos, H., Porta, E, & Wiśniewski, J. (2016), The effects of delaying tracking in secondary school: evidence from the 1999 education reform in Poland. Education Economics 1–16. doi: https://doi.org/10.1080/09645292.2016.1149548
（注22）Dolata R, (2008) Szkoła – segregacje – nierówności. Uniwersytet Warszawski, Warszawa.

07.5 –改革のフォローアップ–

07.5.1 –教師用カリキュラムの近代化–

　2003 年と 2006 年の PISA 調査によると、ポーランドの生徒は読解において高い成績を収め、国際比較でも上位にランクされている（図 7.1 参照）。しかし、単純な図式的解法からの脱却が要求されるような数学の問題や、自然科学における推論、一般的な問題解決など、いくつかの分野では引き続き苦戦している。2006 年の PISA の結果に関する国の報告書は、以下のように指摘している。「独立した思考、科学的な推論、数学的なモデル化と推論、仮説の生成、簡潔な結論の記述、問題に対する代替的な解決策の認識といった能力の育成は、ポーランドの教育システムのアキレス腱である」[注23]。

　同時に、PISA などの調査では、一般教育（学業中心のコース）と職業訓練との間での進路選択が生徒の成績にどの程度影響するかが分析された。最初の PISA 調査（2000 年）では、成績の差は学校種に強く関連していた。職業学校の生徒の成績は非常に低いものだった一方、一般教育の高等学校の生徒は国際平均を大きく上回る成績を収めていた。しかし、2003 年の PISA 調査では、中学校の生徒のみを対象としていたため、特に学校間の差は非常に小さかった。平均的な成績が大幅に向上したのは、学力の低い層の生徒の成績が向上したためである。2006 年の PISA では、選抜の効果を評価するために、高等学校の第一学年を対象とした追加テストが実施された。その結果は、2000 年の PISA と同様に、学校種と成績に強い相関があり、学校種により差が存在していた。

　この結果を受けて、2008 年には学校カリキュラムのさらなる変更が準備されることとなった。2008 年に導入された改革では、認知能力や分析能力、非標準的な問題解決能力の育成、そして、職業学校の生徒のコンピテンス向上（基礎的な読み書き能力など）が目的とされていた。新しい一般教育カリキュラム[注24]では、第一サイクルが小学校、第二サイクルが中学校と高等学校にそれぞれ当たる、二つの 6 年間のサイクルが設けられた。すべての種類の高等学校の第一学年で扱われる一般教育カリキュラムは基本的に同じで、同一の科目、ならびに同じ学習成果が期待される。学業中心のプログラムや職業教育プログラムとの間でのカリキュラムの差異化は、第二学年から始まるものとされた。これは、異なるタイプの学校に選抜されることによる悪影響を緩和するためである。

すべての学習サイクルには、一般的な目的（表 7.3 参照）が設定されており、そこでは生涯学習の文脈における特定のサイクルの役割が決定されていた。すなわち、複雑化する現象の世界に徐々に足を踏み入れ、さらなる学習と発展のために自分の知識を理解し活用するためのスキルを身につけることである。教育の目的は、知識、スキル、態度の組み合わせとして定義されるコンピテンス（欧州議会による提言 [注25] で定義されている）を育成することであった。

表 7.3　学習サイクルの諸目的

小学校	小学校の一般教育は、土台を構成するものである。学校は、生徒に知識の世界を丁寧に紹介し、知的、倫理的、情動的、社会的、そして身体的にバランスよく発達するようにする。小学校における一般教育の目的は、以下の通りである。 (1) 生徒が、主に自分の経験に近い話題や出来事に関する事実、規則、理論、そして実践などの基本的な情報を習得すること。 (2) 課題の遂行や、問題を解決したりする際に、知っていることを使う**能力**を生徒が身につけること。 (3) 現代社会で効率的かつ責任ある活動を行うために不可欠な**態度**を形成すること。
中学校	中学校と高等学校の一般教育は、2 つの異なる学校で行われるが、プログラムとしては一貫した全体を形成するものであり、多様な職業資格の基礎となり、またその後の発展や修正の糧ともなり、生涯学習の出発点となるものなのである。 ステージ III および IV における一般教育の目標は以下の通りである。 (1) 事実、規則、理論、実践などの決められた**情報**を習得すること。 (2) 課題の遂行や、問題解決のために、得られた情報を活用する**能力**の獲得。 (3) 現代社会で効率的かつ責任ある活動を行うための**態度**の形成。

この文書では、生徒の態度を形成することは、生徒のさらなる個人的および社会的な発展を促すということが明記されている。態度というものは、正直さ、信頼性、責任感、忍耐力、自尊心、他者への敬意、認知的好奇心、創造性、起業家精神、礼儀正しさ、文化への参加に対する心構え、率先して行動すること、グループで働くことなどの価値観と関連づけられてきた。また、市民参加の重要性や、異なる伝統や自国の文化を尊重することも強調された。そして、学校はあらゆる形の差別を防ぐことを約束した。

ナショナル・カリキュラムの各教育サイクルには、最も重要な横断的コンピテンスについても補足されていた（表 7.4 参照）。

生徒が学校で得る知識、能力、態度などが教育成果として詳細に記述されたのである。これにより、試験ツールの基礎となる資格要件の策定が可能となった。新ルールによると、すべての生徒は中学在学中に少なくとも一つの協働プロジェクトに積極的に参加することが義務付けられ、その結果は学校全体で発表されることになった。プロジェクトへの参加は、学校卒業証明書に記載されるが、点数がつけられることはない。

カリキュラム変更の導入と新しい試験の準備のために、生徒、保護者、教師を対象とした大規模な説明会が行われ、また、教師にはさまざまな研修の機会も提供された。学校では、新カリキュラムの基準に沿った課題でテストや試験が行われた。

国のカリキュラムがコンピテンスを優先するようになったことで、学校は革新的な解決策を模索するようになり、教科区分に厳密に縛られることなく、横断的な問題やコンピテンスの構築を中心に独自のシラバスを考案するようになった（コラム

7.3 を参照）。

表 7.4　横断的コンピテンス

小学校	中学校・高校
1. 読むこと：単純な活動として定義され、また、知識を獲得し、情動的、知的、倫理的に成長し、社会生活に参加できる程度にテキストを理解し、利用し、処理する能力	1. 読むこと：目標達成、人間的成長、社会生活への積極的参加につながる、文化的テキストを含むテキストを理解し、利用し、内省的に処理する能力
2. 数学的推論：基本的な数学的手法を日常生活に応用し、初歩的な数学的推論を行う能力	2. 数学的推論：基本的な数学的手法を日常生活に応用し、数学的推論に基づいて判断を下す能力
3. 科学的思考：自然や社会の経験的な観察に基づいて結論を導く能力	3. 科学的思考：科学的知識を応用して問題を特定・解決し、自然や社会の経験的な観察に基づいて結論を出すことができる能力
4. 母国語および外国語による口頭および筆記でのコミュニケーションスキル	4. 母国語および外国語による口頭および筆記でのコミュニケーションスキル
5. 情報の検索と利用を含む ICT スキル	5. 高度な ICT スキル 6. 情報を探し、選択し、批判的な分析を行う能力
6. 世界に対する自然な好奇心を満たす方法として学習する能力、および進学に備えて自分の興味を発見する能力	7. 自身の教育・学習ニーズを認識する能力
7. チームで協働する能力	8. チームで協働する能力

コラム 7.3　ラドヴォ・マウェ（Radowo Małe）−例外的な学校

　ラドヴォ・マウェは、ポーランドの貧しい地域にある小さな町で、大きな社会問題を抱えている。

　しかし、この学校は、型破りな方法で設備を整えている。教室や廊下には、食器棚、サイドボード、鏡、戸棚、そして子どもたちが作ったたくさんのガラクタや陶器が置かれている。多くの教室は、演劇、キッチン、旅行、化学、陶芸、ステンドグラスなどのコースのためのワークショップやラボに変身しているのである。

　　校長：「すべてのワークショップとその活動は、特定のコンピテンスを開発することを目的としています。演劇の部屋では、聞くこと、話すこと、創造的な問題解決、グループワークなどを教えています。旅行の部屋では、さまざまな情報源から知識を得て、さまざまな方法で情報を提示し、コミュニケーションを取って理解してもらう方法を教えています。キッチン・ワークショップでは、グループワークや責任の取り方、学習方法や仕事の計画の立て方などを教えています。また、アートラボでは、計画を立て、プロジェクトを最後までやり遂げることを教えているのです」(注26)。

　この学校は国のカリキュラムに沿っているが、複数の教科のトピックを一つのプロジェクトにまとめ、異年齢のグループで取り組むという、既成概念にとらわれないアプローチを採用している。授業は、生徒がさまざまな活動に十分な時間を割けるように構成されている。一度に 2、3 のレッスンを行うことで、生徒も教師も自由に活動することができるのである。すべての子供たちは、ワークショップ形式で週に最低 6 時間を過ごすことになっている。

　2008 年に導入されたナショナル・カリキュラムと外部試験に対する変更が、2012 年の PISA 調査におけるポーランドの生徒の成績向上に寄与したと考えられる（図 7.1 参照）。このことは、PISA 調査に関する国の報告書にも記されている。

　　ポーランドの生徒の数学の平均点は 23 点も上昇した（中略）総合的な課題解決の分野でも大きな変化があった。ポーランドの生徒は、OECD 諸国の生徒よりも推論、議論、戦略の作成と適用を必要とする問題を（平均して）より良く解決している。科学的リテラシーの面でも、ポーランドの生徒は 18 点も点数を伸ばした[注27]。

（注 23）Ministry of National Education (2007) Wyniki badania 2006 w Polsce. MEN, Warszawa
（注 24）新カリキュラムは、1998 年 12 月に国家教育省の省令によって導入された。
（注 25）生涯学習のためのキーコンピテンスに関する 2006 年 12 月 18 日付欧州議会および理事会の勧告。https://eur-lex.europa.eu/eli/reco/2006/962/oj
（注 26）以下からの引用。Manthey E (2017) Nie-zwykła publiczna szkoła – reportaż z Juniorowa, https:// www.juniorowo.pl/nie-zwykla-publiczna-szkola/ access 24.10.2018.
（注 27）Ministry of National Education (2013) PISA Wyniki Badania 2012 w Polsce. MEN, Warszawa

07.5.2 –就学開始年齢の引き下げ–

　1999 年のシステム改革とナショナル・カリキュラムの近代化が効果的に実施された後、教育省は教育システムにいくつかの追加変更を導入し始めた。それらの目的は、子どもたちの就学前教育への参加を促進することであった。この目的のために、2003 年から 6 歳の子どもは保育園か小学校の準備クラス（いわゆる「ゼロ」クラス）に通うことが義務付けられた。さらに 2008 年には、6 歳児には学校教育が、5 歳児には就学前教育が義務付けられることとなった。こうした変革には 2 つの目的が存在していた。一つは、6 歳児に読み書きや計算などの基礎的な能力を身につけさせるためのカリキュラムを用意すること。もう一つは、6 歳以上の子どもたちを正規の学校に入れることで、3 〜 5 歳の子どもたちを対象とする保育園の空きを増やすことであった。

　こうした変革は正当なものと思われるが、多くの人にとっては受け入れがたいものであった。まず、学校は組織、プログラム、設備の面で幼い子どもたちを受け入れる準備ができていないと一般的に考えられていた。さらに、子どもたちは親が仕事から戻るまで保育園にいるのに対し、学校の場合生徒は数時間で自由に帰宅できるため、多くの家庭の生活は混乱してしまうこととなっていた。放課後の学童保育なども利用できたが、小さな子どもには適していないと考えられていた。そこで、「幼児を救え（Save the Toddlers）」というスローガンのもと、草の根の抗議運動が非常に効果的に組織されることとなったのである。

　メディアや国民からの圧力が強まり、議会の反対勢力にも支えられて、政府は改革の実施を何度も延期することとなった。しかし、これだけではデモ参加者は満足せず、さらに勢いを増していった。2014 年末には、100 万人近くの市民が署名した国民投票の請願が議会に提出された。そこでは、就学年齢に関する質問に加えて、5 歳児を対象とする義務教育、1999 年改革以前の教育構造の復活、さらに、カリキュラムの改訂などが問われていたのである。議会は、国民投票を行うにはテーマ

が狭すぎる上、具体的すぎるという理由で、この請願を却下した。

07.5.3 −2015 年以降の変化−改革の撤回−

就学年齢引き下げに関する法律の撤回は、2015 年の国政選挙における野党のスローガンの一つとなった。これに加え、1999 年以前の学校制度を復活させ、中学校を廃止するという公約も掲げられていた。

野党は選挙で勝利を収め、直ちに選挙公約の実行に着手した。数週間のうちに法律が改正され、7 歳の就学年齢が復活することとなった。同時に、5 歳児に義務付けられていた 1 年間の就学準備も廃止された。6 歳児の受け入れのために学校の準備に投資し、子どもたちを保育園に「戻す」ことの難しさを指摘する地方自治体の抗議は、完全に無視された。

旧来の学校制度を復活させ、中学校をなくすという計画には、生徒、保護者、教師などの関係者から反対の声が上がった。研究者たちも、PISA の結果は現在のシステムの強さを証明するものであり、新しいシステムがより効果的であることを示す分析結果はないと反発した。また、地方自治体からは、学校のインフラ整備のために財政的な投資が必要であるとの指摘があった。教育省は、このような抗議を無視し、懸念を払拭するために、全国的な協議プロセスの開始を発表した。今後の変更計画は、協議の結論と提言に基づいて行われると宣言した。しかし実際には、この協議は形式的なもので、インターネット上での劣悪な司会進行に基づく議論にすぎなかった。要約や結論が発表されることもなかった。当然、保護者や教師の団体からは、正当な批判が寄せられることとなった（コラム 7.4 参照）。

協議会からの報告もないままに、教育大臣は 8 年制の初等学校、4 年制の一般中等学校、5 年制の技術中等学校、3 年制の職業学校という学校制度を復活させる意向を表明した。これは中学校の廃止を意味するものであった。この発表が首都の外での会議中に、しかも 2016 年の夏休みの初日に行われたのは偶然ではない。教師たちは失望したが、組織的に抗議の意を表す機会もなかったのである。

コラム 7.4　NGO の意見に基づく改革案[注28]

「政府は非常に広範な協議を行うことを発表しました。私たちはこのアイディアには満足していました。私たちは真剣な公開討論を期待していたのです」と語るのは、「教育のためのスペース（Przestrzeń dla edukacji）」財団のイガ・カジミェルチェク氏である。実際には、これは協議などではなく、1,800 人の閉鎖的な専門家の集まりがいくつかのグループに分けられ、制限されたプラットフォーム上での意見交換を行っただけであったと彼女は付け加えた。さらに、「そこでどんな意見や提案が出されたのか、私たちは知りませんし、これからも知ることはないでしょう」と述べた。彼女の指摘によると、協議が行われるのは、特定のプロジェクトが諮問されている場合であり、「今回の場合、誰もそのようなプロジェクトを見ていない」という。また、ポーランド教職員

組合のスワヴォミール・ブロニァズ会長は、「中学校の閉鎖に関する宣言がありましたが、この分野での協議プロセスを待っています。私がこのように述べたのは、大臣が始めた議論はアイディアを出すためだけのものであると思われるからです。つまり、これまでのところ、ある構造が解体されてしまっているのです。解体するのは作るよりも簡単なのでしょう。教師のコミュニティ全体が、何が提案されようとしているのかを待っているのです」と述べている。

　2016年12月に可決された「教育法」は、適切なインフラなしに変化を導入し、また、急いで書かれたカリキュラム、教科書、指導マニュアルによって、学校システムをまたもや破壊したのである。カリキュラムの変更では、一度にいくつかの科目を統合して学ぶという解決策は排除されることになった。歴史とポーランド語のシラバスは、生徒のナショナル・アイデンティティをより効果的に形成するために拡張されることとなった。また、プロジェクト型の学習も必修ではなくなった。

　教育省が導入した改革は、エビデンスに基づくものではなく、学校が適切に機能していないという考えに基づくものであった。教師たちは皆、これが自分たちの仕事や、教育の質を向上させるために払ってきた長年の不断の努力に対する否定的な評価だと受け止めた。中学校教師のチームは解散させられ、その貴重な成果が無に帰すことは、地域の社会的・専門職的資本の喪失につながり、深刻な問題であった。旧来のカリキュラムに基づき、3段階の学校それぞれの生徒が持つ特定のニーズに対応した数多くの研修プログラムの成果は散逸し、新しい専門能力開発プログラムの計画は、その対象者と研修のニーズがもはや同じではないため、修正が必要であった。ただし、このような変化により失望や不満を感じているにもかかわらず、教師たちは、特に科学や外国語などの主要な横断的コンピテンスの開発を目的とした長期的なプロジェクトを放棄していない。とはいえ、新政府がとった措置の影響が明らかになるのは、数年後のことであろう。

　この章の原稿は2018年の秋に完成したものである。その後の数ヶ月間に、ポーランドではいくつかの重要な動きがあったため、以下に簡単に示すこととする。

　2018年の秋、ポーランドでは若い医師、警察官、教師の大規模な給与抗議活動が行われた。2019年初め、最大の教職員労働組合（ZNP）執行部は、給与を30％引き上げるための交渉を開始するよう政府に要請する集団的紛争解決に関する決議を採択した。この要請に対する反応がなかったため、学校はストライキの一般投票を開始した。教師コミュニティの決意は、公的機関による圧力よりも強いことが判明し、というのも80％以上の学校がストライキの投票に参加したのである。政府は組合の要求に応えることを拒否しただけでなく、同時に政府与党は家族手当への支出を大幅に増やし、農家への財政支援を約束した。

　ポーランドの教師の大半（70〜80％、50万人以上）がストライキを開始したのは、学校の重要な試験（小学校の最終試験と中学校の試験）を数日後に控えた4月8日であった。給与の引き上げ（OECD加盟国の中では最低レベル）だけが抗議の理由ではなかった。教師たちは、2017年の改革（特に中学校の廃止）の影響

で、教師との協議もなく導入された混乱と過重なカリキュラムにうんざりしていたのである。

少し意外だったのは、教師のストライキが社会から強い支持を得ていたことである。ほとんどの保護者は文句も言わず、通常の授業時間中に子どもの面倒を協力して見るように体制を整えていた。また、多くの雇用主は、子どもを会社や職場に連れてくることを許可し、中には子どもの世話や学習活動を行う専門家を雇う会社もあったのである。地方自治体は、博物館や動物園などの公共施設への入場を支援した。ストライキを起こした教師の給与減を補うために、人々は寄付を募っていた。

教師たちの抗議行動には、「教育に関する市民討論会（NOoE: Narada Obywatelska o Edukacji）」(注29)という重要な現象が伴っていた。これは、ウェブ上の教師や教育者からなる非公式なグループ（教師である私［JaNauczyciel］、感嘆符付きの抗議［Protest z wykrzyknikiem］）が始めたもので、公共政策プログラムの提言で経験を積んできたNGOである「造船所（Stocznia）」が支援していたものである。「造船所」は、ワールドカフェ形式の討論を提案し、討論会の開催方法を記した簡単なマニュアルや、基本情報（場所、参加人数）とその結果を集約するテンプレートを専用のウェブサイトで公開した。討論会は、ストライキ前、ストライキ中、そしてストライキが中断されたときにも開催された。教師、保護者、生徒、地方自治体が積極的に参加し、ポーランド全土で合計150回以上の討論会が行われたのである。集められた議論の要約と結論は分析され、今年の秋に行われる国政選挙の際の政策討議に資することが期待されている。

これらの活動の影響は、早くも数ヶ月以内には現れるかもしれないだろう。

(注28) Gazeta Prawna (2006) Konsultacje MEN nie tak szerokie jak zapowiadano. https://www. gazetaprawna. pl/artykuly/953445,organizacje-spoleczne-konsultacje-men-nie-tak-szerokie-jak- zapowiadano.html (access 28.11.2019)
(注29) https://www.naradaobywatelska.pl/

07.6 −結語−

1999年の制度改革、就学年齢の引き下げに関する改革、そしてそれら二つの改革を覆した近年の改革と、三つのポーランドの教育制度改革は、いずれも急遽、トップダウンで導入され、教師への十分な支援もなく、世論も賛否両論であった。

ポスト共産主義国の教育分野における意思決定の詳細な分析は、世界銀行のレポートの中でネルソン氏(注30)によって示されている。彼女は、民主主義的なシステムを導入したばかりの国の運営方法に多くの共通点を見出した。彼女によると、そうした新政府は経済的・政治的な変化に注目し、公共サービス部門は優先的には扱われなかったのである。その結果、公共サービスを担当する省庁は、特に公的資金を申請する際に十分な政治的影響力を持たなくなってしまったという。さらに、教育省の高官は、政権交代後だけでなく、同じ政権下でもしばしば職務から引き下ろされていた(注31)。一つの政府が下した決定が、次の政府によって台無しにされることもしばしばあった。このような状況では、長期的な教育政策を策定すること

は不可能である。変化をもたらす唯一のチャンスは、敵対者が前任者の決定を修正するのを防ぐことであった。

ネルソン氏はまた、教育システムにおける教師の重要な役割を指摘しているが、彼・彼女らはしばしば当局から無視されている。改革が教師のコミュニティに承認されなければ、改革は行われないか、あるいは、表面的にしか実施されないであろう。教師の承認を得るためには、優れたコミュニケーション戦略、徹底した交渉、そして十分な時間が必要である。教師が変化を嫌う理由はさまざまだが、特に、生徒との仕事の原則を不安定にしたり、職業上の威信を低下させたり、給料を減らしたりする危険性のある変化に対してそれは顕著である。このように、教育当局は自らを罠にはめているのである。一方で、プラスの変化を導入するためには、迅速な対応と一瞬の時機を捉えることが必要であり、他方で、改革を成功させるためには、長期的な行動、幅広い協議、様々な利益団体や政党とのコンセンサスが必要なのである。

政府と野党の間での合意が得られない中で行われた行動の結果は、教育システムにとって劇的なものとなってしまう。数年ごとに新しい抜本的な改革が導入されると、新しい労働条件、学校集団の変化、人々の協力関係の悪化などにより、教師の間に抵抗や落胆が生じることが多い。このことは、カリキュラムや教授・学習の方法・手段の近代化を目的としたすべての改革にとって脅威となる。建物を改築したり、教科書を交換したりするのは、堅固に根付いた教育方法を修正するよりもずっと簡単なのである。いわゆる「真の社会主義」の学校で働いていたポーランド人教師たちは、それまで信じていたはずの価値観を否定しなければならなかった。彼・彼女らは結局、数年ごとの改革と、それに伴うカリキュラムや教授法の変更を次々と経験することとなった。そのため、教師たちは模倣の技術に長けていったのである。彼・彼女らの中には、当局が期待する革新的な方法を適用していると報告する者もいるが、生徒との関係や教授法についてはほとんど、あるいは全く何も変えていないのである。

また、1999 年の改革の本質は、新しい可能性の確立と開放であったことにも言及しておきたい。中学校は、この改革の象徴であった。教師と生徒のために、より良い条件を確保することが求められていたのである。変化を導入するには、地方自治体の支援を受けながら、学校で働くチーム全体が関与する必要があった。大臣は、よりよい変化を可能にする教師のコンピテンスと実力を信じていることを強調した。

今回の改革の導入においては、教育省からのメッセージは全く異なるものであった。大臣は、現行のシステムがうまく機能していないことを何度も強調したが、弱点やその原因については言及しなかった。これでは、教師に自分たちの仕事に対する評価が低いと思われてもしかたがない。対策として提案されたのは、中学校の廃止であり、ただ「古き良き時代」に戻れるという見通しが立たないものであった。破壊や過去に焦点を当てることは、変化のプロセスへの関与を促すものではないのである。

2019 年 12 月 3 日、PISA 2018 の結果が発表された。ポーランドの生徒は、

OECD 平均を大幅に上回る結果（表 7.5、図 7.2 参照）を出し続けている。このようなスコアは、ポーランドをヨーロッパの成績上位国に位置づけているのである。

表 7.5　PISA におけるポーランドの生徒の平均スコアの傾向

	読解	数学	科学
平均スコアにおける 3 年間の平均変化	+4.5[a]	+5.1[a]	+2.1
平均スコアにおける短期的変化（2015-2018）	+6.2	+11.2[a]	+9.6[a]

上付き文字 [a] は、統計的に有意な変化、あるいは平均スコアを示すものである。
出典：OECD (2019), PISA 2018 Results (Volume I): What Students Know and Can Do, PISA, OECD Publishing, Paris, https://doi.org/10.1787/5f07c754-en

ポーランドの PISA 平均スコア 2000-18

(年)	2000	2003	2006	2009	2012	2015	2018
読解	479	497	508	500	518	506	512
数学		490	495	495	518	504	516
科学			498	508	526	501	511

図 7.2　ポーランドの PISA における平均スコア（出典は同上）
出　典：OECD (2019), PISA 2018 Results (Volume I): What Students Know and Can Do, PISA, OECD Publishing, Paris, https://doi.org/10.1787/5f07c754-en

　本来であれば、それは満足感や誇り、お祝いの理由になるはずであろう。しかし、2019 年のポーランドではそうとはならないのである。2018 年 3 月に PISA テストを受験した生徒たちは、2017 年の「改革」の結果として閉鎖されることになった中学校に通う最後のグループであった。もう存在していないのに、それらの学校が良い学校であったという確かなエビデンスを持っているというのは、パラドックスとしか言いようがないだろう。

（注 30）Nelson J, (2000) Reforming Health and Education. The World Bank, Washington DC.
（注 31）Śliwerski B, (2009) Problemy współczesnej edukacji. Dekonstrukcja polityki oświatowej III RP. Wyd. Akademickie i Profesjonalne, Warszawa.

ポルトガルにおける
カリキュラムと教育の改革
―生徒の知識・スキルが改善した原因と方法をめぐる分析

ヌノ・クラート（Nuno Crato）

N. Crato (✉)
Cemapre, REM, ISEG, University of Lisbon, Lisbon, Portugal
e-mail: ncrato@iseg.ulisboa.pt

© The Author(s) 2020
F. M. Reimers (ed.), Audacious Education Purposes,
https://doi.org/10.1007/978-3-030-41882-3_8

ポルトガルにおける
カリキュラムと教育の改革
―生徒の知識・スキルが改善した原因と方法をめぐる分析

ヌノ・クラート（Nuno Crato）

【要旨】

　今世紀に入り、TIMSS と PISA の最初の結果が惨憺たるものであったことから、ポルトガルの教育システムは岐路に立たされていた。読解、数学、科学、その他の基礎科目において、生徒が最低限の能力を身につけていないことが明らかになったのである。システムを根本的に見直す必要があり、そのための改革が行われた。最新の PISA の結果では生徒の達成度が OECD 平均を上回り、TIMSS でも小学 4 年生の数学のスコアが、フィンランドを含む常連の高成績国いくつかよりも高いものとなった。なぜこのようなことが可能だったのだろうか。何が起こったのかを理解するためには、過去 10 ～ 15 年間にポルトガルが何をしてきたかを見る必要がある。イデオロギーの異なる多くの大臣が様々な改革を行ったが、ほとんどの改革に共通するのは、結果に注目したことである。これは、経験豊富な教師に支えられた、改善のための強力な推進力となった。しかし、この一般的な推進力は、具体的には多くの異なる側面を持つもので、様々な改革につながっていた。2011 年から 2015 年の間に、これらの改革はさらに進み、非常に明確で、意図的、明示的なものとなった。そこでは明確なカリキュラム、学校の自律性の拡大、生徒の定期的な評価、職業コース、柔軟性などが含まれていた。これらすべてが、21 世紀の活動的で生産的かつ責任ある人生に向けて、若者を準備させるのに役立ったのである。

08.1 ‒はじめに‒

　ポルトガルは 20 世紀後半にようやくスタート地点に立ったが、読み書きができない状態、貧困、孤立、そして非常に限られた学校制度などから立ち直るのに長い時間を要した。

　1956 年になって初めて、義務教育期間が 3 年から 4 年に延長されたのだが、それも男子のみであった。1960 年には女子も同じように延長された。1964 年には義務教育が 6 年間に延長され、1967 年にはいわゆる準備的な「統一サイクル（ciclo unificado）」が構築され、すべての生徒が 6 年生まで同じ種類の教育を受けることができるようになった。そしてようやく 1986 年になって義務教育は 9 年生までになった。さらに 2012 年には 12 年生まで延長されることとなったので

ある。

民主化革命の4年前にあたる1970年の国勢調査では、まだ人口の18%近くが非識字者で、15歳人口の66%がどのレベルの正式な教育も受けておらず、高等教育の学位を持っている人は全体のうち0.9%のみにとどまっていた[注1]。

しかし、20世紀の最後の数十年間に達成された進歩は並外れたものである。1960年代以降の経済状況の全般的な改善、ベビーブームの到来、民主主義の回復、欧州共同体への加盟、そして欧州構造基金の獲得などを受けて、学校教育は拡大し、国そのものも完全に変わることとなった。2001年の国勢調査によると、この30年間で非識字率は18%から9%に低下し、15歳で正規の教育を受けていない人の割合は66%から9.2%に減少し、高等教育を受けた人の割合は0.9%から8.4%に増加した。

これらの成功は、教育の民主化、学校制度の拡大、義務教育の増加など、基本的に全て量的なものであった。しかし、若者に合理的なレベルの識字教育と一般教育を与えることには明らかに失敗していたのである[注2]。教育の質をめぐる議論が国を二分することとなった。

一方では、教育学者、改革推進者、権力を持つ政治家、そして80年代後半に旧来の師範学校に代わって新設された教員養成大学の教授たちにより新しいシステムは擁護され、教育の民主化によっても中学・高校の卒業生の平均レベルは低下していないという主張がなされてきた。

他方で、大学教授や中年の知識人たち、いずれも伝統的な左派と保守派に属するが、彼・彼女らは権力を持つ政治家たちが教育を劣化させ、水準を下げ、理想化された非現実的な考えを教育の場に持ち込んでいると非難していた。

どちらの立場に立つかは大いに議論の余地があるところであるが、前者のグループは民主化の成功を正しく強調し、また、非常に伝統的な教育システムを正しく批判したと言わざるを得ない。同様に、後者のグループは、カリキュラムの目標を高める必要性を正しく強調し、基礎知識を時代遅れの概念と断定するような浅薄な考えを正しく批判していたのであった（Crato 2006）。

衝撃的なニュースが、この国を待っていた。1995年のIEA国際数学・理科教育動向調査（TIMSS: Trends in International Mathematics and Science Study）[注3]では、ポルトガルの4年生は数学で最下位のグループであり、その下にはイランとアイスランドの2カ国を残すのみであった。2001年、PISA[注4]の2000年度の結果が発表されると、ポルトガルの生徒は三つの分野（読解力、数学、科学）すべてにおいて平均を下回り、かつ、OECDの平均を大きく下回ることとなった。

結果は、政治的な議論が決して解決されないように、議論に終止符を打つものではなかった。しかし、教育システムを批判する人々は、教育の質に焦点を当てた新たな改革を求める後ろ盾を得ることとなったのである。

その後も議論は続き、また、様々な形で行われることとなった。学校制度の改革は時に矛盾し、異なる目的を持っていたが、2015年までは基本的に一つの明確な方向性を有していた。それは、結果により注意を払う、ということであった。

以下の各節では、これらの変化の歴史を詳細に説明し、大規模な国際調査に

おけるポルトガルの生徒の成績向上を促進した様々な改革に焦点が当てられる。08.2 では、2001 年から 2010 年にかけて行われた実用的な改革について述べる。08.3 では、生徒の成績が大幅に改善された 2011 年から 2015 年に行われた改革について詳しく説明する。第四節では、21 世紀の現代的な関心事がどのように導入されたかを紹介する。そして第五節を結論とともに締めくくる。

（注 1）Pordata, https://www.pordata.pt/（最終閲覧日 2019 年 8 月 3 日）
（注 2）同様の分析は様々な場面で行われており、インプットを超える成果を探す必要性が強調されている。例えば、Donnelly et al.（2019）を参照。
（注 3）IEA 国際数学・理科教育動向調査（TIMSS: Trends in International Mathematics and Science Study）は、数学と科学の教育と学習に関する国際的な視点を提供することで、教育政策と実践に役立てることを目的とした大規模な調査である。TIMSS は、国際教育到達度評価学会（IEA）のプロジェクトであり、ボストンカレッジの TIMSS 国際研究センターが、参加国の組織や代表者の世界的なネットワークと協力して運営している。
（注 4）PISA とは、OECD（経済協力開発機構）の Programmed for International Student Assessment の略である。2000 年以降、3 年ごとに世界中の 15 歳の生徒を対象に、リテラシー、数学、科学のテストを実施している。このテストでは、生徒たちが大人の世界での実生活に備えるために、主要科目をどれだけ習得しているかを測ることが目指されている。

08.2 −2001 年から 2010 年まで −実用的な時代は実用的な実践を生み出す−

　ポルトガルの制度を着実かつ大幅に改善するための積極的な改革が始まった時期を特定するのであれば、2001 年を挙げることができる。2001 年に教育大臣が、高校卒業試験の学校別平均点を初めて公表したのである。これにより、世間での激しい議論に幕が引かれることとなった。何年もの間、評論家、ジャーナリスト、そして野党の一部の政治家[注5]は、学校の成績を知る権利を主張していた。しかし、与党はこの開示を長年にわたって妨害してきた。政府は、行政情報公開法[注6]に基づき法的措置が取られるかもしれないという可能性に瀕して、ようやくデータを公開するに至ったのである。

　最終的にデータが発表されると、保護者、学校管理職、教師、生徒、そして一般の人々が各学校を見て、その学校がどのような状況にあるのかを比較検討することができるようになった。しかし、データが公開された直後は、新聞社や異なる団体が作成したランキングの影響を受け、本質的な問題から注意が逸らされる事態になってしまった。とはいえ、このデータ公開は目からウロコが落ちるようなもので、国内にプラスの効果をもたらした。人々は、裕福な地域には非常に良い学校とそうでない学校があることに気づくこととなった。同様に、恵まれない地域にも非常に良い学校とそうでない学校があったのである。

　もちろん、生徒の社会経済的地位（SES）と学校の成績には正の相関関係が存在していたし、現在も同様である。しかし、SES に関連する学力格差を埋めるのに、他の学校よりも効果的な学校があることも明らかになった。それぞれの学校にはもっと良い結果を出せる可能性があり、経済的条件は乗り越えられない障壁では必ずしもないのである。学校は、生徒の不利な環境に立ち向かうことができる。学校はもっと良くやれるのである。

　2001 年 11 月 14 日、OECD は最初の PISA の結果を発表した[注7]。この国際

調査は、2000 年に OECD 加盟国 28 カ国とパートナー 4 カ国で始まった。その後、他の 15 カ国・地域も同じ 2000 年の調査に参加した。ポルトガルは、ほとんどの EU 諸国と同様に、PISA の開始時から参加していた。

　ポルトガルの結果は残念なものであった。三つの分野（読解力、数学、科学）すべてにおいて OECD 平均を下回る成績だったのである。読解では、ポルトガルの下には 4 カ国（ロシア、ラトビア、メキシコ、ブラジル）があるのみで、数学でも、4 カ国（ギリシャ、ルクセンブルク、メキシコ、ブラジル）のみであった。科学ではさらに少ない 3 カ国（ルクセンブルク、メキシコ、ブラジル）だけが、ポルトガルを下回る成績であった。

　この結果を受けて、多くの有力な評論家や政治家から反発の声が上がった。数ヵ月後の 2002 年 4 月に新政権が発足すると、新しい教育大臣は直ちにカリキュラム改善のためのタスクフォースと、数学と科学の指導改善のための委員会の設立を発表したのである。また、義務教育修了時（当時は 9 年生）に数学とポルトガル語の試験 (注8) を設けるなど、教育改革を求めるムードが漂っていた。

　その後、事態は再び変化した。ドゥラン・バローゾ首相が欧州委員会の委員長に就任するために辞任することとなったのである。大統領は議会を解散し、新たな選挙が行われた。当時の主要野党が勝利し、2004 年 3 月には新政権が誕生した。その際、野党から任命された新任の教育大臣が、前政権が実施した試験を維持したことは注目に値する。実際、同年 6 月に行われた新試験では、この新しい大臣が初めて試験実施の監督を務めたのである。

　同大臣は、数学と国語に力を入れることを決定した。彼女は、数学のアクションプラン（"Plano de Acção da Matemática"）を策定し、ポルトガル語のアクションプラン（"Plano Nacional de Leitura"）をも支援した。数学の改革プランは、小中学校の数学に焦点を当てたもので、非常に大きな議論を呼んだ。このプランでは、すでに大部分が遵守されている提言に従って数学を教える方法を教師に説明するための行動が中心であった。過去 10 年間に行われてきた数学教育の欠点、つまり、カリキュラムの構成が不十分であること、暗記学習を避けるという口実で基礎的なスキルのトレーニングを避けていること、そして小学 1 年生から電卓を乱用していることなどを解決するものではなかったのである。しかし、このプランは、基本的な規律に基づく教育と学習に力を注ぎ、学校や全国テストでこの規律の結果を重視するのに役立った。

　一方、国語のプランは議論の余地のないものであった。それは基本的にカリキュラムに沿ったものではなく、青少年に読書を普及させるために、主に学校や公共の図書館で自発的な活動を行うものでしかなかった。その効果は真剣に評価されたことはないが、この基本的なテーマに注目を集めることには役立っていた。

　次の大臣の任期は 2 年弱（2009 年 10 月〜 2011 年 6 月）のみであったが、基礎科目の結果に注意を払うという努力を続けたのである。彼女については、アングロサクソン諸国に倣って、ポルトガルに最初の学習基準を導入した点が評価されるべきである。この学習基準は、既存のカリキュラムに取って代わるものではなく、より明確な構造を導入しようとするものであった。

ポルトガルをはじめとする中央集権的なシステムを持つ国では、カリキュラムは教科ベースで、基本的にはプログラム（"programas"）と呼ばれる一連の公式文書で構成されており、そこでは各学校の分野や教科で取り上げられるトピックが詳細に記述されているのである。

これらのプログラムでは、トピックの選択、各トピックへのアプローチ方法、そして学習目標などが説明されるのが一般的である。しかし、それだけにとどまらない。生徒に与えるべき課題やプロジェクトの種類、教材や課題文献についても説明がされているのである。また、コースの内容を伝えるための教授法、評価、その他の手段を含む、教育的な推奨事項をも詳述している場合がある。しかしながら、意図した学習成果については曖昧であることがほとんどである。

プログラムとは対照的に、学習基準においてはコースの内容を順に整理し、学習目標と各教科内容に求められる達成レベルが強調される。また、教授法に関わる推奨は行われず、詳細な学習成果の設定が優先されるのである。

最初の学習基準は、2010 年と 2011 年に登場した。しかし、当時の曖昧なプログラムからは進歩しているものの、教授法に関する推奨事項と学習成果が混在していたり、知識目標が明確でなかったりと、曖昧な部分を依然残すものであった。

2010 年 12 月には PISA の 2009 年度の結果が発表され、PISA の全ての分野で顕著な改善が見られた。専門家の中には、新たに導入された 9 年生の試験が重要であると強調する者もいれば、基礎的な教科の結果の方に注目すべきという新しい方針を強調する者もいた。なお、私としてはどちらの意見も正しいものだと考えている。

2011 年 6 月、選挙が行われ、新しい与党が形成され、首相が選ばれた。そこで私は、教育（全レベル）と科学を担当する独立した大臣に任命されたのである。

この数年間の政治的・経済的背景を理解するためには、2011 年 6 月にポルトガルが近年では最も深刻な金融危機に直面していたことを思い出す必要がある。当時、国は財政的に破綻しており、また、欧州共同体の一員として 12 年前に共通通貨ユーロを導入していたため、通貨的に独立した国に共通する短期的な解決策も採用することができなかったのである。2011 年 5 月、IMF および EC との間で破綻回避の金融支援策が合意され、政権は退陣することとなった。選挙が行われ、社会民主党のペドロ・パッソス・コエーリョが新首相に任命された。前政権が合意した救済措置には、大幅な支出削減が含まれていた。医療制度や社会保障制度に加え、教育費も大幅に削減しなければならなかったのである。

このような背景のもと、前国会で承認された法律に基づき、義務教育を 9 年から 12 年に拡大し、例えば英語が必修科目とされていないような時代遅れのカリキュラムを充実させることにしたのである。

義務教育を拡大するにあたり、我々はこの動きに伴うリスクを強く認識していた。まず第一に、定員が限られている中学・高校に入学する生徒が増えるという、ロジスティックな面でのリスクが存在していた。これらのリスクは、国と地方の綿密な計画によって対処され、すべての生徒を受け入れることができた。第二に、質の低下をめぐるリスクがあった。1986 年に義務教育の期間が 6 年間から 9 年間

に延長された後、教育の質が低下したという懸念がまだ残っていたのである。実はこれが、閣僚会議での教育に関する最初の大きな議論であった。驚いたことに、一部の大臣は教育の質に対する懸念を表明し、我々は教育の質を向上させるための全く新しいプランを導入し、学業に困難を抱える生徒に対する特別な支援を得ることができた。これらのことについては、08.3 でまた詳しく述べる。

　私は今でも、予算削減、給料カット、責任の増加などの状況下でも、教師や学校が前述の要請に応え、学校教育を拡大し、より多くの生徒を受け入れ、より多様なカリキュラムを提供し、なおかつ教育を改善することができたという事実に驚くばかりである

(注5) この文章の他の部分同様、私は可能な限り閣僚や政党の名前を出さないようにしている。これは、異なる状況では異なる人が異なる行動を取る可能性があると考えているためである。問題は本質的には政治的なものだが、それは政党とは関係のないものである。幸か不幸か、教育における立場は左派と右派にまたがるものであり、レッテルを貼ることは問題を混乱させることにつながりかねないのである。
(注6) ポルトガル共和国憲法第 268 条、91 年 11 月 15 日命令第 442 号行政手続法、96 年 1 月 31 日命令第 6 号改正。
(注7) OECD/UNESCO Institute for Statistics (2003)
(注8) これらの試験が初めて行われたのは、2004 年度末のことであった。それらは現在も実施されている。

08.3 –2011 年から 2015 年まで –カリキュラムを強化し、高いカリキュラム目標を達成するための意識的な取り組み–

　2011 年度から 2014 年度の間に実施された改革は、明らかに質の高い学習を目指したものであった。これらの改革は、五つの本質的な分野に分類することができる。

08.3.1 –要求水準が高く構造的なカリキュラム–

　「すべてはカリキュラムから始まる」ということは、教育改革論議の中で我々が明確に、繰り返し述べてきたことである (注9)。カリキュラムは学習目標を定め、学習目標はすべての教育の出発点となるのである。

　ポルトガルでは、カリキュラムは中央で定義され、大臣によって承認される。新しい学習基準やプログラムを制定するために、我々は各分野の専門家グループを立ち上げた。それぞれのグループは、（i）その分野の専門教師、（ii）同分野の大学レベルの専門的な研究者、（iii）認知心理学者やその他の分野の教育研究者で構成されていた。これは、これまでの分野別グループの立案者が、（i）教師団体のメンバー、（ii）教育大学の教授で構成されていたのとは対照的である。

(注9) 例えば、Crato（2008）を参照。

08.3.1.1 −知識を最優先する−

スキル、いわゆるコンピテンシー、態度、あるいは市民的目標を強調しても、知識を伝えなければ学校の目的は失われてしまう。いくら批判的思考、協同学習、知識の応用に熱心であっても、知識は市民参加、批判的思考、行動の基礎であることを忘れてはならない。

実質的な知識のベースがなければ、生徒はどの科目も理解できず、高度なスキルを身につけることもできず、どのような職業にも就くことができず、あるいは、どの科目においても高いレベルの知識やスキルを身につけることができないのである。

スキルやコンピテンシーを強調しすぎると、知識の基礎が失われ、スキルは本質的に領域固有のものであるということを忘れてしまうかもしれない。汎用的なスキルを身につけることは難しく、スキルの伝達にも限界がある。領域固有の知識がしっかりしていないと、生徒はどの分野も理解することができず、どの科目の構造も理解できないだろう。数学はトリックの集合体ではないし、文章はルールの集合体ではなく、あるいは、文学も文法的に正しい文章の集合体ではないのである。

つまり、生徒はいくつかの科目で深い知識を得る必要があるのだ。構造化された知識を犠牲にすることで、幅広い知識を得るべきではないし、また、それが得られるわけでもないのである。

08.3.1.2 −基本的な知識を優先する−

読み書きのできない子供は、流暢な読解力を身につけることができなければ、永遠に問題を抱えることになる。数学が苦手な子供が、基本的な算術能力、初歩的なグラフのデータ分析能力、あるいは初歩的な形式論理能力を身につけなければ、同様の問題が生じることになる。

オーストラリアのニューサウスウェールズ州の教育省は以下のように述べている。

> 読解力と計算スキルが学習と人生の成功の基盤であることを我々は知っている。[だからこそ、我々の]努力によって、生徒が必要とする重要な読解力と計算スキルを身につけることを保証するのである。というのも、今後4年間に、ニューサウスウェールズ州のすべての学校で、これらの読解力と計算スキルが明瞭に説明され、明確に教えられ、有意義に評価され、また、定期的に報告されるようになるためである (注10)。

より厳しく、より構造的なカリキュラムを開発するために我々がとった最初の決断は、優先順位を決めることであった。その結果、基礎科目と基礎知識に重点を置くことになった。つまり、初等教育の最初の段階で、数学と読解に多くの時間を割り当て、これらの基礎科目のためのカリキュラムをよりよく編成したのである。その後、この優先順位を他の基礎科目、すなわち歴史、地理、科学、英語にも拡大した。

カリキュラムの再編成にあたっては、それまでのカリキュラムに関わる文書を全

面的に見直すのではなく、少しずつでもそれぞれの文書が同じ方向に向かっていくよう漸次的な変更を行っていくこととした。言い換えると、すべてのプログラムを書き直すのではなく、新しい基準（metas curriculares）を提供することで、それらを整理することにしたのである。この新しい基準には、以下に挙げる教育的な目的があった。

● 生徒が習得すべき**基本的なトピック**を明確にする。
● 各トピックの**望ましい到達レベル**を設定する。
● 各基本分野の内容を**より高度**なものにする。
● トピックを**より構造的**かつ明確に**順序づけて**整理する。
● 知識やスキルを領域の各レベル、あるいは**層**ごとに**足場**かけできるようにする。

　同時に、この基準は関係者全員にとって明確なものになるように意図されていた。

● **教師**は、生徒が何を達成すべきかをよりよく理解する。
● **保護者**は子供を助け、子供が教室でどのように成長しているかを確認することができる。
● **教科書の著者**は、自分に何が期待されているかをよりよく知る。
● **教科書の外部評価者**や認証者は、教科書の評価や認証に関するより明確なガイドラインを作成する。
● 試験や全国的な評価**テストの設計者**は、テストに何を選択すべきか、また生徒が満たすべき達成レベルをよりよく知る。

　このような全体的な整合性は、全員が同じ目標を達成するために協力する上で不可欠であることが判明した。明確なカリキュラムがあれば、教科書が望ましい目標に沿ったものになり、また、教師の助けになり、信頼性と妥当性のある全国的なアセスメントの開発に役立ち、そして保護者、生徒の助けになるのである。

(注10) New South Wales Government Department of Education (2017). Centre for Education Statistics and Evaluation (2017) も参照。

08.3.1.3 −カリキュラムに沿った指導のリソース−教科書の質−

　教科書は昔も今も、カリキュラムを伝えるための中心的なツールである。教科書には、紙、デジタル媒体、あるいはその混合などがあるが、最も重要なことは、教師と生徒の助けとなるような高品質のものでなければならないということである。
　2006 年、教科書の質を向上させるための重要な一歩が踏み出された。国会と政府は、独立機関による教科書の評価と認証に関する新しい法律(注11)を承認した。これは、教科書の質を向上させるための大きな一歩となったのである。
　カリキュラムの内容や構成を再定義する際に、教科書の著者が使用する明確なガ

イドラインを設定することを通じて、新しい基準というものがこのプロセスに役立つこととなった。これは、教科書の分析、修正、認証のための一般的かつ体系的な手順を確立するという観点から、2012年12月にはすぐに実践され、2014年には再編成されることとなった(注12)。

　基準に沿った教科書、つまり標準化された評価に沿った教科書というものは、教師の仕事を簡素化し(注13)、安全なガイドとなることで、教師の手助けをするものとなるということが明らかになった。ポルトガルではあまり活発にはなっていないが、他のいくつかの国では学校間で指導の基準を揃えるために不可欠であった教師のネットワークは、こうした基準により置き換えられることとなった。同様に、生徒や保護者も、望ましい学習成果を得るために教科書を利用することができるようになったのである。

(注11) 外部の独立した認証センターによる教科書の評価および認証は、2006年の法律（2006年8月28日法律第47号）で定められ、政府によって規制され(2007年6月17日命令第261号)、そして2012年（2012年12月5日命令第258-A号）および2014年（2014年1月14日命令第5号）にさらに細かく定められた。
(注12) 2012年12月5日命令第258号Aにより、教科書を新しい学習基準と2014年1月14日命令第5号に迅速に適合させるための手順が定められている。
(注13) シンガポールの大手教科書出版社の代表が言うように、良い教科書があれば、「教師は生徒の学習に集中できるので、教材を準備する代わりに、良いレッスンプランを準備する」のである。2019年6月にレイキャビクで開催された第二回ケンブリッジ教科書サミットでのジョイ・タン氏の発言。

08.3.2 −頻繁に行われ、信頼性のあるアセスメント−

　OECDの研究で強調されているのは、アセスメントは基準に沿ったものでなければならないという教訓である(注14)。我々は、統計的分析に基づいたエビデンスを生徒の評価に適用すべきなのである。ポルトガルやフランスをはじめとする南欧諸国では、アセスメントは以下のようないくつかの目的のため行われている(注15)。

●全国規模の標準化されたハイステークステストである。要するに試験であり、学業の継続や維持を決定するもので、通常は学校サイクルの終わり（小学校低学年、高学年、中学、高校）に実施される。
●生徒、学校、教師に影響を与えることのない、教育の進捗状況を調査するための全国規模の標準化されたローステークステスト
●学校が作成したテスト
●教師が独自に作成するクラスでのテスト

　1974年の民主主義革命の当初、歴代の政府は全国試験の多くを廃止し、他の種類の試験を試していた。20世紀末になってようやく、新しい社会主義政府が、高校卒業試験のためのより近代的なテストの枠組みを組織するべく、新たに国営の下部組織を設置した(注16)。その後、同じ政権により、最初は単なる抽出型の調査であったものが、後になって特定の学年の全生徒を対象とした、標準化されたローステークステストが導入された。

　このシステムでは、生徒の学力レベルに関する情報を得ることができたが、それ

は非常に限定的なものであった。数年後、ローステークステストは、世論の間でほとんど信用されなくなってしまった。その理由の一つは、テストが生徒や教師、学校にまったく影響を与えないということであった。その一方で、多くの評論家や、ポルトガル数学協会（SPM）をはじめとするいくつかの学会からは、一部の試験の難易度が変動していることが批判されていた。実際、試験の平均結果には年によって50％程度の変動があった。これは2008年の数学で起こったことで、生徒の成績の急激な変化を説明するのは難しく、試験設計の不備や試験の難易度の変更によるものと説明される余地があったのである。

　このような状況から、大規模な改革が導入されることになった。2013年に制定された法律[注17]により、「教育評価研究所（IAVE: Instituto de Avaliação Educativa）」という新しい評価機関が設立され、標準化テストにつきローステークス、ハイステークスの両方を含むすべての外部的な生徒評価を組織することが使命とされた。この法律は、認知心理学の広く知られた結果を強調したものだが、それによると、評価は知識の再解釈と統合を助けることで想起［訳注：単純な記憶のモデルでは、登録、保持、そして想起（retrieval）の三つのプロセスで説明がなされ、最後の段階では保持された情報が検索して取り出される（retrieve）のである］を強化するというものである[注18]。

　この研究所を設立するにあたっては、二つの原則が基礎となっていた。第一の原則は、より**妥当性と信頼性**が高く、結果を経年比較できるような評価ツールを作る必要があるというものである[注19]。法律の前文では、このような特徴を持つ外部評価は、他のすべての評価ツールの妥当性の一助となり、全国の様々な学校や地域を公正に評価することで公平性を促進するという、重要な規制的役割を果たすのだということも認識されていた[注20]。

　第二の原則は、「**独立した評価**」というものの必要性である。以前の部局（GAVE）は大臣直轄であったため、テストの難易度が政治的な目的のために変更される可能性があった。新機関（IAVE）は、公立・私立大学、学校長会、私立学校協会、教師団体、学会など、様々な機関から任命されたメンバーで構成される評議会によって運営されていた。また、独立性が法律で定められており、大臣が直接研究所に指示を出すことはできないようになっていた。さらに、内閣からの試験の指示は書面にして公開しなければならないのである[注21]。

（注14）OECD（2016）, p. 42
（注15）Morris（2011）
（注16）1997年8月30日命令第229号により、「教育評価局（GAVE: Gabinete de Avaliação Educacional）」が設立された。
（注17）2013年7月25日命令第102号
（注18）例えば、Roediger & Karpicke（2006）を参照。想起と学習、および認知心理学の教育への応用に関する一般的な文献としては、McDaniel & Callender（2008）がある。
（注19）「結果の時間的・横断的な比較を可能にするように構築された、有効で信頼性の高い評価ツールを適用すること」（2013年省令第102号）
（注20）「外部評価は、学校内部での形成的評価や総括的評価を含む、学校教育の様々な段階での信頼できる評価を助けるために、あるいは、国内の様々な学校や場所で開発された知識やスキルの評価を促進する公平性のために、不可欠な役割を果たしている」
（注21）私はこの改革を今でも誇りに思っているが、研究所の独立性が思うように進まなかったことを残念に思っている。不運にも、評議会を任命した機関は、その場しのぎの行動に終始し、研究所の活動をフォローしなかった。もしかしたら、この評議会の法的設計を変えれば、研究所の独立性を高めることができたかもしれないだろう。

08.3.3 −学校中退者削減と成功促進のためのプラン−

高い水準を求めるカリキュラムと標準化された生徒の評価を行うことは、過去数十年にわたって非常に大きな議論を呼んできた。この二つの要素は、社会的不平等を拡大し、恵まれない立場にある子供たちに悪影響を与えるという意見もある[注22]。しかし我々は、その反対のことを主張してきた。不利な立場にある子どもたちが、活動的で生産的な自立した人生を送れるようにするには、全国的な基準に沿った真摯な教育と信頼性の高い評価こそが唯一の方法なのである。

我々は控えめで効果的なアプローチをとってきたと思われる。高い学力水準を目指すのと並行して、遅れをとっている生徒を改善し、同時に、より進んでいる生徒が自分の興味のあることを追求して活躍できるようにするための一連の措置を考案したのである。これらの施策は、2012年には早くも特別法[注23]として制定され、学業に困難を抱える学生への支援を義務付ける規制によって補完されることとなった。

●小学校（1〜6年生）では、生徒の学習支援と、予定された時間での特別な学習補助
●困難な状況にある生徒を元のクラスに残したまま、一時的にグループ分けして特別な学習支援を行う
●教師の授業時間を別の学年の教師や生徒のために使うよう学校へインセンティブを与える（以下の文章を参照）

一つ目の対策は、基本的には、勤務中で教師が空いている、あるいは暇な時間を有用な目的のために使うことにつながった。二つ目の対策は、「一時的な習熟度別クラス」とも言えるものだが、実際にはクラス分けとは逆で、クラスを維持するための学校側の取り組みであった。三つ目の対策は、小学校の教師が中学・高校の教師の助けを借りて、数学、国語、音楽、体育などの科目を、時間を調整して教えたりすることで大成功を収めたのである。

(注22) これは古くからある議論だが、最近では、ジョージ・W・ブッシュ政権時代に策定され、バラク・オバマ政権でも多くの面で推進されている基準とテストを用いる政策によって盛り上がりを見せている。批評家たちは、標準化テストの限界を正しく指摘しているだけでなく（NCTE 2014）、カリキュラムやテストを優生学や不平等の更なる悪化と結びつけるなど過激な主張も行っている（例えば、Wayne 2009 を参照）。
(注23) 2012年8月2日命令第176号

08.3.4 −学校へのインセンティブと自律性−

予算が非常に限られており、また、IMFやECからさらなる支出削減を迫られていたため、インセンティブも非常に限られたものにならざるを得なかった。これが幸いしたのか、インセンティブは主に学校の改善に結び付けられ、他で試みられ、非常に限定的で大きな議論を呼ぶことになった金銭的報酬のようなものとはならなかった[注24]。

　公表された学校の成績による褒賞や社会的評価などの道徳的なインセンティブに加え、インセンティブは「教師の単位時間」の増加に限定されていたのである。

　このシステムを理解するためには、高度に中央集権化されたポルトガルの学校システムというものがどのように機能しているかを知る必要があるだろう。学年ごとに、入学する生徒の数と、必要な教師の数、および特徴が見積もられ、準備がなされる。既存の教師ではカバーしきれない分は、近隣の学校の手の空いている教師を利用したり、新しい教師を一時的に雇用したりすることで、中央により供給される。このプロセスが終わった後、省は補足的なニーズのために追加の教師を供給するのである。これらの補足は「教師の単位時間」としてカウントされる。この単位時間があれば、スタッフの教師の授業時間を減らしたり、課外活動を企画したりすることができるので、各学校はこの単位時間というものを気に入っているのである。2012年までは、これは自動的に行われていた。しかし、2012年以降はこれらの追加リソースによって生徒の成績が向上することが明らかになったため、学校への単位時間を増やすための精緻なシステムが開発されることとなった。

（注24）例えば、Shifrer et al.（2017）や、そこで挙げられている文献を参照。

08.3.4.1 −生徒の成績改善と紐付けられた学校へのインセンティブ−

　このシステムでは、生徒に対する内部・外部評価、留年率、退学率などが考慮される。学校は次のようなことで単位を獲得する。

●内部評価される生徒の成績を高める
●外部評価される生徒の成績を高める
●外部評価で良い結果を収める
●留年率、退学率の低減

　そして、以下のことで単位は減ぜられる。

●内部評価が標準化された外部評価よりも高い

　さらに、これらの単位の計算には、学校の成績の最近の動向が考慮され、また、生徒の出身背景が変われば調整できるようになっていた。

　このシステムへの主要な批判は、改善できる学校だけが報われ、そうでない学校が罰せられるというものである。しかし、この「批判」は、結果的にこのシステムを好意的に評価することにつながると私は考えている。つまり、リソースというものは生徒のために使われるべきものなのである。

08.3.4.2 −学校の自律性−

　こうしたインセンティブのシステムは、学校の自律性をある程度高めることで初めて機能するものであった ^(注25)。このモットーは、これまでの一部の政府が支持してきたものとは正反対のものであった。つまり、我々は「**プロセスの自由**」を求めているが、生徒の「**外部評価**」をも求めているのである。以前の政府は、教育方法を指示し、評価を避けようとしていた。そのようにして、「**成果を測ることをせずにプロセスを統制**」しようとしていたのである。

　このように学校の自律性が高まったことで、教師の勤務時間を自由に設定したり、教師やスケジュールを変更したり、学年やサイクル単位で教科を編成したりすることができるようになった。最も重要なことは、第三節第三項で説明した成功促進策を実施するために、学校が自由に自らのリソースを使えるようになったことであろう。これは、北米などの多くの論者にとっては些細なことであろうが、我々のような高度に集権化されたシステムにとっては、著しい変化であった。

（注25）学校の自律性を大幅に拡大できなかったことは、私の最大の不満の一つである。実際、我々は、社会の中で学校の自律性を高めたいと思っている人がほとんどいないことを痛感した。多くの保護者会は、すべての費用と責任を国が引き受けてくれることを望み、多くの校長は難しい決断を避け、そして何より、労働組合は国との団体交渉による協定から外れるいかなることにも激しく反対しているのである。

08.3.5 −二種類のプログラムと職業コース−

　もう一つの大きな改革は、職業学校制度の緩やかな変化である。民主革命後、職業コースは廃止されたが、1983 年に技術コースが創設され、1989 年には職業中等学校が設置されるなど、徐々に復活していった。しかし、職業学校制度は非常に不平等なものであり、現代の職業に必要な訓練を生徒に提供することを必ずしも目的としているわけでもなかった。多くの私立学校にとって、それは公的補助金に完全に依存した事業であった。自治体が所有する多くの半官半民の学校では、教師や技術スタッフの雇用という政治的な役割を果たしていた。多くの場合、生徒の訓練には焦点が当てられていなかったのである。そもそも提供されるコースは、若者や労働市場のニーズではなく、地元のリソースに依存したものであった。

　2012 年に始まった改革では、義務教育が 9 年間から 12 年間に延長されたことを考慮しなければならなかった。つまり、職業高校のコースが義務教育の一部になる可能性があり、またそうなるべきだということである。我々の改革は、基本的に以下のような方向性で進められることとなった。

●**職業コースを二つに区分すること**：一つは、技術的な職業に就くための準備として、学業中心ではないトレーニングを選ぶ普通の学生向けのものであり、もう一つは、一時的に、あるいは残りの学校生活のために、より実践的で実地的な活動を必要としている困難を抱える学生向けのものである。このような区分がなければ、職業コースには絶えずハズレの選択肢というイメージがつきまとうことにな

るだろう (注26)。

●*産業界と職業訓練を結びつけること*：こうした関与は最初から行われ、また、特定のプログラムやコースの作成、ラボでのトレーニング、そして職業訓練の最終段階など、トレーニングのすべてのレベルで統合されていた。

企業は学生の訓練に貢献しても報酬を得られないにもかかわらず、喜んでプログラムに参加してくれた。ここでは、国の将来への惜しみない貢献だけでなく、労働市場のニーズに貢献すると同時に人的資本を準備するという、企業自身の利益擁護も見られたのである。これは意外な傾向でもある。企業は職業に関わる本格的な投資として、人材育成などの人的リソースと、工場の工具や機械の利用、交通費や生徒への給食費の無料化などの物的リソースを提供したのである。このプログラムの1年目には、大小合わせて約5,000社の企業が貢献することとなった。そして2年目にはその数は約1万2千社にも上ったのである。

(注26) ドイツ、スイス、オーストリアなどの職業学校制度が発達している国では、同じような区分、あるいは二つ以上のトラックを持つ区分さえ存在している。残念ながら、2016年にイデオロギー的な理由から、この区分は廃止された。リメディアル・トラックにいた生徒は、義務教育の学業中心のコースを持たない、従前の組織化されていない臨時的な規格化されたトレーニング（いわゆるCEFなど）へ戻された。

08.4 −21世紀型カリキュラム−

我々の改革は多くの点で21世紀のニーズを見据え行われたものであった。一つ目の点は、**一見繰り返しのようにも思われるが**、質を重視したということであり、これは注目に値する。

08.4.1 −万人のために質の高い教育を提供する−

世界中の状況は大幅に改善されてはいるが、教育の分野においてはまだ度し難い格差が存在している。ユネスコの最近の報告書では、「世界において半分以上の子どもと青少年が学んでいない（More Than One-Half of Children and Adolescents Are Not Learning Worldwide）」という正しいタイトルが付けられている (注27)。この報告書によると、年齢層に応じた最低習熟度（MPL）に達していない子どもと青少年の割合は、数学で56％、読解で58％に上るという。この現象は、低所得国に限ったことではない。同じ資料によると、北米とヨーロッパでの数値は、どちらの地域でも14％となっている。

欧州の人々にとっては、この数字が改善されていないことがさらに気になるところである。欧州連合は、PISAにおける低学力者 (注28) の割合を15％に減らすという2020年の目標を掲げていたが、全加盟国の平均値はこの目標に近づいてすらいないのである。

数学については、2015年の低学力者の割合は22.2％で、2012年の22.1％

からわずかに上昇した。読解については、2012年の17.8％から2015年には19.7％となった。また、科学では、2012年の16.6％から2015年には20.6％となってしまった。

　EU委員会も認めているように、PISAの三つの領域すべてで同時に低学力者の割合を減らすことができたのは、スウェーデンとポルトガルの2カ国のみに限られていた[注29]。

(注27) UNESCO (2017)
(注28) PISAの尺度における最低習熟レベル1、および2に該当する生徒たちを指す。
(注29) European Commission (2016)

08.4.2 −水準の高い教育を通して機会均等を促進する−

　上述の数字が既に明らかにしていることであるが、すべての子どもと若者に質の高い教育を提供することは、ヨーロッパにおいてさえ未だ時代遅れの目標ではないということがわかるだろう。そして、教育環境に恵まれない人々を含め、万人のための教育の質に特別な注意を払わなければ、この目標に近づくことはできないのである。

　ほとんどすべての指標でこの国に改善が見られたことは注目に値する。中退率は大幅に減少している。2000年の早期退学者の割合は43.6％であった。しかし、2010年には28.3％に減少し、2015年には13.7％となり、5年間で14.6ポイント減少したことになるが、これは1年あたりおよそ3ポイントずつの割合である。驚くべきことに、2012年以降、この減少は25歳以下の失業者の減少と並行して起こっているのである[注30]。

　また、ポルトガルにおいては、国が要求の高い、構造化された教育を求めて闘っていたのと同時に、下位層の人々の学力レベルを高めることができたことも、示唆に富んでいる。2015年度のPISAに関するOECDの報告書が指摘するところでは、「マカオ（中国）とポルトガルは、過去10年間に科学、数学、読解の成績において、*成績上位者の数を増やすと同時に、基準となるレベルのスキルを身につけていない生徒の数を減らすことで、『全員を上に上げる』*ことに成功した。彼らの経験は、教育システムが成績優秀者の育成と伸び悩む生徒の支援というものが同時に行えることを示しているのである」。これが書かれた報告書のセクションには、「教育における卓越と成績不振者の削減のどちらかを国が選択する必要はない（Countries do not have to choose between nurturing excellence in education and reducing underperformance）」という重要なタイトルが付されているのである[注31]。

　恵まれない環境にいる人々の教育を向上させるには、まさに、要求が高く、構造化された、野心的な教育が必要であることを付け加えておきたい。当時、我々は「A exigência é a arma dos pobres」と言っていたが、これを大まかに訳すとすれば、「やりがいのある教育こそが、貧しい人々が前進するための唯一の手段である」というようになるだろう。

（注30）Pordata（最終閲覧日2019年8月3日）による
（注31）OECD（2016）参照。なお、引用におけるイタリックは筆者による。

08.4.3 −永続的かつ中心的な教育の柱に焦点を当てる−

　ウィキペディアの共同創始者であるラリー・サンガー氏は、確かに創造的な人物であり、イノベーターであり、我々のほとんどより先を行っている人物である。教育についていえば、彼は21世紀に必要不可欠な知識とは何なのかを考えたのである。

> 仕事に必要な具体的なスキルは、今も昔も、仕事の中で学ぶものです。例えば、1985年に17歳だった私は、WordPerfectやBASICの使い方とアメリカ史のどちらを学んだほうがよかったでしょうか？疑問の余地はないでしょう。歴史について学んだことは、多少の修正はあってもほぼ変わらないでしょうが、WordPerfectやBASICのスキルはもはや必要ではなくなっています[注32]。

　我々は急速に変化する世界の中に身を置いており、仕事や職業、必要なスキルなどもものすごいスピードで進化している。若者が将来に備えるためには、この変化する世界の中で適応できるような基礎教育に重点を置くことがこれまで以上に必要となっているのである。つまり、活動的で生産的な市民生活を送るための永続的な基本的柱を、すべての若者が身につける必要があるのだ。

● 流暢に読んだり書いたりすることは、アイディアを理解したり整理したりするのに役立ち、幅広い語彙は複雑な感情、印象、指示、アイディアを理解したり表現したりするのに役立つ。
● 数学、統計、論理は、我々の世界を定量的に推論し、社会、仕事、金融、環境を理解するのに不可欠なのである。
● 歴史と地理の堅実で幅広い知識は、世界を理解し、それについて批判的になるのに役立つ。
● 科学は、機械、コンピューター、医学、人体のふるまい、環境、社会などを批判的に理解する上で、日ごとにその重要性を増している。

　これらの分野はすべて、将来のための基本的で不可欠なものである。我々が多くを発明する必要はない。若者にこれらの分野の確かな知識と膨大なスキルを身につけさせれば、彼・彼女らがさらに勉強し、さらに学び、そしてさらに生産的な活動をするための良い準備ができるのである。
　もちろん、もっと必要なこともあるだろう。一例として、さらに二つの分野を挙げておこう。

● 音楽、絵画、演劇など、様々な形の芸術は、我々をより良い人間にしてくれるのである。
● 文学や言語は、人々の視野を広げ、職業上の野心や可能性をも広げるものである。

しかし、要点はシンプルなものである。基本的な柱というものを欠いているうち
は、我々は若者の未来をも奪ってしまっているということである。

（注 32）Larry Sanger (2011)

08.4.4 −国の将来のニーズに向けて職業訓練を調整する−

この話題は第三節第五項ですでに取り上げたが、ここでは、学校と企業の協力に
よって確立された職業訓練は、国のニーズに合わせた方向付けを容易にし、関係す
る生徒に生産的な将来を提供することができるのだということを強調しておきた
い。

08.4.5 −中心教科に焦点を当ててカリキュラムの柔軟性と
　　　　　近代性を向上させる−

カリキュラムの柔軟性と教育への近代的アプローチは、対立するものではなく、
むしろ基本的な柱に焦点を当てた補完関係にある。カリキュラムの柔軟性に対する
我々のアプローチ（注33）では、国のカリキュラムをどのように運営し、また、どの
ように補完するかを決められる学校の力を高めることが目指されている。
　このアプローチにより、様々な重要な側面で指導の近代化を図ることができるの
である。

●問題を様々な角度から見る
●様々な例を挙げる
●例や問題から一般原則を抽出する
●困難なタスクや問題を提案する
●異なる教科のアプローチを協力して行う

しかし、これらはすべて、知識を伝え、スキルを育成するための一般的なクラス
活動の中に組み込まれていなければならない。実質的な学習以外で、伝達、深い思
考、創造性を促進しても意味がないのである。

（注 33）法律文書（2014 年 2 月 20 日告示第 44 号）では、学校によるカリキュラムの柔軟な管理が定められ、カリキュ
ラム時間の 25％を自由に使えるようにしたが、基礎科目はカリキュラムの目標に従うことが求められた。

08.4.6 −外部評価により教育システムの自己調整力を高める−

現代の教育が、多くの国でいまだに行われているような、高度に中央集権的で硬
直した活動であり続けることはできないということは、今やほとんどすべての人が
認めるところである。同時に、国家はすべての若者に良い教育を提供するという任
務を負うべきであるということにも、ほとんどすべての人が同意している。

学校の自律性を尊重しながら妥当な教育水準を達成できなかったり、あるいは教育の進捗状況を評価できなかったりする国際的な例は、これらの傾向を調和させることがいかに難しいかを示すものである。我々の教訓は明確である。外部評価は、国家権力による押しつけがましい管理なしに、教育システムが進歩し、自らを律するのに役立つということである。

08.4.7 −現代科学の合意を活用するインセンティブを与える−

我々がどのように学習するかについて多くの誤解が存在しているが、認知心理学はこれらの誤解を正し、確立された基本原理を採用するための手助けとなりうるだろう。

認知心理学における古くからの、そして今でも重要な発見は、我々が新しい知識をすでに得られた知識に統合することによって学習するという事実である。知っていることが多ければ多いほど、より多くのことを学ぶことができるのである。この発見から、二つの結論が導き出せる。一つ目は、知識は重要であり、それが豊富であればあるほど、我々はよりよく学ぶことができるということである。二つ目は、知識を重ねて整理することで、適切に構成されたカリキュラムは、分散した活動や緩いカリキュラムよりも、より速く、より確実に生徒を成長させることができるということである。

米国の国立研究評議会が招集した専門家グループも、「理解を伴う学習は、新しい知識や既存の知識が、その分野の主要な概念や原則を中心に構成されている場合に促進される」と述べているのである [注34]。

教育心理学におけるもう一つの重要な現代的知見は、記憶の想起と定着のために評価が基礎的な役割を果たしていることである [注35]。単純な反復学習や、分散した活動は、知識の想起と再編成に比べてはるかに役に立たないものである。標準化された全国テストは、地域の形成的評価に役立ち、また、様々な文脈での知識の強化やスキルの実践につながるものなのである。

認知心理学における別の重要な発見は、異なる科目の学習を並行して行うことや、同じテーマを異なる文脈で取り扱うことの有用性である [注36]。これは、よく整理されたカリキュラムの中で科目を関連付けることや、異なる科目の学習に以前の知識やスキルを広く活用することの強力な論拠となるものである。口頭でも記述でも、再解釈して説明することで、生徒の知識は向上する。量的、データ分析、論理的スキルについても同様で、これらのスキルを異なる文脈で使用することで、スキルと生徒が習得している本質的な知識を同時に強化することができるのである。

(注34) National Research Council (2002)
(注35) Roediger et al. (2011) では、学習の技法として想起を練習することで得られる一連の潜在的な恩恵がまとめられている。
(注36) 例えば、Taylor & Rohrer (2010) を参照。

08.4.8 －将来のために教師を育成する－

　教育研究というものには、ほとんど意見の一致は見られないが、教育の質に対する教師の重要性については、確かにコンセンサスが存在している (注37)。多くの研究やレビュー論文で、教師の初期研修が生徒の短期的・長期的な教育的成功に与える影響が示され、強調されている (注38)。

　ポルトガルでは、教師は経験豊富な専門職であるが、多数の教師が定年を迎えつつあるため、この状況はすぐに変わってしまう可能性がある。最新の調査結果によると、小学校レベル（1～4年生）では、35歳以下の教師1人に対して、50歳以上の教師が7.6人も存在している。中学・高校（5～12年生）では、1対14.6と、さらに驚くべき比率になっている。

　一部の報道とは異なり、この職業は今でも若い卒業生が希望するものである。教職の募集が行われるたびに、候補者の数が定員を上回っている。これは、未来のポルトガルの教育を強化するために、最高の専門家を準備し、資格を与え、選抜することのできる舞台が用意されていることを示しているのである。

　教員養成を改善するために、我々は以下の三つの対策を講じた。

● 教員養成学校や大学の教育プログラムへのアクセスを規制する
● 我々が就任した当時は、高校卒業資格があれば、ほとんどの人が教員養成課程に入ることができた。12年間の学校教育のうち、全学年または一部の学年で数学を落第した生徒でも、大学レベルのプログラムに入ることができたのである。このレベルになると、教員養成クラスでは基礎的な数学だけを学ぶことができる。最終的には、小学校（1～4年生）と小学校高学年（5、6年生）を教える資格が得られるが、基本的な算数、幾何学、データ分析を教える必要があるのである。
● 我々はこれを改め、高校卒業時に初等数学のテストに合格しなければ、教員養成大学に入学できないようにした (注39)。
● 意外なことに、この措置に対する学生や市民社会からの反応はなかった。一部の教員養成大学と教員団体だけが、入学者数の減少を恐れてこの要件に反対していたのである。

● 教員養成プログラムの要件を拡張し、教科内容を追加する
● 通常、教師になりたい学生は、3年間の第一準備サイクル（米国の学士課程にほぼ相当）に入学し、教育学の学位を取得して卒業する。教員免許取得の要件を満たすためには、さらに勉強を続けて、教科内容や教授法・教育学に焦点を当てた修士号を取得する必要がある。修士課程には、次の二つの分野のコースが存在している。(i) 一般教養、すなわち、教育哲学または教育社会学、教育史、心理学、教育学および教育方法、(ii) 教科内容、すなわち、理科、数学、文法、文学など、習得したい専門分野に応じた科目がある。
● 我々は、二つの指示を出した。(1) 教職課程で必要な単位数を増やし、修士号を3学期から4学期にし、(2) 教科領域の単位数を増やしたことである (注40)。

これにより、例えば、英語の教師はより多くの英語のコースをとり、地理の教師はより多くの地理に関するコースをとらなければならなくなったのである。

● これらの措置は、教科以外の科目を増やし、教科の必要知識を減らすという傾向に逆行するものであった。さらに、これらの施策は、教員候補者の試験データから明らかになった欠点にも対応している。そうしたデータでは、教科知識の準備が不十分であることが明らかになっていたのである。

● 教員候補者のための入学試験を導入する

● ポルトガルの制度では、公立学校を志望する教員候補者は、国の行政機関によって全国レベルで選抜され、配置されることになっている。最初の選抜は、卒業時のスコアのみに基づいて行われる。これは、教員養成機関にとっては、入学者数を増やすために、学生の卒業成績を上げなければならないという誤ったインセンティブを与えることになる。また、教員養成課程に入学する学生にとっても、教職に就くためには卒業時にいかに良い成績を取るかを考えなければならないため、誤ったインセンティブとなっている。

● そのため、多くの国に倣って、終身在職権（テニュア）のないすべての教員候補と、教職経験 5 年未満の臨時契約の教師（代用教員のようなもの）を対象に、全国的なスクリーニング試験を導入した。この試験の結果はひどいものであった (注41)。受験者の多くが、基本的な読み書きや論理の質問に答えられず、教えるために訓練されたはずの教科に関する基本的な質問にも答えられなかったのだ。残念ながら、この対策は一部の組合や政党から強く廃止を迫られ、結局次の議会で廃止されてしまった。私は今でもこの施策は非常に重要だと考えている。将来の教師を選抜するための同等の手段に置き換えるか、あるいは同じ施策を再度導入する必要があるだろう。

(注37) Hanushek & Rivkin（2006）による包括的なレビューを参照。
(注38) 例えば、Lee（2018）、あるいは、Hanushek et al.（2019）と同論文での引用文献を参照。
(注39) 2014 年 4 月 23 日告示第 91 号
(注40) 2014 年 5 月 14 日命令第 92 号
(注41) この数字は既存の教師のトレーニングを示すものではないが、将来の教師の知識に関しては非常に憂慮すべきものといえよう。読み書き、基礎知識、論理などの一般試験では、受験者の 34.1% が不合格となった。教科試験では、一般試験に合格した教員候補者の大部分が不合格となった。高校の教員候補者の不合格率は、生物・地学で 42.3%、物理・化学が 63.2%、ポルトガル語で 60.4% であった。小学校の教員候補者では、数学の不合格率が 41.6% であった。その他、就学前教育（1.3%）や地理（2.0%）などの分野では、不合格率はかなり低くなっている（Ministério de Educação e Ciência 2015）。

08.5 −結論−

21 世紀になっても、ポルトガルの教育事情は決して良いものではなかった。国際比較では、主要な科目で生徒が遅れをとっていた。しかし、2015 年になると、状況は一変し、ポルトガルを模範とする声が多く聞かれるようになった。この間に行われた主な改革を振り返ってみると、基礎科目の成績に注目し、カリキュラムをよりよく構成しようとする動きが見られるのである。ここで詳細に分析した 2011

年から 2015 年の間に、この動きはさらに強まった。この期間の分析から得られた主な結論は、21 世紀に必要な質を追求することは、すべての生徒、特に恵まれない環境にある生徒の進歩を助ける方法であるということになるだろう。

References −参照文献−

● Centre for Education Statistics and Evaluation. (2017). How schools can improve literacy and numeracy performance and why it (still) matters. New South Wales Department of Education. https://www.cese.nsw.gov.au. Accessed 2 Oct 2019.

● Crato, N. (2006). *O 'Eduquês' em Discurso Directo: Uma Crítica da Pedagogia Romântica e Construtivista.* Lisbon: Gradiva.

● Crato, N. (2018). Everything starts with the curriculum. *ResearchED* 3. https://researched.org.uk/ everything-starts-with-the-curriculum/. Accessed 20 Nov 2019.

● Donnelly, K., Nagarajan, A., & Lipstein, R. L. (2019). *Beyond the mirage: How pragmatic stewardship could transform learning outcomes in international education systems.* http://seeing- beyondthemirage. com. Accessed 24 July 2019.

● European Commission. (2016). *PISA 2015: EU performance and initial conclusions regarding education policies in Europe.*

● Hanushek, E. A., & Rivkin, S. G. (2006). Teacher quality. In *Handbook of the economics of education* (Vol. 2, pp. 1052–1078). Amsterdam: North Holland.

● Hanushek, E. A., Piopiunik, M., & Wiederhold, S. (2019). Do smarter teachers make smarter students?: International evidence on teacher cognitive skills and student performance. *Education Next, 2019*(Spring), 57–64.

● Lee, S. W. (2018). Pulling back the curtain: Revealing the cumulative importance of high- performing, highly qualified teachers on Students' educational outcome. *Educational Evaluation and Policy Analysis, 40-3*, 359–381.

● McDaniel, M. A., & Callender, A. A. (2008). Cognition, memory, and education. In H. L. Roediger (Ed.), *Cognitive psychology of memory, vol. 2 of learning and memory: A comprehensive reference* (pp. 819–844). Oxford: Elsevier.

● Ministério de educação e Ciência. (2015). *Relatório de Aplicação da Prova de Avaliação de Conhecimentos e Capacidades no ano escolar 2014–2015.*

● Morris, A. (2011). *Student standardized testing: Current practices in OECD countries and a literature review* (OECD Working paper series no. 65).

● National Research Council. (2002). *Learning and understanding: Improving advanced study of Mathematics and Science in U.S. High Schools.* Washington, DC: The National Academies Press. https://doi.org/10.17226/10129. Assessed 3 Oct 2019.

● NCTE, National Council of Teachers of English. (2014). How standardized tests shape–and limit– student learning, A policy research brief.

● New South Wales Government Department of Education. (2017). *Education literacy and numeracy strategy 2017–2020.* https://education.nsw.gov.au. Assessed 20 Nov 2019.

● OECD. (2016). *PISA 2015 results (Volume I): Excellence and equity in education* (p. 266). Paris: OECD Publishing. https://doi.org/10.1787/9789264266490-en. Accessed 10 Oct 2019.

● OECD/UNESCO Institute for Statistics. (2003). *Literacy skills for the world of tomorrow: Further results from PISA 2000.* Paris: PISA/OECD Publishing, https://doi. org/10.1787/9789264102873- en. Assessed 20 Nov 2019.

● Roediger, H. L., & Karpicke, J. D. (2006). Test-enhanced learning: Taking memory tests improves long-term retention. *Psychological Science, 17*, 249–255.

● Roediger, H. L., Smith, M. A., & Putnam, A. L. (2011). Ten benefits of testing and their applications to educational practice. In B. H. Ross (Ed.), *Psychology of learning and motivation.* San Diego: Elsevier Academic Press.

● Sanger, L. (2011). An example of educational anti-intellectualism, post of December 13, 2011. https:// larrysanger.org/2011/12/an-example-of-educational-anti-intellectualism/. Accessed 3 Aug 2019.

● Shifrer, D., Turley, R. L., & Heard, H. (2017). Do Teacher financial awards improve teacher retention and student achievement in an urban disadvantaged school district? *American Educational Research Journal 54*(6), 1117–1153. https://doi.org/10.3102/0002831217716540. Accessed 20 Nov 2019.

● Taylor, K., & Rohrer, D. (2010). The effects of interleaved practice. *Applied Cognitive Psychology, 24*, 837–848.

● UNESCO. (2017). Fact sheet no. 46.

● Wayne, A. (2009). *Unequal by design: High-stakes testing and the standardization of inequality.* New York: Routledge.

09

「世界一」のソビエトの学校から、世界的に競争力のある近代的な学校システムへ

イサック・フローミン（Isak Froumin）

イゴール・リェマレンカ（Igor Remorenko）

I. Froumin (✉)
National Research University "Higher School of Economics", Moscow,
Russia
e-mail: ifroumin@hse.ru

I. Remorenko
Moscow City University, Moscow, Russia
e-mail: RemorenkoIM@mgpu.ru

© The Author(s) 2020
F. M. Reimers (ed.), Audacious Education Purposes,
https://doi.org/10.1007/978-3-030-41882-3_9

Chapter 09
第9章

「世界一」のソビエトの学校から、世界的に競争力のある近代的な学校システムへ

イサック・フローミン（Isak Froumin）
イゴール・リェマレンカ（Igor Remorenko）

【要旨】

　本章では、知識ベースの教育からコンピテンスに基づく教育への移行という劇的なストーリーに焦点が当てられている。この移行は非常に困難なものであった。というのも、多くの人々がソ連の学校こそが世界で最も優れていると信じており、教師や親も学校を変える準備ができていなかったためである。ロシアの教育におけるパラダイムの転換は、学校、評価システム、教育政策、カリキュラムなどにいまだに様々な影響を与えているのである。

09.1 −はじめに−四半世紀にわたる大きな変革−

　ロシアにおける教育改革の事例は（他のポスト社会主義国と同様に）、計画された教育政策と、社会主義後の社会の地殻変動的な社会経済的変容に対するシステムの自発的な適応とが組み合わされている限り、非常に複雑で分析が困難である（Silova & Palandjian 2018）。1991 年以降のソビエト後におけるロシア教育の変容は、社会的、政治的、文化的、経済的変化の文脈で考えるべきものである。この変革の各段階において、これらの文脈上の変化について以下の側面を念頭に置くべきである（Ben-Peretz 2008; Silova & Palandjian 2018）。

● 政治：全体主義的な一党独裁体制から、民主的な統治と法の支配へ、そして、新しい連邦と地方の関係へ
● 社会：強制的な平等から拡大する不平等へ
● 文化：政府の検閲と無神論から、多元的な文化と教会の積極的な役割へ
● 経済：計画経済から自由市場へ

　ソビエト後のロシアにおける教育政策の変革は、大きく三つの段階を経たというのが一般的な見解である。

● 1991 年：ソビエトのイデオロギーと中央集権的な管理統制の消滅、西側からのカリキュラムのアイディアや教授法の借用、実験の実施（Birzea 1994）。

● 2000年：生徒一人当たりの予算措置［訳注：それまでの不透明な予算配分システムから生徒の人数に応じて配分する予算規模を算出するという新しいシステムである］、公的関与、質保証（全国的な学校卒業試験を含む）、学校インフラの近代化、そして生徒の選択の拡大など、教育における新しい制度的メカニズムを全国的に構築。

● 2012年：教員の地位向上（大幅な昇給を含む）、質保証メカニズムの継続的な発展、そして、新しいカリキュラム基準の導入により、教育機会の平等を確保しつつ、教育におけるグローバルな競争力を実現する。

● 2016年：保守への転換。この頃から、教育省の新指導部は、国のカリキュラム政策をソ連モデルに戻そうとしている。「すべての学校のための共通の教育空間」という考えを用いて、学校と教師のカリキュラムにおける自律性を縮小するために、連邦教育基準の改訂を開始した。

　1991年から2000年にかけてのソビエト後の教育改革については、多くの研究がなされている。この時期は、しばしば「政策なき政策」と呼ばれ、目標とする改革よりも適応の時期であった。すべての地域、そしてほとんどすべての自治体が、しばしば連邦政府とは無関係に独自の教育政策と戦略を練り上げていた。原則として、これらの政策は、主に経済的、社会的、技術的な変化といった教育の外部要因によって推進されたものであった。本章では、2000年以降の期間について考えてみたい。

　多くの研究者が財政的・組織的な改革を研究してきた（The World Bank 2019; Cerych 1997）。したがって、ここでは、教育システムの中での教育・学習関連分野（カリキュラム、評価、教科書、技術、教員養成）の変化に焦点を当てることとする。このように特定の分野に焦点を当てて分析すると、改革は教え方と学び方の本質にほとんど注意を払わなかったため、変革の可能性を実現できなかったという結論に至るのである。

　この分析は、個人的な経験[(注1)]、様々な資料から得たデータ、文献の分析、そしてロシアの元・現役の教育政策立案者への12回のインタビューに基づくものである。

（注1）著者の一人（Isak Froumin）は、ロシアの教育改革を支援したモスクワの世界銀行チームの上級メンバー（1999年から2015年まで）であり、もう一人（Igor Remorenko）は、ロシア教育省の高官（2004年から2013年まで）で、特に副大臣の地位にあった（2011年から）。

09.2 –経路依存、近代化、世界への統合の結果としての社会主義以降の教育システム–

　本章では、ロシアのケースを非常に特殊なものにしている、変革の具体的な背景についても議論を行う。世界最大の教育システムのひとつであるロシアは、社会主義的な組織から脱却し、世界の教育舞台に参入するために、自らを近代化しなければならなかった。本章のアプローチは、以下の三つのプロセスを同時に分析するこ

とに依拠するものである。

●社会主義教育に由来するソビエト後の教育レガシーの変革（放棄または強化）。
●国内の経済的、政治的、社会的文脈の変化を反映した教育の近代化（新しい要素
　やプロセスの導入）。
●ロシアが参加しているグローバルなプロセスを反映した教育の変化。

　これらのプロセスは、時と場合によって互いに矛盾したり、強化しあったりしう
るものである。また、それぞれに独自の論理や利益団体が存在していた。

09.2.1 −ソビエト時代のレガシー−

　初期のソビエトの学校は、強制的な平等化とそれまで不遇だった集団の優遇、伝
統的な宗教に基づく価値観を排除した共産主義的なイデオロギー教育（育成）、そ
して、学校と「実生活」（労働）を結びつけることを目的とした革新的なカリキュ
ラム、という三つの特徴を有していた。ボルシェヴィキは当初、大陸ヨーロッパの
伝統から受け継いだ「古い学校のルール」を拒絶していたのである。

　より広く、より平等に教育を受けられるようにしようとする試みは、構造的な変
化や組織の拡大だけでなく、カリキュラムや教育に関する非常に重要な政策にもつ
ながった。まず、文化資本の考え方（ボルシェヴィキでさえこの用語を知らなかっ
た）が、広範な公的システムとしての就学前教育における幼児教育政策の基礎と
なった。このシステムは、以前は恵まれなかったグループの子供たちが学校に行く
準備をするのに役立つこととなった。第二に、平等という考えから、生徒の知識や
教師の資格について一律の要件を課すことが実践された。第三に、平等化政策には、
女子、農村部の家庭の子供、貧しい家庭の子供を支援するためのアファーマティブ・
アクションや特別カリキュラムという選択肢が含まれていた（Bereday 1960）。

　これらのアプローチは、ソビエト時代に発展し、まさにその終わりまで存在して
いた。厳格な均一性は、ソビエトのすべての学校で義務として行われた詳細なカリ
キュラムに見てとれる。毎日の課題、試験、教科書は 11 の標準時間帯で普遍的に
実施されたのであった。高校でのカリキュラムの可変性を高める試みは、数学、科
学、外国語の詳細なカリキュラムを備える学校に通う高校生の 1%のみを対象とす
るという結果に終わった（Bereday & Pennar 1976）。

　ソビエトの教育は、最初から極めて政治化されたものであった。すべての教師と
保護者は、レーニンの有名な格言、「政治のない学校は、嘘と偽善にすぎない」を
学ぶこととなった。つまり、政治的、イデオロギー的な教育は、ロシアの教育シス
テムの一部であったのである。マルクス主義の教育理論は、人間の道徳的・社会的
発展の要素としての宗教を否定し、あるいは、家族をも子供の成長における重要な
パートナーとは考えなかった。公立学校こそが、このプロセスにおける唯一のアク
ターと考えられていたのである。政治的教化には、イデオロギー的に偏った学校の
科目（歴史、社会科、文学、地理、理科）を教えることや、共産主義の青年組織

での課外活動を義務付けることなどが含まれていた（Long 1984; Judge 1975）。このシステムは、政治的な儀礼を含め、学校生活のあらゆる側面にイデオロギー的な支配を及ぼしていた。重要なのは、この政治化された教育が、道徳や社会的スキルを教え込み、キャリア形成を支援しようともしていたということである。ソ連当局は、スポーツクラブ、美術や音楽のレッスンなど、公費で行われるユニークな放課後教育のシステムを確立していた。70％以上の生徒がこのシステムの中における様々な活動に参加していたのである（Holmes et al. 1995）。

　革命後の1920年代（Kerr 1997）、教育人民委員会は、労働を中心とした包括的な教育モデルを推進することを目的とした戦略を展開した。これは、全く新しい社会を構築するための不可欠な基盤として、新たな社会主義世代を創出するという要請に大きく共鳴するものであった。また、この政策は、教育のデザインや枠組みそれ自体を大きく変えることとなった。例えば、生徒は従来の「ドリルと反復」の活動ではなく、実践を重視したプロジェクト型の学習に参加することが期待されたのである。それに伴い、教師は子供たちのやる気を引き出すファシリテーターとしての役割を担うようになった。その結果、当時のソ連では、実験的な教育機関が大量に設立されるようになった。アメリカの心理学者であり、革新的な教育者であったジョン・デューイらと密接な連携を持つ学校が、モスクワだけでも8校あったのである。このように、1920年代のソ連では、労働を中心とした総合的な学習・開発の教育原理が大きく発展していったのである。デューイ自身が初期のソビエト・ロシアを振り返って述べているように、革命後の学校教育では、帝政時代のロシアでは絶対に不可能だった様々な種類の教育学的な新しさや実験が好まれるようになったのだ。この新しい教育の枠組みでは、生徒の家族との交流、放課後の学習の促進（放課後活動、サマーキャンプなど）、集団での作業や学習の新しいモデルの導入などが特に重視されていた点も注目すべきであろう（Dewey 1928）。

　ソ連の教育は、イデオロギー的なプロパガンダや共産主義的な価値観の強制的な植え付けが深く浸透したものであったが、1920年代にロシアの教育学が蓄積した創造的なレガシー、主にプロジェクト型の学校教育の経験というものが有用であり、有益であったということは認めなければならない。特に、こうした背景でヴィゴツキーの文化史的アプローチが、1920年代にその基礎を築き、初めて実践されていったということも述べておきたい。しかし、1930年代の工業化の時代に入ると、教育学的な創造性や実験の勢いは衰え、ソ連の教育はより硬直したモデルへと戻っていくこととなった。「実生活」とのつながりは、プロジェクト型の方法ではなく、科学、数学、工学に重点を置いた詳細なカリキュラムによって達成され、生徒は早期に学業と職業・技術コースに分けられることとなった。このような変化に伴い、高等教育制度も大幅に拡大され、学生や家族の期待にも影響を与えたのである。

　スターリン政権崩壊後の1950年代後半から1960年代にかけて、「工業学校モデル」の改革が試みられたが、うまくいかなかった。一方、心理学者や哲学者のグループにより、ヴィゴツキーの最近接発達領域の社会的状況に関する考え方に基づいて、「活動ベースのアプローチ」というものが提案された。このアプローチ

は、高水準の一般的なスキルの概念と直接結びついていた（このアプローチのスローガンの一つは「学校は子供たちに考えることを教えなければならない」であった）（Ilyenkov 1964）。教育科学アカデミーは、ソ連の様々な地域にいくつかの実験校を設立した。教師は新しい教科書を手に入れ、多くの研修や再教育のコースが開発された。この手法は世界中で注目されることとなったのである（Simon & Dougherty 2014）。

　しかし、1960 年代と 1970 年代に導入されたカリキュラムと教育の革新は、ソビエトの学校教育全体の発展に重要かつ持続的な役割を果たすようになった。例えば、学校の教師たちは、毎日の標準的な授業計画に加えて、生徒の批判的思考スキルや個人的な特性を伸ばすための課題を設けるようになった。また、教育当局は、授業や課外活動の中で、こうしたスキルがどのように育まれているかをチェックするようになった。教育レベルの異なる生徒たちには、倫理的原則や行動規範についてしっかりとした知識を示すことが求められた。誠実で、責任感・思いやりがあり、勤勉なソビエト市民になるために、個人の成長計画を立て、粘り強く、自主的に取り組むことが奨励されたのである（Dunstan & Suddaby 1992）。

09.2.2 −ポスト・ソビエト時代初期−イノベーションと適応−

　1980 年代後半から 1990 年代後半にかけて、教育のイノベーションに対する大衆の関心が復活することとなった。それは、ソビエト時代のレガシーの否定、カリキュラムの近代化とロシア社会の変化するニーズに対応するためのシステム改革、そして、グローバル化への教育の開放という三つの分野に渡っていた（Collier 2011; Bolotov & Lenskaya 1997）。注目すべきは、こうした関心が、政府の政策よりもさらに強い変化への原動力となったことである。当時の唯一現実的な政策は、様々なステークホルダーにより大きな自由を与えることであった。

　この時期には、新世代の革新的な教育者たちが、今日「21 世紀型スキル」と呼ばれるような様々な資質や能力を育成するために、発達学習の考え方を採用し、それに基づいた実験的な学校が数多く登場した。この時期、教育関係者の間で最も注目されていたのは、「人間的教育学」や「集合学習」などの斬新なフレームワークであった。その結果、革新的な教師や教育者による全国的な運動が生まれ、彼・彼女らの共通の目標と革新的な学校教育の主要なカリキュラム・指導方法をまとめた「協力の教育学のためのマニフェスト」が作成された。この宣言では、教師、生徒、保護者の間の協力関係の促進、総合的な自己啓発と専門的な能力開発、自律（self-governance）などの重要な原則が強調されていた（Eklof & Dneprov 1993）。国内の教師コミュニティがグローバルな教育ネットワークに参加するようになると、海外の教育者たちがロシアの大学や教員団体などの組織を訪問し、学習や開発における国際的で革新的な経験について話す機会が増えていった。それにより、ロシアの学校では、マリア・モンテッソーリ、ルドルフ・シュタイナー、セレスタン・フレネなどが提唱した教育学的なアイディアやアプローチが人気を博すようになった。

　ここで注目すべきは、この時期、教育の革新性がロシアの様々な公的機関や国家機関から認識され、支援されるようになったということである。このことは、革新的な教師が様々な政府の主要ポストに任命されるようになったこと、教育の発展における意見の共有や新しい実践を広めるために、そうした教師と教員の専門能力開発に関わる団体や大学との交流が活発になったこと、そして、革新的な教師のアイディアを調査し議論することに学界や政策機関が焦点を当てるようになったことなど、複数の事実によって証明されている（Eklof & Seregny 2005）。また同時期、ロシアの中央当局は、地方自治体に教育開発政策を自らの裁量で策定・運用する権利を与えていた。これらの政策は原則として地域ごとに大きく異なっており、ロシア国内における革新的な教育に対する概念やアプローチの違いを反映していた（Webber 2000; Johnson 1997）。

　しかし、時が経つにつれ、教育イノベーターたちの公的な動きは弱まっていった。これにはいくつかの理由がある。まず第一に、ロシアの先進的な教師たちが経験を積み重ね、様々な新しい実践を広めようと努力したにもかかわらず、国の教育システムの制度的・規制的基盤は基本的に変わらないままで、革新的な開発を促進するために必要な条件を提供することができなかったのである。例えば、法定の教育基準は伝統的な内容と構造を維持しており、そこではドリル、反復、知識の再生産という従来の原則が強調されていた（Kerr 1994）。さらに、提案された教育的革新の多くは、大規模に、かつ効果的に実施するために必要な財政的支援を受けていなかったのである。そして第二に、教師研修と専門的な能力開発のための国家システムに大きな変更が加えられていなかったことが挙げられる。しかしながら、このように教育分野で革新的な実践を組織的に展開することができないいくつもの要因があったにもかかわらず、この時期にプラスの変化が起こっていた。それは、地域レベルと機関レベルの両方で、カリキュラムと教育を設計する上での自律性と柔軟性が高まったことである（例としては、学校や地域レベルの要素がカリキュラムに導入されたこと、社会経済的なニーズや関係者の期待の変化に教育内容を適合させるために、学校が必修のコア・カリキュラムを他の分野で補完することを認められたことなどが挙げられる）（Sutherland 1999; Jones 1994）。

　しかし程なくして、ロシアは 1990 年代の長期にわたる悲惨な混乱に陥ってしまうこととなった。痛みを伴う試行錯誤の経済改革、強固な法制度の欠如、産業資産の不正流用と再分配、給与支払いの大幅な遅延、そして、犯罪率の上昇などが起こっていた。さらに、1998 年に起きた国家の債務不履行により、ハイパーインフレと可処分所得の減少という深刻な事態が発生することとなった。このような状況下では、深刻な経済の落ち込みを是正するための大規模な対策が必要だった。また、この時期は、新しい市場主導型経済への移行に伴い、社会生活のあらゆる分野で劇的な変化が見られたのだった（Khrushcheva 2000）。

　1990 年代が終わろうとしているとき、ロシアの教育システムは、様々なレベルで一連の深刻な問題と制約に直面していた。そこでは、公的資金の縮小、施設の劣化と旧式の設備、資格のある若い教師の不足と教職の威信の低下、教育の質を評価する透明性に欠け、しばしば汚職に満ちたシステムなどが蔓延っていた。国民教育

に対する新しい体系的なアプローチが急務となっていたのである（Reform of the System of Education 2002）。

09.3 −国家による政策開発および実施への回帰−

　ロシアの教育システムの変革が始まったのは 2001 年 12 月、ロシア政府により「2010 年までのロシア教育近代化のためのコンセプト」が採択された時まで遡ることができる。この法案には、いわゆる「コンピテンシーに基づくアプローチ」に関連する条文が初めて盛り込まれており、学校においては関連するスキルや能力のうち全人的かつ最新のものを育成することが求められていた。しかし、採択された施策のリストを一瞥しただけでも、政策立案者たちにはこの段階で、すでに実施されていた全国的な教育基準を修正するつもりなど全くなかったということがわかる。当時の政策議論は、義務教育の 11 年制から 12 年制への移行、カリキュラムの簡素化、選択科目の拡大、そして体育の授業時間の増加などのトピックに留まっていたのである。また、21 世紀型スキルと言う議題への明確な焦点化もなされることはなかった。

　2004 年春、進行中の行政改革の一環として、現職の教育大臣が解任される数日前に、新しい国家教育基準が承認された。その中には、「（中略）生徒に特定の分野の知識を与えるだけでなく、個人の特性や多面的な認知・創造能力の包括的な育成を保証するような方法で教育を形成する」ための規定が含まれていた。さらに、この文書では、「2010 年までのロシア教育近代化のための概念」（Concept for Modernisation 2010）の規定を受けて、子供たちに最新のコンピテンシーやスキルを身につけさせるという目的が言及されている。つまり、「一般的な学校教育は、普遍的な中核となるリテラシー、スキル、能力の一貫した体系を涵養することができなければならない。また、適切な程度の自律性と自己管理能力、個人的な責任を取るための健全な能力など、教育の内容と質に関する現代的な基準を反映したコンピテンシーを子供たちに育むことができなければならない」のである。しかし、新しい基準もまた、具体的なコンピテンシーやスキルを列挙したり説明したりしようとはせず、小・中・高の一般的な学校教育の階梯を通して評価されるべき基本的な学習成果を、すべてのカリキュラム科目について設定しただけであった。とはいえ、いくつかの学習成果の表現において、この文書で採用されている実用志向で目標中心の教育の焦点というようなものがすでに示唆されていることに留意すべきである。例えば、「大人や仲間の生の会話・子供向けのラジオ放送・様々な種類の録音音声などを適切に理解し、辞書を使いこなし、自分の年齢に関連したトピックについて短いまとまった文章を口頭と記述の両方で作成し、日常の基本的なコミュニケーションの様々な文脈に関連して、一般的に受け入れられているロシア語の会話パターンを習得していることを示すなどのことを」[生徒はできなければならない]、というような記述がある。このように、規制の枠組みと「実生活」のためのコンピテンシーに基づくトレーニングの必要性を調和させようとする試みは、国

の教育政策における確かな前進となったが、それにもかかわらず、この文書では、21世紀の普遍的なコア・コンピテンシーとスキルの枠組みに、科目別の学習と開発（L&D）の成果を関連付けることができなかった。同様に、2004年の中等教育基準でも、「基本的なコア・カリキュラム」や、各教科や教育段階に応じた学習項目の詳細なリストを設定することにとどまっているのである。従って、2004年のいかなる学習基準を見てみても、文学であれ、歴史や物理であれ、具体的なテーマ分野や授業で扱う問題（書名、歴史上の出来事、自然現象など）が項目ごとに細かく記載されているだけなのだ。これでは、現代の効果的なカリキュラムや指導のデザインとは到底一致するものではないだろう（Silova 2009）。

　しかし、2004年後半、政府は「ロシア教育システムの優先開発分野」を採択し、教育政策における学習と開発を更新する措置をとった。その後、2005年の春には、この規定を実施するための包括的なアクションプランが策定された。これらの措置は、明確に定義された学習と開発の目的・成果に基づき、より最新のフレームワークを可能なものとするために、現行の教育基準を体系的に改訂するという、より透明性の高い政策意図を表すものであった。この段階では、従来の教科別の学習テーマのリストを教育基準から完全に取り除くことが提案されていた。しかし、ロシア政府は21世紀型のコンピテンシーに基づく教育原理への移行方法をいまだ理解していなかったため、このような革新的な転換はかなりゆっくりとした、不均一なやり方でもって行われることとなったのである（Concept for National Standards 2005）。

　2005年には、プーチン大統領が主導した国家重点プロジェクト「教育」により、国内の優秀な教師や革新的な学校を支援するための助成金制度が設けられた。これは、さらなる教育改革の成功は、先進的な教師集団の実践的な経験とビジョンとにかかっているのだとする国家の方針を示すものである。

　2007年9月13日、大統領は国家評議会で国家重点プロジェクト「教育」を審議する中で、「（中略）国民経済の持続的、かつ革新的な発展という目標に効果的に取り組むことができる新しい教育モデル」を設計し、展開するための措置を講じること、「特に、規定の中核となる全く新しい法定教育基準に基づいて、生徒が適切な知識とその知識を効果的に実用できるような関連するスキルを習得するための条件を整えること」を求めた。この大統領の訴えにより、政策の枠組みは、21世紀型スキルという概念的な領域に対しより一層の注意を払うことになり、また、国民教育の標準化に新たな転換をもたらすこととなった。

　2008年には、一連の法律改正とロシアの国家教育基準の改訂が行われた。そこでの重要な刷新は、多かれ少なかれ明確なコンピテンシー中心の学習・開発モデルに由来する、いわゆる「メタレベルの学習成果」を基準に盛り込んだことであった。構造的には、学習成果の枠組みに対する新基準のアプローチは、21世紀型スキルの基盤と密接に共鳴するものであった。両者はいずれも、教科の成果（機能的リテラシー、知識、理解）、メタレベルの成果（コンピテンシー）、個人の成果（価値観、考え方）という、成果に関する三つのグループを区別していたのである（Silova 2010）。

2009 年から 2010 年にかけて、政策担当者、ロシア教育アカデミーの専門家、スキル向上プログラムの提供者、大学など、様々なレベルにわたる複数のステークホルダーの参加を得て、ロシアの新しい連邦教育基準（FES）が起草され、パイロットテストが行われることとなった。FES 開発の過程では、プロジェクトチームのメンバーがロシアの各地域でフィールドワークを行い、FES の文書に関するセミナーやフィードバックセッションを実施していた。それに対する一般の人々の反応や提案は、教育科学省の FES 評議会に送られ、さらなる議論が進められた。しかし、この方法では、前述した革新的な学校の優秀な教師に代表されるような先進的な教師の集団が、FES 案の公開討論にほとんど参加していないという大きな欠点が存在していた。FES プロジェクトを実施する機関が、草案作成とパイロットテストのプロセスを一貫して透明性のある方法で組織することに失敗したために、革新的な教育コミュニティの多くの代表者はプロジェクトに有意義な形で貢献することができなかったのである。例えば、FES の議論の場は、ほとんどが地方当局の独断で選ばれ、他の利害関係者の関心や要求を十分に考慮しないことが多かった。また、新しい FES の説明や検証を行う際にも、革新的な学校の経験にはほとんど言及がなされなかった。プロジェクトのための専門家会議も連邦レベルにおいてのみ組織されていた。大学教授や各分野の専門家がこうした会議において最も強い発言力を持ち、教師や保護者に適切な発言権が与えられることはなかったのである。その結果、基準は非常にフォーマルでアカデミックな言葉で書かれ、教師を疎外するものとなってしまった（Silova 2011）。

　しかし、前述の欠点や矛盾にもかかわらず、教育科学省は 2010 年から 2012 年にかけて、幼稚園から 11 年生（K-11）までの教育を対象とした新しい FES パッケージの草案作成と承認を完了させた。すべての FES は、21 世紀型スキルの教育パラダイムを踏襲しており、個々の分野の学習成果だけでなく、学習・発達の各段階で生徒に期待されるメタレベルのコンピテンシーや人格形成の成果も含まれたものとなっている。

　なお、新 FES への移行期においては、21 世紀型スキルを涵養するという新たな命題を教室でどのように実現するかについて、ロシアの学校の教師たちは自らの判断に委ねられていたということを注記しておきたい。新 FES へのスムーズな移行を可能にするために、ロシア全土の教師を対象に、方法論のセミナー、ベストプラクティスについてのワークショップ、スキルアップコースなど、様々な継続的教育の機会が提供されたのである。また、個々の教員や学校が FES に準拠したカリキュラムや授業スケジュールを作成する際の実践的なガイドラインとして、新 FES に基づいたモデル学習プログラムを開発することも決定されていた（実際に、2010 年から 2014 年にかけて、K-11 教育の各段階に応じたモデルプログラムが開発されている）。

　同時に、中等教育機関自身が、学習成果がコンピテンシー中心の学習・開発という新たな要請に適合しているかどうかを監視・評価するシステムを再構築し、調和させることができると想定されていた。なお、新しい FES の枠組みの下で、国が一元的に生徒の成績を評価することは、2020 年と 2022 年に向けてのみ計画され

たものであった（ここでは、新しい FES の下で学校教育を受けた最初の年である 2011 年の 1 年生が、K-9 と K-11 の国家試験を受けるのは、それぞれ 2020 年と 2022 年であることが考慮されていたのである）。

09.4 –学習成果に関する改革と新たな理解–

　先に述べたように、カリキュラム基準には、教科の成果（分野別；機能的リテラシー、知識、理解）、メタレベル（メタ分野）の成果（コンピテンシー）、個人の成果（価値観と考え方）の三つのグループが含まれていた。最初の二つのグループは認知的な発達を対象とし、三つ目のグループは社会情動的な発達を目指すものである。

　以下の例は、これらのグループの違いを示すものである。

　例えば、数学の教科の成果は次のように説明されている。

1. 身の回りの物体、プロセス、現象を記述・説明し、それらの量的・空間的関係を評価するために、数学の基本的な知識を使用する。
2. 空間的な想像力や数学的な記録・測定・計算を行うための論理的・アルゴリズム的思考の基礎を習得し、アルゴリズムを実行する。
3. 口頭および記述で数字を操作する能力、文章の課題を実行してアルゴリズムを使用する能力、単純なアルゴリズムの開発、調査、認識、幾何学的図形の描画、表・グラフ・図・数列・集合を扱う能力、データの提示・分析・解釈を行う能力。

　これらの記述は、理論的な知識を実践的な状況に適用することについて、一定の方向性を示すものである。しかし、これらの記述は一般的すぎて、教師が仕事を計画するのに役立つものではなかった。基準の後のバージョンでは、これらの記述はより詳細で具体的なものとなった。しかし、依然として教科知識を中心としたものであり、21 世紀型のスキルとはほとんど関係がないのである。

　次に、メタ認知的学習成果の例を紹介する。

1. 教育の目的・目標を選択・追求し、その実現のための適切な手段を見出す能力を身につける。
2. 創造的な問題解決や課題の研究を行う能力を身につける。
3. 課題とその実施条件の観点から、学習活動を計画・管理・評価し、結果を達成するための最も効果的な手段を見出す能力を身につける。

　これらの成果の説明からわかるように、21 世紀型スキルに関連するものが多く見られるが、そのほとんどが成果ではなくプロセスとして定式化されている。さらに、基準の作成者は、メタ認知的成果を学校の教科でどのように扱うかを説明していない。教師の中には、これらの成果は正式に評価されるものではないので、自分の仕事の中では対象とすべきではないと考える者もいた。

そして、以下は、個人の学習成果についての説明である。

1. ロシアの市民としてのアイデンティティを育み、祖国、ロシア人、ロシアの歴史に誇りを持ち、自分の民族的・国家的アイデンティティを認識し、多国籍なロシア社会の価値観を育み、人文主義的、かつ民主主義の価値観を育む。
2. 他者の意見や、他の民族の歴史、文化を尊重する心を育てる。
3. 価値観、規範、社会的正義と自由に基づいて、自分の行動に個人的責任を負う
4. 様々な社会的状況において、大人や仲間と協力するスキルを身につけ、紛争を回避し、解決する能力を身につける。

こうした言葉は、教師にとっては明確なものではなかった。さらに、学校でどのようにしてこれらの成果を得ることができるのか、まったく不明瞭だったのである。同時に、基準には個人の成果は評価しないとも書かれていた。

基準の作成者は、一般市民が理解できるような言葉で基準の目的と目標を提示しようとしていた。そのために、「小学生のプロフィール」という特別な節を設けたのである。これは、小学校の卒業生が

● 人々、地域、祖国を愛する。
● 家族や社会の価値観を尊重し、受け入れる。
● 環境について積極的に学ぶ。
● 自分で学び、自分で行動を起こす。
● 自主的に行動し、自分の行動に責任を持つ。
● 友好的な態度で、相手の話を聞き、理解し、自分の意見を述べることができる。
● 安全で健康的な生活を送るためのルールを守る。

以上のように、基準の作成者は、改革にリスクがないことを強調することで、社会を安心させようとした。愛国心、善意、健康的な生活スタイル、家族の価値観など、最も人気のある伝統的な考え方に焦点を当てたのであった。その結果、批判的に考える能力、協力する能力、問題を解決する能力、効果的なコミュニケーション能力などの記述はあまり明確な形で示されることはなかった。作成者は、新しい学習成果と「何でも知っている」というアプローチのバランスを取ろうとしたのであった（Muckle 2003）。

結果として、カリキュラムには21世紀型スキルの育成に寄与する要素が含まれるようになった。しかし、評価システムの内容と手順はほとんど変わらず、これが21世紀型スキルの育成を妨げる大きな要因となったのである。

改革の中には、21世紀型スキルの開発をサポートするものもあれば、中立的なものもあった。こうした要素をめぐる二つのグループについて簡単に説明する。

21世紀型スキルの育成に貢献する要素を含む第一のグループとして、以下のようなものを挙げることができる。
1. 生徒一人当たりの予算配分（per capita financing）と学校の自律性。生徒数

に応じて学校の財源が一律に配分されることで、教育内容の刷新が促され、財源の自由度が高まることで、教師のカリキュラム開発における自律性が高まることが期待されていた。その結果、教師は、メタレベルのスキルや個人的な成果をはじめとした新しい学習成果を達成するための方法を選択することに、より責任と独立性を持つようになるだろう。多くの学校では、これらの成果をカリキュラムに反映させていた。学校の予算も生徒数に左右されるようになった。結果として、より多くの生徒を集めるために新しいコースを開発しようとする学校も出てきたのである。

2. 教師のニーズに合わせて教員養成プログラムが選択された。それまでの教員養成プログラムは、特別な現職研修機関のみが提供していたが、その質は低いものであった。しかし、これらの機関は、大学やその他の非営利団体と競争しなければならず、個々の教師は新しい基準を知るための専門的な能力開発の機会を独自に求めていた。その中で、21世紀型スキルの開発を目的とした現職研修コースの数は、2012年以降増加してきているのである。

3. 学校にインターネットが導入されたことで、教師は新しい教材を探したり、新しい同僚と出会ったり、オンライン上の様々な職業ネットワークに参加したりすることができるようになった。新しい実践者のコミュニティは、教師が新しい教育ソリューションを探す上での刺激となった。また、21世紀型スキルの開発をサポートする多くの教材は、海外のリソースや非営利団体から学んだものであった。

4. この新しいカリキュラムにより、学校は生徒により多くの選択科目を提供できるようになった。この革新は、21世紀型スキルの育成に二重の役割を果たしていた。いくつかの学校では、生徒が自分の学習コースを選択する機会を増やし、意識的に選択すること、問題を解決し、協力することを教えたのであった。また、伝統的なコースや科目を変革し、生徒に新たな選択肢を与えた学校もあった。これらの変化は、21世紀型スキルのアプローチにつながるものなのである。

また、新基準の導入を妨げた改革の側面として以下を挙げることができる。

1. 「宗教文化の基礎」や天文学などの新科目を導入し、カリキュラムを拡充した点。これらの科目は、多くのリソースを投入して導入されたものの、その内容は暗記が中心であった。また、歴史や文学を教えるための新しいコンセプトについても同様のことが言える。これらは、情報や歴史的事実を暗記し、推奨されたリストに載っている本を読むことに重点が置かれていたのである。

2. ロシアでは、質保証システムがまだ発展途上であった。モニタリングやレビューの手段が増えているにもかかわらず、知識の管理に重点が置かれたままで、教師が21世紀型スキルの育成を志向する妨げになっていたのである。

09.5 –改革の実施–

実施段階は、改革の各段階を反映するものとなっている。

2001-2004. この段階では、改革の実施というよりも、改革の設計と議論が中心であった。実施については、実験校、自治体や地域の先行的な取り組みに限られていた。多くの学校では、新しいカリキュラムの自由度を高めるための実験が行われていた。そこでは新しいコースやプロジェクト型の授業が導入されたのであった。地元の出版社も、教科書の要件が比較的柔軟であることを利用して、新しい内容や形式の教材を試していた。しかし、これらの革新的な実践は、分析と評価に支えられたものではなかったのである。このような評価と、教師や学校間の水平方向の協力がなければ、模範事例を普及させることはできないだろう。地方政府や連邦政府は、そうした事例を支援し、普及させるために何の手も打たなかったのである。

高校卒業試験・大学入試（全国統一試験、Unified State Exam）や、生徒一人当たりの予算配分（per capita financing）など、いくつかのイノベーションについては、全国一律に導入される前にいくつかの地域で試行テストが行われることとなっていた。

2004-2005. この2年間に、ロシア政府は教育政策を実施するための新しいシステムを構築した。その中には、連邦教育庁・連邦科学庁・連邦教育品質監視局などが置かれた全く新しいロシア教育科学省も含まれていた。この背景には、教育と研究の領域をより緊密に統合することで、最優先の開発分野すべてに対応できるような、より有意義で、成果の高い改革が可能になるという考えがあった。しかし、連邦レベルでの変化は、トップダウン式の改革の本質を変えるものではなかった。また、地域、自治体、学校の各レベルでも大きな影響は見られなかった。改革の実施において、トップダウンの統制が強化され、下位レベルのエネルギーやイニシアティブが促進されることはなかったのである。

2005-2011. この期間、改革実施のためのプロジェクト・アプローチが試験的に実施された。2005年秋、大統領は戦略的国家プロジェクト「教育」を立ち上げ、医療、建設、農業などの分野でも同様の全国的な取り組みを開始したのであった。「教育」プロジェクトの枠組みでは、以下のような主要な施策が想定されていた。

● 1万人の優秀なロシア人教師に毎年10万ロシア・ルーブルの個人的な賞与を授与する
● 革新的な学校1千校に毎年100万ロシア・ルーブルの助成金を支給
● 担任教師への定期的な上乗せ支給（授業の監督、学習や開発のための課外活動の組織など、担任教師の追加的な業務を反映したもの）
● 各地域の教育の特定の側面を対象とした単発の近代化プロジェクト（このような構造改革によって得られた財政的余剰金は、通常、地域の教員の昇給に使用された）

この時期、政策実施の中央集権的なシステムは、比較的単純なプロジェクト目標

でしか機能しないことがわかった。このことは、政府がカリキュラム改革を実際に実施できなかった理由の一部を説明する要因であった。

2011-2016. この期間の改革実施の中心となったのは、新連邦法「教育について」の採択であった。この新法により、過去数年間に試験的に実施された新しい教育政策を広く実施するために有利な規制枠組みが提供されたのであった。また、そこには新しい先進的な連邦教育基準（FES）の普遍的な実施も含まれていた。しかし、FESの導入は新しい基準への教師の効果的な移行を促進する上で、地域自身が主要な役割を果たすことを想定しており、その実施が不均一でしばしば中断されたため、その作業の多くが妨げられることとなった。

2016-2018. この期間中、教育科学省は一連の行政上の変更を行い、その結果、ロシアの教育における21世紀型スキルとコンピテンシーのアジェンダを実施するための全体的なアクションプランと主要な優先事項が再調整されることとなった。特に、新たに任命された省の執行部は、国家的な教育水準を向上させるためのこれまでの政策措置が実際に合理的で正当なものであったかどうかについて疑問を投げかけたのであった。「適切な知識体系の形成は、常に個々のスキルやコンピテンシーを生徒に身につけさせるプロセスに先行するもので、また、その基礎となるべきものである」という前提に立って、新たに改組された省は、連邦教育基準の大規模な改訂に着手し、それは社会で活発な議論を巻き起こすこととなった。 このような疑念が生じた理由の一つは、ロシアの歴史や文化遺産の重要な事実を生徒が覚えていないということに、社会の多くの人々が失望したことであった。2018年春、ロシア政府は教育科学省を改組し、中等教育（教育省）と高等教育・科学（科学・高等教育省）をそれぞれ担当する二つの組織を設立した。最後に、ロシアの教育は、コンピテンシー中心の枠組みへの移行をより積極的に行うべきなのか、それとも逆に、国民の学校教育において伝統的な学問的知識を優先させるべきなのかというジレンマが、近年ロシアでは注目されているということを強調しておきたい。

09.6 −改革をめぐる政治と主要な結果−

全体的に見て、ロシア政府が一般中等教育の分野を改革するために進めた方法には、一貫した論理が見られるのである。まず、全体的なアクションプランの構想が練られ、その後、広く公開討論が行われ、個々の要素が徐々に実施されていったのである。ロシアにおける教育改革の実施状況を振り返ると、このような革新的なプロセスを促進した重要な要因や考察として以下を挙げることができる。

● 当初から、改革プロセスは主に国の教育における先進的なアクターによって推進されることが想定されていた。提案された学習・開発イノベーションを改良し、パイロットテストを行うために多くのリソースが投入された。国家戦略プロジェクト「教育」では、優秀な教師、革新的な学校、地域の教育改革イニシアティブに助成金を支給する枠組みを構築し、教育指導者の健全な社会的資産の蓄積を

促進し、コンピテンシー中心の教育法への移行の必要性を正当化した。さらに、革新的な学校教育のモデルや、教育デザインや教育指導における個々のイノベーションが広く認知され、大衆の支持を得ることとなった。

● ロシアは、技能五輪、PISA、TIMSS、国際読書力調査（PIRLS: Progress in International Reading Literacy Study）、国際コンピューター・情報リテラシー調査（ICILS: International Computer and Information Literacy Study）など、様々な世界的な教育コンテストや評価イニシアティブに積極的に関与するようになった。さらに、初等・中等教育において、教育のモニタリングやテストを行うための多くの国家的・準国家的プログラムが導入された。このようなアセスメントや指標の枠組みから得られたエビデンスは、ロシアの学校教育の水準を向上させるという目標と社会経済的合理性を実現するのに役立てられた。さらに研究者たちは、特定の学習・開発アプローチ、モデル、および政策手段の妥当性と適切性について立証された判断の基礎となる、信頼性の高い多国間データにようやくアクセスできるようになったのであった。

● 教育政策の肯定的な影響を示す例として、ロシアの生徒の PISA における数学スコアの伸びというものを挙げることができる。2000 年には、ロシアのスコアは OECD 平均よりもはるかに低いもので、2003 年ロシアの成績はさらに低下してしまった。しかし、2006 年には、OECD の平均スコアが低下したのに対し、ロシアは成績を伸ばし、差が縮まった。次の 2012 年のサイクルでは、ロシアの成績は大幅な伸びを記録した。ついに 2015 年、ロシアのスコアは初めて OECD 平均を上回ることとなったのである。ここで注目したいのは、2012 年に比べて 2015 年は OECD 諸国の平均スコアが低下したものの、ロシアの生徒の成績は、2006 年、2009 年、2012 年の OECD 平均スコアに匹敵するものだったということである。

● 2000 年代後半から、ロシアの教育規制の分野で改善が見られるようになった。様々な政策案について大規模な公開討論（特に、公的な会議体や、クラウドソーシングなど）が行われるようになり、透明性、信頼、説明責任のレベルが向上することとなった。このような公開イベントを主催する当局がロシア全土で地域ごとに任命され、公開討論の主な結果は、セミナー、ウェブセッション、ステークホルダー会議を通じて開示・発信されるようになった。例えば、10 万人以上の人々が、コンピテンシー中心の新しい FES におけるモデル例の構造や内容についての議論に参加していた。このように、提案された教育関連の規制案が世間から注目され続けることで、しっかりとした批評と多方面のステークホルダーからのフィードバックが得られ、政策立案者は当初の政策提言を修正・拡大することができたのであった。

このようなプラスの要因がある一方で、改革プロセスにはいくつかの大きな欠点と限界も存在していた。

● ロシアの学校教育改革の大きな欠点は、新しい FES と関連する方法論的ガイド

ラインの起草作業のほとんどが、ロシア教育アカデミーの研究所によって行われていたことである。この学術的な組織は高い評価を得ているが、しかし、そのプロセスにおいては十分な数の教育の実践家を関与させることには失敗していた。その結果、FES の文書には、多くの教師にはほとんど理解できない専門用語が多用されることとなった。さらに、新しい FES のフレームワークの難解で威圧的な学術用語は、専門家ではない人々が FES の議論や修正案に対してより有意義な貢献をすることを妨げるものでもあった。同時に、企業のステークホルダーも改革プロセスにほとんど参加しなかったため、学校教育の質と労働者への期待との間に広がるギャップを埋めることはできなかったのである。

● 2008 年の世界金融危機は、ロシアの経済状況に大きな影響を与え、政府は数年間にわたって教育の近代化のための支出を削減した。その結果、多くの革新的な取り組みが規模縮小や廃止を余儀なくされた。つまり、ロシアの教育改革の資金供給のバランスが崩れてしまったのである。例えば、重要性の低い分野には多額の資金が割り当てられたが（例えば、2010 年から 2011 年にかけて、新しい小学校のカリキュラムプログラムとして「宗教文化と世俗倫理の基礎（Fundamentals of Religious Culture and Secular Ethics）」が開始されたが、これには新しい FES よりもはるかに大きなコストがかかっていた）、近代的な設備の購入、教師の研修、関係者の会議やセミナーの開催といった重要な取り組みには、大幅な資金不足が生じた。

●ロシアの教育当局は、21 世紀型スキルの学習・開発の枠組みに移行する一方で、企業と専門教育機関との新しい協力モデルの考案、大学の研究の強化、孤児の保護や子供の夏休みのレクリエーションや健康管理に関する新しいアプローチの開発など、様々な分野で改革の野望を抱いていた。このような複数の優先課題に直面している教育科学省には、中等教育の改革課題を徹底的に進めるためのリソースが不足していたのである。

●ソビエトの学校教育の基本モデルである知識中心のパラダイムへの回帰を主張する公的機関やその他の関係者が近年大幅に増加し、21 世紀の教育学へのより合理的な移行が妨げられてしまっている。

　現在進行中の改革では、その効果を厳密に評価することはできなかった。しかし、国内外の調査によると、学校教育の全体的な質が向上し、不平等が是正され、そして、教育に対する一般市民の満足度が高まっていることが判明している。このような変化の影響をより深く評価するためには、さらなる研究が必要であろう。

References -参照文献-

● Ben-Peretz, M. (2008). *The life cycle of reform in education: From the circumstances of birth to stages of decline*. London: Institute of Education-University of London.
● Bereday, G. (1960). *The changing soviet school*. Boston: Houghton Mifflin Company.
● Bereday, G., & Pennar, J. (1976). *The politics of soviet education*. Westport: Greenwood Press.
● Birzea, C. (1994). *Educational policies of the countries in transition*. Strasbourg: Council of Europe.
● Bolotov, V., & Lenskaya, E. (1997). *The reform of education in new Russia: A background report for the OECD review of Russian education. OECD Thematic Review of Tertiary Education*.Moscow: OECD.
● Cerych, L. (1997). Educational reforms in central and Eastern Europe: Processes and outcomes. *European Journal of Education, 32*(1), 75–97.
● Collier, S. (2011). *Post-soviet social: Neoliberalism, social modernity, biopolitics*. Princeton: Princeton University Press.
● Concept for Modernisation. (2010). Concept for Modernisation of Russian Education. Policy Statement by the Government of the Russian Federation. [Electronic] Available from www.mon.gov.ru. Accessed 10 June 2013, p 256.
● Concept for National Standards. (2005). Concept of Federal State Educational Standards for Secondary Education. Policy Document by the Government of the Russian Federation. [Electronic] Available from http://standart.edu.ru/catalog.aspx?CatalogId=261. Accessed 20 Sept 2008.
● Dewey, J. (1928). *Impressions from revolutionary world*. New York: New Republic.
● Dunstan, J. (1994). Clever children and curriculum reform: The progress of differentiation in Soviet and Russian state schooling. In A. Jones (Ed.), *Education and Society in the new Russia*(pp. 75–103). M.E. Sharpe: Armonk.
● Dunstan, J., & Suddaby, A. (1992). The progressive tradition in soviet schooling to 1988. In J. Dunstan (Ed.), *Soviet education under perestroika* (pp. 1–13). London: Routledge.
● Eklof, B., & Dneprov, E. (1993). *Democracy in the Russian school: The reform movement in education since 1984*. Boulder: Westview Press.
● Eklof, B., & Seregny, S. (2005). Teachers in Russia: State, community and profession. In B. Eklof, L. Holmes, & V. Kaplan (Eds.), *Educational reform in Post-Soviet Russia* (pp. 197–220). London: Cass.
● Holmes, B., Read, G., & Voskresenskaya, N. (1995). *Russian education: Tradition and transition*. New York: Garland Publications.
● Ilyenkov, E. V. (1964). On the aesthetic nature of phantasy. *Issues of Aesthetics, 6*, 25–42. Moscow: Panorama annual.
● Johnson, M. (1997). Visionary hopes and technocratic fallacies in Russian education. *Comparative Education Review, 41*(2), 219–225.
● Jones, A. (Ed.). (1994). *Education and Society in the new Russia*. Armonk: M.E. Sharpe.
● Judge, J. (1975). Education in the USSR: Russian or Soviet? *Comparative Education, 11*(2),127–136.
● Kerr, S. (1994). Diversification in Russian education. In A. Jones (Ed.), *Education and Society in the new Russia* (pp. 47–75). Armonk: M.E. Sharpe.
● Kerr, S. (1997). *Why Vygotsky? The role of theoretical psychology in Russian education reform*. [Electronic] Available from http://webpages.charter.net/schmolze1/vygotsky/kerr.htm Accessed 10 June 2013.
● Khrushcheva, N. (2000). *Cultural contradictions of post-communism: Why liberal reforms did not succeed in Russia*. New York: Council on Foreign Relations.
● Long, D. (1984). Soviet education and the development of communist ethics. *Phi Delta Kappan, 65*(7), 469–472.
● Muckle, J. (2003). Russian concept of patriotism and their reflection in the education system today. *Tertium comparationis, 9*(1), 7–14.
● Puzankov, D. Ensuring the Quality of Higher Education: Russia's Experience in the International Context. *Russian Education & Society, 45*(2), 69–88.
● Reform of the System of Education. (2002). What we are losing (2002). Transcript of a round table. *Russian Education & Society, 44*(5), 5–31.
● Silova, I. (2009). Varieties of educational transformation: The post-socialist states of central/ Southeastern Europe and the former Soviet Union. In R. Cowen & R. Kazamias (Eds.), *International handbook of comparative education* (Vol. 22, pp. 295–331). Dordrecht: Springer.
● Silova, I. (2010). Rediscovering post-socialism in comparative education. In I. Silova (Ed.), *Post- socialism is not dead: (Re)-reading the global in comparative education* (pp. 1–24). Bingley: Emerald Group Publishing.
● Silova, I. (Ed.). (2011). *Post-socialism is not dead: (Re)-reading the global in comparative education*. Bingley: Emerald Group Publishing.
● Silova, I., & Palandjian, G. (2018). Soviet empire, childhood, and education. *Revista Española de Educación Comparada, 31*, 147–171. https://doi.org/10.5944/reec.31.2018.21592.
● Simon, M., & Dougherty, B. (2014). Elkonin and Davydov curriculum in mathematics education. In S. Lerman (Ed.), *Encyclopedia of mathematics education*. Dordrecht: Springer.
● Sutherland, J. (1999). *Schooling in the new Russia: Innovation and change, 1984–95*. New York: St. Martin's Press.
● The World Bank. (2019). *Annual report. Strengthening the organization* [Electronic]. Available from https://www.worldbank.org/en/about/annual-report/strengthening-the-organization. Accessed 10 Aug 2019.
● Webber, S. (2000). *School, reform and Society in the new Russia*. New York: St. Martin's Press.

だいたん ふ てき　きょういくかいかく
大胆不敵な教育改革
(Audacious Education Purposes)

2022 年（令和 4 年）3 月 25 日　初版発行

編　　著　　者：フェルナンド・M・レイマーズ（Fernando M. Reimers）
　　　　　　　　　　すずき　かん　　　　　　　　　　　　　　　やまなか　しんいち
翻訳監修・著者：鈴木　寛（Kan Hiroshi Suzuki）／ 山中　伸一（Shinichi Yamanaka）
　　　　　　　　　いわぶち　かずひろ
翻　　　　　訳：岩渕　和祥
発　　行　　者：日本文教出版株式会社
　　　　　　　　https://www.nichibun-g.co.jp/
　　　　　　　　〒 558-0041　大阪市住吉区南住吉 4-7-5　TEL：06-6692-1261

装丁・デザイン：加藤　貴志・柿本　真仲・藤田　智浩・今林　香織（Japan Print Co.,Ltd.）
印　　　　　刷：ジャパンプリント株式会社

定価はカバーに表示してあります。
乱丁・落丁本は購入書店を明記の上、小社大阪本社業務部（TEL：06-6695-1771）あてに
お送りください。送料小社負担にてお取り替えいたします。